大展好書　好書大展
品嘗好書　冠群可期

中國當代太極名家名著 7

沈 壽
太極拳文集

沈壽　著

大展出版社有限公司

沈壽先生近照

1952年響應中國號召，
從上海奔赴大西北前夕
的沈壽

1950年，在上海精武
體育會鍛鍊身體

1971年，分別多年後，作者與恩師傅鍾文先生在上海重逢時合影

作者與傅鍾文先生演練大捋

八十高齡的傅鍾文先生赴寧波，與永年太極拳社的成員合影
（後排自左至右：蔡曉煒、金用葆、沈壽、崔德鴻、王志遠）

演練太極拳　　　　　　　　演練太極刀

演練太極劍

與弟子「黏手」

80年代，在浙江省體育文史武術挖整工作
會議上作武術學術論文報告

1988年，在全國第二屆體
育史論文報告會上作論文
報告，並獲全國體育史優
秀論文獎

指導永年太極拳社的
學員練習太極拳

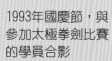

1993年國慶節，與
參加太極拳劍比賽
的學員合影

沈壽夫婦在寧波東錢
湖畔合影

沈壽夫婦與幼女沈武
在公園晨練後合影

揮毫潑墨，為遠
方的拳友題詞

前　言

　　爲了繼承和發揚中華武術的重要拳種——太極拳術，筆者在上一世紀推廣普及太極拳的過程中，也曾潛心研究和撰寫了一些有關太極拳術的文章。

　　常言道：「敝帚自珍。」爲了避免拙作散失，有些發表過的或新寫的文章已經結集成書，但這多半是屬於理論性質的文章。而有關創編或演練的太極拳、刀、劍、散手對練等套路部分，卻因攝影等條件的限制，尚付闕如。對此，是不能不引以爲憾的。

　　2000年9月，我接受了人民體育出版社的委托，要求我：「收集一生中主要的太極拳著作，包括技術和理論兩大部分。理論部分在前，技術部分在後。理論部分，包括對太極拳運動帶有總結歸納性的理論著述；技術部分，包括創編和演練的主要太極拳套路，以及部分主要器械套路等。」

　　按照上述要求，我選編和撰寫了《沈壽·太極拳文集》一書，筆耕歷經三載有餘，直至2004年4月，方始將書稿全部殺青。

　　《沈壽·太極拳文集》全書共分四卷：

　　卷一《太極拳法研究》（修訂本），屬理論部分。其「上編」是帶有總結歸納性的理論著述，對初學入門或鍛鍊已久的太極拳愛好者，一般是普遍適用的。當然，由於流派不同，有的內容只能作爲參考而已，其「下編」是對古典拳論的研究，如清代王宗岳等人的太極拳理論文章，早已被後世的太極拳家

奉爲經典著作而備加推崇的。對此，是有志於太極拳的實踐和研究者所不可不讀的。

卷二《太極拳論譚》（增訂本），以論文、漫談、隨筆和拳訣爲主體，但也包括筆者所創編的太極拳、刀、劍和散手對練套路的文字譜。可惜的是，除了與拳友慈博合編 108 式散手對練譜時，留下了極爲珍貴的 21 幅插圖照片之外，其餘均無插圖。限於篇幅等原因，一時就無法以圖譜的形式刊出。惟有留待日後的努力了。

以上說明，卷二仍是以理論部分爲主的；至於所記「36 式反式太極拳」「九路 81 式太極刀」「九路 81 式太極劍」，以及「108 式散手對練」套路等譜文，則是屬於技術部分的。而卷二的第九章是這次編集時增補的。

卷三《36 式太極拳詳解》，全卷都是新寫和初次發表的。「詳解」這一書名，是李建章先生在多年前建議我採用的。而此書早在上世紀 80 年代就計劃撰寫了。李建章先生曾多次來信支持和鼓勵我的這一寫作計劃，如 1996 年 7 月來信提到：「盼您自編太極拳套路能早日成書。」一年以後，在 1997 年 7 月 7 日來信中又熱情地勸勉道：「近幾十年來，社會變化很大，武術、特別是太極拳也有很大變化，而您的『36 式太極拳』就是這種變化的產物。您是搞體育史研究的，所以您知道寫出這樣的書來有什麼樣的意義。」他的分析和激勵，使我不能無動於衷。我非常感謝他的一番好意。

然而我遲遲未能動筆的原因，是由於拍攝動作圖解照片問題一直難以解決。後來承蒙人民體育出版社鄭小鋒先生大力支持，他在 2001 年初春，爲我拍攝了「36 式太極拳」套路的動作照片 300 餘幅。在撰寫本書卷三時，從 300 餘幅動作照片中篩選出 240 餘幅，從而據圖作文，順利地編寫了「動作圖解」

沈壽太極拳文集

這關鍵性的一章，進而促使其餘各篇，也因之「順理成章」了。

　　卷三雖屬於技術部分，卻也有許多理論內容，如健身價值、源流關係等等。同時，由於 36 式太極拳源於傳統的楊式太極拳，因此，本卷第三章還記載了楊式太極拳（85 式）的基本拳式，並附有拍攝於 1977 年的架式照片 60 幅，可與 36 式太極拳的架式作出比較。這樣既有利於先學會 36 式太極拳後，再去進修 85 式楊式太極拳；也有利於已經熟習傳統楊式太極拳的人，由自學等方式，去學練 36 式太極拳。古人說：「少則得，多則失。」生活在快節奏的時代，應用這一套「少而全」的 36 式太極拳來進行專項或輔助性的練習，無疑會使太極拳愛好者得到不少便利和收穫的。

　　卷四《太極拳推手問答》（增訂本），這次對原書作了較多的刪削和潤改，並將原來的分類名稱——「部分」改稱爲「章」。同時，又增補了第五章「太極拳推手圖說」。在該章中，還初次發表了 30 多年前吾師傅鍾文先生（1903～1994）在上海與我合影的傳統楊式太極拳推手照片，了卻當年師徒合影時的宿願。

　　今年正值太極拳一代宗師傅鍾文先生逝世 10 周年，謹以此告慰先師和表達對先師的緬懷之情。作爲歷史性的老照片，雖只剩下這十餘幀了，卻都是彌足珍貴的歷史紀錄啊！

　　此外，有關太極拳的拙著，尚有《太極拳走架推手問答》（1997 年 8 月人民體育出版社初版），以及沈壽點校、考釋的古代太極拳經典著作——〔清〕王宗岳等著《太極拳譜》一書（1991 年 10 月人民體育出版社初版、1996 年 3 月大展出版社）。

　　上述《太極拳走架推手問答》，與本書卷四《太極拳推手

問答》，兩者在題名上雖有其類同之處，但具體內容並不相同。《太極拳走架推手問答》中的推手問答部分，實爲《太極拳推手問答》一書的「續編」，原來就曾計劃把它編入《沈壽太極拳文集》的卷四，後因該文集的篇幅（文字量）所限，所以，惟有等待日後入集的機會了。

一集之成，歷時三年半之久。可謂殫精竭慮，傾力奉獻。然而終因限於作者的學力，本書的粗疏和不足，以及謬誤之處，尚希廣大太極拳愛好者不吝指正。

沈壽　謹識
於浙江寧波

總目錄

卷四　太極拳推手問答（修訂本）

16

沈壽太極拳文集

沈壽小傳

覺蓮　整理

沈壽，本名洪水。1930年2月（農曆庚午年正月元宵節）出生於浙江寧波城內的一個職員家庭。

沈壽的父親生前酷愛武藝，曾從四明山區的童崇武老師（1840～1938）學武練功。後因參加居民義務救火組織，在一次夜半撲救火災時受傷亡故，年僅22歲。而當時沈壽出生尚未滿兩個月。

一、武術啓蒙　終身受益

在上世紀那動盪的30年代，當沈壽還是個黃髮垂髫的幼兒時，由於深受家庭、社會和時代背景的影響，他從小就喜歡弄槍舞棒，並天真地大言保家救國。1934年，他遵奉祖母之命，從童崇武老先生學練內家八樁和內家八拳等武術。當時他所接受的，雖只是一些易學易懂的啓蒙性武術教育，但這對沈壽一生的影響都是十分深刻的，也可以說是終身受益不淺的。

二、涉獵廣泛　身強力壯

沈壽自幼好學，不論學文習武，都較執著。他自1939年逃難到上海後，在校讀書的成績也一直是名列前茅的。對於體育和武術等方面，更是情有獨鍾。也許是出於少年人的好奇心理，因而其涉獵非常廣泛。

1943年，他始學楊式太極拳於復興公園。由於當時他正

在上海震旦大學附中求學，學校離公園很近，才有了這個機緣。加上他在幼年時學過內家拳術，太極拳與內家拳在拳理上是相通的；在功底和根基方面，又有許多相似之處，這也就成了他在少年時代學武的首選了。

1944 年，沈壽參加工作後，恰好又因工作單位距精武體育會極近，於是，就加入該會，業餘時間就跑到那裡去練功習武。他先後學練了太極、少林等多種武術。星期天或節假日，有時也會去公園學習各種拳械套路，或者玩一玩散手。

在上世紀 40 年代，他雖然學習過的拳種較多，但這種「蜻蜓點水」式的學習方式，其結果勢必是學得多，丟得多；學得快，丟得快。這正應了拳諺所說的「學不專，拳必濫」「樣樣會，樣樣空」了。

後來沈壽還熱衷於重競技體育，如舉重、健美、摔跤、拳擊等體育運動。約在 1950 年，他經精武體育會老友胡惟予等人的推薦，被吸收為精武體育會的永久會員。當時在「永久會員證」上蓋章的是上海精武體育會總幹事黃維慶，證件號碼為 811 號。沈壽把這份永久會員證珍藏了 36 年之後，在 1986 年作為武術文物捐獻給國家了（持有浙江省體委武術挖掘整理

組於 1986 年 2 月 20 日頒發的第 80 號「武術三獻證書」）。

1951 年 9 月，沈壽還曾與十餘位大力士一起，應邀在上海市體育館參加了捐獻「體育號」飛機的盛大義演。當時上海《新聞報》《大公報》《文匯報》和《亦報》等，均有報導。（附 剪報一份）

三、因公負傷　重獲至寶

沈壽由於積極參加武術、舉重、健美等項目的體育鍛鍊，當時的體格之強健，令人稱羨不已。然而正如俗話所說的「天有不測風雲」，不幸的事情降臨到他的頭上。1953 年 5 月，他在西部邊陲的一次公出途中，遇山洪暴發，被激流沖走而負傷。此後，他的健康狀況就一落千丈，不得不在住醫院療傷期間，重拾最適宜於他的楊式太極拳了。

太極拳乃國之瑰寶，由此重獲至寶，可說是因禍得福，倒也喜不自勝。而且，也彌補了往昔由於缺乏練太極拳的恆心，以致有「寶山空回」的遺憾。由堅持打太極拳，他深刻地感受到：作為醫療保健體育，太極拳雖不能包治百病，但對增進人體的抵抗力、愉悅身心，以及預防和輔助醫療疾病，那肯定是會有良好作用的。因此，練與不練是大不相同的。他自從負傷病殘以後，仍能抱病堅持工作二十餘年，而且在退休以後，還能本著「有一分熱，就發一分光」的精神，為發展中國體育事業出力，這都與他長期應用太極拳、導引、氣功等體育療法的實踐是不無關係的。

然而，學練任何拳術，要想做到精益求精，那就少不了良師的傳授和益友的切磋。1959 年初，沈壽與楊式太極拳拳友慈博相識，拳逢知己，十分投緣。兩人從此結成對子，經常在一起切磋研究太極拳藝，一同練習推手、散手，相得甚歡。上

世紀60年代初，沈壽與恩師傅鍾文先生重新取得聯繫，請教楊式太極拳的有關問題。

接著，他又千里迢迢去滬養病和探望傅老師，向老師表達了希望在滬期間能繼續進修楊式太極拳的願望。承蒙老師慨然應允，重新為他一招一式地傳授和糾正姿勢。每次教拳完畢，師徒兩人還一道漫談拳經，有時直至深夜。老師誨人不倦的精神，深深地刻印在沈壽心中，難以磨滅。

從此以後，沈壽在武術領域由博歸約，潛心專攻楊式太極拳至今。當然，此前他所學的各類武術，以及太極拳其他各學派的技法和理論，對他研究楊式太極拳仍舊是不無補益的。

四、辦班創社　造福桑梓

1971年，在北方工作的沈壽，第一次重返故鄉。鑒於當地尚無85式的楊式太極拳，於是遵照傅鍾文老師所囑，在寧波刻意推廣普及。自1971～1974年間，他有意識地物色和培訓了一些助教人才。隨後，便在1974年底建議市體育運動委員會創辦寧波市楊式太極拳學習班。當時，由於市武術協會自「文革」開始停頓後尚未復會（1982年方才復會），因此，市體委接受了這一建議，並邀請沈壽親自擔任第1～3期楊式太極拳（85式）學習班教練。經過籌備，由沈壽編寫了《楊式太極拳入門》一書，油印後分發給學員。該學習班在1975年五一勞動節正式開學，每期學員多達130餘名，盛況空前。至當年10月底，共培訓了第1～3期學員400人。

在辦班過程中，他還從拳德、拳藝較好的學員中選拔義務輔導員40餘人，分批進行集訓，充分調動了大家對學好太極拳的積極性。

自1975年11月起，楊式太極拳（85式）學習班師生走

向社會，實行義務教學。至1983年10月寧波市永年太極拳社成立之前的8年時間裡，共培訓了學員兩千餘名。這就爲1983年創立寧波市永年太極拳社打下了較爲紮實的基礎。

經過一年多的籌備，寧波市永年太極拳社終於在1983年10月1日正式成立。它是「文革」後浙江省內獲准創建的第一個民間辦的拳社。該社經費自籌，民主辦社，拳社幹部一律義務任職。沈壽被推選爲第一任社長，連任了3屆（1983～1993），至1993年10月換屆時主動引退。第四屆社長由中年人接班，沈壽被聘爲名譽社長。

拳社成立以來，爲在本地開展楊式太極拳的普及推廣等活動，經過歷屆社務委員和教練員們的共同努力，做了大量工作。他爲社會主義精神文明和物質文明建設奉獻出自己的一份力量，借以造福桑梓，以及促進太極拳走向世界，爲人類造福。至2003年10月，在慶祝寧波市楊式太極拳學習班成立28周年和寧波市永年太極拳社成立20周年紀念時，有300餘人參加了楊式太極拳、刀、劍的表演。在這次會上，沈壽被聘爲「永遠名譽社長」。

右爲當年沈壽爲寧波永年太極拳社題寫的社訓「誠毅」二字。此二字取義於「誠以待人，毅以治技」的精神。具體地說，「誠」是指武德，「毅」是指武風。廣義地說，「誠」也包含了忠誠於中國的愛國精神和忠誠於事業的敬業精神；「毅」不僅是樹立一種堅韌不拔、鍥而不捨的武風，而且也是做人處事的一種精神風格。

1984年10月，沈壽在祝賀寧波永

年太極拳社創立一周年時，爲與拳社同志們相互勉勵，特地撰寫一聯，曰：

「拳有淵源，能天天鍛鍊，可得永年；
　社無館址，若年年集會，必臻百歲。」

2004年，是該社創立21周年了，說明寧波永年拳社已漸漸由幼而少、由少而壯地成熟起來了。當年沈壽書此聯語，正是爲了鼓勵大家從艱難中崛起，增強同志們勇往直前地進行自我鍛鍊和堅持辦好拳社的信心和決心。

五、默默筆耕　著書不已

17年前，劇作家孫仰芳先生曾在1987年第一期《中華武術》雜誌上發表了《小樓說拳——訪寧波市武協委員沈壽》一文，其中讀到「沈壽老師的神態、氣質」時，說：「他是『拳師中的學者』，『學者中的拳師』。」說明這位劇作家對人物的觀察是別具功力的。

沈壽早在少年時代，就曾以沈重、洪水爲筆名，撰寫新詩、散文和繪製漫畫，發表在上海《民國日報》《新聞報》和《銀錢報》的副刊上。青年時代也曾以漢泉、老驥、沈武、老粗等筆名撰寫過一些文學、體育和武術等方面的文章。中年以後，一般就只以沈壽爲筆名撰寫文章了。其緣由是：他因傷殘病痛在身，過早地退休了，當時，也惟有恪遵養生之道，不斷與疾患作鬥爭，借以延長壽命，才能多做奉獻。不此，「沈壽」這一筆名，就與太極拳、氣功、導引學等著作結下了不解之緣。

在沈壽的一生中，業餘寫作從未中輟。退休返鄉後，除了從事公益活動、推廣普及楊式太極拳外，更利用教學之餘暇，默默筆耕，著書不已。他的主要學術成就是，幾十年來，在全

國體育、武術、氣功、文物、醫學、醫史等各種刊物上發表的文章總計不下 300 篇，100 餘萬字。沈壽的文章不僅在國內學術界有較大的影響，有的還曾在國際上引起過轟動。其著作已出版的有：

《太極拳法研究》（1984 年初版）

《太極拳推手問答》（1986）

《沈壽拳訣選》（1986）

《導引養生圖說》（1992）

《導引養生百法圖譜》（1994）

《太極拳論譚》（1997）（大展出版社 1998 年）

《太極拳走架推手問答》（1997）

除以上 7 種外，尚有沈壽點校、考釋的太極拳古典理論《太極拳譜》（14 卷繁體字本）。

此書係經中國武術協會審定，被列爲「中華武術文庫‧古籍部」，於 1991 年初版；1995 年被作爲精品書再版。

至於這次編集出版的《沈壽‧太極拳文集》（4 卷本），其中卷三《36 式太極拳詳解》，是他在年逾古稀後所寫的力作。其餘各卷，除了修訂，也有所增補。

他所寫的導引和氣功類文章，曾被收入到了《常用醫療健身法》（1982 年人民體育出版社出版）、《中老年強身顧問》（1983 年人民體育出版社出版）和《醫學知識集錦》（1983 年湖南科技出版社出版）等書內。

二十多年以前，沈壽就曾經對來訪的記者陳兆年先生說過：「我是個年過半百的老人了，得趕快把自己一生所學到的武術、導引、氣功等知識整理編寫出來，貢獻給人民，留傳給後代。」如今，他基本上已實現了自己的承諾。

六、有一分熱　發一分光

在 1981 年和 1984 年，沈壽曾分別被《武林》《中州武術》等雜誌編輯部聘爲特約撰稿人。河南《中州武術》後來改名爲《少林與太極》，由於沈壽長期爲該刊熱情撰稿，而且量多質高，因而在 1990 年被河南報刊社評爲優秀作者。

1985 年 10 月，沈壽被浙江省體育運動委員會授予「全省武術挖掘整理工作先進個人」的稱號。

1987 年，沈壽被吸收爲中國體育史學會會員（該會成立於 1984 年，1992 年始併入中國體育科學學會，並改名爲「中國體育科學學會體育史分會」）。沈壽所撰寫的《西漢帛畫〈導引畫〉考辨》和《甩手運動的反思》等兩篇論文，分別在 1984～1988 年和 1989～1994 年這兩屆的評選中，被評爲全國體育史優秀論文，並被收編入《新中國體育史優秀論文集》（1997 年奧林匹克出版社出版）。他的另一篇寫於 1993 年、題爲《毛澤東「六段運動」考辨》的論文，則被編入伍紹祖主編的《毛澤東與體育文集》（1994 年四川教育出版社出版）。

在上世紀八九十年代，沈壽曾十多次出席全國和浙江省關於體育史、武術學術以及氣功等論文報告會，撰寫了不少具有學術價值的論文，爲發展社會主義的體育事業做出了一定的貢獻。爲此，浙江省體育運動委員會在 1999 年 7 月授予沈壽「浙江省體育文史工作貢獻獎」，以示表彰。他是全省獲得這一「貢獻獎」的 13 位同志之一。

2004 年，沈壽退休 30 周年。30 年來，他飽受傷殘病痛的折磨，卻堅韌不拔地本著自立、自強的精神，鍛鍊體魄，發揮餘熱，盡自己的努力，爲人們做點有益的事情。沈壽認爲：惟有如此，才能不負於這既短暫又漫長、既平淡又絢麗的一生。

卷 一

太極拳法研究

（修訂本）

上 編

太極拳法研究

目　錄

沈壽太極拳文集

第一章
太極拳基本拳式名稱淺釋

我們在學習任何一種拳術套路時，首先接觸到的便是拳譜中的術式名稱。拳譜對於拳家和學拳者的重要性，與曲譜或畫譜對於音樂家、畫家以及習藝者的重要作用是無二致的。

傳統拳術套路的術式名稱，基本上可歸納為模擬和動作兩大類。模擬類是一些仿效動植物、自然界、人物典故等形象化的名稱，例如，太極拳的「白鶴亮翅」「金雞獨立」「白蛇吐信」等是模擬動物的；「手揮琵琶」「打虎勢」「彎弓射虎」等是模擬人物的，其中「打虎勢」也可賦予民間故事「武松打虎」的典故。這類式名感染力較強，頗能引人入勝，但其缺點是表達動作的概念不如動作類式名明確。特別是有些傳統拳術套路的模擬類式名，充滿了濃厚的封建宗教迷信的色彩，必須改革。動作類有的直接表達了技擊動作，如「搬攔捶」「撇身捶」等；有的雖屬技擊動作名稱，但卻又是比較單純地反映出肢體動作，如「分腳」「提手」等。此外，另有一些滲入模擬成分的動作類式名，如「雲手」「扇通背」等等。

太極拳的式名大都是2～6字，比較精練樸實。當我們進行拳術教學時，如果每教一式都能先把這一拳式名稱的定義向學員們講清，必然會提高他們學拳的興趣，從而較快地、正確地掌握動作姿勢。這對於從事武術教學工作的人來說，確是一種教學藝術。而編拳者之所以要苦心孤詣地擬訂和修

飾拳式名稱，其目的也在於此。

老趙太極拳的主要學派原有楊、吳、孫、武、陳式五大派，至於 88 式太極拳，那是 1956 年國家體委組織了太極拳研究小組，根據原有楊澄甫式太極拳的套路整理編訂的。因此，既可把它當作楊式中的一個新興學派，也可把以上五大學派改稱為六大學派。

凡是現在流傳的老趙太極拳，不論其編式多少，在除去重複式以後，剩下的基本拳式通常均可歸納為三十餘式。現以《楊式太極拳》一書為主，根據其基本拳式在走架時出現的先後順序，分列成 37 式條目，依次簡釋。本文闡釋的內容包括 88 式在內，對吳式基本上適用，但對武、孫、陳式只能作為研究其淵源關係的參考資料。同時，為了說明各學派的主要源流和脈絡關係，再列傳遞簡表如下：

在下列各條目中，對各學派的有關式名，凡與楊式有差異者均已一一述及。

一、預備勢

即預備姿勢。較早的太極拳老譜不立這一式名，後來有的立名為「無極勢」或「太極勢」，新中國成立後問世的上述各流派專著，除孫式把本式併入「起勢」，其餘均統一稱為「預備勢」。凡列入拳譜內的「式」「勢」二字，音義都相同。本式要求精神高度集中，要做到「虛領頂勁」「含胸拔背」「沉肩墜肘」等。同時要採用腹式呼吸，並把呼吸調勻，使之「氣沉丹田」。總之，其內容包括調意、調神、調身、調息，在靜態下做好演拳前的一切準備。古譜中雖不立此式名，但古代拳家實際上也十分重視預備姿勢，尤其要求恭敬嚴肅，心靜體鬆，神聚氣斂。本式在技擊意義上含有

「以靜禦動」的意思。拳家常說：「拳藝以沉著為本。」如果出手前心神不定，氣亂身僵，缺乏身心內外的一切準備，那肯定練不好拳，更談不上與人交手了。

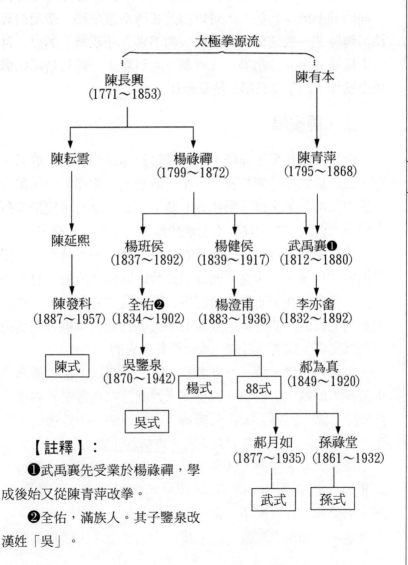

太極拳源流

陳長興
(1771～1853)

陳有本

陳耕雲

楊祿禪
(1799～1872)

陳青萍
(1795～1868)

陳延熙

楊班侯
(1837～1892)

楊健侯
(1839～1917)

武禹襄❶
(1812～1880)

陳發科
(1887～1957)

全佑❷
(1834～1902)

楊澄甫
(1883～1936)

李亦畬
(1832～1892)

陳式

吳鑒泉
(1870～1942)

楊式

88式

郝為真
(1849～1920)

吳式

郝月如
(1877～1935)

孫祿堂
(1861～1932)

武式

孫式

【註釋】：

❶武禹襄先受業於楊祿禪，學成後始又從陳青萍改拳。

❷全佑，滿族人。其子鑒泉改漢姓「吳」。

二、起　勢

　　起勢是拳術套路的開始動作。有的稱為「太極起勢」或「太極出手」。古代拳術是直接以第一拳為起勢的，俗稱「開門式」或「初勢」，可以由此式辨別這是哪一拳派的套路。現陳式、武式仍依此舊例，而不別立「起勢」名目。當今太極拳凡別立「起勢」「收勢」名目者，一般只是起始與收拳動作，而不是具體的技擊動作。

三、攬雀尾

　　兩手來回往復，像輕柔地撫摩攬拂燕雀的尾羽，故名。陳、武、孫式作「懶扎衣」，明代戚繼光《拳經》中所編的「三十二勢」，也以「懶扎衣」為第一式。原意可能是模擬古代拳家與人交手前從容不迫地把長袍的下擺扎入衣帶。

　　「攬雀尾」可能是「懶扎衣」的音轉。但音轉不一定都是由於古代拳師缺少文化而在口授時以訛傳訛所致，有的則是由於各拳派在創新發展過程中，對有關式名作出了一些音近義異的修訂，使之與已改革的拳式更為切合；也有的是純屬潤飾文字，或者為自成一派而標新立異的。

　　本式包括掤、挒（原作攦）、擠、按四法，是太極拳法中最基本的四法，稱為「四正」。連同分布在各拳式中採、挒、肘、靠「四隅」，合而稱為「太極八法」。八法以「四正」為常法，以「四隅」為奇法（或稱為「變法」）。

　　拳法與兵法相通。《孫子兵法・勢篇》說：「凡戰者，以正合，以奇勝。故善出奇者，無窮如天地，不竭如江河。」又說：「戰勢不過奇正，奇正之變，不可勝窮也。奇正相生，如循環之無端，孰能窮之。」《拳法・機勢篇》也

說：「拳兵之勢，不過奇正；始以正合，終以奇勝；奇正之變，不可勝窮。」這些論說是相合的。

太極拳的「四正」法，由於是技擊上最基礎的方法，所以拳架和推手都把它當作基礎功夫來練。這就是「攬雀尾」這一術式的重要性，以及為什麼把它列為起勢後第一式的原因了。同時，也說明拳家對於套路的格局是經過反覆推敲的。至於 24 式簡化太極拳在起勢後接做「野馬分鬃」，從肢體動作的角度看是「由簡入繁」「由易而難」，而若從技擊方法的角度分析，「野馬分鬃」用的是捌手，屬奇法，如果沒有「四正」的基礎功夫而徑入「四隅」，在技擊上就成了「由難入易」了。

這說明古今對這種拳路的編套和布局的主導思想不同。明乎此，才能客觀地評價這兩種不同的編套方法。

本式有「攬雀尾」和「上步攬雀尾」之分，「上步攬雀尾」不包括左掤式。上步，拳術以一腳邁上一步為「上步」。88 式另有「斜攬雀尾」式，是把「抱虎歸山」中的「捋、擠、按」分立為一式，姿勢基本相同，因其演拳的方向對著斜角，故名。

四、單　鞭

一手勾手，另一手拂面後向前揮出，猶如跨馬揚鞭之勢，故名。這是傳統拳術的通用式名，在技擊上屬拴手，因其手法近似拴門或拴馬樁而得名。拴與推、撲等手法有所不同，不可混淆。有的人誤以為「單鞭」係據在後勾手的形象如「催馬加鞭」而擬名，其實不然。傳統拳術把雙手左右分拴稱為「雙鞭」，這足以說明「單鞭」是以前一手的形象為主來擬名的。「斜單鞭」，是指其方位指向斜角。88 式在

1976年第二版《太極拳運動》一書中把「斜單鞭」改名為「橫單鞭」，原因是拳式在初定時，已作「橫向」（面向正南方）之式，故更名使之名副其實。

五、提手上勢

　　兩手合抱地向上提起，如提物狀，故名。提手的姿勢與「手揮琵琶」略同，而左右方向相反。但就其技擊勁別而論，本式用的是合勁和提勁，而「手揮琵琶」用的是纏勁和穿化勁，因此其中途的動作也大不相同。88式簡稱為「提手」，並把兩手上提後接做意含擠、靠的動作劃歸下一式。這從動作劃分來看是合理的，而楊式原意是取其在技擊方法上「提、擠相連」的意思。陳式無「提手上勢」。

六、白鶴亮翅

　　右臂上揚亮掌，左臂下落按掌，猶如白鶴亮翅，故名。武式作「白鵝亮翅」。

七、摟膝拗步

　　一手摟過膝面，稱為「摟膝」，用於防守對方攻擊我中、下路。拳式中凡進左腳、出右手，或進右腳、出左手以為攻防者，都稱為「拗式」，其步法就稱為「拗步」。反之，若上、下肢同一側均在前，便稱為「順式」，其步法也就稱為「順步」。但這一說法是專指走架時的拳式，如由兩人搭手合成的順、拗步式，就另有一套說法了。

八、手揮琵琶

　　側身如懷抱琵琶，後面護中節（即保護肘關節）的一

手，恰似揮撥琴弦，故名。陳式分立「初收」「再收」之名，又統稱「右收勢」。

九、搬攔捶

楊式、88 式和孫式都稱「進步搬攔捶」。左右腳連續各上一步稱為「進步」。但本式進步時第一步直距較短，只相當於半步，實共一步半。拳諺說：「拳打攏，棍打開。」兩人徒手對打，原本相距不遠，加上「遠拳、近肘、貼身靠」的尺度規律，如用拳進步太深，反而難於發揮力量，甚至會發生兩人相撞，這就是本式之所以只安排一步半的原因。

其手法則由搬、攔、捶三個技擊動作組成：搬，用我右腕順勢搬動引化對方進攻我的右拳，並引出對方右臂的反作用力；攔，趁機攔開對方具有向外抵抗性的右臂；捶，順勢進步，乘隙以拳還擊。

此式技擊的關鍵在於搬攔得法，迫使對方正門大開，並乘虛攻其中路。所以《太極拳體用全訣》說：「搬攔得法顯技藝。」武式作「搬攬捶」，僅一字之差。陳式作「掩手肱捶」。陳式第二路另有「搬攔肘」，拳式雖全然不同，但「搬攔」二字似有借假關係。

十、如封似閉

兩手斜十字交叉，如貼封條狀，稱為「如封」，屬防守法；繼而兩掌微微向裡引進，以化解敵力，然後再向前按出，似關閉門戶狀，稱為「似閉」，屬進攻法。

以上兩者合而成為先守後攻的「如封似閉」式。陳式稱為「六封四閉」，拳式差異甚大，但式名有音轉關係。

十一、十字手

兩手在胸前交錯環抱，呈斜十字交叉，故名。本式是傳統拳術通用的名稱，楊式的蹬腳、分腳、如封似閉、玉女穿梭等式中都有十字手法，但僅僅作為各式的組成部分，而沒有單獨列為一式。十字手法不僅用於防守和以靜待動，而且也常用於連接各式，因此，《全體大用訣》說「十字手法變不盡」，意在此焉！88 式、吳式同此名，武、陳式皆不列此式。孫式在收勢前有「陰陽混一」式，做雙拳交錯，當是借鑒「十字手」而添立。

十二、抱虎歸山

入由我身後偷襲，來勢迅猛如虎，我隨轉身以斜摟單推的手法（實即使用「斜摟膝拗步」式）應變，繼做兩手抱虎勢引進，又隨之以捋、擠、按反擊。88 式、吳式同此式名，但 88 式將「捋、擠、按」別立一式，已如上述。武、孫式都名「抱虎推山」，陳式名「抱頭推山」。

十三、肘底看捶

用拳看守於肘底，以靜待動，伺機乘隙蓄而後發。看，技擊防守之一法，是指手法而言。有的人曲解為「眼看肘底之拳」，那就大謬不然矣。楊式等也簡稱「肘底捶」，孫式名「肘下看捶」，陳式名「肘底捶」。

十四、倒攆猴

比如人猴相搏，我退步誘其深入，然後乘勢襲擊其頭、面部，把它攆走，故名。此式一名「倒捲肱」，肱，臂也。

因其手臂向側後方回環倒捲的動作而得名。

十五、斜飛勢

兩臂斜分，猶如雄鷹展翅斜飛翱翔之勢，故名。武、孫、陳式均無此式名。

十六、海底針

海底，武術穴位名，即會陰穴。此處係借指相當於這一穴位高度的襠部。本式用的是指法，也即用四駢指像鋼針一樣地插點敵方的襠部，故名。

因此，在練此式時只須插指過膝即可，而不必深插到地面去。或言喻地面為「海底」，有的說「海底」指膝內側的血海穴或腳內側的照海穴，這都是不確切的。武、孫、陳式不列此式，但武式用掌的「按勢」姿勢與此相似。

十七、扇通背

兩臂像折扇一樣地打開，其勁發於背。通背，力通於背臂也。太極拳強調發揮背勁，背勁即古人所謂「膂力」，乃全身最大之力。吳式同此名，88 式作「閃通臂」，孫式作「三通背」，武式作「三甬背」，陳式作「閃通背」，皆一音之轉。

十八、撇身捶

側身橫拳撇擊對方的身體，故名。武式、孫式不列此式，陳式第一路只有「披身捶」，而第二路另有「庇身捶」和「撇身捶」。

十九、雲　手

兩手交替地做環形運轉，以破對方連續進擊，因其手勢如行雲飛空，連綿不斷，故名。武式作「紜手」，陳式作「運手」，皆異寫而已。

二十、高探馬

形容其高高地站立馬鐙上探路，故名。一說因探身跨馬之勢而得名，亦通。

二十一、分　腳

全稱「左右分腳」，凡拳譜中有「左右」字樣，都是指左式與右式而言。分腳，一名「翅腳」，指兩腳先後向左右用腳尖分踢，其勢如飛禽展翅，伸展極遠，故名。本式原名「踢腳」，乃是用腳尖向上踢，後來才改為向前踢出。

武、孫式都仍有「踢腳」「起腳」之名。起腳，原是武術使用腿法的通稱，此處專指分腳。吳、武、孫、陳等式另有「二起腳」，別名「鴛鴦腿」。除陳式原由外功拳的箭彈腿發展而來，其餘只是指轉身蓄勢再起腳而言，難度不大。

二十二、蹬　腳

用腳跟蹬人，故名。陳式作「蹬一根」，陳式古譜中稱為「莊（椿）根腿」。楊式「十字腿」，現也屬蹬腳範圍。88 式中改稱為「十字蹬腳」。楊澄甫早年練此式時，作「單擺蓮」。《楊式太極拳》一書中也曾談到，「十字腿這個動作，原來的練法是單擺蓮，上述練法（如「蹬腳」式）是楊澄甫最後修訂定型的」。現行吳、武、孫、陳式仍有「十字

擺蓮」，即單擺蓮。楊澄甫初改十字擺蓮為蹬腳時，原係踢拗腿，故名「十字腿」，最後修訂為順式，便與「蹬腳」式無異，僅僅保留「十字腿」之名而已。

二十三、栽捶

用拳從上而下地栽擊，因其狀如將植物栽入土中，故名。此式步法與上式相連而稱為「進步」，如依單式而論，實為「上步」。武、孫式均作「踐步打捶」，陳式作「擊地捶」。

二十四、打虎勢

此式為拳術中最猛烈的殺著之一，因其勢如武松打虎，故名。一名「披身伏虎」，88式、孫式即採用此別名，武式簡作「伏虎勢」，陳式名「打虎式」，又名「獸頭勢」或「護心捶」。但第二路中另有「伏虎」，與楊式「打虎勢」對比，較第一路「獸頭勢」更為近似。

二十五、雙峰貫耳

喻其雙拳夾擊敵人兩耳，勁大無比，猶如落下兩座山峰，故名。一作「雙風貫耳」，因其勢猛手捷如旋風貫耳而擬名。吳圖南在1957年8月23日為《太極拳》一書再版所寫的「自序」中說：「太極拳中之打虎勢與雙峰貫耳等二式，在舊太極拳中無此二目，為楊班侯先生所增加。」這說明此兩式並非楊祿禪所留傳。在卞人傑《國技概論》（1936年正中書局版）所輯「陳氏世傳太極拳譜」中，也無此二式。這說明《陳式太極拳》一書中的「獸頭勢」（又名打虎勢），也可能係後人增益而成。

二十六、野馬分鬃

在行進中肢體舒展，兩手交替地上下兩分，其神態與姿勢宛如野馬奔騰時風吹馬鬃，使之忽左忽右忽上忽下地向兩邊分飛，故名。楊式在定勢時的姿勢與斜飛勢相同。

二十七、玉女穿梭

喻其左右四角穿手猶如織女穿梭一樣地輕巧敏捷，故名。88式刪除「玉女」二字，改稱為「左右穿梭」。

二十八、下　勢

武術中對仆腿向下落身，通稱為「下勢」。本式在技擊意義上為避挫敵鋒，使對方如臨深淵，有「俯之彌深」之感。其身法宜輕靈柔韌，猶如蛇身起落，故一名「蛇身下勢」。

二十九、金雞獨立

一手上揚，一手下按，一腳提起，全身獨立，其姿勢恰似金雞獨立，故名。本式在技擊上主要是撞膝法。武式、孫式作「更雞獨立」。

三十、白蛇吐信

原是形容掌指向前吞吐穿插的動作，彷彿是蛇的吐舌。《太極拳體用全訣》說：「轉身白蛇吐信烈，穿喉刺瞳敵膽碎。」《全體大用訣》說：「反身白蛇吐信變，採住敵手取雙瞳。」這些都說明此式在技擊意義上是一種點穴穿喉的毒著。據傳，前人在傳授時，因同學間互戲曾發生過嚴重誤

傷，以致楊式很早就把此式動作改成與「撇身捶」式相仿，只保留拳掌互變，以示含有穿刺的原意。吳、武、孫式及陳式第一路均無此式，但陳式第二路有此式名。

三十一、穿　掌

此係傳統拳術通用式名。外功拳也作「抽掌」或「抽袖」，形容其一掌自另一掌臂之上（或下）穿出，狀若穿捋袖子而得名。楊式原作為「高探馬」之附式，合稱「高探馬帶穿掌」。88 式獨立為「左穿掌」。吳式改作「迎面掌」（一名「撲面掌」），以左掌撲面，即改指法為掌法，但姿勢仍與楊式較接近。武式作「對心掌」，孫式作「右通臂掌」，均出右掌。陳式不列此式。

三十二、指襠捶

以拳直指（擊）敵方襠部，故名。88 式原作「摟膝指襠捶」，1976 年第二版《太極拳運動》一書中改名為「摟膝打捶」。

三十三、上步七星

上步後兩拳交錯，下肢成右虛步，從側面看其頭、肩、肘、手、髖、膝、腳七個出擊點的位置，恰似北斗七星，故名。在拳術上通稱為「七星勢」。

三十四、退步跨虎

右腳撤退一步，兩手雙分，其轉身退步雙分之勢很像跨上虎背，故名。這在拳術上也通稱為「跨虎勢」。

三十五、轉身擺蓮

360°大轉身後，用腳緣擺踢敵人。「擺蓮」，又名「擺蓮腳」或「擺蓮腿」，是武術腿法中的通用名稱，有單、雙之分。本式以雙手拍擊腳背，故又名「轉身雙擺蓮」。其轉身時上刮下掃，意含掃腿，當源於外功拳的「掃趟腿」，但只留有演變前的某些痕跡罷了。

三十六、彎弓射虎

兩臂圓撐，呈反手開弓狀，酷似獵手在馬上彎弓射虎，故名。陳式作「當頭炮」。武式除「彎弓射虎」外，另加「雙抱捶」。孫式也另加「雙撞捶」。

三十七、收　勢

即套路結束時的收拳還原勢。吳式作「合太極」，含有動靜合而歸一的意思。88式作「收勢還原」。

以上扼要地把楊式、88式太極拳基本拳式名稱都逐一作了解釋，並兼及其他各學派的式名。

其中吳、武、孫式因淵源關係較近，可觸類旁通。而陳式與楊式並行發展的年代久遠，兩者之間既有淵源關係，也存在著一定程度的相互借鑒關係，就拳式而論，兩者差異很大，其行拳節奏與風格特點都有很大的不同。

第二章
淺談怎樣才能學好太極拳

「怎樣才能學好太極拳？」這是個老生常談的題目了。但各人有各人的說法，而對初學太極拳的人來說，則不可不從頭講起。拳諺說：「初學不當真，日後功難成。」又說：「師父領進門，修練在各人。」如今既要「修練」，又要使之學有所成，那就不可不在初學之時立下心中戒約，藉以保證不打歪拳，不半途而廢。從某種意義上說，這確實比起如何掌握基本要領等問題更為重要些。

那麼，怎樣立這「心中戒約」呢？回答是：要想把拳學好，一定要做到「五心歸一」。五心，即信心、決心、恆心、耐心和精心。歸一，即歸於吾之一心，也就是讓這「五心」在我自己的心靈深處扎下根子來。現在就分別談一談這「五心」。

一、信　心

在學拳之前，先要有信心，要相信自己有能力把太極拳學會、學好，要相信自己選學的太極拳是有用的，也要相信自己在學會後能夠克服種種困難，堅持「拳打一生」的。有的人，未學就懷疑自己的能力，或懷疑拳路的優劣；迨至進入學習階段，又覺得人家進步快，自己練不出功夫。其實只要合乎要領，功夫自能日有所長，完全不必狐疑而自失志氣。楊澄甫先生說：「若費一日之功力，即得有一日之成效。」孫祿堂先生說：「練功如春起之苗，不見其增，而日

有所長。」所以，大可不必擔心成效不著，惟恐辜負了自己的一番苦功。同時，對拳術也要有個信仰，要相信自己所學的這一套太極拳對於強身、防病、祛疾、延年以及增強自衛能力都會有一定的作用，是久行必效的。若是信心嚴重不足，則學好、練好的決心就始終懸在空中。這種類型的人，不是半途而廢，便是見異思遷，能真正做到學有所成者的確是不多的。

拳家常說：「拳靠練。」拳諺也說：「名拳縱然有長短，優劣在人不在拳。」換言之，凡著名的拳種，由於經過悠久歲月的考驗，一般都是有特色、有長處的；倘若練得不好，那癥結還得從自己身上去找。總之，幹什麼都得有信心，沒信心連煮飯也會燒糊的。

二、決 心

發展體育運動是為了增強人們的體質。太極拳作為一種終身的保健手段（也可稱作「終身體育」），當你下決心去學習它時，就得下一個「活到老，學到老」的決心，而不可只下學習兩三個月的決心。這說明決心有大小、遠近之別。如果只下個「在兩三個月內學會能打」的決心，那顯然是不夠的。有的人在初學期間決心很大，學習刻苦，學會後卻覺得「太極拳不過如此」，就把它丟在腦後了。

這種「學得快，丟得快」的人，多半是天資較聰明的，那真是「聰明反被聰明誤」了。總而言之，要學習太極拳，就必須下一個「拳打一生」的決心。

三、恆 心

古人道：「有志者事竟成。」《荀子‧勸學篇》說：

「鍥而不捨，金石可鏤。」打拳也如此，全賴持之以恆。拳訣說：「練功習拳恆為貴。」拳諺也說：「拳貴久，不貴多。」這些都說明要長期堅持練習，才能有功、有效。

武術在閩、粵，俗稱「功夫」，現在國外也把中國武術譯為「功夫」（Kung fu），並已被編入英、法、德、日等國的詞典中去了。俗話說：「功夫，功夫，全在花工夫。」這話是有一定道理的。學拳最忌急求速成或追求速效，而應該強調百煉成鋼。

太極拳尤其如此。實踐證明，從保健醫療的角度觀察，近期效果往往是不鞏固的；從技擊功夫的角度觀察，則太極拳的收效，比起外功拳來必須有一個較長的錘煉過程。所有這些情況，都離不開恆心，否則仍會因缺乏恆心而喪失信心和動搖決心，最終落得個一事無成，僅僅是熱鬧了一陣子。常言道：「人若無恆，不可學藝。」而類似「一陣風」式的學拳者卻是極為常見的。由於他們在事前把學拳的事看得太輕鬆、太容易了，在稍受挫折的情況下，就打退堂鼓了。有的則因學前聽了一些誇張性的宣傳，把遠效當作近效，或把近效說得天花亂墜，但經過親身實踐了一段時間，體驗到事實沒有那麼「神」，也就因此泄氣了。有的人自己雖有恆心，但因親屬支持不夠，或者自己沒有把業餘練拳的時間安排妥帖，也會出現一些干擾。

至於練拳時懶散拖杳，未能嚴肅對待，則是最糟糕的。拳諺說：「學拳在於恆，懶漢學不成。」因此，前輩拳家歷來把「懶」字作為習拳的大敵。古代內家拳的「十四禁忌」，第一忌就是「懶散」。換言之，凡不改懶散習慣的人，在習拳上就不可能長期堅持不輟。有一些人「不練三伏、三九和雨季，只練春天、秋天中的好天氣」，說起來練

拳的資格倒挺老，但實際積累的拳齡卻短得可憐。這當然不在有恆心者之列了。一言以蔽之，有恆才能有成有效，無恆就談不上會有多大成效的。在學技擊方面也如此，不肯花工夫的人，自然就不會有多麼好的「功夫」了。

四、耐　心

太極拳主柔靜和陰守，又主張「慢中求功」。所以，學習這一門拳術要有耐心。有耐心才能練出耐久力，才能在推手時「捨己從人」。無耐心則連初學時的「慢練關」都過不了。學太極拳宜學得慢而認真，這遠比學得快而草率為好。

楊澄甫先生在《太極拳之練習談》一文中就曾指出過：「……急求速效，忽略而成，未經一載，拳、劍、刀、槍皆已學全。雖能依樣畫葫蘆，而實際未得此中三昧；一經考究其方向動作，上下內外，皆未合度。如欲改正，則式式皆須修改。且朝經改正，而夕已忘卻，故常聞人曰『習拳容易改拳難』。此語之來，皆由速成而致此。如此輩者，以誤傳誤，必致自誤誤人，最為技術前途憂者也。」

由此說明，學拳要有耐心，要做到循序漸進。對每一手一式都要仔細研究、推求，動作、姿勢須力求正確。學練要勤苦，但學習的進度宜慢而不宜快。最好是在練熟一式之後，再去學練第二式。這樣逐式打好基礎，就不至於學歪練差了再去改正。

目前各地舉辦的太極拳學習班往往以速成為號召，例如：一套傳統太極拳在兩個月內學完，而且每天教學和練習不滿一小時。這對缺乏拳術基礎的人來說是過於倉促了。雖然在學完後還可進鞏固班繼續鞏固，但學員們在初學班中已形成的一些錯誤動作或錯誤姿勢，要想在鞏固班中徹底改

沈壽太極拳文集

正，一般是不易做到的，反而卻鞏固了一些錯誤的小動作，弄得「屢教不改」，這是最使人頭痛的。所以，寧肯用三四個月時間來教初學班，用「慢教、精講、多練」的方式來教，這樣效果就會好得多了。由於學員在初學班中已培養出耐心學習和自覺鍛鍊的習慣，這樣日後丟拳的人就會少得多。

對學拳的人來說，關鍵在於能得個中三昧，而不是為了學會一種似是而非的拳術形式。但要學好、練好，務須拿出耐心和專心來。這種耐心也不止是初學所必需的，它對久練的人來說，也是一種十分必要的心理修養。俗話道：「跑馬看不成《三國志》，心急打不成太極拳。」這話不假！從中也可看出，打太極拳對於培養一個人的耐心，是具有獨特的作用的。

耐心有什麼用處呢？耐心能使人集中注意力，專心致志，堅韌不拔。這種良好的心理素質不僅僅是打太極拳所需要的，它還會給工作和學習帶來意想不到的好處，特別是能夠有效地改變人們急躁的性格。

五、精　心

也就是精心學習，使太極拳藝精益求精。初學太極拳的人應該抱定「不學則已，學必求精」的宗旨。學拳與做學問一樣，既要勤於實踐，又要勤於質疑。質疑，就是「學了要問」。先問自己，再問師友，這樣每解決一個疑問，就會使自己獲一些進步。

學拳當然最好既有明理之師的口授心傳、當面指教，又有學友、拳友的相互切磋。同時，自己也得找些有關的參考書籍，結合自己所學來鑽研一下拳法、拳理。不過，看書須

能借鑒吸取其中精華，而不是囫圇吞棗，或者看一種書就改學一種拳術套路，否則就會失去了自己的主心骨，勢必學成一個「四不像」。

古人說：「拳以德立。」又說：「習武以德為先。」所以拳藝求精也得首先講究拳德、拳風，要切實做到「尊師友，明拳理，莫逞能。」第一，不尊重師友的人，老師不願教，拳友也不願與之結友；第二，不明拳理的人，就會囿於一手一法，難於融會貫通，更談不上精益求精了；第三，學了皮毛亂逞能的人，是不知道「天外有天，樓外有樓，強中還有強中手」的，這種人不僅顯得淺薄和缺少武德，而且污染了武術界，也給自己拳藝的進步設置了障礙。

《老子》說：「少則得，多則惑。」打太極拳大都主張「以專精為尚」。所以，在一般的情況下，最好專心學練一個學派的太極拳，而不是泛泛地去練習好幾種不同學術流派的太極拳。近幾年來，報刊文章有宣傳以學會多種太極拳為先進典型的，這恐怕很難為老一輩太極拳家所贊同。因為種類一多，就很難談得上「專精」和「系統」了。明末清初的內家拳家王征南（1617～1669）說：「拳不在多，惟在熟。」太極拳也適用這一主張，所以一般是不尚氾濫的。

常言道：「天下無難事，只怕有心人。」凡能做到「五心歸一」，自然也就解決了練拳的自覺性問題。對於有決心，有毅力和有上進心的人來說，太極拳的入門既不難，精通也完全是辦得到的。為此，不論在教拳之前或教拳之時，都要啟發從學的人努力做到「五心歸一」。學者也應該經常以此來檢查自己。

至於太極拳的基本要領，則不外乎「七字」「十要」。（詳見後文《淺談太極拳的「七字要領」》。）而初學練架

48

沈壽太極拳文集

子的人，要格外注意「鬆、靜」二字。

靜，就是心靜。要有耐心和專心，不可焦躁和心猿意馬，否則舉止失措，動作、方向、姿勢都不正確，就難以把太極拳學好。太極拳主張「用意不用力」，意識要時時在先，即所謂「先在心，後在身」「刻刻留意」。而且每一定勢都有技擊的落點，落點要真切，所以初學搭架子時，最好能粗知一手一式的技擊意義，這樣才有利於做到挨著假想敵人的何處，心就用在何處，使一開始練架子，就依「無人若有人」的要求來練。但這都是指用意，而不是用力；若是誤解為用力，日久養成習慣，在練習推手、散手時，就難以做到「捨己從人」了。

有經驗的太極拳老師，憑眼睛就可看出「用意」與「用力」的區別。但為了便於使初學的人也能及時發現和鑒別自己是「用意」還是「用力」，可在搭架不久就學習單手推挽；這是太極推手中最基本的一種初級推手。

學習單手推挽，不但能增加初學者的興趣，最重要的是有助於練習心、眼、身、手、步法，以及正確認識「用意不用力」的作用。

鬆，就是體鬆。也就是鬆開全身關節，做到節節鬆沉。鬆與靜的關係極為密切：心靜才能體鬆，反之肢體就緊張；體不鬆，心也靜不了。

誰都知道，在肢體緊張時，大腦也放鬆不了。同時，體鬆與身靈、步穩的關係也特別密切：體不鬆，身手就難以做到輕靈自如；體不鬆，關節也鬆不了；關節不鬆，全身就僵滯而不沉；身不鬆沉，步履又如何能穩？因此，初學的人雖要掌握各個基本要領，但對「鬆、靜」二字，還須格外講究些。切不可一開始就把太極拳當作「硬拳」來打，否則一旦

習慣成了自然，要想糾正就很困難了。

　　練拳地點，以選擇場地平坦的綠化地帶最為相宜，其他如走廊、庭院、室內也無不可。但應以挑選空氣新鮮、陽光充足、地面平燥、環境潔淨的場所為佳，而最忌廢氣彌漫、塵土飛揚、烈日直射或地面霉濕的場所。

　　對於集體練習、兩人對練和一人獨練這三種鍛鍊方式，都應該很好地去適應和體會。一般地說，集體練習氣氛熱烈，情緒高漲，在老師指導和同學幫助下，會使初學者獲得較快的進步，而且易於養成堅持鍛鍊的習慣和團結互助的品德。

　　雙人對練，興趣濃郁，既能鑽研和提高拳藝，又能促進友誼，也是必不可少的鍛鍊方式。

　　單人獨練，則予人以寧靜恬淡的感覺，不但有利於陶冶性情，而且，體識拳理之精微，在勤學苦練的基礎上實現心悟，往往也就在這清靜的獨練時刻。為此，最好能把這三種鍛鍊方式有機地結合起來，那樣不論對身心健康和太極拳藝水準的提高，都會有良好的作用。

　　練拳服裝，以寬大為宜，不用束練功腰帶，也不宜穿有後跟的皮鞋，而應當穿平底球鞋或布鞋。「練武以德為先」，反映在人的儀表上，衣著、表情和動作習慣要有一定的自我約束。

　　練太極拳的人，不論練拳或平時，一般不可對人怒目而視。「坐如鐘，站如松」的規範，必須經常保持，而不只在練拳時才去想「虛領頂勁」。走路不可左搖右擺、弓背哈腰或腆肚昂頭。特別在待人接物上要謙遜謹慎，戒驕戒躁。在衣著方面，不穿奇裝異服，儀表大方，使練拳的人和拳架一樣，表裡都是正派的。教拳本身就是一種教育，學拳是接受

沈壽太極拳文集

拳學教育。「教不嚴，師之惰」「嚴師出高徒」這些老話，若把其中「嚴」字賦予現代意義的「嚴格要求」，那無疑是十分重要的教育格言。

練拳之前，最好先練站樁，並做些準備活動。特別在天氣寒冷的冬季，準備活動是必不可少的。練拳之後，則可用散步代替整理活動。拳諺說：「拳後走百步，到老不用上藥鋪。」這話說明整理活動所具有的積極意義。練拳之前，應脫去外衣，練拳後立即穿上。拳後出汗，可用乾布抹去，但不可立即用冷水洗澡，也不可在此時脫衣，袒胸吹風，以免受涼得病。

練拳時間，在職的人以早晚為好，工間休息時間也可見縫插針地加以利用。退休、離休的人就不限於早晚，上午和下午也可練習。但一般安排應根據個人生活習慣加以定時為好。城市或工礦地區的居民，須選擇當地廢氣較少、空氣相對潔淨的時刻和地點。

由於太極拳不屬於劇烈運動，因此，飯後或飯前練拳的間隔時間就無需太長。通常在飯後間隔半小時就可練拳，而飯前間隔有一刻鐘也就足夠了。這裡有一首《行功歌》可供大家參考：

> 練習拳時間，清晨黃昏行。
> 每回兩三遍，逐日無間停。
> 拳畢精神爽，渾身皆輕靈。
> 延年又益壽，疾病不能侵。
> 精強體自壯，生產日日新。

由於太極拳的分支流派很多，各派對練習一趟拳的完成時間，要求往往是各不相同的。即使同一流派，由於師承不同，也有快打、慢練之別。因此，很難說每回以打幾遍為

好。但若以鍛鍊時間計算，則各人每天至少需堅持練習一小時，而且不要用閑聊來代替練拳。在時間的利用上，要保證質量。每週則可隨意休息1～2天，以資調節。這一要求對一般人，尤其是中老年人，是比較相宜的。

至於太極拳運動員的正規訓練，那就必須比照其他相類似的體育項目或一般武術運動員的訓練時間來考慮安排了。目前所進行的太極拳推手比賽，反映出來的問題尚多，歸結起來，其癥結不外乎是用蠻力代替太極推手的勁路和固有風格。這雖與競賽規則還不夠成熟有關，但與訓練不足也有著莫大的關係。

從我國現存的二三十年代的拳著文獻考察，有一些知名的外功拳家，在學習了太極拳以後，都坦率地承認：若從要求掌握技擊技能的角度出發，那太極拳所需的鍛鍊過程，肯定是遠較外功拳為長的；而技擊的難度，從某種意義上說，也遠較外功拳要難掌握得多。看來這席話是比較客觀的。初學太極拳的人，既不可把太極拳看得太難學，也不可看得太容易了。

第三章
淺談太極拳的「七字要領」

　　關於太極拳的基本要領，楊澄甫先生根據祖傳家學，在《太極拳說十要》一文中闡述得很詳細。這篇文章首先發表在陳微明編著的《太極拳術》一書（1925 年上海中華書局出版）中，此後有關書籍多有轉載。半個多世紀以來，這篇論文不但被楊式太極拳愛好者奉為經典性論說，而且也受到其他各流派太極拳學者的普遍重視。

　　這顯然不是偶然現象，也不是出於對「武術權威」的迷信，而是因為這篇言簡意賅的論述，包含著楊氏祖孫三代長期鍛鍊和教學實踐的寶貴經驗。

　　為了使初學太極拳的人們能夠很快地記住太極拳的基本要領，我在早年傳授拳術時，曾把《十要》概括為「靜、鬆、穩、勻、緩、合、連」七個字。當時學拳的同學們通常把它稱為「太極拳七字要訣」。以這「七字要領」引路入門，然後再幫助大家由學習鍛鍊實踐，進一步深刻領會《十要》的精神，使之融會貫通，這樣就比較易學、易通，對迅速提高拳藝有一定作用。因為用一個字來提綱挈領，終究比一句話易於記憶；而且只有首先記住提綱，才能進一步領會每一個要領的具體內容。教學實踐證明，這一方法是行之有效的。

　　太極拳教師可在每次授拳時只講解一個字的要求內容，逐日依次講解完畢以後，再重複而系統地講解一遍。此後，就只須針對同學們在練拳過程中還存在的問題，對症下藥，

選字講解，或只用某一個字來點一點，提醒對方注意糾正就可以了。這對教、學雙方來說，都是一種「多、快、好、省」的辦法。現將這七字要領分別解釋如下。

一、靜

頭腦冷靜，心寧膽定，全神貫注，以意運身，動中求靜。總的要求是用意識引導行動。心不靜，動易亂，故七字以「靜」為首。對於採用太極拳綜合治療高血壓、冠心病、神經衰弱等慢性病的患者，「靜」字尤為重要。

二、鬆

關節鬆沉，含胸拔背，沉肩屈肘，鬆腰落胯，輕靈沉著。要輕靈而不流於漂浮，沉著而不流於僵滯；外形柔順而又須蘊有內在力量。太極拳的勁路「以柔為主，剛柔相濟」，但入門務須「由鬆入柔」。拳諺說：「關節不鬆，柔勁不來。」

三、穩

虛靈頂勁，立身中正，虛實分明，氣沉丹田，步似貓行。進退轉換，要分清虛實，步隨身腰變換，須穩健、輕靈、沉著。「穩」字是個重心問題，凡能精通「獨立平衡」和「隨遇平衡」等重心原理，行拳也就無處不穩了。

四、勻

動作均勻，勁若抽絲，柔和圓活，呼吸自然，深長細勻。每一動作的開合、虛實、起落、旋轉、順逆、直橫，都必須由程度不同的弧形動作構成，以迂為直，不可直進直

沈壽太極拳文集

出。同時，不論演拳的速度快慢，均應保持相對的勻速，而不可忽快忽慢或中斷遲鈍。

五、緩

速度緩慢，慢中求功，從容不迫，毫不費力，狀如鷹翔。初學時，不論走架或推手，都宜慢不宜快，慢則呼吸自然深長，動作也自然充分。用正常速度練一套楊式太極拳約20～25分鐘，但在競賽時，則應在競賽規則規定的時間內完成套路。凡以快速度演練時，動作仍須充分，要快而不亂，而不可草率了事。

有的人曲解「練架子愈慢愈好」的含義，忽視了「緩慢而不滯頓」的原則，造成片面求慢，把一套拳打到 30 分鐘以上，但結果大都犯有滯頓的毛病，這也是不妥當的。

六、合

內外相合，上下相隨，兩膊相繫，周身協調，內外一氣。在內：心與意合、意與氣合、氣與勁合，此為「內三合」。在外：手與足合、肘與膝合、肩與胯合，此為「外三合」。兩者合而稱為「拳術六合」。

拳術動作不外乎「開、合」兩字，開時，心意與手足俱開；合時，心意與手足俱合，這才是「內外一氣」。能內外合成一氣，才能周身協調一致，隨意而動，動而不亂。

七、連

拳式連貫，綿綿不斷，節節貫串，不滯不頓，一氣呵成。動作之間的銜接必須連貫一氣，不可有中斷現象。猶如長江大海，滔滔不絕；如行雲流水，連綿不斷。

由於連綿不斷的特點，形成了「等動力勻速運動」，它對充分利用運動慣性和節省體能消耗等方面，都具有重要的作用。

以上七個要領，是一個相輔相成的整體，相互影響，相互促進。它在武術技術和體育醫療等方面所產生的積極意義是一致的，而不是相互矛盾的。

為此，初學的人，首先應力求姿勢正確，進而逐步掌握上述要領和運動速度。這些要領，主要依靠平時練拳時經常對照自己，如有不得要領之處，必須立即糾正。只有這樣，才能功深而拳正。反之，如果練拳時馬馬虎虎，搖搖擺擺，日久積習難返，功越深而拳越歪，也就難以達到預期的鍛鍊效果了。

此外，有《太極拳十要訣》一首，也是筆者根據楊澄甫先生《太極拳說十要》編寫的，可供初學者參考。

> 虛靈頂勁神貫頂，含胸拔背胸莫挺。
> 鬆腰落胯下盤穩，虛實分明步輕靈。
> 沉肩墜肘始得力，切記用意不用力。
> 上下相隨勁完整，內外結合為一氣。
> 相連不斷似流水，動中求靜氣順遂。
> 細心體會朝暮練，練功習拳恆為貴。

最後，必須說明一下：《七字訣》和《十要訣》便於記憶，便於教學，對迅速提高拳藝有一定的作用，它是從《太極拳說十要》的基礎上提煉出來的；然而任何拳訣都必須領會其精神實質，並把它貫串到拳術練習的反覆實踐中去，惟有如此，才能發揮拳訣的應有作用。

因為理論是從實踐中得來的，只有勤於實踐的人，才能

沈壽太極拳文集

真正應用理論去指導實踐，並用實踐來檢驗理論。相反地，如果光會背誦一些拳訣，而不肯進行勤苦的實踐，那再好的拳訣對他來說也是無濟於事的。這就是我們經常所說的「實踐出真知」的意思了。

筆者按：以楊振鐸老師爲會長的山西省楊式太極拳研究會，在 1982 年第二期會刊中，曾輯載拙作《太極拳十要訣》《太極拳七字要訣注》和《站樁四平訣》三篇拳訣。這三篇拳訣在各地間輾轉傳抄、翻印的日子既久，文字已漸見出入。《太極拳十要訣》可以本文所載爲準。《太極拳七字要訣注》，即在本文所載「七字要領」的解釋中，取每「字」解釋的前面各五句（合計七字和四言三十五句）。《站樁四平訣》則是內家氣功站樁的要訣。現將後兩首分錄如下，以爲參考：

太極拳七字要訣注

一、靜：頭腦冷靜，心寧膽定，全神貫注，以意運身，動中求靜。

二、鬆：關節鬆沉，含胸拔背，沉肩屈肘，鬆腰落胯，輕靈沉著。

三、穩：虛靈頂勁，立身中正，虛實分明，氣沉丹田，步似貓行。

四、匀：動作均匀，勁若抽絲，柔和圓活，呼吸自然，深長細匀。

五、緩：速度緩慢，慢中求功，從容不迫，毫不費力，狀如鷹翔。

六、合：內外相合，上下相隨，兩膊相繫，周身協調，內外一氣。

七、連：拳式連貫，綿綿不斷，節節貫串，不滯不頓，
一氣呵成。

站椿四平訣

　　練拳不練功，功夫終不深；
　　練拳又練功，到老功自成。
　　內家練椿功，首重四平正；
　　心平則氣正，眼平則意正；
　　頂平則頭正，肩平則身正，
　　渾然任氣行，形圓勁自增。

第四章
論太極拳的用意和呼吸方法

第一節　用　意

練太極拳日子較長的人，就會提出練太極拳應該怎樣練意、怎樣把呼吸與動作配合起來等等問題。這確實是比較重要的問題。拳諺說「內功首重練意」，而太極拳正是內功拳的一種。《拳法·剛柔篇》說「剛柔轉換，全在用意。」又說：「既習內功，豈可無意？」可見古今太極拳理論都非常強調「以意領先」。《太極拳體用全訣》開篇第一句話就說：「太極拳術重用意。」這些理論都說明了練太極拳的人首先要著重鍛鍊意識，把鍛鍊意識放在第一位，用意識引導行動。

這樣做的好處是使注意力高度集中於運動，使鍛鍊意識與鍛鍊肢體結合起來，從而給大腦皮層以良好的刺激，使大腦的功能得到有效的改善。這對預防和治療某些神經性疾病大有好處，對於調節勞逸、保健強身也十分重要。

若從技擊角度來講，「以意領先」的主要作用是使競技中的肢體感覺敏銳，從而使「後人發，先人至」這一戰略戰術的實現成為可能。但必須說明，不論是防病、療疾，還是競技，其練意效果的取得，都不是一蹴即就的，而必須經過多年的持久鍛鍊才能獲得。拳諺說的「練拳習功，貴在堅持」，就是這個道理。所謂「用意」，也就是運意或練意。

太極拳特別強調「用意不用力」。楊澄甫先生在《太極拳說十要》一文中說：「練太極拳全身鬆開，不使有分毫之拙勁，以留滯於筋骨血脈之間以自縛束，然後能輕靈變化，圓轉自如。或疑不用力何以能長力？蓋人身之有經絡，如地之有溝洫，溝洫不塞而水行，經絡不閉則氣通。如渾身僵勁充滿經絡，氣血停滯，轉動不靈，牽一髮而全身動矣。若不用力而用意，意之所至，氣即至焉。如是氣血流注，日日貫輸，周流全身，無時停滯。久久練習，則得真正內勁，即太極拳論中所云『極柔軟，然後能極堅剛』也。」這段話說明了所謂「用意」並不是神秘的、複雜的，而僅僅要求做到鬆開全身，以意運臂，以氣貫指。這樣練習日久，自能達到「意之所至，氣即至焉」。換句話說，太極拳把用意與運氣、運勁三者自然地結合起來了。

但在用意時，意識只可導引動作，而切忌貫注於呼吸或勁力上。武禹襄在解釋《太極拳論》時說：「全身意在蓄神，不在氣，在氣則滯。」又說：「尚氣者無力，養氣者純剛。」這些話是說，如果意識貫注於呼吸，其動作與神氣都會遲滯不靈，使全身僵硬無力。

《拳法‧精氣篇》也說：「意莫在氣，在氣必遏；亦不在力，在力則澀。」這就是說，既不可尚氣，也不可尚力。如果把意識貫注於勁力上，一味用勁，這時氣和勁反而會堵塞於肌筋關節，而發生勁路不暢的現象，在技術上也就會因肢體僵硬而難以運化自如了。

傅鍾文老師在《楊式太極拳》一書中也曾談到：「至於運勁，也就是『先在心，後在身』，以意貫於這個部位，意到勁到，意之所注處，就有所感覺。」「並不是就在此處用力、使勁或緊張，而是仍然要求肌肉放鬆，動作緩慢、柔

和，並仍須按照共同要點來做動作的。」

綜上所述，太極拳的用意，就是用意識養蓄精神來引導動作，但用意的具體方法不只一種，較常用的可歸納為下列三種：

一、結合動作用意

《十三勢行功心解》說：「先在心，後在身。」就是在未動之前先想動作，既動之後，邊做邊想下一個動作。

例如：做左右摟膝拗步，在未出右手推掌之前，先想推掌動作，接著便做推掌動作；在開始推掌時，便想下一個右摟膝拗步動作。這樣連綿地邊想邊做、邊做邊想，就把精神意識與動作結合起來了。意識既與動作相結合，而動作又自然地同呼吸和勁力相結合，這時意、氣、勁三者也就合而為一了。

由於人的大腦皮層中，計劃與執行是由兩個部分分管的，計劃就是想，執行就是指揮肢體去做。計劃是必須領先的，因此，「先想後做，邊做邊想」是符合大腦生理機能的。反之，如果只是「想一步，做一步」，而不是「做第一步時就同時想第二步」，那麼，動作必然會呆滯不靈。

初學的人因為還不懂得太極拳的技擊意義與方法，所以，只能是結合動作來用意。但動作熟練以後，用意也就能逐步細緻起來，即隨著動作的不斷變換，用意指導手臂等部位的勁點（著力點）也不斷轉移，逐步做到「以意運臂」「運勁如抽絲」地連綿不斷。這樣日久，凡以意貫注的部位，就會微微地有所感覺，而練拳後手掌也會有通氣和發熱的感覺，覺得渾身分外舒適。

二、結合技擊用意

久練太極拳的人，最好能夠懂得全套太極拳一手、一式的技擊意義（可以參看楊澄甫著《太極拳體用全書》），也就是對太極拳的每一式動作，都問它一個為什麼。這些技擊意義雖然都是假設性的，但懂了以後，走架時結合技擊方法用意，不但能使用意更趨細緻，而且也能提高鍛鍊的興趣。

拳諺所說的「有人若無人，無人人打影」，前者是指與人對手，要在戰略上藐視敵人；後者就是指走架時要結合技擊用意，如同實戰演習。

這樣鍛鍊時能全神貫注，以意領先，根據技擊要求來指導手、臂各部勁點的轉移，也就能使姿勢和勁路做到準確無誤，這對兼練太極拳推手的人來說是更為重要的。

三、結合沉浮用意

走架不在水中，而是在空氣中。但在練太極拳入靜後，身體的沉浮感是比較明顯的。吸氣時浮，呼氣時沉，其原理與在水中完全相同。因此，在打拳時結合沉浮，就像在水中游泳一樣，隨波蕩漾，而又能制服波浪，這也是用意的一種方法。郝為真晚年曾說：「自初發悟，至於有成，走架之境凡三變：初若身立水中，隨水波之推蕩；稍進，則如善游者與水相忘，故走架時有足不履地、任意浮沉之概；又進，則步愈輕靈，若自忘其身，有如行於水面、飄然為凌雲之遊也。」這段話可以作為沉浮用意的參考。

用意的方法大體如此。但不論採用何種用意方法，精神既要專注，用意又不可太深。因為用意太深，對全身照顧不周，反易失誤，甚至弄得肢體僵硬或手足錯亂。所以，用意

沈壽太極拳文集

須做到「意在若有若無之間」。換句話說，用意有主、次之分，既要以意運臂，把意貫注於勁點，而又不可不照顧到全身上下內外。物極必反，凡事都宜適度，過之必失。這對太極拳的用意來說，也不例外。

第二節　呼　吸

太極拳源遠流長，學派繁多，但各學派在呼吸問題上一致主張採用腹式呼吸。凡用橫膈膜的升降來帶動呼吸、從而形成腹部的起伏鼓蕩，叫腹式呼吸；而以胸廓的開合起伏來帶動呼吸的，叫胸式呼吸。

平日在靜呼吸時，男子多腹式呼吸，女子多胸式呼吸。但在一般情況下，不論男女老幼，胸、腹式呼吸都是兼而有之的。太極拳強調採用腹式呼吸，是為了不致因胸廓起伏度太大而使氣血上湧，同時也不致使重心過於上升而有失下盤的穩定。由於腹式呼吸使臍下的丹田穴位（丹田，為石門穴的別名）明顯地起伏鼓蕩，因此，能做到腹式呼吸，也就做到了「氣沉丹田」。但腹式呼吸法不只一種，太極拳較常用的呼吸法有下列三種：

一、自然呼吸法

自然呼吸法也叫「腹式正呼吸法」。呼吸時小腹部要任其自然地起伏鼓蕩，既要適度地加深呼吸，而又不可憋氣。這樣逐步地做到深、長、細、勻、穩、緩、靜七個字的基本要求，術語上就叫「氣沉丹田」。

能夠氣沉丹田，便能使氣血下行而不致上浮，這樣就有助於運動時下盤的穩固。自然呼吸在吸氣時因橫膈膜下降，

以致小腹部向外鼓出，這時肺部自然向下舒展，從而保證外界有大量空氣進入肺部。

由於這種呼吸法純任自然，因此，對人體健康是有益無害的。楊式太極拳主張盡量採用腹式自然呼吸法，這對初學太極拳的人尤為相宜。

二、逆式呼吸法

逆式呼吸法又叫「腹式逆呼吸法」。吸氣時小腹向裡收縮，呼氣時小腹向外鼓出，這與腹式自然呼吸恰好相反。由於逆式呼吸在吸氣時橫膈膜上升，小腹部向裡收縮，而肺的底部因被橫膈膜頂起，肺組織就不得不向四周擴張，以保證外界有更多空氣進入肺部。

由於這種呼吸運動較腹式自然呼吸法劇烈得多，因此，如要採用逆式呼吸法，最好在堅持練拳三五年以後。因為那時呼吸肌與肺部經過一段時間的鍛鍊，都已較為發達，能夠經受逆式呼吸中橫膈膜肌升降的劇烈運動。

但在練太極拳時，不論採用何種呼吸法，都應做到「吸之綿綿，呼之微微」。對於呼吸的加深和調勻，都不可操之過急，更不可有憋氣的情況。否則，會因憋氣而發生岔氣、胸悶、頭暈等現象，給健康帶來不良影響。

三、發聲呼吸法

發聲呼吸法是一般只用於太極拳推手運動或練習技法時的一種呼吸法，但也有用於走架和療病的，然而流傳一直不廣。楊澄甫先生傳有「推手放勁三氣法」，即：「推手練習放勁時，向上打，意欲將對方擲上屋頂，這時口發『哼』音；向下打時，意欲將對方擊入地中，這時口發『哈』音；

沈壽太極拳文集

向遠打，意欲將對方拍透入牆壁，這時口發『咳』音。」

我國拳術歷來有開聲吐氣的要求，所以拳訣有「吐氣須發聲」「發聲使驚怪」「一氣哈而遠」「哼哈兩氣妙無窮」「開聲吐氣敵膽寒」等等說法，說明這種呼吸法不僅能增大呼吸量，而且能給對方以一種威懾性的聲勢，並有助於壯大自己發勁的力量，大體上相當於現代部隊練習劈刺時的喊「殺」聲。現在只有南拳在走架發力時仍保持了發聲吐氣的獨特風格。

以上「推手發放三氣法」的「哼」聲，似應為以鼻發音，而「哈」聲是以口發音，「咳」聲應是以喉發音。上面所說都是「以口發音」，可能係後人傳抄錯誤所致。

關於推手放勁，武禹襄也傳有「打手撒放八字」。「打手撒放」即「推手放勁」，亦即「推手放勁八氣法」，是掤（上平聲）、業（入聲）、噫（上聲）、咳（入聲）、呼（上聲）、吭、呵、哈八氣，其方法與「三氣法」類同。此外，太極拳也有採用從古代吐納術（即今所謂「氣功療法」）移植過來的「六氣呼吸法」等，用於走架和療病。這六氣是呬、呵、呼、噓、吹、嘻，而以呵音為主。其具體方法見明代高濂著述、鐘惺校閱的《遵生八箋》卷九，這裡就不詳述了。

除上述三種呼吸法外，尚有「丹田內轉」「大、小周天」等等呼吸法，但採用的人不多。總之，儘管古今吐納術的任何一種呼吸法都可被太極拳汲取採用，但其中有些呼吸法不合乎拳術的要求，或者是一些充滿封建唯心論而沒有實用價值的糟粕，所以，採用時必須有所選擇。

太極拳對於呼吸問題十分重視。人在生活中每時每刻都在呼吸，一旦呼吸停止，人也就死亡了，這說明呼吸對維持

生命活動是極為重要的。呼吸有「外呼吸」與「內呼吸」之分。在中國醫學與武術著作中，一般把外呼吸叫做「外氣」，把內呼吸叫做「內氣」。但其說法與現代醫學理論略有不同。

中國醫學認為：人體賴以維持生命的重要物質是自然之氣和水穀精微。體外自然之氣，由肺吸入，體內水穀精微，由脾上輸於肺，兩氣結合，稱為「宗氣」。宗氣積聚於胸口膻中穴，上出咽喉以行呼吸，下貫心脈以遍布全身。由此說明，宗氣主要是指「內氣」或「經絡之氣」。而內氣的運行不僅靠肺，也靠心脾，因此才有「氣行血亦行」的說法。上述「心脈」兩字不僅指心血管系統，而是泛指整個經絡系統，即認為內氣是運行於經絡的。

《十三勢行功心解》說：「能呼吸，然後能靈活。」這是指外氣而言的，意思是說，呼吸舒暢，肢體才能靈活；反之，如呼吸不暢，動作就必然遲滯不靈。

至於《太極拳說十要》說「經絡不閉則氣通」、《十三勢歌》說「氣遍身軀不少滯」、《十三勢行功心解》說「行氣如九曲珠，無往不利」等等，都是指內氣而說的。那麼，內氣與勁力又有什麼關係呢？俗話說「氣力」或「力氣」，這就是把氣與力聯繫在一起了，說明「有氣才有力，有力必有氣」。現代運動生理科學研究了呼吸與力量的關係，其結論是：吸氣時力量較小，呼氣時力量較大，閉氣時力量最大。這表明外氣的呼出，恰好是內氣到達四肢末梢的時候，因此肢體力量較大。

我國拳術的呼吸與動作配合問題，是符合這個原理的。由於拳術是從古代搏鬥技藝發展而來的，所以，其呼吸與動作的配合，就必須充分考慮到力量的發揮問題。其中閉氣的

沈壽太極拳文集

力量雖然是最大的，但閉氣不慎時容易傷身。因此，太極拳一般是不主張閉氣的。由於吸氣時力量最小，重心較高，有利於蓄勢和運化；呼氣時力量較大，重心較低，有利於發勁。根據這個原理，於是，「發呼蓄吸」就成了太極拳的呼吸與動作配合的一條主要原則了。再從不同角度引申和歸納，就產生了下列幾條原則：

1.以技擊假設的蓄發為例，發呼蓄吸。

如「摟膝拗步」，環臂蓄勢時為蓄、為吸，推掌擊出時為發、為呼。

2.以外形的開合為例，開呼合吸。

如「十字手」或「提手上勢」，兩手分開時為開、為呼，兩手合攏時為合、為吸；再如「野馬分鬃」，抱球時為合、為吸，兩臂分開為開、為呼。

3.以內在勁路的虛實為例，實呼虛吸。

如「搬攔捶」，搬壓至腰拳過程的勁路由實到虛，為虛，為吸，腰拳至打捶過程的勁路由虛到實，為實、為呼。

4.以身體的升降為例，降呼升吸。

如「金雞獨立」，提膝時身法上升，為升、為吸，屈膝換步時，為降、為呼。「白鶴亮翅」兩手分時，應屬開，但因其身法上升，所以一般仍作為升、為吸來處理，且在身法上升時深深吸氣。再如「下勢」，身法下降時為呼，由下勢起身時為吸。

5.以身法的進退為例，進呼退吸。

如「攬雀尾」之掤式，身法由坐虛步向前變為弓步，為進、為呼，如捋式的身法由弓步後坐，變為坐虛步，為退、為吸。

辯證地遵循以上五條原則，大體上足以使呼吸與動作很

好地配合協調一致了。但也還有個別過渡動作，由於其運行的線路較一般動作為長，如一次呼吸感到憋氣而不夠舒暢的話，可以加個小呼吸，或者分為兩次勻速的呼吸。

這說明太極拳的呼吸與動作的配合是有一定規律的，但也有靈活的餘地，既不是一些人所認為的「太極拳的呼吸是漫無規律的」，也不是另一些人所認為的「練拳時各人的呼吸規律絕對相同，是沒有靈活餘地的」。

練習呼吸與動作的配合，都必須循序漸進，才能獲益，而不致使身體受到意外的傷害。

對於初學太極拳的人來說，應該採取口呼鼻吸，呼吸純任自然，切不可過早地去考慮呼吸與動作的配合問題。因為這時還正在學習動作和姿勢，或者才學會拳架不久，如果急於要做到呼吸與動作的相互配合，結果往往會顧此失彼，弄得動作彆彆扭扭，姿勢掌握不好，而呼吸也就更不自然了。

為此，我們勸初學的人不要性急，第一步先做到呼吸任其自然，在堅持練拳一年以後，再著手去解決呼吸與動作的配合問題。

初學呼吸與動作配合的人，最好在練拳之前專門進行一次深呼吸運動，可採用「起勢」或定步「雲手」等式。如採用「起勢」，當兩手前平舉時為吸，兩手下落時為呼，這樣一呼一吸地多練習幾次，等把呼吸與動作調勻，並做到呼吸深、長、細、勻、穩、緩、靜以後，再進行走架。也可以在練拳前站樁幾分鐘，用意暗想呼吸與動作的配合。這些都是提高走架效果的良好辦法，猶如在打拳前練了一次氣功。

有的人問：太極拳呼吸時要否提肛？

提肛就是收縮肛門的括約肌，也是閉氣時的一種形式。古代拳家認為咬牙與提肛能夠增加力量；醫學家認為練習提

肛能輔助治療遺精、脫肛、便秘等疾病。但提肛一般是結合閉氣的，所以初學的人不宜練，久學的人也要慎練。因為我們打太極拳的目的是為了增強體質，更好地去從事工作，因此，要防止因練習不慎而傷身，何況太極拳歷來是主張一切取法於自然的。

有的人把提肛閉氣的方法神秘化，其實提肛閉氣的方法並不複雜，只須在吸氣結束時提肛，同時閉氣，呼氣時放鬆括約肌；反之，在呼氣結束時提肛，同時閉氣，吸氣時放鬆括約肌，這兩種方法都可採用。

在武術上多數是配合逆式呼吸法來進行閉氣的。就其方法來說，沒有什麼神秘可言。古人說過：呼吸自然是沒有害處的（「氣以直養而無害」）。因此，一般以不強調提肛、閉氣等為宜。

第五章
論初學太極拳易犯的毛病

太極拳自新中國成立以來，隨著人民群眾物質和精神生活的逐步改善，得到了日益廣泛的開展。參加這項活動的，不僅有長年堅持練拳的老行家，同時也不斷參加進來一批又一批對打拳逐漸產生興趣的初學者。這些初學者在開始學拳時往往熱情很高，但是，由於對太極拳的特點還不熟悉，學練初期難免出現這樣或那樣的毛病；倘不及時引起注意，長此下去就會練成歪拳，到那時候再來糾正，就要事倍功半，不易取得理想效果了。

為此，筆者根據早年從事太極拳教學的粗淺心得，就初學太極拳易犯的毛病歸納出以下幾點糾偏經驗，謹在這裡奉獻給同好們作參考，並請教於從事太極拳研究和教學工作的專家們。

初學太極拳有哪些常見易犯的毛病呢？歸納起來，大致可分為以下十二條。

一、精神不專

練太極拳要求思想集中，全神貫注於動作，做到「神聚、心靜、意專、體鬆」。這雖然不是初學的人所能完全做到的，但卻是從學習開始就要認真注意和鍛鍊的。人的精神能否高度集中，這是意志強弱的一種表現。所以，任何傳統拳術都十分重視這種意志鍛鍊，僅僅是鍛鍊的方法、方式彼此有所不同而已。

太極拳要求「慢中求功」，而初學的人走架普遍偏快，並有心神不靜、心猿意馬等現象。究其原因往往是多方面的：或自訴「性情急躁」，或因「神經衰弱，思緒紛紛」，或說「秉性好動」。當然，客觀上也存在著動作不夠熟練、兩腿虛實不夠分明等等緣故。然而從心理方面分析，關鍵問題在於注意力不集中。因此，務須強調克服注意力不集中的毛病，逐漸養成能夠迅速而高度地集中注意力的習慣，怎樣才能養成這種習慣呢？

（一）嚴肅對待練拳，把它列為每天練 1～2 次，每週練 5～6 天的必修課。要堅持定時練拳，不輕易占用練拳時間。

（二）在打拳之前做好準備活動，如先練幾式基本功或基本動作，促使自己既有練拳的渴求，又有「動中求靜」的思想準備，然後由預備勢靜站片刻，調勻呼吸，集中精神，達到心平氣和、神凝意專。

（三）打拳時要特別注意「先在心，後在身」，用意識支配動作。精神要提得起，頭部要向上頂起，兩眼以向前平視為原則，同時做到「眼隨手轉，手眼相隨」，借以把全部注意力傾注到動作中去。在神凝、氣順、身穩的情況下，做到一手一式，從容不迫地慢中求功，不受外界干擾，日久自能逐步達到「處動若靜」的境界。

要做到這三點，雖然需有一個較長的鍛鍊實踐的過程，但如從學習開始就自覺認真地去做，那麼經過一兩年時間，也就能初步養成堅持練拳以及練拳時精神專注的良好習慣了。

古今拳家歷來認為懶散是拳術的大忌。如果練拳時精神提不起或意志不專一，特別是在打拳時東張西望，如捕風捉影；或是顧東打西，精神渙散；或是兩眼無光，如睡夢未

醒；或是心急慌忙，猶恐誤了火車一般，所有這些，都不符合太極拳術所具有的技擊性、醫療性和藝術性的統一要求，同時，也會嚴重地影響到一個人在練拳時的精神面貌。

常言道：「拳技以沉著為本。」而精神的沉著首先表現在眼神上。眼法是拳術五法之一。拳諺也說「拳技以眼為尊」「眼為心之苗」，鍛鍊眼法與集中注意力的關係十分密切。練太極拳雖不必像練外功拳那樣強調「眼如鷹隼」或「怒而不惡」等眼法要求，但至少也要保持目光自然，炯炯有神。有的人把養生氣功的「目若垂簾」搬用到太極拳的走架中去，使之狀如瞎子摸魚。須知以此作為養生保健雖無不可，然而若以拳藝的要求來衡量，那是不妥切的。

二、口腹閉氣

在太極拳的個別學派中，是有主張採用逆呼吸或配合提肛閉氣的，但多數學派都主張「口呼鼻吸，純任自然」。傳統太極拳在一定程度上汲取了我國古代導引吐納的基本理論，而導引吐納素來強調「以順乎自然為貴」。

有的人在打拳後感到氣喘，那多半是因口腹閉氣所引起的。有的人過急地想把呼吸與動作完全結合起來，那也會出現不自覺的口腹閉氣。

楊澄甫先生在《太極拳之練習談》一文中，就特別強調「口腹不可閉氣」，認為初學走架時氣喘身搖，「其病皆由閉氣與起強勁」。這道理其實也很簡單，呼吸自然是有益無害的。為了保持肺部較順暢地換氣，在運動量增大時，可以「口微張，齒輕叩」，讓口、鼻一起呼吸。

關於呼吸與動作相結合的問題，初學時切勿操之過急，可以先求動作熟練，而使呼吸純任自然。在堅持練拳一年以

後，再去解決呼吸與動作的配合問題，這時只須稍加關注，遵循蓄吸發呼、合吸開呼、虛吸實呼、升吸降呼、退吸進呼等基本規律，自然能順利做到相互結合的。反之，如在動作尚未熟練時就急於去配合呼吸，那反而會弄得渾身僵硬，進退變換不靈，甚至引起動作錯亂等現象，那時呼吸也就更不自然了。

附帶地說明一下，中國傳統拳術的呼吸與張弛相合的關係，是吸弛呼張。這與練習拉力器、啞鈴等來自西方健身運動的用勁和放鬆的方法恰恰相反。當然一弛一張是相對的說法。所謂「氣宜鼓盪」，也只是指純任腹部自然地起伏鼓盪，而決不是教人像拼足力氣地拉風箱一樣。否則不但於健康無益，日久相反地會引起氣促胸悶、岔氣或氣痞，甚至發生疝氣等氣症。這樣就弄巧成拙，本欲養生反而傷身了，所以是不可不注意的。

為了便於初學者日後配合呼吸時的參考，現將動作配合呼吸的基本原則列簡表如下：

陰	吸	柔	虛	蓄	合	升	退	屈	起	奇	吞	輕	迂	弛	收	靜	內
陽	呼	剛	實	發	開	降	進	伸	落	正	吐	沉	直	張	放	動	外

三、放鬆不夠

太極拳是柔性拳術，曾有「沾綿拳」「化拳」等別名，它的技擊特點便是以「以柔克剛」見長的。所以，初學太極拳尤宜從鬆柔入手，力求柔順。

楊澄甫先生特別強調「用意不用力」，他說：「練太極

拳全身鬆開，不使有分毫之拙勁，以留滯於筋骨血脈之間以自縛束，然後能輕靈變化，圓轉自如。」又說：「或疑不用力何以能長力？蓋人身之有經絡，如地之有溝洫，溝洫不塞而水行，經絡不閉則氣通。如渾身僵勁充滿經絡，氣血停滯，轉動不靈，牽一髮而全身動矣。若不用力而用意，意之所至，氣即至焉。如是氣血流注，日日貫輸，周流全身，無時停滯。久久練習，則得真正內勁，即太極拳論中所云『極柔軟，然後能極堅剛』也。」

對於這段話的理解，很多人都只認為「不用力」就是「不用拙力」。其實這只說對了一半，結果還是在「用力」，一用力，肢體自然難以鬆柔了。關鍵在於要求全面做到「用意而不用力」，即：鬆開全身，以意運臂，以眼領手，以氣貫指；而「意在精神」，既不在氣，也不在力。這樣練習日久，自能達到「意之所至，氣即至焉」。亦即拳諺所說「意到則氣到，氣到則勁自到」。所以不僅僅是「不用拙力」，而是教你不要把意識傾注到用力的方面去。因為未練過太極拳的人習慣於使用直力，意識一經注意到用力上去，就會使肌肉僵硬，從而也就產生了程度不同的拙勁。而太極拳之所以被人稱「圓運動」，正是因為它的動作如環之無端，運用的都是圓活之力，即所謂「太極勁」。

以上兩種力的動力定型是迥然不同的。因此，用太極拳的術語來說，初學的人必須經過一個「換勁」的過程；在「換勁」的過程中，務須由鬆入柔，漸至剛柔相濟。這個過程顯然不是一蹴而就的。

初學者大都只是從理論上注意到不用拙力，而沒有真正認識到不要用意識去關注用力問題，以致還是無法充分放鬆肢體，而且依然不時地產生著程度不同的拙力。

有的人反問：「不用力還能打拳？」這顯然是曲解太極拳用意的理論了。有人則主觀地認為：「太極拳不是也有運勁、貫勁的說法嗎？既說要運勁，那又怎能不用力呢？否則又怎麼理解『以小力勝大力』呢？」這是把太極拳的術語與民間一般口語的概念混為一談了。

　　其實運勁、貫勁與用意三者是統一的，傅鍾文老師在《楊式太極拳》一書中解釋得非常清楚，他說：「至於運勁，也就是『先在心，後在身』，以意貫於這個部位，意到勁到，意之所注處，就有所感覺。」又說：「並不是就在此處用力、使勁或緊張，而是仍然要求肌肉放鬆，動作緩慢、柔和，並仍須按照共同要點來做動作的。」結合技擊來說，也就是「何處著人，就把意貫於那一部位」。至於「以小力勝大力」，那指的是客觀的力，而上面所說的都是主觀的用意，若把這兩者混為一談，那就永遠纏不清了。

　　由於對上述基本理論理解得不透徹，結果不但初學時肢體僵硬，有的同好練走架、推手十幾年，甚至幾十年，仍不免在推手中老是犯「雙重」的毛病。歸根結底這大都還是因為初學時沒有打好基礎、換好勁的緣故。

　　至於貫勁，也不可操之過急，應該先做到全身放鬆，動作穩定、沉著、輕靈而熟練，然後再結合技擊要求去「貫勁」。即使不明技擊要求，只要做到「運勁如抽絲」，也同樣能收到保健和醫療的效果。

　　而要做到全身充分放鬆，尤須注意使全身關節節節鬆沉，如果關節鬆不開，那麼肌肉、筋脈也是難以充分放鬆的。肢體不鬆，心神就難以充分鬆靜，動作也很難做到輕靈圓活。所以，不僅「鬆、靜」二字是互為因果的，而且「鬆」是輕靈圓活的先決條件。由此可見，肢體充分放鬆是

不容忽視的關鍵問題之一。

四、立身不正

凡是頭項不正，點頭哈腰，兩肩歪斜搖擺，上身前俯後仰；或者因為不重視「外三合」（即「肩與髖合，肘與膝合，手與腳合」），以致「上下脫榫」，都會使人體重心的垂直線偏向底盤的邊緣，使人體老是處於不穩定狀態，這就叫做「立身不正」。

傳統太極拳，尤其是楊式太極拳，是最講究「立身中正」的，因為這是人體運動時使下盤穩固的基本條件之一。傳統楊式太極拳，自陳長興以下經歷楊氏三代，在流傳至今的近兩百年的時間裡，始終保持了「立身中正」的獨特風格。其他如陳式、吳式、武式、孫式等太極拳，凡是經久流傳不衰的各學派，儘管架有大小，勢有不同，卻也無不遵循清初王宗岳《太極拳論》一文中「立如平準，活似車輪」的基本要求。

平，天平，即把身軀比作天平的主幹，把兩手比作天平稱盤，惟有主幹正直，天平的其他部分才能配合一致地起到準確權衡物體的作用。

其實幾乎所有傳統拳術都有著與此相類的要求，例如《四平訣》說：「心平則氣正，頂平則頭正，肩平則身正，腿平則勁正。」（按：有的把末句改為「眼平則意正」，並改按「心、眼、頂、肩」的順序排列，但其要求立身中正的意義是不變的）《四平訣》就是具體地說明如何才能做到「立身中正」。

為什麼打拳一定要求「立身中正」、而不可歪斜搖擺呢？這是因為拳術必須符合人體運動力學原理。雖然古代拳

家都沒有讀過物理學，然而拳術實踐經驗告訴他們：如果不符合這一客觀真理，那麼，人體在拳術運動中就難以穩定，即使不跌跟斗，也難以克敵制勝。太極拳有關闡述「立身中正」的理論很多，如清代武禹襄《十三勢行功心解》說「立身須中正安舒，支撐八面」，王宗岳《十三勢行功歌》說「尾閭中正神貫頂，滿身輕利頂頭懸」，等等皆是。

　　總之，頭部要向上頂起，下頦要微微內收，襠部要向下沉落，自腰部以下至尾椎的尾閭骨要自然正直；自頭頂百會穴至襠下會陰穴，猶如有一條無形的直線串連著，使全身始終保持中正安舒。

　　然而上述只是身法的一條基本原則，如果機械硬套，那身法就流於呆板遲滯了，又何能做到「滿身輕利」呢？所以尚有「偏中求正」的補充要求。例如：在一腳獨立支撐身體的時候，身軀就應該有意識地稍微偏向一側，以使重垂線仍處於底盤的中心，這就叫「偏中求正」。再如：「栽捶」一式，右拳向下沖栽，身軀可以前傾，只是不可屈腰，這時頭頂百會穴至襠下會陰穴仍保持一條斜形的直線，表現出身法輕利而重心穩固，這也屬於「偏中求正」範圍。即身軀雖偏向前方，卻不失立身中正之義。

　　新中國成立後新編的太極拳，在對待這一問題上似乎過於執著於「中正」兩字，例如：把側身蹬腳，都改為正身蹬腳（傳統太極拳各學派只採用側身或擰身蹬腳）；再如在演練栽捶、指襠捶、海底針等躬身之式時，身軀過正，不免顯露呆相，這裡也就存在著對「偏中求正」的理解問題。此外，初學的人如不知此理，也往往在做起腳動作的時候，一味保持身體的絕對正直。

　　事實上不論側身、正身或擰身起腳（拗式蹬腳的身法屬

撐身），其一腳獨立時身軀兩側的分量自然不同，倘若這時不向獨立一腳的身側稍為偏斜，結果就無不因人體兩側分量輕重的不勻稱而引起身軀搖擺，或發生起強勁等現象，這時發腿當然就談不上有什麼勁了。

五、寒肩直肘

寒肩也叫「聳肩」，就像常人在遇到寒冷時把肩膀聳起一樣。直肘與「屈肘」是相對的。打太極拳有「鬆肩垂肘」的基本要求，或稱為「鬆肩沉肘」「沉肩屈肘」「沉肩墜肘」。總而言之，是含有肩關節鬆沉、肘關節始終留有程度不同的屈度，並有下垂的意思。即使做沖拳動作，如搬攔捶、指襠捶、栽捶等式，沖拳一臂的肘關節也不可完全伸直，而必須保持微屈，這樣才符合太極拳古典理論中「勁以曲蓄而有餘」的原理。用哲學的話來說，即「留有餘地」。

從技擊角度上看，寒肩和運臂肘直無餘，易於引起僵直乏力的現象，使勁路難以通暢、往復遲重不靈，同時也易被對方採用撅臂等招法使我受挫。

從醫療保健角度上看，上肢僵硬不靈，勢必使氣血阻塞於肩、肘關節之間，而難以達於指端。氣血不暢，則在改善健康方面也就很難獲得預期的效果了。

此外，必須說明：肩與肘的關係是比較密切的，肘不鬆沉，肩就必然容易聳起；然而頭不頂、背不拔或腰不鬆，肩部也容易隨之因發僵而聳起。為此，要克服寒肩的毛病，除了有意識放鬆肩、肘關節以外，也要注意「虛領頂勁」「含胸拔背」「鬆腰落臀」等基本要求，使全身關節節節鬆沉，不使有絲毫拙力僵勁占據經絡，這樣才有利於氣血通暢，從而使內勁也能順利地達於肢梢。

一言以蔽之，寒肩直肘實際上也就是突出地反映在上肢部分的放鬆問題。現代體育研究也特別重視運動員全身肌筋骨節的放鬆問題，認為這往往是能否進一步提高運動成績的關鍵之一。不知在這裡能否借鑒太極拳上述有關理論，從中獲取些微教益。例如：太極拳主張放鬆肢體，涉及到保持「後勁」，使耐力有餘而不易疲勞；使全身輕靈，蓄勁充分，爆發力大於常人，而耗能相對地遠較常人為少；同時，在運動中不做遲重而耗能大的靜止用力。

所有這些，我想對現代體育競技運動的各個項目也許多少會有些啟發作用的，因為它們之間在運用心理學、生理學和運動力學等原理方面是有相通之處的。

六、揚肘戳拳

揚肘也叫「懸肘」「脫肘」「寒肘」或「抬肘」，名異義同，主要是形容其肘部揚起，猶如肘關節脫臼一樣。肘部揚起，腕、肩關節自然就難以鬆沉了。

從技擊意義上說：肘部揚起，兩肋部「側門」大開，拳高腋空，側門空虛，兩臂無力，這是最易為對方乘隙而攻的。《少林拳法應敵歌訣》說：「他拳放過須忙進，腋下輕舒難抵擋；若要短拳敵長手，跟身到腋是良方。」拳家競技，都懂得側翼搶攻的威力。內功拳歌訣也有「左右一面站，單臂克雙功」（見《全力訣》），「直出側入，步趨身擁；側翼搶攻，一臂雙功」（見《拳法·機勢篇》），由此說明，揚肘不僅不合太極拳的基本要求，而且是所有拳術之大忌。可以肯定，古今拳術好手是決不會有揚肘的習慣的，而揚肘恰恰是初學者易犯的毛病之一。

戳拳，則是指沖拳時，拳頭與前臂不在同一直線上，形

似印戳；表現為腕骨不正，以致拳面沒有指向攻擊的目標。由於腕關節彎向一側，這樣在沖拳時就像個脫柄槌子，沒法得力。若用戳拳猛擊敵人，那首先會使自己的腕關節扭傷。所以，戳拳只能玩玩，沒有技擊價值。這一原理，同樣適用於太極拳的插掌、穿掌等動作。

常言道：「拳術離不開技擊，離開了技擊也就無所謂拳術了。」凡是拳術動作的要領，若要追根究底問它一個為什麼時，那就不能不用技擊原理來進行闡釋。而太極拳所具有的技擊性、體育性、醫療性、藝術性和娛樂性等等內容，原本是一個完整的統一體，如果閹割了太極拳的技擊性，那太極拳就不成其為拳術，而蛻變成導引、舞蹈、體操或什麼別的玩藝兒了。拳術源於古代的搏鬥技藝，否定了這一點，也就從根本上葬送了拳術。

當然我們今天並不去誇大拳術技擊的實用價值，明代抗倭名將戚繼光在《拳經捷要篇》中就已談到，「拳法似無予於大戰之技，然活動手足，慣勤肢體，此為初學入藝之門也」，說明在四百多年以前，人們已經認識到拳法在當時的戰有中已不起多大作用，而只是用來「活動手足，慣勤肢體」的，充其量只是有助於增強戰鬥的基本活動能力，亦即相當於今天的軍事體育項目而已。因此，我們今天談論拳術技擊也只是追其本、溯其源，說明一個為什麼而已。

而在十年浩劫中，竟把技擊列為武術的禁區，以致傳統太極拳法的推、撲、探、扇、按法在教學中統統混稱為一個「向前推」；少林拳表演盡搞些舞花和脫離技擊的高難度動作。雖然前者方便多了，後者好看多了，但長此以往，前者不免蛻變為柔性體操或導引療法，而後者則不免蛻變為舞蹈或混同京劇武功表演，中華民族具有幾千年歷史的傳統武

術，也就難免要日漸失傳了。

七、提腰扭臀

提腰，又叫「緊腰」或「硬腰」，是與「鬆腰」相對而言的。提腰就是把腰褙提起和收緊，而不能「鬆腰落髖」。由於腰、髖是全身最大的關節，如腰、髖關節不能放鬆，全身關節之緊張就可想而知了。凡是腰、髖不會放鬆和坐落的人，其虛實變換就必然不靈，其身法的閃展騰挪、進退起伏的相對幅度也一定很有限，這樣在技擊上就「進則不長，退則必促」，易為人所制。

從醫療體育方面分析，也因運動的幅度較小，加上作為「人體第一主宰」的腰脊鬆沉不夠，勢必影響到氣血流通、動作順暢和下盤的穩定性，這樣無疑會使體育醫療的效果大打折扣。

扭臀，是指臀部扭來扭去，或向後蹶起，或時而前順，時而後蹶。這種毛病俗稱「扭臀擺尾」，較胖的人和女同志比較易犯。雖然這不是一種最常見的毛病，但一旦形成這種習慣以後，不但不耐看，而且很難糾正過來。所以，一般有經驗的武術老師，都嚴格防止初學者犯扭臀的毛病。究其成因，主要是坐步偏向一側所致。初學者經人指出，只要自己稍加注意就不難克服。

八、老步遲鈍

步伐遲澀不靈，前後進退無方，兩腿虛實不清，沒有做到「邁步如貓行」。如有的人虛實過渡太快，步伐笨重，重心不穩；有的人在虛實過渡的中途發生遲鈍，或者虛腳不貼近實腳的踝骨，便直線地從後側向前側跨邁，成了「蟹行

步」；有的人上、下肢動作不協調，往往使邁出的腳，一步踏實，這時下肢不動彈了，而上肢仍在緩緩地動作，成了「上動下不動，上下不相隨」了。

楊澄甫《太極拳說十要》說：「太極拳術以分虛實為第一義。」又說：「虛實能分，而後轉動輕靈，毫不費力；如不能分，則邁步重滯，自立不穩，而易為人所牽動。」《十三勢行功歌》也說：「變換虛實須留意。」

下肢變換虛實的正確方法是：當提起一腳向前邁步時，虛腳應先貼近支撐重心的實腳踝骨的內側，再向前呈弧形地伸邁；同時實腳隨虛腳的前伸，須相應地屈膝下蹲。此即所謂「後腳送前腳」或「實腳送虛腳」。這與常人邁步是大不相同的。我們平時走路是由虛腳前伸落下，就算跨出一步。

而上述動作是先由虛腳貼近地面前伸，再由實腳相應地屈膝下蹲，從而使虛腳的腳跟輕輕著地，最後才使全腳掌踏實，完成兩腳虛實互變。這樣邁步沉著而輕靈，落地無聲，虛實分明，重心穩定，自然無遲鈍的毛病了。此即所謂「邁步如貓行」。

但在向後退步時，虛腳先由腳尖（而不是腳跟或前掌）在後側方著地，再逐步過渡到全腳掌踏實地面；其餘與邁步方法相同，只是方向相反而已。

人體每邁一步，都有一個單腿支撐重心的過程。太極拳在單腿支撐重心時，都自覺或不自覺地應用了「偏中求正」的原理來穩定重心；同時支撐腿（即實腳）的腳趾要配合吸氣微微抓地，腳心含空，使全腳掌像吸盤一樣地吸住地面。這也是進退轉側或起腳過程中有助於穩定重心的一個訣竅，不可等閑視之。因此，久練太極拳的人大都習慣於穿軟底鞋，因為硬底鞋會影響這種作用的發揮。

此外，上、下肢動作務須協調一致，齊起齊止，同時完成定勢，這就叫「上下相隨」。而通常初學者以手慢腳快最為多見。至於全身各部動作，也必須以意領先，以腰為軸，做到「一動無有不動，一靜無有不靜」。

這裡動靜是相對的說法，一般人以為：只有起勢前、收勢後屬靜，而走架過程都屬動。其實這樣理解是不全面的，因為走架過程中也有動靜之分，即動靜之中更有動靜：每一式的進行性動作為動，或稱動中之動；定勢為靜，或稱動中之靜。若以開合來分動靜，則開為動，合為靜。這說明「動靜」二字不限於專指絕對的動態和靜態。

《太極拳釋名》說：「太極拳……如長江大海，滔滔不絕也。」所以太極拳在走架過程中，是不允許存在斷斷續續或類似「老步遲鈍」的靜止狀態的。

九、迭步過勁

凡做弓箭步或虛步時前後兩腳踏在同一條直線上的，稱為「迭步」。弓箭步前腿膝尖的垂直線超過腳尖的，稱為「過勁」。迭步與過勁都是初學太極拳的人所最容易犯的毛病。正確的姿勢是：弓箭步或虛步在定勢時，其前後兩腳應有橫距間隔。整套太極拳的弓箭步，其橫距的寬窄並不是千篇一律的，因為在技擊上應用弓箭步這一步型時，其橫距間隔的寬窄取決於「插逼」「套封」等步法要求。這樣基本上可分為三種類型：

（一）插 步

如「單鞭」出的是插步，即把我的前腳插入對方襠下。這種弓箭步的橫距就該窄一些，可間隔一二十公分，而相對地直距較長。

（二）套步

如「野馬分鬃」出的是套步，即把我的前腳套在對方前腳的外側，但雙方必須形成「順步」（即用我的左腳去套對方的右腳，或用我的右腳去套對方的左腳）。這種弓箭步的橫距就該闊一些，可間隔三四十公分，而相對地直距較短。

（三）可插可套

如「攬雀尾」「摟膝拗步」等式，在技擊上都是既可作插步又可作套步的。這種弓箭步的橫距介於上述兩者之間，其直距同樣是折中的。

虛步的橫距也有寬窄之分，而一般是較窄的。但最窄也不能使自己的兩腳前後相迭，否則因底盤過窄，遇到對方襲擊我的側翼時，重心就會不穩。這是可以用推手或散手來加以驗證的。

過勁的毛病則是在做弓箭步時重心過於偏前，易為人引進而使我向前跌撲。因此，通常前腿以屈至膝尖與腳尖垂直為準，但也不可不及，至少要達到脛骨豎直的程度。拳諺說：「拳打攏，棍打開。」由於弓箭步屬進攻性的步型，所以如果弓腿的幅度太小，形成似弓非弓，這時進身太淺，出拳距對方太遠，也就沒有什麼力量了。但如從上、下肢的協調關係來說，出手也不可過遠。

拳家有「肘不過膝」的說法，即以肘尖不超過膝尖為度。否則也就違背「外三合」的基本要求，會使上身過於偏前，引起重心不穩。

古代拳家尤忌「雙手齊出」，出者，過頭也。這並不是反對雙按、雙沖、雙推等拳法，而是反對上、下不協調、手到步不到。因為「手長腳短」形如斜塔，加上運動慣性，就不免有自行傾跌之虞，更談不上對敵了。

十、軟襠萎膝

軟襠，表現在做仆步時，襠部全部下落，軟弱無力地貼近地面，似同癱瘓。這樣不但起身時很費勁，而且遇到對方進逼時，就會癱到地上去的。為此，在做仆步時，襠部要略呈拱形，即所謂「圓襠」，以保持彈性和弓勁。

萎膝，也叫「軟腿」。主要表現在做弓箭步時，後腿膝部向下彎曲。顧名思義，所謂「弓箭步」原本含有「前腿如弓，後腿似箭」的意思，所以弓箭步也叫「弓蹬步」。我們也常說，弓箭步的後腿不可蹬得僵直，即膝關節要保持一定的鬆度，否則有違「勁以曲蓄而有餘」的原理。但如相反地走向另一極端，使後腿向下曲而不直，那就成了軟腿萎膝了。總之，要自然地直而不僵，而不是曲而不直。

拳訣說：「勁起於腳，發於腿。」而作為向前進攻性的動作，如果出現軟腿萎膝等現象，下盤支撐與後腿蹬地無力，出擊也就沒啥勁了。

據了解，犯有這個毛病的人，有的是因為誤解了太極拳古典理論中「曲中求直」這一句話的意思。所謂「曲中求直」，其原意是「曲以蓄勁，直以發放」，而根本不是叫人做「軟腿萎膝」的弓箭步。但傳統楊式太極拳在做單鞭、扇通背和打虎勢時，為了突出下沉的氣勢，也有使前腿弓至脛骨豎直為度，同時使後腿微微開膝。這時後腿的膝部雖出現了微小的曲度，但膝尖是稍微轉向外側的，而不是向下彎曲。這樣能使襠部拱度和弓勁增大些，自不屬於軟腿萎膝之例。在楊式太極拳散手中，則把後腿開膝的幅度再增大，並改稱為「如弓似馬步」（見陳炎林《太極拳刀劍杆散手合編》）。而吳鑒泉式太極拳，則乾脆把單鞭和扇通背兩式，

由弓箭步改為馬步。

然而不論採用什麼步型，襠部都要撐圓，而不可成尖形，這是因為拱形的抗壓力大於尖形的緣故，其力學原理與拱形橋洞的建築是相似的。

此外，在做「蹬腳」「分腳」等起腳動作時，當一腳向前踢出時，其支撐重心的一腳也應相應地向地面蹬伸一下，以催助踢出一腳的發力。若為了維持重心穩定，使支撐腳的膝部始終彎曲，那發出的腿勁就要小得多了。

十一、掀腳拔跟

太極拳各式在定勢時，各種步型的實腳都要全掌踏實地面，腳底要平整，腳心要含空。弓箭步的後腳雖屬虛腳，也應如此。初學者做弓箭步時，如前後步距過大，往往會掀起腳緣，甚至拔起腳跟。這是初學大功架（如楊式、陳式太極拳）的人最易犯的毛病。拳諺說：「腳跟不穩，如何發人？」所以寧肯步距適當縮小些，也不要掀腳拔跟。那是不是就練不成大架子了？不是的。

初練的人，由於踝關節的韌帶與跟腱比久練的人縮得緊，因此步距過大，就容易犯掀腳拔跟的毛病。這種生理上的限制，是可以透過練拳與練功逐步改善的。但有的人並不是由於生理上的原因，而是初學時不得其法或不明要求，一旦養成習慣，要想改正就感到煩難了。

那怎樣才能克服這種毛病呢？很簡單，只要在做弓箭步時，用意識注意前腳的大腳趾和後腳的小腳趾，使它們扣實地面，這樣堅持練習一段日子，就能糾正掀腳的毛病；有拔跟習慣的人，則應注意腳跟著力，最好每次練拳前把「攬雀尾」的按式單練十幾次或幾十次，注意用後腳跟蹬地，單練

時左、右弓箭步都練，而不可只練右式，這樣也能很快得到糾正。

十二、不勻不連

太極拳的《七字要訣》是「靜、鬆、穩、勻、緩、合、連」。初學者所犯的毛病，都不外乎不合這七個字的要求。其中「勻、連」二字是太極拳的主要特點。勻，速度均勻；連，動作連貫。由於這兩種要求與日常肢體活動的習慣有所不同，因此，往往成了太極拳初學階段的難點。

在太極拳的各個學派中，除了陳式太極拳主張在走架時帶有發勁，從而形成快慢相間的節奏外，其他各學派在走架時都不帶發勁，且主張「慢中求功」，這樣就自然形成「如行雲流水，連綿不斷，滔滔不絕」的獨特風格，從起勢至收勢猶如一氣呵成。

武禹襄《十三總勢說略》說：「每一動，惟手先著力，隨即鬆開。猶須貫串一氣，不外起、承、轉、合。始而意動，既而勁動，轉接要一線串成。氣宜鼓蕩，神宜內斂。勿使有缺陷處，勿使有凹凸處，勿使有斷續處。」從這段話可以看出，勻、連兩字乃是太極拳的基本要領。

而初學的人，其動作往往有斷有續，不均不勻，忽快忽慢，而且一時也無法做到「運勁如抽絲」。由於動作不勻，呼吸也自然勻不了。犯這種毛病的人，除了初學時全身動作不協調以外，有的人則是急於做到「越慢越好」，而忽視了「慢中求功」務須緩慢而不可稍有滯頓；有的人則是把太極拳與長拳的節奏感混同起來，在定勢時做了明顯的一頓。須知太極拳主張「功蘊於內，勁不外露」，它是由外形動作的開合和內在勁路的虛實來顯示節奏感的。因此，在定勢時也

僅僅表現為實極將虛、似停非停的落實感，而絕不可有斷
續、滯頓的痕跡。

此外，形成斷續、缺陷、凹凸，也往往因動作浮、軟、
重、硬等原因所鑄成的。須知輕靈不等於飄浮，柔韌不等於
軟化，沉著不等於重滯，寓剛不等於僵硬。凡能做到輕靈而
沉著，自無飄浮或軟化之弊；若能做到柔韌順暢而能分虛
實，自能逐漸達到以柔為主，柔中寓剛，剛柔相濟，勻而相
連的程度。

用現代的人體運動力學分析，勻速的太極拳似應歸屬於
「等動力訓練」的範圍，其速度是固定的，阻力是相等的，
其效率明顯地高於「靜力訓練」和速度有變化的「等張力訓
練」。因此，鍛鍊有素的中老年人，都能連打兩套太極拳，
時間長達四五十分鐘而不覺疲勞。這與勻連和柔緩的動作特
點，有著直接的關係。

游泳與太極拳一樣，都屬「等動力訓練」範圍，但游泳
時水中的阻力遠遠大於打拳時空氣中的阻力，所以，太極拳
更適宜於中老年人的鍛鍊。

我們知道，物體有靜止和運動的慣性，汽車起動時耗能
較大；加速與減速時，也較勻速費力。人體運動也無不如
此。這一事實，說明勻速而一氣呵成的太極拳，是充分利用
了這種運動慣性的原理，從而獲得耗能少、效率高的效果。

這在技擊意義上，能使競技者保持「後勁」，越戰越
強；在醫療體育上，能使體弱多病的人進行持久的鍛鍊，而
不致過度疲勞。因此，對初學的人來說，認真掌握太極拳勻
和連的基本要領，是非常重要的。

以上所列十二條毛病，都是較常見的。它雖然是初學太
極拳（包括學拳一兩年的人）所容易犯的，但如不及時注意

糾正的話，那麼，練拳十年甚至幾十年者也依然會犯，而且一旦養成不良習慣，常常是功越深而拳越歪哩，拳諺說：「初學能認真，日久功自深；初學不認真，改拳惱煞人」，又說「學拳容易改拳難」。為此，在初學太極拳的時候，一定要把基礎打好，寧慢勿濫，這樣日後就不必為改拳而煩惱。

有的同好練拳多年，而自己感到效果不大，究其原因，大都是不得要領。俗話說：「習拳要得法。」但自己是否得法，有時很難自知。所以，要重視良師指授、益友切磋，至少要做到姿勢正確，方法合度。這樣，練拳一日，才能收到一日的功效。

中國拳術，源遠流長。在幾千年漫長的歷史中，發展成分支浩繁的流派，但其淵源關係卻是一脈相承的。明末清初的著名學者黃宗羲的少子黃百家，曾在浙江寧波從拳家王征南學習內家拳，其所撰《內家拳法》一文中述及：「所禁犯病法若干：懶散、遲緩、歪斜、寒肩、老步、腆胸、直立、軟腿、脫肘、戳拳、扭臀、曲腰、開門捉影、雙手齊出。」這裡所講的十四條禁忌，對太極拳同樣是適用的，本文中基本上都已談到。從而證明，本文所論，對其他拳派也會有一定的借鑒作用，因為拳術存在共性；而對其他體育競技項目，或許也會起到些微妙的啟發作用。

第六章
練太極拳與醫治慢性疾病

以太極拳作為體育療法，在醫學上是有充分根據的。拳諺說：「拳能療病道理簡，暢活氣血體自健。」據近世太極拳著作以及醫學觀察、調查研究等資料記載，太極拳輔助醫療的適應症是相當廣泛的。

一般地說，它對凡屬五臟六腑的各種慢性疾病，諸如高血壓、心臟病、胃及十二指腸潰瘍、慢性腸胃炎、消化不良，腸胃或子宮等內臟下垂、腸黏連、慢性腎炎、糖尿病、肺結核、慢性肝炎、肝硬化、肝腫大、脂肪肝、氣管炎、哮喘、神經衰弱、遺精盜汗、肥胖症、關節炎以及各種神經痛等慢性疾病或症狀，都有一定的療效。

尤其對於一些單純使用中西藥品久治不癒的痼疾，當人們抱著試一試的態度去參加和堅持太極拳的鍛鍊時，結果不少人都獲得了意想不到的療效，身體一天天地健康起來，疾病卻不知不覺地消失了。

我們也見過練太極拳使癌細胞消失的記錄。但必須說明，不論太極拳、氣功或其他體育醫療，一般都屬於增強身體抵抗力的「不藥療法」；綜觀治癒疾病或疾病惡化的因素，那無疑是多方面的。我們既不可抹煞太極拳或氣功的良好療效，但也不宜信口開河地把一切療效都歸功於它。

太極拳作為體育療法是行之有效的，不過，務須施行得法，並能與日常生活衛生以及其他必需的醫療配合一致。任何溢美之詞反而會使人們難於深信的。所以，還是應該提倡

實事求是。

對付慢性病的方法和態度，毛澤東同志曾經說過：「既來之，則安之，自己完全不著急，讓體內慢慢生長抵抗力和它作鬥爭，直至最後戰而勝之，這是對付慢性病的方法。」還說過：「對於病，要有堅強的鬥爭意志，但不要著急，這是我對於病的態度。」結合以太極拳作為體育療法來講，不難認識到，這些話確實具有深刻的指導意義。

首先，在精神上必須樂觀，要克服病態心理，尤應提高對情緒的自我控制能力。既不可整天價抱著「病急亂投醫」的心緒，到處奔走，盲目求治，也不要消極悲觀，坐以待斃。醫家常說：「良好的情緒，能使病痛立時痊癒一半。」這話雖是指患者的心理作用而說的，但因病而緊張或悲觀失望的心理狀態，客觀上確是不利於病的，甚至會使病情惡化。

其次是不要片面地去追求速效。為了積累些科學數據，在病員們學了一兩個月太極拳或氣功後，輔導者作些療效的記錄倒很有必要；但即使有「驚人」的療效，也不過是近效罷了。若就此大肆宣傳招徠，那就未免「為時過早」了。因為一些近效往往是不鞏固的。所以，我們寧可把調子放得低些，而使堅持鍛鍊下去的思想準備工作做得更充分些，紮實些，這樣效果必定會更好一些。

對於不同疾病的患者，在鍛鍊方法上也要有所區別，而不應該「一刀切」。俗話說「久病成良醫」。因此，在醫生指導下，由病員自己去認真求索和悉心體認對症的鍛鍊方法往往更好。因為即使所患係同一病種，各人的具體情況也往往是千差萬別的。

例如：有兩個神經衰弱的人，一個睡前練拳效果很好，

使失眠的症狀日漸消失；而另一個睡前練拳不但治不了失眠，反而使失眠的情況更趨嚴重。按一般情況分析，此當是後者沒有掌握好鬆靜的要求，本欲求得大腦皮層的寧靜和抑制，但結果反而引起興奮。

要改善這種情況，除了注意練拳的身心內外的鬆靜要求之外，同時也可把練拳時間從睡前調整到黃昏、上午或早晨。但究竟怎樣為好，還得由本人的親身實踐。

為了增加療效，最好在練太極拳前練練氣功站樁或導引功法。這原來都屬於武術的基礎功夫，它對練任何門派拳術的運動員，都有所要求。拳諺說「未練拳，先站樁」，又說「練拳不活腰，終究藝不高」，太極拳也不例外。

在早期的太極拳專著中是記有這種要求的，只是如今往往因求速成而取消了這些要求。其實任何拳術套路，不論在技擊或醫療保健方面，都是各有長短的。

打個比方說，練太極拳對於輔助醫治肥胖症是有一定功效的；但對一般減肥，特別是對縮小脂肪積聚過多的「大肚子」，就遠不如彎腰運動和仰臥起坐來得有效。究其原因，乃是因為太極拳根本就沒有腰腹折迭的彎腰動作。太極拳諺說「低頭哈腰，拳藝不高」，拳訣說「腦後一掌要真魂」，所以，太極拳壓根兒就不准有彎腰運動式，而且特別強調做到「腰如軸立」的。這樣它在消除「大肚子」方面就遠不如簡單的彎腰和仰臥起坐了。所以，我們不妨在清晨起床前先練練仰臥起坐，以及在練太極拳前加練幾遍彎腰動作。

此外，在練拳之後，趁著兩手心的溫度較高，最好緊接著搓手加溫，然後先做些浴面、摩頭、拍身、揉脅等保健性按摩，隨後也可針對自己的疾病進行自我醫療按摩，這樣做不僅對於慢性病，而且對某些急性病也有良效。如：感冒初

沈壽太極拳文集

起時，點按和搓摩風池穴；感冒、鼻炎用雙手拇、食指同時一前一後點按迎香和風池穴；眼疾或頭痛揉太陽穴；咽痛掐少商和魚際穴。只要不是開放性的創傷，一般痛症都可做輕重程度不同的自我按摩。

至於對心區、肝區、腸胃和腎腰的保健按摩，那更是簡單易行和行之有效的。所以，練太極拳的慢性病患者最好也能學習一下自我按摩。

以上所說的氣功站樁、導引（包括基本功、體操等）和自我按摩療法，病員可以根據自己的宿疾，結合和圍繞練太極拳進行綜合治療。只要運用能得其宜，其效果肯定要比只練太極拳好得多。這些「動靜相濟、內外並練」的鍛鍊原則，以及「集眾術為我健康所用」的主張是相吻合的，當然也是合乎醫理的。

不過，有一點必須注意，就是各種鍛鍊方法的應用要協調一致，在運動量和運動強度上，要與自己的體質和病情相適應，不論鍛鍊過度或不足，其效果都是不理想的。因為體育療法的運動量和運動強度，大體上就相當於藥物療法的藥物劑量。

慢性病患者格外可貴的，是能夠堅持「冬練三九，夏練三伏」，以及風雨無阻地進行經年不輟的鍛鍊。在嚴寒、酷熱的季節或潮濕的雨季，只要能在這類惡劣氣候條件下堅持比較艱苦而又適度的鍛鍊，就不但能磨練一個人吃苦耐勞的精神，而且對身體也有著微妙的、有益的影響。

在中國醫學文獻中，對於不同季節的養生、醫療效果及其方法，就有許多精闢的論述。如《黃帝內經‧素問》說「和於陰陽，調於四時」，又說「夫四時、陰陽者，萬物之根本也。所以聖人春夏養陽，秋冬養陰，以從其根，故與萬

物沉浮於生長之門」。這是指出養生保健必須適應天時和季節變化的總則。再如「冬傷於寒，春必病溫」這一傷寒病源說，指的是跨季節的「過時而病」。與此相反，如冬能養精，那開春後的各種毛病就少了。至少「伏病冬治」「冬病伏治」，則是指慢性病緩解季節的治療和調理，也就是越過急性發作期的「跨季而治」。這些醫理，對於採用太極拳作為體育療法來說，同樣具有重要的指導意義。

例如：凡能堅持「冬練三九」，方法恰當，那就像「冬季進補」一樣；若能順利地做到「冬練三九」，並在三九天沒有得病或發病，那麼，到了春、夏，各種病痛就少了。與此相仿，凡能堅持「夏練三伏」的也是如此，惟季節不同而已。凡冬天易發的病，如支氣管炎、關節炎等，在伏天未發作期間，就可有針對性地來練。如：為治療慢性支氣管炎，除了練整套太極拳以外，還可選擇「野馬分鬃」等含有擴胸內容的拳式，反覆進行單練，漸漸做到每回單練幾十遍。對症治療慢性關節炎，那也須在緩解的伏天多做關節活動，每次練到溫熱而潤活。這樣練到秋冬，關節炎復發的可能性就要小些；經過一年或數年的認真鍛鍊，就完全有可能在不知不覺中不藥而癒的。

大凡堅持終年不間斷地練太極拳的人，都有這種深刻的體會：在南方，雨季鍛鍊，淋雨的日子較多，但感冒、風濕痛一類疾病反而少了。在南方炎熱的三伏天裡，中暑是常見病，但堅持練太極拳的人中暑較少。在北方，寒冷的季節較長，有關的流行病也多。但奇怪的是：三九練練，病就少了；三九縮縮，病就多了。

以上說明，太極拳的防病、治病效果都是比較好的。但它的治療特點是「積功而治」，或簡稱為「慢治」。它與太

沈壽太極拳文集

極拳的「慢中求功」，以及患者形成慢性病的漫長過程一樣，都冠以一個「慢」字。因此，採用太極拳輔助醫治慢性病時，就不可心急，也不要急求速效，而應該執著地去追求長遠的、牢固的效益。每天練拳所費的工夫，只要堅持不輟，那是不會白白浪費的。練與不練終究是大不相同的。

楊澄甫先生說過：「學者若費一日之功力，即得有一日之成效，日積月累，水到渠成。」這就是所謂「久之為功」，無論對於提高拳藝水平或醫療保健的功效來說，這個道理是一以貫之的。常言道：「只要功夫深，鐵杵磨成針。」應當相信：只要堅韌不拔地努力奮鬥，善於與病魔作搏鬥，那就一定會有「功成病除」、摘去「病號」帽子的一天的。

第七章
太極拳體用全訣及其小記

一、太極拳體用全訣

1. 太極拳術重用意，腰如車軸心行氣；
   靜鬆穩勻緩合連，走架莫忘此中理。

2. 起勢守靜待人動，氣沉丹田精神提。
   掤捋擠按攬雀尾，沾連黏隨勤練習。

3. 單鞭抹勾向胸逼，旋腕一鞭勁須齊。
   提手上勢合著封，敵若抽手進身擠。

4. 白鶴亮翅擠靠分，懸頂坐身寸腿踢。
   摟膝拗步摟手打，心眼身手步合一。

5. 手揮琵琶主採挒，穿繞沾化借他力。
   進步搬攔捶胸脇，搬攔得法顯技藝。

6. 如封似閉守中攻，墜身脫銬長勁逼。
   十字手法變無窮，撑裹鑽翻開合奇。

7. 抱虎歸山破後敵，心清眼明手要疾。
   肘底看捶纏繞黏，乘隙一拳莫失機。

96

沈壽太極拳文集

8. 倒攆猴兒迎面撲，沉氣扳挽挫敵勢。
   斜飛勢如鷹翱翔，開勁斜擊稱其勢。

9. 海底針破擒拿法，折腰一沉攻莫遲。
   扇通背似折扇開，力由脊發勁貫指。

10. 撇身捶掌連環劈，側鋒擊敵如霹靂。
    雲手橫行連綿綿，妙用全在轉腰際。

11. 高探馬上纏腕採，仰之彌高掌探鼻。
    左右分腳脅下刺，將來架去伺隙襲。

12. 轉身蹬腳腹上端，懸腿蹬伸打援敵。
    進步栽捶破前踢，摟他撲地腰脛擊。

13. 左右蹬腳膝腹占，輕黏漫捌猛飛腿。
    左右打虎勢威武，下採上打披身退。

14. 雙風貫耳雙環捶，迭而後摜步要追。
    野馬分鬃腋下展，鬆手一分把敵摧。

15. 玉女穿梭巧為貴，護臂穿打四敵潰。
    下勢蓄勁避銳氣，俯之彌深無所畏。

16. 金雞獨立隨勢起，撩撞閉踢任我為。
    轉身白蛇吐信烈，叉喉刺瞳敵膽碎。

卷一　太極拳法研究（修訂本）

17. 穿掌採桃葉底藏，疆場搏敵喉間刺。
　　十字腿起分手攔，上驚下取最得勢。

18. 進步指襠捶下路，摟腿寸靠把襠指。
　　上步七星防上打，捌架之下直拳馳。

19. 退步跨虎閃正中，如虎勁敵受扼制。
　　轉身擺蓮帶括掃，前後應敵旋風勢。

20. 彎弓射虎如發矢，沉勁蓄氣雙拳使。
　　收勢意氣歸丹田，心靜神怡倍舒適。

21. 中華武術世稱奇，國之瑰寶宜珍惜。
　　能文善武有品德，民族興旺自可期。

二、關於《太極拳體用全訣》一文的小記

　　《太極拳體用全訣》一文，係筆者早年所撰，全文計七言八十四句。除首尾各四句為序詩與跋語外，其餘七十六句，每兩句扼要闡釋傳統楊式太極拳套路中一個基本拳式的技術意義，並以楊澄甫著《太極拳體用全書》❶為主要依據，故題名為《體用全訣》。

　　當年撰寫這首拳訣的目的，是為了使太極拳愛好者在初學時，就能對套路中各個術式的技擊方法有一個基本概念。換句話說，就是要使初學的人懂得：太極拳的一手一式為什麼要這樣做？為什麼不可以隨意亂動？用拳術歌訣配合逐式示範動作來進行教學，不但令人易於記住這些術式技擊動作的基本概念，以保證動作姿勢不致離譜太遠；同時，又能有效地助長初

學者的鍛鍊情趣。從情趣之中引出濃郁的樂趣，由樂趣中進而培養志趣，這樣就有助於養成堅韌不拔的鍛鍊習慣，做到「拳打一生」。

教學實踐證明，這樣做的效果是比較好的。尤其是日後進修技擊、學習太極推手和散手的學員，他們一旦親身參加對抗性的技擊實踐時，在學習進展上就更能收到事半功倍之效。道理很簡單，主要是由於有關技擊概念的信息較早地輸入他們的大腦；而在平日練習走架時，若能按照技擊要求來用意和行氣貫勁，在進修推手、散手時便會在思想上一拍即合，自然遠比只會打拳而不知技擊意義的人進步為快。

反之，如果原先只把太極拳當作無技擊性的體操來進行教學，幾年後再教技擊方法，這時由於學者已「習慣成自然」，特別是姿勢不正和勁路僵硬的，要想轉這個彎子（從思想上把體操動作還原為技擊動作）就十分費勁了。

當然，這裡僅僅是指太極拳的基礎教學而言，並不是說懂得了一點技擊意義就等於已掌握了太極拳的技擊方法。「實踐出真知，苦練見深功」嘛！拳術技擊不透過親身勤苦的實踐，只是「紙上談兵」罷了。同時，我們知道，任何一門拳術都是「著著有勁」的，不懂拳式中勁力運用的剛柔虛實，即使從理論上知道了某一拳式的用法，而在實際應用時，往往依然是無用的「空著」；甚至想硬套也套不上去，因為每一著法的運用，都有各自相適應的範圍和條件。這就是拳家所常說的「因敵變化示神奇」了。

太極拳素有「重勁不重著」的說法，這不是說著法不重要，而是相對地說勁路比著法更為重要。正因為如此，拳術技擊入門是必須從熟習著法開始的。清‧王宗岳《太極拳論》說：「由著熟而漸悟懂勁，由懂勁而階及神明。」說明要想能

懂勁，首先還得從熟習著法入手。但著熟和懂勁都離不開經年不輟的勤苦練習，不斷積累走架基礎和對抗性實踐經驗，這兩者顯然是缺一不可的。太極拳的所謂「體、用」，就是指走架基礎和技擊應用而說的。

【註釋】：

❶楊澄甫著《太極拳體用全書》，上海大東書局 1934 年 2 月出版，1957 年 5 月由人民體育出版社出新版。

下 編

古典拳論研究

第八章
清代王宗岳《太極拳論》今譯與研究

第一節　王宗岳及其《太極拳論》

　　《太極拳論》是我國太極拳經典理論中最早的，也是評價最高的一篇文章。原著作者王宗岳，清代山西人，乾隆年間（公元 1736～1795 年）在世。據考，乾隆五十六至六十年，他曾寄寓在河南洛陽和開封一帶，當過塾師，平素酷愛武術，精通拳法、劍法、槍法，研究數十年而頗有心得，著有《太極拳譜》《陰符槍譜》等書。

　　咸豐二年（公元 1852 年），河北永年人武霽宇中了壬子科的進士，出任河南舞陽縣知縣，後在舞陽鹽店偶獲王宗岳所著《太極拳譜》。《太極拳譜》的內容包括《太極拳論》《打手歌》《十三勢行功歌》《太極拳釋名》四篇。其中《太極拳論》與《太極拳釋名》兩篇文章的體裁為散文，而其餘兩篇都是七言歌訣。說明此處「譜」字含有廣義的準則或規範的意思，而不是專指「拳架套路的各式動作名稱及其順序」。後者則為當今民間所通稱的「拳譜」。

　　《太極拳譜》是經武霽宇的幼弟武禹襄之手留傳下來的。據說武禹襄結合實踐鑽研，由此發悟，也曾獲益不淺。這四篇文章在國內外流傳都極為廣泛，因為不論新中國成立前後出版的太極拳專著，大都附錄這四篇全文或引述其原文。百餘年來，它對於後世太極拳的實踐和理論，在繼承、

發展和創新等方面，都有著極為深刻的影響。大凡太極拳學者，對《太極拳論》一文普遍表示贊賞，一致公認它是太極拳學中最重要的一篇經典著作。在近代太極拳專著中，往往把它列為拳論的第一篇，有的還改稱為《太極拳經》。其評價如此之高，顯非偶然。

原文如「虛領頂勁」「氣沉丹田」等句，早被楊澄甫列為《太極拳說十要》中的兩大要領。此外如「雙重」「懂勁」等術語均源於此篇，可見其影響之深遠。《太極拳論》一文，連篇題在內，共 366 字，確是一篇言簡意賅的論文。當然其中也夾雜著一些糟粕。

《太極拳論》一文，迄今為止從未有過白話的譯本。早年許禹生、陳微明、姚馥春、姜容樵等人，都曾對此文作過繁簡不一的注釋，但注文也大都是文言的❶。新中國成立以來，雖太極拳運動蓬勃發展，但對古典理論的研究工作仍是十分薄弱。鑑於外界對《太極拳論》某些詞語或段落的曲解，筆者不辭淺陋，重新根據原著的各個版本進行了校勘訂正和標點、分段，並採用意譯的方法完成這篇《太極拳論》的今譯，借此為廣大的太極拳愛好者在學習和研究原著時，提供一份參考資料。限於學力，本文粗疏與謬誤之處在所難免，懇望讀者批評指正。

第二節 《太極拳論》及譯文

【原文】

太極者，無極而生，陰陽之母也。動之則分，靜之則合。無過不及，隨曲就伸。人剛我柔謂之「走」，我順人背謂之「黏」。動急則急應，動緩則緩隨。雖變化萬端，而理

唯一貫。由著熟而漸悟懂勁，由懂勁而階及神明。然非用力之久，不能豁然貫通焉！

虛領頂勁，氣沉丹田。不偏不倚，忽隱忽現。左重則左虛，右重則右杳。仰之則彌高，俯之則彌深。進之則愈長，退之則愈促。一羽不能加，蠅蟲不能落。人不知我，我獨知人。英雄所向無敵，蓋皆由此而及也。

斯技旁門甚多，雖勢有區別，概不外乎壯欺弱、慢讓快耳！有力打無力，手慢讓手快，是皆先天自然之能，非關學力而有為也。察「四兩撥千斤」之句，顯非力勝；觀耄耋能禦眾之形，快何能為？

立如平準，活似車輪。偏沉則隨，雙重則滯。每見數年純功，不能運化者，率皆自為人制，雙重之病未悟耳！

欲避此病，須知陰陽。黏即是走，走即是黏；陰不離陽，陽不離陰。陰陽相濟，方為懂勁。懂勁後，愈練愈精，默識揣摩，漸至從心所欲。

本是「捨己從人」，多誤「捨近求遠」。所謂「差之毫厘，謬以千里」。學者不可不詳辨焉！是為論。

【譯文】

太極，是由無極化生的，是陰陽的本源。運動時，分別反映出相互矛盾的一陰一陽；靜止時，陰陽兩者就合歸於一體了。動作切不可過分或不足，肢體要及時地隨屈就伸。對方用剛勁打來，我以柔勁引化，這叫做「走」；我順勢黏隨，迫使對方陷於背境，這叫做「黏」。對方行動快，我反應也要快；對方行動慢，我相隨也宜慢。雖然應敵的機勢是千變萬化的，但那基本原理卻是一脈貫穿的。須從熟習著法入手，而漸漸懂得勁的變化規律，再由懂勁進而達到運用自如的境界。然而如不是經久地刻苦鍛鍊，是不可能一下子突

然精通的。

　　頸部肌筋要放鬆，頭部要正直而自然地向上頂起；並採用腹式呼吸，使內氣能下行而沉於丹田部位（不致使氣血上浮）。身體不可歪斜搖擺、前俯後仰，勁路的虛實要忽而隱藏、忽而顯現（使對方吃不準我的勁路，猜不透我的心思）。我左側的肢體如微感重意，就立即將左側的這一部分肢體變虛；我右側的肢體如微感重意，也應立即把右邊的勁隱去（使對方無法「得實」而攻）。對方仰攻，我就升高，使他深感高不可攀；對方俯襲，我就落低，使他頓覺深不可測。對方進身，我就引之向後，使他感到越是向前，形勢越加深長而終不可及；對方退身，我就乘勢進逼，使他覺得越是後退，形勢越加局促而陷入困境。衡量敵勁輕重的準確性，不可有一根羽毛分量的誤差；感覺敏銳的程度，要使蒼蠅、蚊蟲都落不到我的身上。總之，使對方難以知道我的動向，而我獨能對他的情況了如指掌。英雄之所以能無敵，都是由於這個緣故而達到的啊！

　　這種拳技的其他流派很多，其拳架姿勢雖然有所不同，但大體上都不外乎以強欺弱、以快制慢罷了！有力氣的人打敗沒有力氣的人，手腳慢的人輸給手腳快的人，這些僅僅發揮了人的天賦自然的本能，而不是由於學習了勁的規律而有所作為的關係啊！仔細分析「四兩撥千斤」這句拳諺，顯然不是主張以強力勝人的；請看七八十歲的老年人能抵禦眾人的情形，單純地依靠快速又有什麼用呢？

　　立身要像天平那樣中正不偏，還要靈活得像車輪那樣圓轉自如。對方用勁，我要相應地把自己的勁偏沉於一端（不與對方的實力相頂相抗），這樣就能保持勁路的相隨而暢通。反之，如我也以重力相抵抗，那便形成「雙重」，這時

勁路就發生重滯而停頓了。每每見到下了多年苦功而不能運用柔化的人，大抵都是自己（授人以柄）為人所制的，這是沒有領悟到自己犯有「雙重」毛病的緣故呀！

要避免犯雙重的毛病，必須弄通陰陽對立統一的辯證規律：黏就是走，走就是黏；陰離不開陽，陽離不開陰。陰陽兩者能相反相成，相互輔助，這才算是懂得了勁的規律。懂得勁的規律以後，就能越鍛鍊越精熟，再透過不斷地認識思考和實踐鍛鍊，就能逐漸地達到隨意運用的地步了。

本來這種戰術的原則是「捨己從人」，許多人卻錯誤地「捨近求遠」，這真正是古人所說的「差之毫釐，謬以千裡」了。學拳的人不可不詳細辨析啊！所以我特地作了以上的論述。

第三節 《太極拳論》研究

現對《太極拳論》一文作一些研究性的解釋，兼及其他有關拳術等問題，聯繫實際，略抒淺見，同大家一起研究討論。

一、關於太極拳的命名

開篇「太極者，無極而生，陰陽之母也」等語，是太極拳命名的由來。「太極」一詞，最早見於《易經・繫辭》「易有太極，是生兩儀」。注文：「太極，謂天地未分之前元氣混而為一，即太初、太乙也。」兩儀，即天地，天地即陰陽。今人常說：「任何事物都可以『一分為二』的。」古人則說：「天下萬物皆可分陰分陽。」古今辯證法的基本原理應該說是相當的吧！古人主張「取象與天」，以及運用陰

陽五行學說來幫助認識事物。所以用「太極」作為拳路名稱，即是「取象與天」，也包含著把陰陽對立統一的辯證法具體應用於拳術領域。

但「無極而生」句，顯然是本於宋代理學派創始人周敦頤（公元 1017～1073 年）《太極圖說》中所說的「無極而太極」「太極本無極」等語。其原意是從「無」化生「太極」，而並非太極之前另有「無極」。周敦頤認為：太極是天地萬物的根本，五行統一於陰陽，陰陽統一於太極。（原文：「五行一陰陽也，陰陽一太極也，太極本無極也。」）這是一種客觀唯心主義的宇宙生成觀，與《老子》所說的「天地萬物生於有，有生於無」，在實質上是沒啥區別的。但過去國內外都有一些學者認為，《太極圖說》原是屬於唯物主義的，而被宋代程顥、程頤、朱熹等人歪曲了原意，以致變成唯心主義的了❷。《老子》的哲學思想也是國內外哲學界爭議已久的問題了。這些問題讓他們去深入探討吧。

對於太極拳的理論來說，在新中國成立以後陸續出版的有關專著中，已經逐步地做到基本上擺脫了宋代理學思想的各種影響，同時仍保存了古代樸素的辯證觀點，而且對於太極拳這一名稱，也開始試作了一些較新的解釋❸。

據筆者個人多年研讀，認為《太極拳論》除了上面幾句話有待進一步探究和批判外，其餘文字一般都可以通過太極拳實踐來加以檢驗。就通篇拳論而言，其立論之精闢，文句之簡潔，涵義之深邃，可以說是古代拳論專著中的佼佼者。

二、關於「動靜之機」

許禹生《太極拳勢圖解》一書中所輯此篇原文，篇題已被改作《太極拳經》，原是含有推崇的意思，並非筆誤。在

「無極而生」句後，「許本」增益「動靜之機」四字。顧留馨考證時也已述及此事❹。今細審《太極圖說》「陰陽一太極也，太極本無極也」，與《太極拳論》「太極者，無極而生，陰陽之母也」兩相對照，不難看出後者是據前者文字加以翻新的，從而可以推斷，「動靜之機」四字確係後人所加。但這四字也是根據《太極圖說》中「無極而太極，太極動而生陽，動極而靜，靜而生陰」句的意思補入的，所以與原意倒也無甚不合。

三、關於「懂勁」

或問：「懂勁」是否就是懂得力學原理？「懂勁」是太極拳的專用術語。在我國古代，雖然還沒有單獨建立起物理力學這一門學科，但太極拳如不符合力學原理，那不但在與人對打或推手時必敗無疑，而且連走架也會站不穩腳。因此，所謂「懂勁」，在客觀上也就是要求懂得力學原理在太極拳中的實際運用。

然而在古代，這種樸素的力學原理一般是由老師口授身傳，並靠結合自己刻苦實踐和默識揣摩而得來的。所以，師傳和身體力行依然是頭等重要的，因為「本本」上的理論再精湛，如不能運化到拳術實踐中去，則還是一紙空文。因此，「然非用力之久，不能豁然貫通焉」這句話在今天來說，仍然具有深刻的現實意義。

四、關於「一羽不能加」句

在太極拳推手的實踐經驗中，是十分講究練習「聽勁」這一基本功的。所謂「聽勁」，是指用肢體皮膚的觸覺來感知對方勁的方向、輕重、沉浮、大小、虛實，以及來龍去脈

等等要素，就像能用耳朵聽到很清晰的聲音一樣。太極拳好手能夠「黏則相隨，走則引化」，能制人而不受人制，主要就看這一獨特的基礎功夫已達到了什麼程度。至於「一羽不能加，蠅蟲不能落」等語，只是用來形容觸覺的敏銳罷了。

五、關於拳術分類

有關太極拳的基本要領和技擊應用等理論，在《太極拳論》中都作了扼要而生動的說明。它對於外功拳來說，也具有一定的借鑒作用。

我國最早的內功拳，原本是從外功拳中分衍出來的，後世外功拳的某些理論，對內功拳同樣有借鑒作用，因為拳術是有共性的。但如外功拳完全採用太極拳的理論，那就不成其為外功拳了；反之亦然。特別從勁路剛柔和技擊攻守的戰略戰術上說，內功、外功兩大拳系，從理論到方法上都存在著許多明顯的差異，這恰恰反映出兩大拳系既有共性，也有各自獨特的個性。因此，從原則上說，古人以「內、外功拳」把中國拳術劃分為兩大派系，這一傳統分類法是比較符合客觀實際的。

近年來，有的同好提議用長拳和短打來劃分拳系，這除非專指外功拳的分類，如包括內功拳在內，那就行不通了。例如：武式和孫式太極拳屬小架，吳式屬中架，楊式和陳式屬大架。小架自然以出短手為主，大架無疑以出長拳為主。再從套路長短方面說，一套老趟太極拳一般都是七八十式，有的一個拳式還可以分成兩式以上的。若包括新編太極拳在內，那麼，現在從13式、24式直到120式的太極拳都有，甚至也有把手伸得很短的「楊式小架」，而且還有許多套忽長忽短的「綜合太極拳」哩！又怎能根據長拳、短打及其套路

長短的標準來進行分類呢？要熟習一套拳架勁路的基本規律，絕非一日之功。

請太極拳名家去表演少林拳，那多半要貽笑大方的；反之，凡長期專攻少林拳的人，在初學太極拳時，同樣是不耐看的，或輕浮而不沉，或重滯而不靈，借句行話說，是「勁還沒換過來」。這說明內、外功拳勁路的剛柔，是涇渭分明的。因此，要改系就必須「換勁」，而橫跨兩系的拳家，在客觀上也只能是主攻一系和兼學另一系的。因為最難協調的不是架式，而是勁路問題。雖然兩大拳系都主張「剛柔相濟」，並說「凡百拳術，以柔為貴」。但在具體處理剛柔問題時，就各有所本了。

所以，筆者個人認為：武術分類仍以繼承傳統的分類法為好，即主要按勁路剛柔來劃分為外功拳和內功拳兩大拳系；中性拳術，也可依其勁路偏剛、偏柔作為歸類的標準。此外，對於拳系、拳種、拳派、拳式等有關術語的概念，也宜適當地規範一下，目前則依然是處於因地制宜和約定俗成的自流狀態，就全國來說有關用語比較紛亂。

六、關於門戶之見

《太極拳論》在闡述「旁門」的一段話時，或多或少地帶有一點「門戶之見」，這裡既要看到古人的歷史侷限性，也應予以適當地批判對待。特別是在今天，這種侷限性並未完全消除。往往論及拳技，多有揚己之長、譏人之短等現象；或者是以偏概全，把偌大的天下看做只有自己這一個拳術流派。當然這裡面也有個拳術知識的廣狹問題，是應該區別對待的。總之，要解決這些問題，似乎涉及到拳德、拳風、拳知等多方面的教育問題，這也是值得武術教學工作者

沈壽太極拳文集

研究的一個問題。

七、關於「雙重」和快慢

凡是「順勢借力發人」，即所謂「四兩撥千斤」，是決不可犯「雙重」毛病的。因為太極拳的「借力發人」，就是利用重心、平衡、慣性、槓杆、合力、力偶、反作用力，以及圓周運動等等力學原理，借以達到「以小制大，以柔克剛」的目的。

換言之，太極拳的技擊特點是重技巧而不在於臂力過人的，這從引用前人「四兩撥千斤」句便可看出。反之，若犯了「雙重」的毛病，那就形成「兩力相抵，大力者勝」了。「雙重」概念，在這裡是說得非常明白的。至於「快何能為」句，是承前半句「觀耄耋能禦眾之形」來說的。相對地說，老年人是不可能保持青年時代的那種速度和力量的，這是常識。如果簡單地認為快可制慢，他又怎能做到「禦眾」呢？這話並不是全盤否定快的必要性和重要性，前文「動急則急應，動緩則緩隨」，已足以說明這一點了。

八、關於「捨己從人」

「捨己從人」，就是隨人而動，與人周旋，隨機應變，伺機隨勢而定進退化發。「捨近求遠」，則指貌似主動，在不得機、不得勢的情況下盲目行動或暴露勁點，結果反被對方利用借力，或者以大力制勝於你。這樣就落一個實際上的被動了，成了「欲速則不達」，這豈不是「捨近求遠」了嗎？老一輩的太極拳家常說，這叫做「自作主張」。意指不問條件和不講方法地盲動。然而不具備「聽勁」等基礎功夫，是不免要「自作主張」的，因為感知不靈，就不免時時

作出錯誤的判斷。

九、關於技擊性

《太極拳論》是結合技擊來闡述拳理的。常言道：「拳術離不開技擊，離開了技擊也就無所謂拳術了。」我國傳統拳術是把技擊性、體育性、藝術性、娛樂性等等密切巧妙地結合在一起的。由於拳術源於古人的搏鬥實踐，所以，技擊性是必不可少的，否則就蛻變成舞蹈、體操或戲劇表演了。有的同好把太極拳說成是從我國古代導引中衍化派生出來的；有的同好則反過來把我國古代的著名導引套路如《五禽戲》《易筋經》《八段錦》等等，一古腦兒地列入「武術種類」的拳術套路中去，這些都是從理論上忽略了拳術套路必須具備技擊性的獨特之點。

我國歷代的導引和拳術，固然是相互汲取養分和相互借鑒長處的，然而導引是醫療和養生藝術，拳術是搏鬥藝術，兩者畢竟有著各自的淵源及其發展的道路，似不宜混為一談。近百年來，太極拳雖然逐漸向醫療和養生保健的方向發展，但它終究還保存著拳術的技擊性。對於太極拳的某式某手，若要問它個「為什麼要如此動作」的話，那最後仍不得不從技擊方法上獲得答案。

十、關於《太極拳論》指導意義

《太極拳論》是太極拳學的經典著作，對今後太極拳在走架、推手、散手等各方面的發展，仍有著深刻的指導意義，這是不待細說的。而它對其他拳派以及某些對抗性的體育競技運動如摔跤、柔道、拳擊，甚至足球運動中「合理衝撞等等，都有一定的借鑒作用。例如：溫敬銘、張文廣合作

112

沈壽太極拳文集

編著的《中國式摔跤》一書中所述的「柔攻」等方法，便是很好地吸取了太極拳的基本理論，與《太極拳論》相合（見《中國式摔跤》第 99 頁，人民體育出版社 1957 年 9 月初版）。這種善於汲取眾長的精神是可貴的，它對體育運動技藝水平的提高和發展，都有積極意義，因此，是值得學習和效法的。

至於《太極拳論》中有關辯證法的應用，與《孫子兵法》也無相背之處，如「人不知我，我獨知人」也即是《孫子兵法》中「知己知彼，百戰不殆」在拳法中的融會貫通。因此對此篇拳論的辯證思想，也同樣是值得深入探索的。

【註釋】：

❶ 見許禹生《太極拳勢圖解》（1921 年北京版）、陳微明《太極拳術》（1925 年上海中華書局版）、姚馥春和姜容樵等《太極拳講義》（1930 年上海武學書局版）。

❷ 參見 1959 年第三期《哲學研究》月刊《國外對周敦頤〈太極圖說〉的研究》一文。

❸ 見周稔豐《太極拳常識》第 3 頁「為什麼叫太極拳？」（人民體育出版社 1978 年 6 月初版）。

❹ 見唐豪、顧留馨編著《太極拳研究》第 147 頁（人民體育出版社 1964 年 3 月初版）。

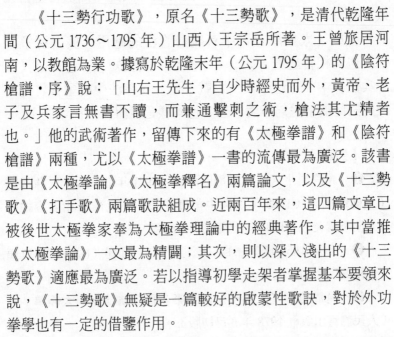

第九章
清代王宗岳《十三勢行功歌》今譯與研究

　　《十三勢行功歌》，原名《十三勢歌》，是清代乾隆年間（公元 1736～1795 年）山西人王宗岳所著。王曾旅居河南，以教館為業。據寫於乾隆末年（公元 1795 年）的《陰符槍譜·序》說：「山右王先生，自少時經史而外，黃帝、老子及兵家言無書不讀，而兼通擊刺之術，槍法其尤精者也。」他的武術著作，留傳下來的有《太極拳譜》和《陰符槍譜》兩種，尤以《太極拳譜》一書的流傳最為廣泛。該書是由《太極拳論》《太極拳釋名》兩篇論文，以及《十三勢歌》《打手歌》兩篇歌訣組成。近兩百年來，這四篇文章已被後世太極拳家奉為太極拳理論中的經典著作。其中當推《太極拳論》一文最為精闢；其次，則以深入淺出的《十三勢歌》適應最為廣泛。若以指導初學走架者掌握基本要領來說，《十三勢歌》無疑是一篇較好的啟蒙性歌訣，對於外功拳學也有一定的借鑒作用。

　　《十三勢歌》是一首帶有古代民歌體的七言歌訣。通行本計二十四句一百六十八個字，便於傳誦和記憶，對太極拳的行功走架和推手、散手，都有著深刻的指導意義。因此，在新中國成立前後出版的各種太極拳專著中，大都輯載這首歌訣，或引述其原文。如歌訣中的「尾閭正中」「頂頭懸」等語，都早已成為太極拳教學中的常用術語了。但這首歌訣經過後人不斷的輾轉傳抄和刊刻翻印，傳抄筆誤或口傳音轉等差訛自然在所不免，加上許多輯錄者所作的同音潤改，以

致各個刊本的文字互有出入。若就詞義分析，多數刊本基本上是一致的，但也有個別刊本更改得離題很遠甚至面目全非。長期以來，筆者曾陸續對照研讀了二三十種刊本，相互校訂其文字，考釋其辭義，企圖復其原貌。現根據忠實於原著和擇善而從的原則，以楊澄甫《太極拳體用全書》所附錄的《十三勢歌》為主，同其他各有關刊本合璧對照，相互校正後勘定原文，按每四句為一段，分為六段，編列序號，並作出注解、意譯與淺析於後。

第一節　《十三勢行功歌》原文

一

1. 十三總勢莫輕視，
2. 命意源頭在腰隙。
3. 變換虛實須留神，
4. 氣遍身軀不少滯。

二

5. 靜中觸動動猶靜，
6. 因敵變化示神奇。
7. 得來不覺費功夫，
8. 勢勢存心揆用意。

三

9. 刻刻留心在腰間，
10. 腹內鬆淨氣騰然。

11. 尾閭正中神貫頂，
12. 滿身輕利頂頭懸。

四

13. 仔細留心向推求，
14. 屈伸開合聽自由。
15. 入門引路須口授，
16. 功夫無息法自修。

五

17. 若言體用何為準？
18. 意氣君來骨肉臣。
19. 詳推用意終何在？
20. 益壽延年不老春！

六

21. 歌兮歌兮百餘字，
22. 字字眞切義無遺。
23. 若不向此推求去，
24. 枉費功夫貽太息。

第二節　校勘與註解

題解：該篇題名原作《十三勢歌》，據《太極拳釋
名》說：「太極拳，一名長拳，又名十三勢。」由於本篇主
題是闡述行功的基本要求，因之，後人增益「行功」二字。
意譯似可作「太極拳行功歌」。近人有自編十三個式子的太

極拳，托名為古人留傳下來的「十三勢」，那純屬附會而已（為便於查閱，以下注解的序號與原文的序號是一致的）。

1.十三總勢

總，綜合，基本；勢，法式，方法、方式。《太極拳釋名》說：「十三勢者，分掤、捋、擠、按，採、挒、肘、靠，進、退、顧、盼、定也。掤、捋、擠、按，即坎、離、震、兌，四正方也；採、挒、肘、靠，即乾、坤、艮、巽，四斜角也。此八卦也。進步、退步、左顧、右盼、中定，即金、木、水、火、土也。此五行也。合而言之，曰：十三勢。」這就是「十三勢」作為太極拳別名的由來。

換言之，太極拳有五種基本步法和八種基本手法，俗稱「五步八門」。由於我國古代醫學、軍事學和內功拳學，都是應用古代哲學中古老的陰陽、五行學說來推理演繹醫術、兵法和拳法的。因而太極拳也以「五步八門」與五行、八卦相合，即所謂「人法天地」「人與天地相參」。而把五、八兩數相加，即為「十三總勢」，實即包括手、步在內的十三種基礎法式。單就數式而論，它與曹操刪定的《孫子兵法》十三篇的定數是同出一源的。

因為古兵法也是以五行、八卦來推演的，古代著名的《八陣圖》也是與八卦相合的。所以，五、八、十三等數式既不是隨意擬訂的，也不是道教等封建宗教迷信所固有的一套玩藝兒，僅僅是宗教利用這些古代哲學使之唯心化而已。因此，不可把古代兵家、拳家、醫學的東西與道家完全混為一談；更不可不加分析地全部加以唾棄。其中有合理的，固然應該保存；不合理的，也要問它一個為什麼。

2.命 意

原指定意或寓意，這裡可把這兩個字分別解作：命，生命；意，意識（即精神）。或說一語雙關，似也可通。源頭：江河發源地。腰隙：腰部孔穴，這裡指腰之後部第二、三腰椎之間的「命門」穴位，是屬於督脈的最重要的經穴之一。

中國醫學認為，命門，有生命之門的含義。例如，《難經》說命門是「五臟六腑之本，十二經脈之根，呼吸之門，三焦之原」「諸神精之所舍，元氣之所繫」。明代名醫張介賓《景岳全書》也說：「命門為元氣之根，五臟之陰氣，非此不能滋；五臟之陽氣，非此不能發。」《類經附翼》說：「命門總主乎兩腎，兩腎皆屬於命門。故命門者，為水火之府，為陰陽之宅，為精氣之海，為死生之寶。」由於「命門總主乎兩腎」，而「腎為先天之本」，「腎藏精」，「腎主骨又主髓海」，從而說明，命門最重要的一個作用便在於它是元氣的根本，是人體產生精氣和熱能的發源地。當然，這都是中醫學的說法。

我國古代拳家根據這一醫理，也就加倍重視對精、氣、神的鍛鍊，練精、葆精之說便由此而生。拳諺說：「天有三寶日月星，人有三寶精氣神。」《拳法・精氣篇》說：「拳家三寶，精氣與神。存亡之機，生命之本。」又說：「內有所養，外自然強；內失所恃，徒具外壯。」太極拳作為內功拳的一種，也必然更加看重內練精、氣、神的，所以，開篇除第一句點出題名，強調重視基礎訓練外，就從精氣神談起，這正是全篇的旨要。腰隙，一作「腰際」，誤也。

3. 變 換

一作「變轉」，義同。但這裡泛指陰陽虛實的交替變換，不只限於「轉關變勢」。留神，一作「留意」。據古詩格律分析，第三句不押韻，所以末一字不會是「意」字；再據上、下句詩意分析，第2～4句談的是精、氣、神，大體上依次分占「精、神、氣」三字，因此，第三句中也以「留神」二字為是。留神，含有聚神或精神貫注的意思。清代李亦畬（公元 1832～1892 年）《五字訣》「神聚」條目說：「神聚則一氣鼓鑄，練氣歸神，氣勢騰挪，精神貫注，開合有致，虛實清楚。左虛則右實，右虛則左實。虛非全然無力，氣勢要有騰挪；實非全然占煞，精神要貴貫注。」這段話可借為「留神」句的注腳。

4. 氣

包括外氣與內氣。「氣遍身軀」主要指的是內氣，即「宗氣」，或稱為「經絡之氣」。但如沒有外氣（即由外界吸入肺部之氣），連生命都不能維持，更何況於「氣遍身軀」呢?!少，同「稍」。

5. 觸 動

觸發，感動。

6. 示

顯示，表現。一作「是」，同音口授筆誤。

7. 得來不覺費功夫

通行本大都把此句列為第 8 句，把「勢勢存心揆用意」列為第 7 句。若據古詩格律的韻腳分析，則以按本文已訂正的順序為是；再據《十三勢行功要解》「曲中求直，蓄而後發，所謂『勢勢存心揆用意，刻刻留心在腰間』也」，證明這兩句是上、下緊接相連的；而「得來……」句無疑在此之上。

8. 存心揆用意

揆，音 kuí，虧的陽平，察度。一作「揆心須用意」，語氣不太通順，可能是後人為附會「用意不用力」的拳理所作的修改。

9. 腰 間

此處指腰脊而言。古人說：「腰者，要也。」《玉篇》：「腰，本作要。」拳諺說：「腰如幹，肢似枝，腰微動，肢自動；腰不動，肢亂動，無用功，一場空。」《十三勢行功心解》說：「氣若車輪，腰如車軸。」《心會論》說：「腰脊為第一之主宰。」這些話都是強調腰脊的樞紐和關鍵作用。中國醫學認為「腰為腎之府」。所以，本句與開篇第 2 句是密切關連、內外相合的，在筆法上也是前呼後應的。

10. 腹 內

一作「腹心」，後人潤改，但「腹心」是指丹田穴而言，而不是指「腹和心」。鬆淨：一作「鬆靜」，以鬆淨為

是。含虛而不緊張；淨，空而純也。凡氣沉丹田，腹鬆則蓄氣充盈，能自然鼓盪；淨則內氣純粹，能流行無阻。因此，惟有腹內鬆淨，方能有氣勢騰然之感。

11. 尾 閭

即尾閭骨，又名尾骶骨，包括骶椎和尾椎在內。拳家往往把它當做測量人體正直與否的「鉛陀螺」看待。但「尾閭」一詞有廣義和狹義之分，狹義的專指尾骨，而拳家多取義於前者。正中：一作「中正」，義無不同。自然正直，取居中之勢。棋諺說：「腦居靜為貴，帥居中為安。」拳家往往借喻為行功時的心靜身正，這倒是十分恰當的。神貫頂：即神氣貫頂之意。

12. 頂頭懸

頭部向上頂起，如懸物狀。與「虛領頂勁」之義略同。虛領：鬆開衣領，借喻為頸部肌筋骨節充分放鬆；頂勁：頭部微微用勁向上頂起。兩者說法不同，其義則一。

13. 向推求

向，面對，指對前面所闡述的各個要點。推求，探究，求學，即由親自實踐去探究其根本的意思。

14. 聽自由

聽憑其自然，即取法貴乎自然，而不要矯揉造作。這是太極拳在應敵戰略、戰術上，隨人而動，捨己從人，以及在走架外形上不追求任何高難度的一種指導思想，有「拳法貴天生」之義（天生，也即天然、自然）。此處自然作「自

由」，與押韻有關。

15. 入門引路須口授

含有「師父領進門」的意思。

16. 功夫無息法自修

功夫，同「工夫」，一作「功用」，以「功夫」為是。
無，同「毋」，不要；息，止息。自修，一作「自休」，純
屬筆誤。全句含有「拳藝無止境」「習拳貴有恆」和「修練
在個人」的意思。即所謂「功夫，功夫，全在花工夫」。

17. 體 用

原指事物的性質與作用，這裡借指支配與被支配的關
係。

18. 意氣君來骨肉臣

即強調以意氣支配肢體，而不是相反。此句「君、臣」
與上句「體、用」是一個意思的兩種比喻性說法。近人有將
此句改為「意氣均來骨肉沉」，從表面現象看，彷彿帶點反
封建味道，但事實上，前、後句原是一問一答，一改之下，
成了答非所問；而且詞義也很牽強，更何況古今有別，若連
古籍上以「君、臣」作比喻的文字都要改掉，那真是改不勝
改了。這種改法顯然是不足為訓的。

19. 詳 推

仔細地推敲。一作「想推」，以詳推為是。

20.益壽延年不老春

強調打太極拳的人應該把養生保健、延年益壽作為終極目的。但絕不是因此排斥拳術的技擊、藝術等性能和功用；從前文「因敵變化示神奇」等句來看，是不難證明這一點的。

21.百卅字

卅《說文》：「數名，亦直為『四十』字。」《字匯補》：「四十並也。」這裡因詩句受七言的限制束縛，所以作者選用了古代俗寫的合體字。今本多有改作「百四十」者，可是這麼一改，那歌訣究竟是百四十首、百四十句，還是百四十字呢？所以寧可直寫為「百四十字」，讓此句破格成八言，而不宜刪去「字」字。

22.義無遺

義理較全面的意思。一作「義無疑」，當為後人所改。

23.若不向此推求去

據前文第 13 句引申，以反覆告誡和前後相互呼應。

24.貽太息

貽音遺，遺留，此處音義皆通。太息，同嘆息。一作「遺嘆息」或「遺嘆惜」，皆屬同音潤改。

此外，個別胡刪亂改或校對不力的舊刊本，則錯別字更多，但多數也還是音同義近或字形相近的。如「視」作「識」、「滯」作「痴」等音近；「閻」作「關」等形近。

這裡就不一一列舉了。不過，由此說明，對於有價值的古典拳術論著的校勘和考釋工作，是有待進一步深入去做的。

第三節　意譯與淺析

現以散文形式對《十三勢行功歌》作出意譯，並分段進行淺析如下：

一

【意譯】對太極拳的十三個基本法式不可輕視，務須認真熟習和嚴肅對待。人的生命之門和五臟精氣的發源地，在後腰的命門穴位，這是要著意去內練的地方。對於運動過程中的虛實變換，必須做到全神貫注。呼吸要順暢，以使內氣能夠沒有絲毫阻滯地周流全身。

【淺析】這段話言簡意賅，開宗明義地提出要充分重視「五步八門」等基本方法和內練精、氣、神的基本要求，做到練精、聚神和氣遍周身。

二

【意譯】沉著鬆靜，在運動過程中精確地去感知對方的各種動態，以採取引化或發放的對策。對其動態，要做到像靜態一樣容易辨別；而自己在運動中，則要保持像平時一樣的寧靜。同時，要順應敵方的來勢，隨機應變，這樣方能表現出拳藝的神妙。可是，要得到如此高度的拳藝水平是很費功夫的，不經過長期的刻苦訓練是辦不到的。因此，對於一式一手都要悉心審察，精究其用意。

【淺析】《太極拳解》說：「身雖動，心貴靜。」太極

拳是主張柔靜的內功拳術，所以是把「以靜禦動」「視動猶靜」「動中處靜」「靜中生動」等等有關主靜的拳理，提高到戰略意義上來認識的。本段的主旨就在於此。這對初學行功的人來說，是必須首先交代清楚的，否則日後練成「硬太極」，就談不上「順勢借力」「四兩撥千斤」了。

三

【意譯】時刻留心自己的腰脊部位，動作做到「以腰為軸」。小腹的丹田部位要鬆淨鼓蕩而不可緊張或閉氣，使內氣有騰然生發之感。尾閭骨要相對地保持正中之勢，這樣身軀就自然隨之正直，從而使神氣能上貫頭頂。同時頭部也要向上頂起，如懸物狀，這樣全身才能輕靈俐活。

【淺析】這段話著重談身法和氣法的基本要領。如今太極拳教學大都用「以腰為軸」「氣沉丹田」「呼吸自然」「尾閭正中」「神氣貫頂」「虛領頂勁」或「頂頭懸」等等幾句術語來進行講解的，從這裡也可以看出王宗岳所著拳論和拳訣的影響之深遠了。

四

【意譯】仔細用心地照著以上要點去做，至於動作的屈伸開合聽其自然好了（換句話說，只要「以心行氣「以氣運身」，鍛鍊日久，自能得心應手的）。初學的人是必須請師父心傳口授來引導入門的，但習拳貴在持之以恆而不可間斷，而且拳藝是沒有止境的，所以，修練深造就靠各人自己了。

【淺析】這段話前兩句是連接上段，要求認真掌握基本要領，並含有進一步強調著重用意識支配外形動作的意思。

精神貴於專注，動作要取法乎自然，這就是「重意不重形」之說。有的人曲解這句話，誤認為既然太極拳「不重形」，並主張「屈伸開合聽自由」，那動作姿勢自可馬馬虎虎。這是把相對的說法絕對化了，真正是「差之毫厘，謬以千里」了。後面兩句，若借用拳諺來說，那便是「師父領進門，修練在個人」「拳藝無止境，實踐出真功」。雖說是「老生常談」，可是對初學的人，是不能不反覆啟發誘導的。

五

【意譯】若問：體用兩者以哪一個起主導作用呢？自當以內在的精神意氣為主，而以外形肢體的肌筋骨節活動為從。仔細推敲打拳的終極目的到底到哪裡呢？在於延年益壽、永保青春啊！

【淺析】這段話的前兩句，也即《十三勢行功心解》所說的「心為令，氣為旗，神為主帥，身為驅使」。實際上仍是強調重在鍛鍊精、氣、神，但本段比前段又深入了一步，用問答形式定下調子，得出結論。

最後兩句，在肯定了以內練精氣神為主的基礎上，順理成章地提出了養生保健、延年益壽的終極目的，使最後的結語與開篇相互呼應，形成全篇理法的一脈貫串，文章也就到這裡結束了。查《太極拳釋名》篇末注有「……欲天下豪傑延年益壽，不徒作技藝之末」。這段注文無疑是後人所加的，但很可能就是根據以上最後兩句歌訣的精神加以發揮的。一百多年來，太極拳倒是循著這個方向發展的。

雖然拳術是多功能的，養生保健只是其中的一種功用，然而太極拳之所以能在今天成為蓬勃發展的群眾性體育，除了國家有關部門的積極倡導，以及海內外熱心人士的努力推

廣之外，與它在理論和方法上強調養生保健的終極目的，是有著莫大關係的。這一點歷史經驗是值得其他拳派有所借鑒和吸取的。

六

【意譯】歌喲，歌喲，不過一百四十個字，字字貼切，道理至真！如果不遵循這些要求去鍛鍊的話，那只會是枉費工夫並給日後遺留下嘆息的，那時才真是追悔莫及了。

【淺析】這最後一段四句，分明是後人所作的一首贊美詩，因為古代內功拳家是不尚自我吹噓的。《老子》說：「知人者智，自知者明。」何況《十三勢歌》只是一篇用當時口語寫的通俗化歌訣罷了，所以，決不至於會自我吹噓說「字字真切義無遺」的。至於稱贊古人著作，那又當別論了。再從歌訣的字數分析，通行本連本段四句在內，共二十四句一百六十八個字，而歌兮歌兮百四十字」，顯係稱頌前面這二十句一百四十個字的歌訣。若比照古人「八股文」的「起、承、轉、合」來分析和衡量，這二十句歌訣也是大抵符合要求的。由此充分證明：這最後四句絕非王宗岳原著，完全可以肯定是後人所作。換言之，通行本二十四句是兩篇詩文，而不是一篇。

第四節　關於《十三勢行功要解》

《十三勢歌》原來就是古代半文言半白話的啟蒙性通俗歌訣，因此，自古以來從未有人對其全文作過今譯，一般只是在引述時作些零散的詮解。現存最早的、而且較為系統的注解，當推清代武禹襄（公元 1812～1880 年）所寫的《十三

卷一　太極拳法研究（修訂本）

勢行功要解》（以下簡稱《要解》）。

據考證認為：《要解》原來可能是武氏夾批在《十三勢歌》原文中的幾條注釋和學習心得，後人把注文單獨錄出，擬定題名而自成一篇的。這篇題名實即「《十三勢行功歌》要解」，現存共計十條，各條結尾的「所謂……也」等語，也明顯地是輯文者所補加。所謂「要解」是指詮解其精要，與「詳解」「全解」或「直解」等等說法相對而言。

今本王宗岳《太極拳譜》是經武禹襄之手留傳下來的。武禹襄開始從學於楊祿禪（楊澄甫的祖父），繼而又從陳青萍學習「趙堡架」，最後融會貫通而自成一派，成為武式太極拳的創始人。因他既有拳術實踐經驗，又能精究拳術理論，因此，人們對他詮釋太極拳理論的文章十分重視。

後人曾把他所作的《太極拳解》《〈太極拳論〉解》連同上述《要解》等三篇詮解性文章，經過刪繁就簡、去粗存精的整理加工，輯成一篇論文，並改題為《十三勢行功心解》。在此之前，《要解》等文，也曾被李亦畬（公元1832～1892年）輯入《打手要言》。打手，即推手，也包括散手在內，實為「短打」的同義語。

由此可見，王氏《十三勢歌》及武氏的《要解》，對太極拳推手、散手也有一定的指導意義。

現為便於大家能將王氏原著對照《要解》，連同本文的校注、意譯與淺析一並閱讀研究參考，所以，特地把《要解》自李亦畬所輯的《廉讓堂本〈太極拳譜〉》中錄出，經過校訂，編列序號，並略加按語後輯載如下：

《十三勢行功要解》

一　以心行氣，務使沉著，乃能收斂入骨。所謂「命意

源頭在腰隙」也（按：《黃帝內經・素問》的《宣明五氣篇》說：「腎主骨。」《逆調論》說：「腎者水也，而生於骨，腎不生則髓不能滿，……」因此，拳家才有「收斂入骨」的說法）。

二　意氣須換得靈，乃有圓活之趣。所謂「變換虛實須留神」也（按：這一刊本的「神」字原作「意」，詳見前文所解）。

三　立身中正安舒，支撐八面；行氣如九曲珠，無微不到。所謂「氣遍身軀不稍滯」也。

四　發勁須沉著鬆靜，專注一方。所謂「靜中觸動動猶靜」也（按：拳諺說：「沉著為拳藝之本。」似也可歸結為一個「靜」字。「專注一方」，這裡指意、氣、勁集中於要攻擊的焦點，完整一氣，由靜生動，得實即發）。

五　往復須有折迭，進退須有轉換。所謂「因敵變化示神奇」也（按：這裡彷彿是說，「變換虛實須留神」乃是「因敵變化示神奇」的重要前提之一）。

六　曲中求直，蓄而後發。所謂「勢勢存心揆用意，刻刻留心在腰間」也。

七　「虛領頂勁，氣沉丹田，不偏不倚」。（按：此三句引自王宗岳《太極拳論》）所謂「腹內鬆淨氣騰然」也。

八　精神能提得起，則無遲重之虞。所謂「尾閭正中神貫頂，滿身輕利頂頭懸」也（按：李亦畬輯本此條結尾作「所謂『腹內鬆淨氣騰然』也」，與「氣沉丹田」的引文分置兩條；而現在列為第七條的注文，則原以「所謂『尾閭……』」句作結，說明兩者明顯地顛倒誤植，若用《十三勢行功心解》）一文的有關句來對照分析，也不難看出這一點的。因此，分別予以訂正。

九　以氣運身，務令順遂，乃能便利從心，所謂「屈伸開合聽自由」也（按：原脫一「令」字，今據《心解》補入）。

十　心為令，氣為旗，神為主帥，腰為驅使。所謂「意氣君來骨肉臣」也（按：《心解》「腰」作「身」，也可通）。

第十章
古代內家拳及其十四禁忌

一

明代嘉靖年間（公元 1522～1566 年），內家拳就一度流行於浙江寧波，其中以張松溪最為著名。據《寧波府志‧張松溪傳》說：「松溪，鄞❶人，善搏，師孫十三老。其法自言起於宋……至嘉靖時，其法遂傳於四明❷，而松溪為最著。」明末清初的著名學者、浙東學派的代表人物黃宗羲（公元 1610～1695 年），在其所撰寫的《王征南墓志銘》❸中也說：內家拳「起於宋」，經陝西傳入浙江溫州，至明代嘉靖年間流傳於四明。

《王征南墓志銘》較詳盡地記述了王征南生前所傳習內家拳的師承淵源關係，其中自孫十三老以下至王征南的直系傳人為：張松溪→葉近泉→單思南→王征南→黃百家。這是從明嘉靖至清康熙初，約百餘年間的五代直系傳人（旁系從略）。這部分史料是翔實可信的。

上述第五代傳人黃百家（1634～？），是黃宗羲的少子。黃宗羲原籍浙江餘姚，清兵南下時，便由南京回浙東四明山結寨抗清；明亡後隱居寧波，創立「證人講社」❹，親自講學和著書立說。清聖祖玄燁（即康熙皇帝）為徵求「博學鴻儒」，一再召他去北京做官，後清廷又徵召他去京編修明史，而他始終拒絕受詔，終其身不做清朝的官，是一個很有氣節的著名學者。當時其少子仰慕張松溪傳人王征南（公

元 1617～1669 年）之名，曾攜糧至寧波寶幢，從王學習內家拳於鐵佛寺。可惜學成後未能堅持不輟，僅在王征南死後七年（公元 1676 年），著《內家拳法》一篇❻，記其拳法大略。黃百家在篇末感嘆地說：「先生之術所授者惟余，余既負先生之知，則此術已為廣陵散矣！」❼

王征南病故後，黃宗羲據其生平事蹟，親為撰寫《王征南墓志銘》，文中也曾談到作者目睹征南的為人和拳藝：「征南未嘗讀書，然與士大夫談論，則蘊藉可喜，了不見其為粗人也。予嘗與之入天童❽，僧山焰有膂力，四五人不能掣其手，稍近征南，則蹶然負痛。征南曰：『今人以內家無可炫耀，於是以外家摻入之，此學行當衰矣！』」此處「蹶然負痛」是指跌撲而負痛，說明所用是順勢借力的跌人法，從而才能達到「以小力勝大力」的目的，這與太極拳以弱勝強、以柔克剛的技法相合。征南外表不粗，且此時已「貧病交纏」，更說明絕非用實力所能制勝於山焰的。

查《寧波府志・張松溪傳》也有與此相類的記載：「松溪為人，恂恂如儒者，遇人恭敬，身若不勝衣。人求其術，輒遜謝避去。時少林僧以拳勇名天下，值倭亂，當事召僧擊倭。有僧七十輩，聞松溪名，至鄞求見，松溪蔽匿不出。少年慫恿之，試一往，見諸僧方較技酒樓上，忽失笑。僧知其松溪也，遂求試……松溪袖手坐，一僧跳躍來蹴，松溪稍側身，舉手送之，其僧如飛丸隕空，墮重樓下，幾斃，眾僧始駭服。」說明松溪所用也是以柔克剛、借力發人的技法，與太極拳的技擊精神也是一致的。

然而探究黃百家《內家拳法》所記內家拳的十段錦和六路拳等套路及其架式，卻與太極拳相距甚遠。內家拳的拳架術式很少，而技法極多，且崇尚穴法，善用跌法，有九十六

法、七十二跌、三十六掌、十八手、十二勢和五字要訣等等名目❾，其基本功的要求也是極為嚴格的。但其勁路（即勁力的運行特點）主柔，在戰略、戰術和技術方面，如「非遇困厄則不發」「後發先至」「以柔克剛、順勢借力」等等，都與後世太極拳是相類的。

因之，近代有一些拳家就臆斷這兩種拳術曾經有過直系的傳遞關係，有的則把陝西王宗與山西王宗岳混為一談，有的再把山西王宗岳與河南陳王廷拉扯到一起，弄得考據成峽而莫衷一是，真是把人越弄越糊塗了❿。

愚以為內家拳只是一個拳系的總稱而已，它最早當是從外功拳中分裂出來的、並與之相抗衡的一類柔性拳術。凡是符合上述拳法的戰略和技、戰術原則的，不管它是創於宋、元、明、清等任何一個朝代，也不論其安個什麼名稱，都可以歸入內家拳系中去。若與此相反，則不管其名稱是否一樣，或創編年代相同，甚或傳自一宗，都算不上內家拳的。

例如上述內家拳的六路拳，又名「六路短打」，它與近人吳志青所編的《六路短拳》⓫名稱相似，但卻是分屬內、外功兩大拳系的套路。經反覆研讀有關張松溪、王征南等人的史料，可以推斷張松溪的內家拳與太極拳之間並無直系的傳遞關係。極而言之，《太極拳論》作者王宗岳如有拳架傳世，也不一定會與原始陳式太極拳套路有著直系的傳遞關係。但後世太極拳悉以王宗岳所論為本，將其所撰《太極拳論》奉為經典著作，這樣自然就在理論方面形成一脈相承的親緣關係了。

總之，內家拳系理論的淵源關係，並不等於拳種或拳路的直接繼承關係。而內家拳的產生，就是黃百家所謂「精於少林，復從而翻之，是名內家」。既如此，凡屬後世拳家，

人人可以「復從而翻之」。明乎此，也就不會把拳系和拳種、拳路混為一談而去硬攀師兄弟了。

現在民間習慣上把太極、形意、八卦拳通稱為內家拳，拳家也常說：「這是內家的老三拳。」其實這三種拳術都是內家拳系中在入清以後的新興拳種，而太極拳傳入北京，已是 19 世紀的晚清時期了；從北京向全國各地廣泛地流布，那更是辛亥革命以後的事情了。

相對地說，形意拳向各地傳布的歷史較太極拳為早。而古今內家拳系遠遠不只是這些拳種，如古代綿拳、棉掌拳、陰勁拳等等，原來也都屬內家拳範圍。創於上世紀 20 年代的意拳，也屬內家拳系範圍。雖然意拳是沒有拳架套路的，但其基本功和打法是參考吸取內家站樁以及太極、形意、八卦拳的拳理綜合而成的。此外，當今民間所有內家拳的名目尚多，僅僅因為流傳不廣而已，而今後新生拳種仍會不斷衍生的。一言以蔽之，只要你按內家拳的拳理創編一路拳，都可列入內家拳系範圍，這就叫「認同」。

而拳系的「認同」不是以架式為準則的。與此相反，若襲用內家拳的拳架，而採用外功拳的拳理來進行傳習，那不論其是否另編套路，只要這路拳能夠在一定範圍推廣，那這種勁露於外的剛性拳術，就只能歸到外功拳系去了，這就叫「異化」。但對一方來說是異化，對另一方來說卻又是認同了。換句話說，從內家「復從而翻之」，那就又還復為「少林」了。

從上引王征南與黃宗羲的一段對話不難推斷，明末清初內家拳衰落的原因，就是因為內家拳不如少林拳那麼好看（「無可炫耀」），所以後人「以外家摻入之」，於是內家拳就漸漸地衰落，以致瀕臨於失傳的地步了。另據唐豪、顧

留馨等人考證說：「太極拳創始於明末清初。」⓬如此說可信，則浙東內家拳的衰落與河南太極拳的新生，可說是毫不相干的兩回事情了。這一興一衰的兩種拳，就好比南瓜與冬瓜，並不同種，僅屬同類而已。換言之，它們只是同一拳系的兩個拳種罷了。

二

　　寧波張松溪與明代抗倭的著名將領戚繼光（公元 1528～1587 年）是同時代人。嘉靖三十五年（公元 1556 年），明政府任命戚繼光為參將，派他鎮守寧波、紹興、臺州，從此，他開始在浙東沿海率軍抗倭。其間，他常駐足於寧波、舟山一帶。上引《寧波府志・張松溪傳》：「時少林僧以拳勇名天下，值倭亂，當事召僧擊倭。」這兩者的歷史背景是完全吻合的。戚繼光十分重視傳統拳術，且有相當精湛的研究和造詣，曾「擇其拳之善者三十二勢」，編成「勢勢相承」的拳路，用以「活動身手」，作為「初學入藝之門。」⓭他在《拳經捷要篇》中說：「拳法似無預於大戰之技，然活動手足，慣勤肢體，此為初學入藝之門也。」又說：「大抵拳、棍、刀、槍、釵、鈀、劍、戟、弓矢、鈎鐮、挨牌之類（按：指十八般武藝），莫不先由拳法活動身手。其拳也，為武藝之源。」由此也可以看出，戚繼光的整編拳法，在當時是為抗倭戰爭服務的。

　　《拳經捷要篇》談到：「呂紅八下雖剛，未及綿張短打。」其大意是說，呂紅的拳術八法雖然剛猛，卻及不上「綿張」的短打。說明戚繼光對「綿張」的技法是十分贊賞的。而這裡「綿張」是否就是指以拳術勁路柔綿聞名的內家拳家張松溪呢？而「短打」是否就是指「六路短打」呢？由

於缺乏足夠的史料，對此只能作為一個懸案留待進一步深入考證了。但可以斷定的是，戚繼光和張松溪兩人於嘉靖年間都曾經在寧波生活過，一為愛好武術的抗倭將領，一為本地知名的拳家。因此，疑「綿張」為張松溪，是有一定根據的。

戚繼光所編《拳經》三十二勢，是以「懶扎衣」為起勢的。其中包括「懶扎衣」在內的二十九勢，曾為河南溫縣陳式太極拳所汲取❶。由此證明，戚繼光留傳的《拳經》，對於清初的太極拳曾經產生過明顯的影響。而在此前一百多年，寧波張松溪所傳習的內家拳法，也有可能給戚繼光留下深刻印象，並「擇其拳之善者」而有所汲取的。

中國古今拳術的淵源是一脈相承的，在繼承、發展和創新的過程中，形成了分支浩繁的流派，這是符合拳術客觀歷史發展規律的。至於後世外功拳競以「少林」為名，內功拳也有托名神授武當山張三豐之傳說，其實那不過是封建社會中人們為了推廣一種學術，托名神仙或其他有威望的人物所留傳，以利於推行，這即使在古代的世界各國也是普遍存在的一種現象。例如：在中國醫學典籍中，托名「黃帝」「神農」「仙授」「鬼遺」等等，真可謂比比皆是，我國古代拳術自然也不例外。

而自宋代以來（一說「自明代以來」❶），拳分內外，也就是有了內家拳和外家拳這兩大派之分野。早在隋唐時期，少林拳已名重天下，因此，少林派的名稱是由來已久了。但在當初，這「少林派」是狹義的，即專指自嵩山少林寺傳布的拳術而言。嗣後，各種外家拳競以少林派為名，同時後起的內家拳也以武當派立名，這時「少林派」一詞也就有了廣義和狹義之別。

此處「武當派」一詞，當屬附會「武當山張三豐創內家拳說」而來的。至於分別追尊張三豐和達摩為兩大拳派的始祖，那更是人為地塑立兩個偶像而已。但在古代社會，出現這種情況是不足為怪的。

然而這兩大拳系在客觀上是可分的，它們的最主要區別就在於勁路剛柔，即：凡功蘊於內的柔性拳術，被歸屬為內家拳；凡勁露於外的剛性拳術，則被歸屬為外家拳。同時，內家拳和外家拳在民間也素有內功拳和外功拳的異名。

筆者個人認為，對於這些歷史陳跡和文化遺產，我們既要批判對待，也應善於汲取其合理部分。當然，對托名造拳或人為地捏造一些祖師爺，以及一切被強加到拳術上的宗教意識形態等東西，都是不足取的。但對於按勁路剛柔把拳術劃分為兩大拳系，這種分類法在一定程度上是符合拳學科學原理的。因為兩種不同的勁路，是在不同的理論指導下，採用不同的鍛鍊方法的結果。一種拳術勁路的形成，絕非一朝一夕之功，它與特定的行氣貫勁方法、肌筋骨節張弛以及動力定型等各種要素有著密切的關連。要熟練一種勁路，需要有一個較長的鍛鍊過程，而且在功成定型之後，要想改變，也不是容易的。俗話說：「學拳容易改拳難。」這話主要是指改正拳架而言。但若與「換勁」相比，那相對地就該是「改拳容易換勁難」了。

儘管兩大拳系在理論上無不主張「剛柔相濟，動靜互根」，然而如結合拳術實踐來深入考察，那就會發現：兩者對剛柔、動靜的闡釋，是各有所本和各言其是的。兩大拳系的涇渭分明之處，當莫過於此。因此，沿用這一分類法是可取的。至於沿用內功拳和外功拳這一對分類名稱，雖稍嫌籠統，但若能賦予明確的定義，作為武術專用術語來說，卻無

不可。

《辭海》釋「內家」條目說：「拳術家之練功，有內功、外功之分，從而有內家、外家之別。內家主靜，外家主動；內家主防禦，外家主搏擊。相傳拳術家之武當派為內家，少林派為外家。」（1947年版合訂本第142頁）這一解釋，基本上是符合歷史實際的。本文論說與此也是相合的。

近年來有的同好提議以「長拳」和「短打」作為拳術分類的標準❶，筆者個人認為：不論以拳式開展與緊湊，即長拳和短打分類，或是以拳路長短、架式高低、動作快慢等等形式分類，都是不貼切的。

例如：傳統內家拳的六路拳和十段錦，前者為短打，俗稱「六路短打」，其架式緊小，而後者架式舒展，近乎長拳。黃百家《內家拳法》也說：「六路練骨使之能聚，十段錦後又使之放開。」那麼按長拳、短打分類，豈不使一系的拳術或同一拳種人為地分成兩家了？

再如：今之楊式、陳式太極拳均屬大架，吳式太極拳屬中架，武式、孫式太極拳屬小架，而綜合太極拳屬混合架，這樣楊、陳、吳式都可歸入長拳，武、孫式就該歸入短打，而綜合太極拳更難以歸類了。我們也知道，同樣是楊式太極拳，楊健侯謹守家傳大架，楊班侯樂於小架演練，那麼，這兄弟倆打的拳又該如何歸類呢？出手長短與架式高低一般是相關連的，但若單純從架式高低來說，同一趟八卦拳就可分為上、中、下三盤練法：上盤像尋常人走路；中盤微屈膝如趟泥水；下盤極力屈腿只走矮步。

這固然屬突出的典型例子，但其他拳術的架式也不是毫無伸縮餘地的。至於拳路長短，那不論長拳、短打、北拳、南拳、內家、外家，無不有長有短、可長可短的。即使以太

極拳而論，如包括新編的套路在內，從 13 式起至 120 式的各種套路都有。由此說明，拳路的長短，同拳架大小、出手長短，並無必然的關係。因此，以長拳、短打作為拳術的基本分類標準的問題是有待商榷的。

此外，關於動作快慢問題，如單純從一般武術表演的現象看，長拳、南拳以快為尚，太極拳以慢為功，這幾乎是涇渭分明的。而事實上，太極拳不但在技擊上歷來主張「動急則急應，動緩則緩隨」[17]，而且各流派在走架速度上也不是「一刀切」的。即使以慢著稱的楊、吳式太極拳，在演練時也有輔以「快太極」的。如涉及其他各種內、外功拳的話，那情形就更要複雜些了。因此，快拳、慢拳也難以作為基本分類的依據的。

三

黃宗羲在《王征南墓志銘》篇末銘曰：「有技如斯，而不一施，終不鬻技，其志可悲。水淺山老，孤墳孰保？視此銘章，庶幾有考。」這銘文也抒發了黃宗羲自己「終不仕清」的氣節，且在《墓志銘》中不用清朝的年號，而寫作「某年」。但主要還是感慨當時社會埋沒了一代拳家，致使精湛的拳技後繼無人，且也同情王征南竟在晚年落一個「貧病交纏，心枯容悴而憊矣！」年方半百，便默默地離開了人間。這裡也隱約地襯托出所謂「康熙盛世」摧殘中華拳術的時代背景。然而在漫長的封建時代，拳藝高超而命運坎坷的拳家又何止王征南一人啊！

黃百家後來因熱衷於科舉，對內家拳「非復昔日之興會」，終止於「負先生之知」，使教、學兩空，前功盡棄。王征南逝世後七年，他在痛悔之餘，撰寫了《內家拳法》一

文，說：「特備著其委曲，庶後有好事者，或可因是而得之也。」但他也感到這種期望是渺茫的，因而又說：「雖然木牛流馬諸葛書中之尺寸詳矣，一千餘年來，能復用之者誰乎？」據了解，近世也有不少拳家曾經研究過黃百家所著的《內家拳法》，但終難盡復其拳式。

筆者早年曾對黃百家《內家拳法》所記王征南口述的內家拳十四禁忌作過注釋，其原文為：「所禁犯病法若干：懶散、遲緩、歪斜、寒肩、老步、腆胸、直立、軟腿、脫肘、戳拳、扭臀、屈腰、開門捉影、雙手齊出。」以下分別加以注釋：

（一）**懶散** 精神未提起，萎靡不振；行拳不嚴肅，心猿意馬。俗話說：「打拳走過場，就是出洋相。」

（二）**遲緩** 遲緩失機失勢，動急不能急應。拳諺云：「遲緩失機勢，必然受人制。」

（三）**歪斜** 頭容不正，或上身左歪右斜。歌訣說：「歪斜搖擺賴拳相。」

（四）**寒肩** 兩肩聳起，肩關節未能鬆沉。骨節不鬆，氣不達梢；氣血不暢，勁也不暢。

（五）**老步** 步伐遲澀不靈，兩腿虛實不清。一遇攻守，上下就難以相隨。

（六）**腆胸** 胸部突起，氣血上湧。古諺云：「血脈債張，難辨方向。」（不論內功拳的涵胸或外功拳的挺胸，都須在平日養成習慣；若臨陣矯裝做作，無不弄巧成拙）

（七）**直立** 挺直而立，身僵膝硬，說明全無戒備。古人說：「有備則制人，無備則制於人。」

（八）**軟腿** 足膝萎軟，例如弓箭步前腿「過勁」，後腿軟屈，足緣掀起，足跟拔起，以及其他襠步的軟襠萎膝等

現象，皆屬「軟腿」。拳諺說：「自立不穩，如何發人？」（過勁，指弓箭步前足的膝尖超過腳尖）

（九）脫肘　肘部懸起，猶如肘關節脫臼一樣，以致「側門」大開（腋下兩脇為「側門」，也稱「小門」或「邊門」），最易為人乘隙襲我側翼。

（十）戳拳　沖捶時握拳不直，拳與前臂不在同一直線上，猶似脫柄的錘子，沒法用。若用戳拳猛力擊敵，首先會使自己的腕關節扭傷。

（十一）扭臀　臀部扭來扭去，如「游魚擺尾」，或臀部向後蹶起，尾閭不正，重心亦隨之不穩。

（十二）屈腰　俯身哈腰，而未能腰如軸立。俗話說：「點頭哈腰，武藝不高。」

（十三）開門捉影　撒開兩臂，「正門」大開；探頭探腦，如捕風捉影（胸腹為「正門」，也稱「大門」「紅門」或「洪門」）。

（十四）雙手齊出　出者，過頭也。即不但用「兩隻拳頭打人」，而且一發無餘，不作後顧之慮。這樣既易被人順勢借力，又易被人乘機入侵。

從上文可以看出，拳術是有共性的。內家拳十四禁忌，不但對當今之太極、八卦、形意等內功拳仍具有深刻的指導意義，而且對其他外功拳術也有著一定的借鑑作用。為此，筆者不辭淺陋，照採舊注，以供讀者研究參考。

【註釋】：

❶　鄞，鄞縣。即今浙江寧波市鄞州區。明代初期設明州府，府治即在鄞縣。後明州府改稱寧波府。因此，明清時代寧波人也稱鄞人。

❷　四明，寧波的別稱。因四明山在其境內而得名。

❸　《王征南墓志銘》，載於黃宗羲《南雷文定》。

❹　證人講社，俗稱「證人書院」，在寧波城西管村白雲莊，現古跡尚在。

❺　寶幢，在寧波東鄉寶幢山麓。

❻　黃百家《內家拳法》，見《昭代叢書》。

❼　廣陵散，原為琴曲名。嵇康早年遊洛西，有客授以廣陵散，聲調絕倫，誓不傳人。後嵇康為司馬昭所害，臨刑索琴彈而長嘆：「廣陵散從此絕矣！」詳見《晉書·嵇康傳》。後人借喻為失傳。

❽　天童，指鄞縣天童寺，在寧波東鄉寶幢東南的太白山麓。是全國著名的古寺大剎，也是日本佛教曹洞宗的祖廟。

❾　黃百家《百家拳法》所記缺「九十六法」，原文「三十五掌」當為「三十六掌」之誤。

❿　陝西王宗，名見《王征南墓志銘》，是張松溪前幾代的直系傳人。按原文所述推算，至遲為南宋或元初時代人。山西王宗岳，《太極拳論》的作者，清代乾隆年間人。陳王廷，明末清初河南溫縣陳家溝人，墓碑立於康熙五十八年（公元 1719 年）。據唐豪、顧留馨等人考證說：他是太極拳的創始人（見《太極拳研究》一書）。

⓫　吳志青《六路短拳》，人民體育出版社 1957 年翻印。

⓬　引文見《太極拳研究》第 3 頁，人民體育出版社 1964 年 3 月初版。其他如沈家楨、顧留馨編著的《陳式太極拳》（人民體育出版社 1963 年 12 月初版）、顧留馨編者的《簡化太極拳》（上海教育出版社 1962 年 9 月二版）等書，均持此說。但上述各書都誤將河南溫縣鄉兵守備陳王廷當作遼東御史陳王庭（河北盧龍縣人），以致在歷史人物考證上發生了張冠李戴等現象（詳見 1965

年第五期《新體育》載趙任情：《用階級觀點考查太極拳的歷史》一文及 1980 年 6 月 9 日《體育報》載顧留馨《〈太極武蹤小探〉讀後》）。

⑬　引自戚繼光《拳經》，載於戚著《紀效新書》。

⑭　參見《陳式太極拳》一書卷首的「陳式太極拳簡介」。

⑮　《少林拳術秘訣》：「自明代以來，凡談技擊者，遂有內家、外家之派別。何以謂之『內家』？即塵世間普通之稱，如佛教之所謂『在家』是也；外家者，即沙門方外之謂，以示與內家有區別也。」這一說法，也只能供參考而已，與黃百家《內家拳法》所記不同。

⑯　見賢明達《長拳與短打》一文，載於 1979 年 6 月 22 日《體育報》。

⑰　見王宗岳《太極拳論》，新中國建立後各種太極拳專著大都輯載；也可參見本書《清代王宗岳〈太極拳論〉今譯與研究》一章。

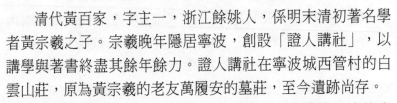

第十一章
《內家拳法》的「五字要訣」

沈壽太極拳文集

　　清代黃百家，字主一，浙江餘姚人，係明末清初著名學者黃宗羲之子。宗羲晚年隱居寧波，創設「證人講社」，以講學與著書終盡其餘年餘力。證人講社在寧波城西管村的白雲山莊，原為黃宗羲的老友萬履安的墓莊，至今遺跡尚存。

　　當年此處名士薈萃，盛極一時。百家受父薰陶，也能文而愛武。譚正璧編《中國文學家大辭典》「黃百家」條目說他「喜拳法，學於王來咸，盡得其傳」。王來咸，即寧波張松溪派內家拳法之傳人王征南。

　　黃百家除有多種文史著作傳世外，尚有《內家拳法》一篇，素為後世拳家所重視。百家為宗羲少子，生卒年代均不詳，據估算約生於明末崇禎七年（公元 1634 年），卒於康熙二十七年（1688 年）之後，享年五十餘歲。

　　就古譜而言，《內家拳法》所記的內容是較為豐富多彩的。征南之學，所傳惟有百家一人，百家並未再傳於人。但征南從學於單思南，而思南之同學（指師兄弟）吳昆山、周雲泉、陳貞石、孫繼槎等人，皆各有授受。黃宗羲據高辰四口述征南生平，作《王征南墓誌銘》，說征南葬於寧波同岙之南，而征南死後尚有次子王祖德在世。

　　再如上述吳昆山一系的傳遞，據《墓誌銘》可歸納為：「吳昆山→李天目等人→余波仲等人。」已得二傳三代。說明百家所說「已為廣陵散」者，乃是專指其師承征南之學，並不泛及旁系。

由此推之，則明清浙東內家拳法，或已被融入和留存在今之內、外功拳之中，亦未可知。

　　本文因限於篇幅，現單就《內家拳法》所記「五字要訣」作一探討：

　　《內家拳法》記黃百家本人因全力注重於「學科舉之文」，因而荒棄了拳術之後，接著寫其師王征南入城路過百家之書齋，談及武藝之事，猶諄諄懇切地教導說：「拳不在多，惟在熟；練之純熟，即六路亦用之不窮。」（按：「六路」是六個單程或來回的一套拳法，單就其套路的長短而言，大體上相當於現仍廣泛流傳於民間的「十二路潭腿」之半）征南又說：「拳亦由博而歸約，由七十二跌、三十五掌，以至十八（原註：即六路中十八法），由十八而十二（原註：倒、換、搓、挪，滾、脫、牽、綰，跪、坐、擱、拿），由十二而總歸存心之五字（原註：敬、緊、徑、勁、切）。故精於拳者，所記止有數字。」而百家此時因「注意舉業，雖勉強聽受，非復昔日之興會。」

　　由此可見，辭書所謂「盡得其傳」，是必須加個「學拳三年，丟拳三天」的注腳的。

　　上引「拳亦由博而歸約」句，是指習練拳法同做任何學問一樣，必須由簡而繁，再由博返約。那又怎麼由博而歸約呢？「七十二跌」為「打法各色」，即相當於今之拳式，「三十五掌」為基本拳式中之法，六路則由十八法連輟而成，而十八法又可歸納為「倒、換、搓、挪……」等十二法，這「十二法」就相當於今之太極、八卦、六合八法等傳統拳法中的「八法」了。當然各種拳術門派的「八法」「十二法」等內容並不相同，但古人所說「法有萬端，理存於一」，其道理是一致的。

最後，上引「由十二而總歸存心之五字」句，五字實即「五字心法」，筆者早年曾詮解此五字心法，現檢出照錄如下。

內家拳法五字要訣注

　　敬：心靜也。守我之靜，禦人之動。
　　緊：緊湊也。勇進內門，近身行拳。
　　徑：線路也。得機得勢，側入豎擊。
　　勁：勁路也。以柔為主，剛柔相濟。
　　切：真切也。落點真切，不妄發擊。

　　這一手稿倉促寫成後，曾在60年代刻印過若干份，贈予同好，但究竟正確程度如何，尚待大家進一步探究。愚以為黃百家所記上引征南教導之言，實是傳統拆拳法。今滄州等武術之鄉，仍流行拆拳法，與此大同小異。

　　筆者幼秉內家師承，對此略識皮毛。今人所稱「拆拳」，大都當作「散手」的同義語，這基本上是對的，如《華拳譜》也有「先走後拆是真傳」之說。但拆拳法並不以拳式為最基本單元，而以法為基本單元，即任何一門傳統拳法，以法歸納，最基本的不過是五法、八法或十二法。

　　征南之學以「十二法」為最基本的拳法，而十二法歸於五字心訣，此時拳法已「由著熟而漸悟懂勁，由懂勁而階及神明」。所謂「神明」，即「化有法為無法」，達到了「拳技無法，動即是法」的境界，所以只須「五字」存之於心，就可隨機應變了。這如同岳飛答宗澤問兵法說「運用之妙，存乎一心」。拳、兵同源，理無兩致，這道理是不難明瞭的。所以，武術界前輩常說：「古人學拳，三年小成，十年

大成；不得要領，功成終淺。」而今之群眾性體育的武術教學，往往是兩三個月學成一套數十式的拳架，實際上連架子尚未搭好，那又如何應用拆拳法呢？

清・曹秉仁修撰《寧波府志・張松溪傳》說：「征南，名來咸，為人尚義，行誼修謹，不以所長炫人。……其尤秘者，則有敬、緊、徑、勁、切五字訣，非入室弟子不以相授。蓋此五字，不以為用，而所以神其用，猶兵家之『仁、信、智、勇、嚴』云。」乍一看，這話不免是史家神乎其說了，其實古人所謂「秘傳」者，是與「廣泛傳授」相對而言。如今訓練武術運動員，也強調「因材施教，因人而異」，當某人功夫未到，對於稍為深奧一點的理論就根本領受不了，那講解的效果自然就差了。與此相對照之下，就不難理解，為什麼有些拳術秘訣，對初學者講解反受詰難，甚或被譏諷為無用之論；而為什麼在速成普及的條件下，往往引起人們不重功底、只重花式的弊病，這不是普及之患，而是普及與提高結合不夠緊密、拳法散手競技日趨萎衰之故，以致人們無從以技擊來鑒別衡量「有用功」與「無用功」的界限。倒反以為樸實者無用，華妙者高人一籌。因此，拆拳法也就日漸瀕臨於失傳的地步了。

近閱栗勝夫先生《簡談黃百家〈內家拳法〉》一文（見武漢體院編《武術專輯》1982年第一期），這篇文章不僅對探討研究古代內家拳法會有較好的啟發作用，而且對當前武術改革和散手競賽實驗方向都會有一定的積極意義。栗談到「五字要訣」說：「有人把內家拳之五字要訣同今日之太極、形意的五字訣相比擬，仔細琢磨，這樣做是不恰當的。因為它們之間有著根本不同的特點」。這段話是值得探討的，對拙稿《內家拳法五字要訣注》也是一種極好的檢驗。

據我所知，當今太極拳家所傳「五字訣」，實是指清・李亦畬在光緒六年（1880）所撰寫的《五字訣》，訣前有小序說：「……予自咸豐癸丑（1853年）時年二十餘，始從母舅（按：指武禹襄）學習此技。口授指示，不遺餘力。奈予質最魯，二十餘年來，僅得皮毛。竊意其中更有精巧，茲僅以所得筆之於後，名曰『五字訣』，以識不忘所學云。」李撰之五字訣正文有數百字，現僅摘記其條目：「一曰心靜，二曰身靈，三曰氣斂，四曰勁整，五曰神聚。」這與筆者所注內家拳法五字要訣的內容不盡相同，用注解的文字相互對照更是如此，但精神不免有些相通之處，因為同是拳法嘛！即使與外功拳訣比較也不例外。

現在再以《孫子兵法・計篇》的有關文字來合璧對照，《計篇》說：「將者，智、信、仁、勇、嚴也。」換句話說，《寧波府志》修撰者認為兵家的「智、信、仁、勇、嚴」，與內家拳家的「敬、緊、徑、勁、切」，兩者的精神有相通的地方。雖然將帥是指揮軍隊的，而拳家也有「神為主帥，身為驅使」的要求，根據「拳兵同源，理存於一」的基本道理，兩者確乎都少不了那麼幾條，當然也有其各自的獨特之點。

上引《計篇》的有關文字，其大意是指當將帥的五個要點：一智謀、二信譽、三仁愛、四勇敢、五嚴明。具體地說，「是指將帥的智謀才能，賞罰有信，愛撫士卒，勇敢果斷，軍紀嚴明」。（見《孫子兵法新注》，中華書局1977年初版。）這五要精神，對拳家是有用處的，特別是作為教練，在訓練武術運動員時，無疑是不可失此五條的。

然則拳家競技，大抵上只相當於古代的單兵作戰，因此，把兵家將帥的五要，與拳家五字訣相比喻，那僅僅是借

喻其「不以為用，而所以神其用」的重要性罷了。若不先熟練著法，那麼，光有「敬、緊、徑、勁、切」這五個字又如何為用呢？當然用不成；但若沒有這五個字，就無法「階及神明」，所以，它又是「神其用」的。「猶」，猶如、譬如，即譬如兵家之五字云云爾！因此，這兩者是不可作絕對化的理解，否則就非鑽入牛角尖不可了。

附帶值得一提的是，「拆拳法」對於散手競賽極為重要，攻守意識如只以拳式為基本單元，而不作一手一法的具體分析應用，那往往在實際競技中深感拳式學得雖多，卻處處套不上、用不上；而個別能用得上的卻又不如人家熟練。豈知這正是「只練長套不拆拳」的嚴重後果。

筆者無拳無勇，限於水平，所論僅供大家研究參考。倘讀者能從中收一得之效，吾願已足。古人說：「理無可疑，則雖庸工一得，斷不以人廢言。」是之謂也。

第十二章
關於明末《拳經總歌》的初步研究

第一節　《拳經總歌》及其作者

《拳經總歌》初見於河南溫縣陳家溝陳氏兩儀堂本拳譜。這是一首較古老的拳術歌訣，全文共七言二十二句，連篇題在內，合計 158 字。據武術史家唐豪先生（公元 1897～1959年）考證認為：這是明末清初陳家溝陳氏九世祖奏庭所作。顧留馨繼唐豪之後，據國家體委所藏《陳氏家譜》及陳氏十六世陳鑫（公元 1849～1929 年）所撰《陳氏家乘》（稿本），編列了「陳家溝陳氏世系簡表」，表後說明九世陳王庭名下，族譜旁註：「又名奏庭，明末武庠生，清初文庠生。在山東稱名手，陳氏拳手，刀槍創始之人也。天生豪傑，有戰大刀可考。」（見顧留馨編著《簡化太極拳》，上海教育出版社 1962 年第二版，第 7～8 頁。

原文中「在山東名手」句，無「稱」字，係據別本補入。「陳氏拳手」句下的逗號，也係筆者補入。此書名，後據讀者建議改題為《怎樣練習簡化太極拳》）。若憑這一條旁注，那恰恰說明陳奏庭只是陳氏「刀槍創始之人也」。如說「陳氏拳手」句，即「陳式太極拳」之謂，從此推定他就是「陳式太極拳的創始人」，那就不免太嫌牽強了。

顧老在同書中說明：「譜中凡拳技著名者，始旁注『拳手』『拳師』『拳手可師』『拳最好』等字樣。」這就證明

「拳手」一詞的含義古今略同，而非「套路」之同義詞。當然，顧留馨考定陳家溝九世祖陳王庭為陳式太極拳的創始人，尚有其他的旁證資料；可是由於顧老在 60 年代撰寫出版的多種太極拳專著中，都把明末約死於崇禎四年（1631）的太僕寺卿陳王庭，與陳家溝陳氏「九世祖奏庭」誤當成一個人，以致其所引資料，令人難於辨別真偽。

據考《明史》《明實錄》《國榷》《三朝遼事實錄》以及《永平府志》《盧龍縣志》《洛川縣志》《咸寧縣志》等史書所記的太僕寺卿陳王庭，乃是北直隸永平府盧龍衛（縣）人，係明代萬曆丁未（1607）科進士出身的文職官員，而並非戰將。他曾在萬曆四十六年（1618）任遼東巡按御史，後任監察御史等職，最後升為太僕寺卿，直至被參下獄，絕粒自殺身死。

從整個史料看，他與陳家溝陳氏是毫無關係的。愚不知《陳氏家譜》《家乘》中原文究竟是「王庭」、抑是「王廷」？敝鄉宗族聚居區同輩人的排行名字中，也有「廷」「庭」「亭」等同音字，卻不是一個人。即使《陳氏家譜》原文為「王廷」，那僅憑《府志》《縣志》中附帶敘述的「（溫縣）鄉兵守備陳王廷」的這麼一句話，也實難確證這個陳王廷，一定就是陳家溝陳氏九世祖陳王廷。因為溫縣大而陳家溝小，古今一縣之中，同一時代同名同姓的人並不少見，又何以見得這個鄉兵守備陳王廷必定是陳家溝人呢？

筆者學疏才淺，對此疑惑難決，特此附筆就正於方家。同時，仍按唐豪著述中，把陳奏庭定為《拳經總歌》的作者，以免涉及「王廷」與「王庭」之辨。

《拳經總歌》文字淺近，唐豪也認為這是「粗率」之作。但在粗率通俗之中，也頗見其拳法真髓。這確是一篇具

有研究價值和歷史價值的古代拳術歌訣，尤其對於今天開展武術散手競賽和太極推手競賽活動，都有一定的借鑒和參考作用。

第二節 《拳經總歌》全文

1. 縱放屈伸人莫知，　2. 諸靠纏繞我皆依。
3. 劈打推壓得進步，　4. 搬撂橫採也難敵。
5. 鉤棚逼攬人人曉，　6. 閃驚取巧有誰知？
7. 佯輸詐走誰云敗？　8. 引誘回沖致勝歸。
9. 滾拴搭掃靈微妙，10. 橫直劈砍奇更奇。
11. 截進遮攔穿心肘，12. 迎風接步紅炮捶；
13. 二換掃壓掛面腳，14. 左右邊簪莊跟腿；
15. 截前壓後無縫鎖，16. 聲東擊西要熟識。
17. 上籠下提君須記，18. 進攻退閃莫遲遲。
19. 藏頭蓋面天下有，20. 攢心剁脇世間稀。
21. 教師不識此中理，22. 難將武藝論高低。

第三節 《拳經總歌》註釋

為便於大家作進一步研究起見，筆者不辭淺陋，對原文略作注釋，俾有利於共同研究切磋。

【原文】1.縱放屈伸人莫知，2.諸靠纏繞我皆依。

【注釋】「縱放」，或縱或放的意思。縱，凡勁將發而不放，縱敵而去，欲擒（或打）故縱，義與「發放」相對，即稱之為「縱」。放，即勁力的發放。

此處縱放與屈伸並列，前者是指內在勁力的或縱或放，

後者則是指外形動作的或屈或伸。以上兩者內外結合，做到「著隨勁變，勁隨敵變」。「人莫知」，不可為人在事先所料知，即拳諺所說的「拳打不知」。這與清代王宗岳《太極拳論》「人不知我」一語切合。少林拳派古諺語也有「打來勿許見，見時不足算」「出手不見手，手到不能走」等等說法，其法雖稍異，但理惟一貫。

古今拳家常說：「拳兵同源。」例如《孫子兵法·軍爭篇》說：「不動如山，難知如陰，動如雷霆。」《虛實篇》說：「故形人而我無形。……故形兵之極，至於無形。」《形篇》說：「善守者，藏於九地之下；善攻者，動於九天之上，故能自保而全勝也。」這些話裡都包含了「人莫知」的意思。這充分說明，拳法與兵法一樣，不僅僅是鬥力、鬥勇、鬥法，而更重要的是鬥智、鬥謀、鬥巧。《孫子兵法·謀攻篇》說：「知彼知己者，百戰不殆；……不知彼，不知己，每戰必殆。」《太極拳論》也相應地提出「人不知我，我獨知人」的戰略要求。反之，若「人獨知我，我不知人」，則個人實力再強、方法再多，也無從發揮其應有的效用了。

「諸靠纏繞」，各種貼靠肢體的纏繞手法。一說「諸靠是指兩人以手臂互靠，運用……八法」。這似乎是據「靠手」（即「搭手」）一語加以引申的，但「諸靠」似屬兩個對象以上的複數，明顯地不是指「兩人靠手」而言。「依」，依從。陳鑫《陳氏太極拳圖說》原稿所載《擖手十六目》中，「依」字條目的注文說：「依，是靠住人身。」聯繫到本句歌訣，那就是說，我也以貼靠來對待各種近身纏繞。而總的意思，仍不外乎要「捨己從人」和「黏依不脫」，以有利於借力發放、「四兩撥千斤」。

以上兩句，談的是這種拳法的戰略原則。

【原文】3.劈打推壓得進步，4.搬撂橫採也難敵。

【注釋】這兩句歌訣中，劈、打、推、壓，搬、撂、橫、採，是指常用的八種基本手法，前四法以進攻為主，後四法以防守為主。「得進步」，達到我進敵退和以進攻制勝的地步。「難敵」，給敵手製造困難，使之失利。「橫」，形意拳也把它列為五法之一。

【原文】5.鉤捌逼攬人人曉，6.閃驚取巧有誰知？

【注釋】「鉤、捌、逼、攬」，仍是當今太極拳常用的手法。如：「單鞭」中兼備鉤法；「捌為八法之首」；擠為應用較廣泛的逼法；「攬」即今之捋法。

今之陳式太極拳第二路炮捶中，尚有「井攬直入」的拳式名目。而楊式太極拳的「攬雀尾」式，則進一步明確了由捌、捋、擠、按四法組成。其前三法的名稱，除捌字與本歌訣相同外，擠、捋二法，或即由逼、攬演化而來的；至少在方法上有其近似之處。

聯繫到上文「劈打推壓，搬撂橫採」八法，說明這套古拳有可能原定為「十二法」。它與當今「太極八法」所存在的淵源關係和演變情況，是隱約可辨的。「人人曉」，指其常用而言。

「閃驚取巧」是一種戰術。《孫子‧計篇》說：「兵者，詭道也。」《軍爭篇》說：「兵以詐立。」由此說明，「兵不厭詐」正是兵法的特點之一。拳法也如此，閃驚取巧就是為了迷惑對手，使對方判斷失誤而導致攻守失敗。閃，在這裡指的是閃擊一類的手法，而不是指身法的「閃展」。驚，引起對方的驚慌。閃驚，則是一種誘手方法，即突然用手閃而不擊，誘使對方在慌亂中去防守其被閃的一面，同

時，我乘虛實擊其防備鬆懈的另一面。如「上閃下擊」「上驚下取」等等說法，即屬這類閃驚取巧之法。而且也不限於應用手足，全身上下七個出擊點（手、足、肘、膝、肩、胯、頭），都可隨機應用。「有誰知」，則是誇張地形容知曉和掌握這類技戰術的人不多。

【原文】7. 佯輸詐走誰云敗？8. 引誘回沖致勝歸。

【注釋】「佯輸」，假裝輸了。「詐走」，為誘惑敵手而裝作敗走。「誰云敗」？誰說（真的）敗了？

「引誘回沖」，逗引和誘惑對方，使其在急於求勝中暴露破綻，我迅即回身沖其防守空虛之處。「致勝歸」，得到勝利的結果。歸，歸宿，借喻結果或目的。《孫子·虛實篇》說：「進而不可禦者，沖其虛也。」回沖，也即返身沖其虛的意思。

【原文】9. 滾拴搭掃靈微妙，10. 橫直劈砍奇更奇。

【注釋】「滾拴」，即連環拴手。如清初黃百家《內家拳法》所記「滾斫」，亦即連環斫手。凡一手掌心朝內，運至身前同側上方時，突然轉腕使掌心向外擊敵，其狀如拴門或拴馬樁，此即為「拴手」。如「單鞭」的前面一手，便屬拴手。而「雲手」兩臂交替地抄「而起，當運至身側前上方的一手略轉腕使掌心向外，也暗含拴法。故「滾拴」或即為「雲手」的古稱。「搭掃」，上搭下掃，如「轉身擺蓮」，即含「搭掃」之法。「靈微妙」，靈敏奇巧和精細奧妙。

「橫直劈砍」，即橫劈直砍。聯繫到上一句，似乎也是指連環劈砍的進攻手法。「奇更奇」，稱譽其奇妙罕見。

【原文】11. 截進遮攔穿心肘，12. 迎風接步紅炮捶。

【注釋】現今流傳的陳式太極拳第二路，仍有「穿心肘」一式。「截進」，截擊和進身。「遮攔」，即「架隔遮

攔」（見《水滸傳》第 104 回）。

全句大意是說：當對方用手打來，我順勢截擊進身，而遇到架隔遮攔時，便可乘機應用「穿心肘」。因為「穿心肘」從其臂、腋下穿入，既可利用對方手臂遮攔的自障其眼，又可得到見縫插針、乘隙進肘之實效。

「迎風接步」，即對方迎面攻來，使敵我雙方的前足（步）相接。「紅炮捶」，即當今陳式太極拳的「掩手肱捶」。由於沖拳的主要目的在於擊傷，這與借力跌人之法是有所區別的。借力最忌犯「雙重」之病，而沖拳以強擊弱（指擊其身軀之薄弱部分），那就不是機械地避忌雙重了。

這說明擊傷與擊倒兩者，在方法上是不盡相同的。實際應用，既可使之擊傷而不倒，又可使之擊倒而不傷。或許正因為武術技擊屬技巧之學，因此，武術散手競賽才有可能作為體育項目得到繼承和創新發展。以上兩句歌訣，分別把近肘和遠拳兩個代表性拳式都談到了。

【原文】13. 二換掃壓掛面腳，14. 左右邊簪莊跟腿。

【注釋】這兩句談的是腿法。「二換」，二起換腳。「掃壓」，下掃上壓，手足並用。大凡腿法，在轉身時都可帶「掃」法，且不限於「掃趟腿」一法。「掛面腳」或即當今陳式太極拳「翻身二起腳」（一名「踢二起」）的前身。但這主要是由外功拳「箭彈腿」發展而來的。

「左右邊簪」，指起腳時左右分手，宛如古代婦女髮髻兩邊翹出的玉簪。「莊跟腿」，一作「莊根腿」，即當今陳式太極拳的「蹬一根」。

【原文】15. 截前壓後無縫鎖，16. 聲東擊西要熟識。

【注釋】「截」，截擊、伏擊。凡對方出手攻擊，我可從不同角度順勢向前截引他的來勁，使其打不到我的身上；

並用向後採拿加肘壓等手法，引其落空，使之向前跌仆。

「無縫鎖」一名，顯然屬於擒拿之式。「鎖」是擒拿法式的俗名，如鎖喉、鎖陰、雙鎖等等。「無縫」，指此鎖無縫可開，比喻其不易解脫；但這只是形容而已。當今陳式太極拳雖已無此式名，但擒拿法在各派太極拳中都不少見。而且類似截前壓後的採拿法，在太極散手或楊式大挒推手中即可找到。

值得注意的是，全首歌訣共有三個「壓」字，這也足以證明，當時應用壓法是很廣泛的，與前文中推斷「壓」為「十二法」之一，是可以相互佐證的。

「聲東擊西」，語本《通典‧兵典六》：「聲音其東，其實擊西。」這也是造成敵手錯覺的一種戰術，與「閃驚取巧」及下句「上籠下提」同屬一類，僅僅是巧妙與角度各自有所不同罷了。內、外功拳各門派拳法應用「聲東擊西」的法式甚多，且有將「聲東擊西」列為拳式名稱者。

【原文】17. 上籠下提君須記，18. 進攻退閃莫遲遲。

【注釋】「上籠下提」與聲東擊西一樣，是一種戰術，而不限於一法。在方法上，它既可上籠下取、下提上取，又可籠、提夾擊，或者交替籠提閃驚後，別以他法發放。「進攻退閃」，說明進要攻，退要閃。這裡「閃」字指「閃展」，即側身避讓。步法進退，務得其宜，而不可稍有遲滯。遲疑即失機。拳諺說：「機勢一失掉，空有兩手巧。」要之，在於能因敵變化，隨機勢以為進退。這無疑是克敵制勝的訣竅了。

【原文】19. 藏頭蓋面天下有，20. 攢心剁脅世間稀。

【注釋】「藏頭蓋面」是防守技術，但使用時卻有巧妙與笨拙之分。「攢心剁脅」是見縫扎針的進攻技術。這兩句

聯結在一起，詮其大意是說：「懂得藏頭蓋面這種防守技術的人多得很，但大多數人只知消極防守，而能透過藏頭蓋面的方法來達到攢心剁脅的反擊制勝目的，這樣的拳手就少見了。

【原文】21. 教師不識此中理，22. 難將武藝論高低。

【注釋】這最後兩句是結語。強調全文所敘理法的重要性。

綜上所釋，《拳經總歌》概括地論述了拳法的戰略、戰術和基本技法，看來它與當今的太極拳在淵源和脈絡上確有其一脈相承之處。但古拳的技擊性較強，後世已向醫療保健方向發展的太極拳推手，難以與之相提並論。

這首古老的拳術歌訣，對於今天尚處於創新實驗階段的武術散手競賽和太極拳推手競賽，會有一定的借鑒作用，這一點是毫無疑義的。

第四節 《拳經總歌》譯意

現將筆者 20 世紀 60 年代所譯稿本，重新修訂後公諸同好。每句均譯為 13 個字，採取直譯與意譯相結合，以主觀上忠實於原著為準則。

1. 縱放和屈伸都不可被人所料中，
2. 各種貼身纏繞著法我相應依從。
3. 劈、打、推、壓能夠獲得進取的地步，
4. 搬、撂、橫、採也會給敵手造成被動。
5. 鈎、掤、逼、攬等法拳家幾乎都懂得，
6. 而閃驚取巧又有哪些人真知曉？
7. 假裝敗走不能說真的吃了敗仗，

8. 誘出破綻速即回沖終於得勝利。

9. 滾拴和上搭下掃靈巧又精妙喇！

10. 橫劈直砍更可說是奇中之奇了！

11. 截擊進身，遇有遮攔可用「穿心肘」，

12. 迎面而進，步伐相接就發「紅炮捶」。

13. 二起換腳，連掃帶壓的稱「掛面腳」，

14. 起腳分手，如髮邊玉簪為「莊跟腿」。

15. 截擊向前，又沉壓向後是「無縫鎖」，

16. 應用聲東擊西的戰術定要熟悉。

17. 上籠下提的戰法也須請您牢記，

18. 進攻和撤退閃避切莫遲滯不及。

19. 藏頭蓋面的防守法天下有的是，

20. 能乘機攢心剁脇那世上可少有！

21. 當教師的如不懂得上面的道理，

22. 那就很難用武藝來評比高低啦！

第五節　《拳經總歌》與戚繼光的《拳經》

　　《拳經總歌》實際上是根據明代戚繼光（公元 1528～1587 年）《拳經》歌訣撰寫而成的一首綱要性拳訣，其中突出了它的戰略、戰術要領，並附帶地敘及其代表性的拳式。這只要把《拳經總歌》所用詞語，與戚氏《拳經》歌訣相互對照一下，就一目了然了。這說明戚氏三十二勢長拳可能在河南溫縣流行過一時，最後才逐漸演變為太極拳的。這種更改名目性的變化，恐怕不會早於陳奏庭作《拳經總歌》之時。而「太極拳一名長拳」之說，或即因其源於戚氏三十二勢長拳的一種歷史傳聞。

換言之，太極拳原名「長拳」，而且其前身就是戚繼光的長拳；是後來才更易拳名，並吸取和尊奉山西王宗岳《太極拳論》為本門拳術的經典著作的。這一推論，恐不免有背經離道之嫌。但愚意在於拋磚引玉，共同探索真理，這就不能受「張三豐為始祖」等舊說的羈束了。

　　現仍按《拳經總歌》22句順序，依次與戚氏《拳經》歌訣中有關的或相類的文句合璧對照，舉例以供大家研究參考：

　　　陳氏《拳經總歌》　　　　戚氏《拳經》有關歌訣

　1.縱放屈伸人莫知，　　　前言：人不得而窺者謂之神。

　2.諸靠纏繞我皆依。　　　歌訣3：諸勢可降可變。

　3.劈打推壓得進步，　　　12.劈打推壓要皆依。

　（「得進步」，見右歌訣）　9.得進步攪靠無別。

　4.搬撂橫採也難敵。　　　8.「邱劉勢」左搬右掌。

　（「橫採」，即左橫右採）　11.右橫左採快如飛。

　5.鈎掤「逼攬人人曉，　　32.絞靠跌人人識得。

　6.閃驚取巧有誰知。　　　13.怎當我閃驚巧取。

　7.佯輸詐走誰云敗？　　　6.「倒騎龍」詐輸佯走，

　8.引誘回沖致勝歸。　　　　誘追入遂我回沖。

　9.滾拴搭掃靈微妙，　　　31.打滾快，他難遮攔，

　（掃，右歌訣有「補前　　　復外絞刷回拴。

　　掃」「左右跟掃」）

　10.橫直劈砍奇更奇。　　　24.「一條鞭」橫直披砍。

　11.截進遮攔穿心肘，　　　16.穿心肘靠始難傳。

　（「遮攔」見右歌訣31）　21.我截短須認高低。

　12.迎風接步紅炮捶。　　　17.急回步顛短紅拳。

　（紅炮捶，即紅拳）　　　25.前揭後起進紅拳。

13.二換掃壓掛面腳，　　　7.二換腿決不饒輕。❶

14.左右邊簮莊跟腿。　　　27.追上穿莊一腿。

15.截前壓後無縫鎖，　　　26.「無縫鎖」逼退豪英。❷

16.聲東擊西要熟識。　　　　（凡「左搬右掌」一類均屬
　　　　　　　　　　　　　　　聲東擊西）

17.上籠下提君須記，　　　5.挨步逼上下提籠。

18.進攻退閃莫遲遲。　　　3.進攻退閃弱生強。

（莫遲遲，即右「莫遲停」）22.背弓進步莫遲停。

19.藏頭蓋面天下有，

20.攢心剁脇世間稀。　　　23.進步火焰攢心。

21.教師不識此中理，　　　21.好教師也喪聲名。

22.難將武藝論高低。

《拳經》三十二勢，每勢有一首七言或六言歌訣，各為四句，但其中也有由六言、七言混合成一首的。從兩文對照看，除《拳經總歌》最後四句結語外，其餘 18 句基本上是參照戚氏《拳經》歌訣來撰寫的，戚氏三十二勢歌訣共有 32 首、計 128 句，而陳氏提綱挈領地撰寫成 22 句綱要性的歌訣一首，故名《拳經總歌》。

由此說明，認為「諸靠」是運用「掤、捋、擠、按、採、挒、肘、靠」八法推手，那肯定是不貼切的。那時候「八法」推手或許還沒有產生哩！退一步說，陳氏《拳經總歌》內容一本戚氏《拳經》，這兩者都不是論述推手的歌訣。但就其拳法的戰略、戰術原則而言，那對當今武術散手和太極拳推手競賽，無疑是具有很好的借鑒作用的。

那麼，「諸靠」應作何解？諸靠實即泛指貼靠近身的諸勢，如戚氏《拳經》歌訣中有「攬靠」「滾穿劈靠」「肘靠」「靠腿」等等皆是。至於「纏繞」一詞也含有糾纏和環

繞之意，即相與周旋，而不僅僅是後世陳式太極拳的「纏絲勁」之謂也。

總而言之，《拳經總歌》不等於後世太極拳的歌訣，而本文前面各節，則是從原始太極拳繼承戚氏《拳經》的角度來進行注釋的，這是不能不加以聲明的。

【註釋】：

❶饒輕，即輕饒，原文原押韻關係倒置。

❷豪英，即英豪，也因押韻關係。

第十三章
明代戚繼光《拳經捷要篇》今譯與解析

明代民族英雄戚繼光（1528～1587），字元敬，號南塘，晚號孟諸，山東蓬萊人（一說定遠人，或係祖籍）。自幼家貧好學，通曉經史，能文善武，胸懷壯志。少年時就曾寫下了「封建非我意，但願海波平」的詩句，慷慨地表達了自己立志衛國和平定倭寇的抱負。世襲登州衛指揮僉事，弱冠任職，旋即被提舉為都指揮僉事，在山東防範倭寇。嘉靖三十四年（1555 年），改僉浙江都司，赴杭州任職。翌年，即被任為參將，分派他參加鎮守寧波、紹興、臺州三鎮，當時他才二十多歲。從此，他開始在浙東沿海率軍抗倭。戚部屢建奇功，至嘉靖四十年（1561 年），討平侵浙倭寇，繼光因功進秩三等。此後，他又奉命率浙兵馳援江西，並連年兩次援閩，積功升任都督僉事、副總兵官。嘉靖四十二年（1563年），侵閩倭寇被剿滅後，論戰績數繼光為頭功，晉為都督同知，並繼宿將俞大猷之職，被任命為福建總兵官。後兩年又平定廣東殘寇，全部解除了東南倭患。

迨至隆慶元年（1567 年），因北方薊門多警，繼光奉命北上，以都督同知，總理薊州、昌平、保定等三鎮練兵事宜。在他到任之前，薊門先後更換大將達十名之多，無不因防守不力戴罪去職。而他初到薊門，就嚴格訓練士兵，整頓原有部隊，修飾邊備，並請准招募當時以驍勇善戰著稱的浙江兵三千名，北上充任先鋒部隊，作為全軍的榜樣。從而改造了原有紀律鬆垮的北兵，使全軍戰鬥力大為增強。他鎮守

薊門十六年，屢戰屢敗俺答等外敵侵犯，使薊門穩如泰山，竟至無敵敢再來犯。甚至在他卸職以後，後任的將領依他既定之法辦事，也因此獲得了數十年平安無事之大效。可見戚氏的將才確屬不凡。

戚繼光一生南戰北守，抗擊外敵，功績巍巍，是個具有雄才大略的將軍。《明史》說：「戚繼光用兵，威名震環宇。」又說：「繼光更歷南北，並著聲。在南方戰功特威，北方則專主守。」明‧王士性《廣志繹》也說：「而戚功在閩，其方略又出諸將之上。」當然，繼光的將才能夠得到較好的發揮，除了南戰北守都能獲得廣大士兵擁護、能萬眾一心地投入反侵略的正義戰爭中去、完成保衛國家的偉大任務外，抗敵將領的團結和當權者的信賴、重用，也都是必不可少的客觀因素。不幸在相國張居正逝世後僅半年，情形突變，給事中（官名，朝廷諫官）張鼎思說：「繼光不宜駐在薊門。」朝廷聽信，就馬上把他調往廣東。次年稱病，又遭給事中張希皋等人彈劾，竟至罷官歸裡。閑居三年，御史傅光宅上疏推薦繼光復出，反被奪俸。這位一生戎馬生涯近四十年、曾經使侵略者聞風喪膽的一代名將戚繼光，也就此在抑鬱悲憤交加之中溘然長逝了。讀史至此，莫不令人惋嘆不已！繼光享年60虛歲，諡號「武毅」。

戚繼光生前在戎馬倥傯之中，不忘勤奮學習和著作，其一生所著《紀效新書》《練兵實紀》《武備新書》《莅戎要略》等兵學著作，都是後世研究古代軍事學者所推崇的。詩文集則有《止止堂集》和《長子心鈐》。他也酷愛民間武術，並結合兵學來進行研究，以達到為軍事服務的目的。因此，他把所著《拳經》也收輯在《紀效新書》等著作集中。

《紀效新書》卷第十四「拳經捷要篇」，簡稱《拳

經》，是現存不可多得的明代拳學古籍，是後世拳家所一致公認的古代拳學經典著作之一。「拳經捷要篇」包括前面的論說文和後面的「三十二勢」圖訣。而前面的論說文，似乎是《拳經》作者戚繼光的一篇自序，其篇幅不長，文字淺顯易懂。文章主題是敘述他創編「三十二勢」拳路的緣由，及其所繼承的淵源關係，並簡論拳學的基本原理。全文（不包括篇名）共 513 字，言簡意賅，文筆流暢，立論精闢，尤其是理論聯繫實踐而不尚玄虛，這確是古代的拳學佳作。從中不難看出，戚繼光在拳學方面的造詣也是十分高深的。

這篇文章在國內外流傳很廣，在 1956 年全國十二單位武術表演大會上，曾被輯入《技術研究參考資料》一書中印發給與會代表。而古今各地武術愛好者輾轉翻印、傳抄的鈔本也很多，其文字與標點互有出入，偶見報刊引述或詮釋其個別文句，也往往是人言言殊的。為此，筆者不辭淺陋，將三十多年前經過自行校正、重新標點和予以分成八個段落的原文公諸同好，並按段加編序號，逐段作出今譯和解析。

《拳經捷要篇❶》

【題解】「拳經」，拳，拳法；經，經驗、經典，含有繼承前人實踐經驗的意思。至今人們談論拳術理法，仍稱之為「談拳經」。

「捷要」，捷，簡捷；要，精要、重要。如明代名醫李梴所著的《醫學入門》一書，也有「捷要灸法篇」，其所題「捷要」一詞，詞義與戚文是一致的；而且《醫學入門》成書於萬曆三年（1575），當時戚繼光尚健在。說明「捷要篇」是明顯地帶有 16 世紀中葉這一時代色彩的篇名。

第一段

【原文】拳法似無預於大戰之技，然活動手腳，慣勤肢體，此為初學入藝之門也。故存於後，以備一家。

【今譯】拳法似乎不是直接參與大規模戰爭的軍事技術，然而它能靈活手腳，養成肢體勤苦耐勞的習慣，這正是初學戰鬥技藝的入門之路啊！因此，把它（《拳經》）保存於後，以作為一家之說。

【淺解】這一段開門見山地指出學習拳法在戰爭中的意義，它雖不是直接參與戰爭的技藝，卻具有增強戰鬥基本活動能力，以及作為初學武藝的基礎功夫等積極作用。從而闡明了撰寫和保存《拳經》的動機和意義。預，參與，干預。一本作「寓」，誤也。以備一家，含有把拳法作為兵學中的一個門類的意思。早在漢代，班固（32～92）在其所撰《漢書‧藝文志》中，就曾把「《手搏》六篇」列為「兵書」類、「兵技巧」十三家的書目之一，並解釋道：「技巧者，習手足、便器械、積機關，以立攻守之勝者也。」手搏，即拳法在漢代的古稱。習手足，與戚文「活動手足」之義相合；便器械，即便於操縱器械；積機關，是指積累和充實「心中機關」，即增加作戰知識和計謀等思維能力。而最終目的，還是為了「攻守之勝」。由此可證，其立意與戚文所敘是完全一致的。

《漢書‧藝文志》所記「兵技巧」十三家的書目，除手搏、劍道、射法之外，尚有「蹴鞠」等。蹴鞠頗類發祥於英國的現代足球，它既模擬戰鬥的攻守，也有助於培養實戰時所需的靈活、勇敢、速度、耐力等素質，與班固所釋「兵技巧」定義並不相悖。換句現代化的話來說，「兵技巧」大體

上相當於現代的軍事體育或軍事操練的基礎項目。

第二段

【原文】學拳要身法活便，手法便利，腳法輕固。進退得宜，腿可飛騰。而其妙也，顛起倒插；而其猛也，披劈橫拳；而其快也，活捉朝天；而其柔也，知當斜閃。

【今譯】學習拳法，要做到身法靈活而順適，手法隨意而伶俐，步法輕盈而穩固。進身退步要能得其時宜，腿法要能夠飛起襲敵。而它的巧妙，諸如顛倒插起一類的摔跌法；它的凶猛，要數使用橫拳披劈一類的打法；它的迅捷，可看活捉朝天一類的拿法；它的柔順，乃是明白身法應當在攻守之中善於往復轉側斜閃的。

【淺解】這一段總的談初學拳法須知的基本要領，與今天拳術要求依然切合。便利，方便、順適、俐落。古代拳論有「便利從心」的說法，亦即指隨意識因敵變化順勢而動的意思。這種敏銳的條件反射，絕非初學所能立刻形成，但卻是初學所不可不知的。後半段則是用讚美的語氣來舉例說明拳法的「腿可飛騰」，以及妙、猛、快、柔四個讚詞，與後文第四段「李半天之腿」「千跌張之跌」「張伯敬之打」「鷹爪王之拿」以及「綿張」之柔，恰好是前後相呼應的。這不會是偶然的巧合，顯然是經過精心構思而成文的。因此，若能對照閱讀，就更能體會其精義；同時也足見古人行文的一番苦心孤詣了。現將四個讚辭分釋如下：

1.「妙」，巧妙、奇妙

「顛起倒插」，即「顛倒插起」之謂，如「倒插虎」一類的地躺法便是。其目的在於熟練地運用倒插等跌法轉敗為勝，或誘敵以制勝。總之，不是為了好看；但客觀上卻是既

巧妙又好看的。

2.「猛」，凶猛

拳打要數使用橫勁披劈的打法最為凶猛，這是古今拳術家所公認的。這類「披劈橫拳」在今之內、外功拳中都有。

3.「快」，迅速

後世之所謂外功拳要求節奏快，但即使內功拳也主張「動急則急應」，並非在應敵上只要慢不要快。然而這裡的「快」，是指快而得效，而不是單純就節奏而言。「活捉朝天」的技法很多，而拳理卻是一貫的。亦即能快而得其火候，要拿其能得力的關節等部位，並須順勢借力，能在一拿之下使其四腳朝天，故名。

4.「柔」，柔順、柔化

亦即用柔順的身法，轉側斜閃來化解對方的攻擊。但閃展柔化之法，必須隨轉腰之勢左避右趨或右避左趨，做到守中寓攻，守即是攻。換言之，即在一轉腰斜閃之際，攻守齊備，化解與發擊同時完成。

第三段

【原文】故擇其拳之善者三十二勢，勢勢相承。遇敵制勝，變化無窮，微妙莫測。窈焉冥焉，人不得而窺者謂之「神」。俗云「拳打不知」，是迅雷不及掩耳，所謂「不招不架，只是一下；犯了招架，就有十下」。博記廣學，多算而勝。

【今譯】為此，選擇各色拳法中較優秀的三十二個式子，使之式式相互銜接。在應敵奪取勝利時，其變化不可窮盡，其微妙之處令人莫測高深。深邃呵，難知呵！使人看不透的打法，才稱得上「神明」。俗話說：「拳打不知。」這

好比迅猛的雷霆使人來不及掩耳一樣，也就是所謂「不招不架，只是一下；犯了招架，就有十下」。所以要博記廣學，多籌謀而後才能取勝。

【淺解】這一段著重說明，他是採擷當時流傳於民間的各種著名拳術中優秀實用的成法，連綴而編成套路的。意在繼承民間拳法中精粹部分，發揚中華武術這一寶貴的民族文化遺產，使之為當時的抗敵戰爭服務。他進而強調套路雖「勢勢相承」，但在遇敵制勝時，不可死搬硬套，而要隨機應變，在變幻之中令人莫測高深，這樣才有取勝的可能。

清·王宗岳《太極拳論》中：「忽隱忽現」「仰之則彌高，俯之則彌深」等語，其言外之音，也在於令人莫測我高深。《孫子·計篇》說：「攻其無備，出其不意。」《孫子·虛實篇》說：「故兵無常勢，水無常形，能因敵變化而取勝者，謂之神。」又說：「故善攻者，敵不知其所守；善守者，敵不知其所攻。微乎微乎，至於無形！神乎神乎，至於無聲！故能為敵之司命。」常言道：「拳、兵同源。」所以古代拳論往往是以兵法為指導的；何況戚繼光是位熟讀《孫子》，善用兵法，身經百戰的上將哩！

我們只要稍加注意，就不難看出，他的拳論是以兵法為宗的。「人不得而窺」「拳打不知」等語，就是指不露聲色（「至於無形」「至於無聲」），「攻其不備，出其不意」；做到「手如飄風迅雷，使其聞風而倒」的地步。《太極拳論》說：「人不知我，我獨知人。」《少林拳術秘訣》引述秦中（即今陝西關中一帶）俗語：「打來勿許見，見時不足算。」不足算，即不算數。浙東古拳諺也說：「出手人不曉，知曉人已倒。」以上種種說法，雖文俚雅俗不一，但其總的精神卻無兩致。

「窺」音「虧」，《說文》：「小視也。」神，神明、神妙。窈焉冥焉，贊嘆其深遠難見的意思，如《淮南子‧覽冥訓》：「深微窈冥，難以知論，不可辨說也。」「窈」音「杳」，深遠也；「冥」音「銘」，幽陰也。而所引「不招不架，只是一下」，是說高手迎敵，對方攻來，不予招架，而用「後人發，先人至」等戰法，乘隙搶攻一下即可取勝，甚或因而就結束這場戰鬥。

「犯了招架，就有十下」，則是指出消極防守是拳械之大忌。犯，犯病也。如對方攻來，你先招架，然後再企圖進攻，而不是連消帶打或後發先至；那麼遇上高手，就乘你招架之際連殺連打，使你無還手之力，處於如此連連挨打的局面，自然免不了要以失敗告終了。

此外，招架勢必形成兩力相抵，力大勁滯，則巧勁就少了。因此，拳諺也有「拳高不招架，拳低難還手」的說法。由於「不招不架，……」十六個字，是句古樸而義真的拳諺，故在今譯中仍引錄原文。博記廣學，義同「博學廣記」，總之，要多學、多問、多識、多記。

「多算而勝」，語本《孫子‧計篇》：「夫未戰而廟算勝者，得算多也，未戰而廟算不勝者，得算少也。多算勝，少算不勝，而況於無算乎?!」廟算，是指戰前在廟堂集會，預計戰爭的勝負。

而戚文「多算而勝」，是指拳術競技，自應包括戰前、戰時、戰後。戰前屬謀劃，戰時屬應變，戰後屬總結（以利再戰）。其算法勢必有所區別，但開動腦筋，聯繫實際，為奪取更大勝利而籌謀，這一精神卻是始終如一的。

第四段

【原文】古今拳家，宋太祖（時）有三十二勢長拳，又有六步拳、猴拳、囮拳。名勢各有所稱，而實大同小異。至今之溫家七十二行拳、三十六合鎖、二十四棄探馬、八閃番、十二短，此亦善之善者也。呂紅八下雖剛，未及綿張短打。山東李半天之腿、鷹爪王之拿、千跌張之跌、張伯敬之打；少林寺之棍與青田棍法相兼，楊氏槍法與巴子拳棍，皆今之有名者。

【今譯】古今拳術門派，在宋太祖時就有三十二勢長拳，又有六步拳、猴拳、囮拳等等。其名目與拳式雖然各有稱呼，而實際內容卻是大同小異的。留傳到現在的溫州派之七十二行拳、三十六合鎖、二十四棄探馬、八閃番、十二短等等，那也是好中之好的拳法啊！呂紅的拳術八法雖富具陽剛，卻及不上綿張的短打。又如：山東李半天的腿法、鷹爪王的拿法、千跌張的跌法、張伯敬的打法；與青田棍法相熔合的少林寺棍法，以及楊氏槍法、巴子拳棍等等，這些都是如今聞名於世的。

【淺解】「拳家」一詞，這裡泛指拳術門派，而不同於現代口語中專稱拳術家為「拳家」。後半段雖述及呂、張、李、王、張、張六個拳師姓氏，但也屬稱敘其一派之特長。總而言之，這一段是專門介紹古今較為著名而優秀的拳派；當然也只能是舉例而已。經筆者長期以來反覆研讀分析認為，這段文字可分為介紹古、今拳派兩大部分：

1.古代部分，列舉北宋初的古拳四種。原文內「宋太祖」句下省略或脫漏一「時」字。

2.當代部分，又可劃分為三部分：

（1）「溫家」部分，列舉流傳於浙東一帶的拳法五種。並舉例說明以陽剛著稱的呂紅，稍遜於擅長以柔克剛的綿張。

（2）山東部分，稱揚當地知名的五位拳師，在踢、拿、跌、打等方面各有特長。但也相對地暗示其各有所短，並埋下了「偏於一隅」的伏筆。

（3）器械部分，列舉棍、槍等法四種。青田棍法源出於浙江青田縣。巴子拳棍，一說是巴子拳和棍；另一說是棍法名目，故列於器械部分。楊氏槍法在《紀效新書》中敘述較詳，不贅述。

溫家，即溫州派，又稱浙東派。古時曾劃分浙江東路與西路的兩大行政區域，浙東劃定的範圍較今為大。相傳浙江雁蕩山一帶，包括溫州（永嘉）、青田縣及其境內溫溪，以及溫嶺等地在內，早在明代以前就是一個在浙江以拳術著稱於世的發祥中心地。故由此向浙東全境流布的，或者雖由外省傳入而已具有浙派特色的拳法，就統稱為「溫家」，亦即溫州派或浙東派的意思。例如：嘉靖年間以寧波張松溪最為著名的內家拳法，也是由溫州傳入寧波的。

戚文所記「綿張」，很可能就是指善於以柔克剛的張松溪。至於如今流傳於保定地區高陽一帶的短拳，據說又名棉掌拳、綿張拳或綿張短打。這是否與戚繼光北上保定有關？那就不得而知了，有待確考。

總起來說，戚氏所編「三十二勢」，名目及式數是襲用宋代古拳的，而實際內容卻選自當代各家之長。所以，這一段也可說是「三十二勢」的淵源部分。至其當代部分所記以浙東、山東見聞為主，這是因為《拳經》是他的前期著作，古時習拳限於心傳口授，而親身見聞也不能不受足跡的局

限。這一點當是可以理解的。

第五段

【原文】雖各有所取,然傳有上而無下,有下而無上,
就可取勝於人。此不過偏於一隅。若以各家拳法兼而習之,
正如常山蛇陣法:擊首則尾應,擊尾則首應,擊其身而首尾
相應。此謂「上下周全,無有不勝」。

【今譯】(以上各家拳法),雖然各有其可取之長處,
然而據傳說:有上無下,或有下無上的拳法,都足以戰勝別
人。但這終究是偏向於一邊的說法。倘若能選取各家拳法之
長,結合起來練習,那恰似兵法中的「常山蛇陣法」:(對
方)攻擊其頭部,就能用尾巴救應;攻擊其尾部,就回過頭
來救應;攻擊其身軀,頭、尾就一齊來相應。這就是所謂
「上下周全,無有不勝」了。

【淺解】這一段突出地講清選編「三十二勢」的理論根
據。「傳」,傳說,解說。「偏於一隅,」是委婉地指出這
種說法的片面性,以及這類拳法發揮技擊作用是有局限性
的,一語雙關。「有上而無下」,如傳統南拳及古老的浙東
內家拳,都以手法為主而少用腿法,甚至不用腿法;「有下
而無上」,如北拳中崇尚腿法而少用手法者,以及地躺門拳
術中以地躺法見長而缺少立技者。這裡的「有、無」是相對
而說的,不是指絕對的「無」。戚氏綜合各家之長的構思,
與今人編綜合拳有其近似之處。但今之「長拳規定套路」,
實際上只是對各種北拳的一種綜合;綜合太極拳主要是綜合
大、中、小架於一體。而戚氏則是著眼於「拳彌六合」,使
之不偏於一隅。其所吸收之式,一概不受南拳、北腿、長
拳、短打、內家、外家等等門派的限制,更不是單一流派的

綜合。戚氏的這種批判地繼承和創新思想，發生在距今四百餘年以前的古代，而且作了認真的實踐嘗試，以及為後人留下了可供借鑒的理論和經驗，無疑是十分可貴的。

我國古今兵家與拳家的「常山蛇陣法」之原理，皆源於《孫子・九地篇》：「故善用兵者，譬如率然。率然者，常山之蛇也。擊其首則尾至，擊其尾則首至，擊其中則首尾俱至。」古之「長、短兵迭用」或「五兵迭用」等法，也無不是據此原理衍化派生的。「上下周全，無有不勝」，那是一句富寓哲理的古諺，在拳法中自亦能獲得很好的檢驗，對各派拳法都會有深刻的指導意義。

第六段

【原文】大抵拳、棍、刀、槍、叉、鈀、劍、戟、弓矢、鈎鐮、挨牌之類，莫不先由拳法活動身手。其拳也，為武藝之源。

【今譯】大體上說，拳、棍、刀、槍、叉、鈀、劍、戟、弓箭、鈎鐮、盾牌等武藝，無不是首先從學練拳法活動身手開始的。那拳法啊，乃是武藝的根源。

【淺解】這一段明確指出，拳法在諸般武藝中所占據的地位，以及拳、械之間的相互關係，即各種器械是以拳為基礎功夫的。拳諺說：「未學拳，休習械。」也是這個意思。俗話說：「基礎不牢，高樓難造。」何況乎一無基礎呢？這段話與開篇第一段是前呼後應的。

第七段

【原文】今繪之以勢，注之以訣，以啟後學。既得藝，必試敵，切不可以勝負為愧為奇。當思何以勝之？何以敗

之？勉而久試。怯敵還是藝淺，善哉必定藝精。古云：「藝高人膽大。」信不誣矣！

【今譯】現在（把《拳經》「三十二勢」）繪製成圖式，並加注歌訣，借以啟示後來的學習者。一旦學了拳藝，就一定要參加競技試敵，切不可因為獲勝了就感到自己了不起，或者因為吃了敗仗而感到難為情。應當仔細想一想：為什麼能夠戰勝對方？為什麼會輸給對方？從而勉勵自己去作經常性的比試實驗。如果有害怕敵手的心理，那還是由於自己的拳藝水平不高；高手必定是拳藝精到的。古人說：「藝高人膽大。」這話實在不假啊！

【淺解】這一段話首先點明，把「三十二勢」繪製和譜寫成圖訣，其目的是為了啟迪後學。接著就諄諄善誘地教導，學了套路以後，還必須結合技擊應用，進行經久不輟的散手競技。同時指出：必須正確地對待拳術競技，要勝不驕、敗不餒，勉力久試，並克服臨陣怯敵的毛病，這樣才能達到「藝精」的程度。愧，慚愧。奇，驚奇，稀奇。如今南方方言中仍有稱「了不起」為「稀奇」的。南宋大詩人陸游說：「紙上得來終覺淺，絕知此事要躬行。」學習拳法也離不了身體力行。中國拳法，素來就是一門精深、博大的學問，對於任何一個人來說，拳藝是沒有止境的；而這一門學問，也是終其一生都難以學盡的。所謂「山外有山，天外有天」啊！明乎此，任何一位武林英豪，就都不會因在競技上奪得一次或幾次勝利而「稀奇」得不行了。

戚氏的這段論述，對於當前開展散手競賽和進行武術改革，都有良好的借鑒作用。試想既得藝而不試敵，那又如何去檢驗拳術技擊水平的深淺精粗呢？聯繫到今天的具體情況，倘若能既保持近幾十來在發展武術套路方面所獲得的豐

碩成果，同時又能穩健地開展武術散手競賽，真正實現「兩條腿走路」，那中華武術從此就會走向「推陳出新」、全面發展的新路，那時真功豈不是更真了嗎？

第八段

【原文】余在舟山公署，得參戎劉草堂打拳。所謂「犯了招架，便是十下」之謂也，此最妙，即棍中之連打。❷

【今譯】我在舟山公署時，得與參將劉草堂一起打拳。他所說的「犯了招架，便是十下」的話呀，那最精彩了，說的就是棍法中的連續攻打。

【淺解】舟山，明代屬寧波府所轄，置定海衛，設千戶所。公署，辦公的地方。參戎，明代武官職稱，亦即參將的俗稱，職位僅次於副將。繼光初來寧波時，也為參將。「犯了招架」的拳諺，前文已詳解；此處所謂「棍中之連打」，那是結合棍法來說的。換句話說，不論拳、械，誰犯了招架的毛病，誰就有可能挨對方的連殺連打；但棍法是最能明顯地反映出這種連打動作的。打拳，古今含義略有差別。今天說打拳，一般都指練習走架，而古代雖然也包括練習走架，但主要指散手。即與清·王宗岳《打手歌》的「打手」一詞的含義相同。從全文的語氣分析，這末段似是前文第三段中所引諺語的附注。而「犯了招架」的原理，與《太極拳論》所說的「雙重之病」，也有某些相通之處。

《拳經捷要篇》的文字在當時是比較通俗的，只因古今語法與武術術語的演變，就增加了閱讀的一些困難，在詮解上也曾出現了一些歧見，這是不足為怪的。但本篇敘及的拳學知識範圍相當廣闊，特別是在字裡行間充滿了孜孜好學和誨人不倦的精神，讀來令人備感親切，彷彿聽了精通拳理的

名師娓娓動聽的一次講座。這五百多字的文章，時推古今，地及南北，學宗各家之長，理熔兵家之道，贊曰猛、快、柔、妙，法敘身、手、腿、步，技舉跌、打、拿、踢，前後呼應，八面迎敵，包羅萬象，而句句莫不是拳學精髓。尤其是一無封建迷信之辭，二不故弄虛幻，這對一個距今四百多年前處於封建社會的人來說，確實是難能可貴的。這篇拳學著作，不但具有很高的歷史價值和研究價值，而且對於今天的武術運動，仍有一定的指導意義。

以上譯文，以直譯為主，意譯為輔，並以「信、順、達」為原則，俾使大家都能讀得通，看得懂。但限於學力，不到之處，尚祈讀者鑒諒和不吝指正。

至於「三十二勢」圖訣，則留待以後再作研究和解析了。

此外，《拳經捷要篇》篇首有按語說：「此藝不甚預於兵，能有餘力，則亦武門所當習。但眾之不能強者，亦聽其所便耳！於是，以此為諸篇之末，第十四。」若以卷數劃分，《紀效新書》的版本可分為「十四卷本」與「十八卷本」兩類，說明上述按語中「於是，以此為諸篇之末，第十四」等語，當屬「十四卷本」所有；但「十八卷本」有照錄不誤的。當然，這對《拳經捷要篇》的內容是沒有什麼影響的。

【註釋】：

❶ 清代照曠閣刻本《紀效新書》，其各卷篇目均為三字，卷第十四作「拳經篇」。

❷ 末句別本有作「即棍中之連打連戳一法」，多了最後 4 個字。其實，「連打」是可以概括「連戳」的。所以，未必是照曠閣等刻本脫落這 4 個字。

修訂後記

　　拙著《太極拳法研究》一書，在 1984 年 6 月由福建人民出版社出版後，深受海內外讀者歡迎，初版 2 萬餘冊，很快售罄。各地讀者紛紛來信要求重印，太極拳社團組織也有直接去信出版社訂購該書的，如山西省太原市楊式太極拳研究會訂購 1000 冊，寧波市永年太極拳社訂購 300 冊等等，但均復稱：「書已售缺。」後來，在 1994 年筆者托人專程前往該社聯繫，該社仍因書店徵訂數不足，決定不再重印，並同意作者意見：「可送其他出版社再版。」

　　直至 2000 年 9 月，當人民體育出版社派人前來約稿時，該社慨然應允將拙著《太極拳法研究》一書，修訂後列為《沈壽太極拳文集》的「理論部分」（卷一）予以出版。這樣終於遂了作者和一部分太極拳愛好者多年的宿願。

　　關於此書的修訂工作，首先是逐一改正了初版排印時的一些差訛；其次，刪去個別篇章，以及對少數段落、文句或標點，作了潤改、充實或刪削；再次，在版面的目錄、大小標題和注文排印等方面，儘可能與選集的其他各卷取得一致，以使人有統一、和諧的感覺。由於該書初版距今已逾 18 年了，因此，有必要保持原書內容的時代特徵，而不去作過多的改動了。初版書內的英文目錄，係文學翻譯家沈小嫻（1921～1987）生前所譯，作為一份歷史性的英譯資料，它是彌足珍貴的。

　　對書中不足和謬誤之處，尚希讀者教正。

沈　壽　寫於故鄉

卷 二

太極拳論譚

（增訂本）

目　錄

沈壽太極拳文集

序

四歲時即開始習武，以後又從太極拳名家傅鍾文先生習練楊式太極拳的當代著名武術家沈壽先生，是一個博學慎思、勤於筆耕，在學術上頗有建樹的人。幾十年來，他在全國各種刊物上發表的文章總計不下百篇，而出版的各種武術、氣功著作亦有五種之多。沈壽先生的文章，不僅在國內學術界有較大影響，有的還曾在國際上引起過轟動；其著作，也很受讀者的歡迎，有的還被出版單位作爲精品書再版。

若干年前，當沈壽先生把他的《導引養生圖說》書稿交給我時，曾說由於年事已高，這部書稿很可能成爲他的最後一部書稿。而我卻始終以爲，不到實在不能動筆時爲止，他的「車」怕是煞不住的。終於，今年初，沈壽先生又將他的兩部書稿──《太極拳走架推手問答》和這部《太極拳論譚》交給了我，使我成爲有幸拜讀這兩部書稿的第一人。

從本世紀 80 年代開始一直到《太極拳論譚》定稿之前，沈壽先生在國內十餘種體育刊物上曾發表過大量關於太極拳的論文和隨筆；後來，他決定把這些文章編輯成書，並根據內容的需要補寫了一些文章──這些便是他交給我的全部《太極拳論譚》的文稿。

在當代武術界，特別是在習練太極拳的人們當中，沈壽先生以其在太極拳習練上的極深造詣和在學術上的突出貢獻而享有很高的威望。若從武術運動，特別是太極拳運動發展的歷史

來看，沈壽先生更是一位值得重視的人物。因爲，沈壽先生從事太極拳學習、教學和研究的年代正是太極拳運動由舊到新發生了很大變化的年代——過去，人們習練太極拳主要是爲了技擊，而現在主要是爲了強身健體；過去，太極拳推手只是人們切磋技藝、提高技擊水平的重要手段，而現在，太極拳推手成了國內武術競技中的正式比賽項目……在這個由舊到新的變化中，沈壽先生無疑是個承上啓下的人物——對於傳統的東西，他曾下了很大工夫學習過；對於新出現的各種變化，他也曾下了很大工夫進行過研究；對於如何批判地繼承我國太極拳術這一優秀的文化遺産，如何使太極拳術更好地爲人民造福，沈壽先生都發表了很好的意見。由於這些意見均出自沈壽先生這樣的著名拳家之手，所以特別値得引起人們的重視。

　　沈壽先生學識淵博，所以，他的文章、他的書都很有看頭。這一點，當讀者讀完《太極拳論譚》和《太極拳走架推手問答》這兩本書之後，自會有所體會。

　　《太極拳論譚》是一本好書，我願以第一讀者的名義把這本書推薦給廣大太極拳愛好者。

李建章

沈壽太極拳文集

第一章
太極拳古典拳論淺釋

清代王宗岳《太極拳論》淺釋

清代王宗岳所撰寫的《太極拳論》，在我國現存的太極拳古典理論著作中，是最早的，也是評價最高的一篇論文。王宗岳，山西人。乾隆年間（1736～1795 年），以教書為業。平素酷愛武術，精通拳法、槍法，悉心研練數十年，頗有心得，著有《太極拳譜》和《陰符槍譜》。《太極拳論》則是《太極拳譜》一書中最精湛的一篇論文，直到今天，它仍被太極拳各學派一致公認為太極拳學中最重要的一篇經典著作。它對太極拳走架、推手和散手，都有著普遍的指導意義。其原文為：

太極者，無極而生，陰陽之母也。動之則分，靜之則合。無過不及，隨曲就伸。人剛我柔謂之「走」，我順人背謂之「黏」。動急則急應，動緩則緩隨。雖變化萬端，而理惟一貫。由著熟而漸悟懂勁，由懂勁而階及神明。然非用力之久，不能豁然貫通焉！

虛領頂勁，氣沉丹田。不偏不倚，忽隱忽現。左重則左虛，右重則右杳。仰之則彌高，俯之則彌深。進之則愈長，退之則愈促。一羽不能加，蠅蟲不能落。人不知我，我獨知人。英雄所向無敵，蓋皆由此而及也。

斯技旁門甚多，雖勢有區別，概不外壯欺弱、慢讓快耳！

有力打無力，手慢讓手快，是皆先天自然之能，非關學力而有為也！察「四兩撥千斤」之句，顯非力勝；觀耄耋能禦眾之形，快何能為?!

立如平準，活似車輪。偏沉則隨，雙重則滯。每見數年純功，不能運化者，率皆自為人制，雙重之病未悟耳！

欲避此病，須知陰陽。黏即是走，走即是黏；陽不離陰，陰不離陽；陰陽相濟，方為懂勁。懂勁後，愈練愈精，默識揣摩，漸至從心所欲。

本是「捨己從人」，多誤「捨近求遠」。所謂「差之毫厘，謬以千里」。學者不可不詳辨焉！是為論。

現據以上原文，逐句淺釋如下：

【原文】太極者，無極而生，陰陽之母也。

【淺釋】此句為太極拳命名的由來。「太極」一詞，最早見於《易經·繫辭》：「易有太極，是生兩儀。」唐·孔穎達（574～648）註：「太極，謂天地未分之前，元氣混而為一，即太初、太乙也。」兩儀，即天地，天地即陰陽。所以，說太極是「陰陽之母」。這裡包含了古代樸素的辯證法，亦即「天下萬物皆可分陰分陽」之義存焉！但「無極而生」句，顯然與《老子》「有生於無」的命題是一致的，是一種客觀唯心主義的宇宙生成觀。而古人以「太極」作為拳藝套路的命名，著重點就在於把陰陽對立統一的辯證法，具體地應用到拳術領域中去，同時也運用「取象於天」的一些形象化比喻，來為武術教學服務，如此而已。

至於《太極拳論》開篇這一句話的來源，當是根據宋代理學家周敦頤（1017～1073）在《太極圖說》中所說的「陰陽——太極也，太極本無極也」「無極而太極」等語。總之，陰陽統一於太極是對的，而「無極而太極」（義同「太

極者，無極而生」，亦即道家「有生於無」的思想）則是唯心的。

【原文】動之則分，靜之則合。

【淺釋】古老太極拳的「取象於天」，不僅僅是指用動作走弧線、勁路剛柔相濟來與「太極圖」相合。若從整體來說，首先是把打拳者的人體比作「太極」，身體一動就分陰分陽，這就不限於動作方圓和勁路剛柔了，而是包括了拳術實踐中可能出現的各種矛盾現象。至於動分靜合，也有廣狹之別。例如：打拳為動，收拳為靜。舊稱「收勢」為「合太極」，即取「靜之則合」之義。再如：打拳雖屬「動」，但「動」中更有動分靜合，這個運動中的「靜」，與收勢後或起勢前的靜態，自然是有所不同的了。

《太極圖說》云：「太極動而生陽，動極而靜，靜而生陰，靜極復動。一動一靜，互為其根；分陰分陽，兩儀立焉！」這段話正是《太極拳論》所含哲理的依據。

【原文】無過不及，隨曲就伸。

【淺釋】不論走架或推手，動作和勁力都不可過分或不及。過猶不及，兩者都是「毛病」。所以，初學太極拳要講究姿勢正確，動作合度，勁路適當。學習推手，更須力避「頂、抗、匾、丟」四病，切實遵循「沾、黏、連、隨」四要。「頂、抗」就是太過，「匾、丟」就是不及。走架時上下要相隨，虛實要分明，運臂邁步都要曲伸相繼，而變轉虛實尤不可出現遲重的現象。至於推手，更應「息心體認，隨人所動，隨曲就伸，不丟不頂，勿自伸縮」（見李亦畬《五字訣》）。亦即「捨己從人」，做到「沾黏連隨」，以對方的曲伸為曲伸。反之，如不能做到這一點，那不是太過，便是不及了。

【原文】人剛我柔謂之「走」，我順人背謂之「黏」。

【淺釋】對方用剛勁打來，我以柔勁引化，這在術語上就叫做「走」，後人也稱之為「走化」。當我順勢地黏隨，暗暗地迫使對方陷入背境時，這在術語上就叫做「黏」，後人也稱之為「黏逼」或「黏隨」。黏，含有如膠似漆地黏住物體的意思，但就「黏走相生、剛柔相濟」而言，黏是相對從屬於以剛制柔的一種方法。同時，走和黏是一個循環。

一般地說，前者是以柔克剛，通過走而引化，使敵力失效，並使自己轉逆為順，從而出現敵背我順的新形勢；後者是以剛制柔，即通過順勢黏隨進逼，為發勁創造條件，一旦「得實」，即可發放，這也是練太極拳的人所常說的「以柔為主，剛柔相濟」的內容之一。

而太極推手「沾、連、黏、隨」四要，歸結起來，也正是這「走、黏」二字了，學者通過親身實踐，悉心體認，就能領會太極拳前輩在教授推手時，分外強調這「走、黏」二字，是大有道理的。

【原文】動急則急應，動緩則緩隨。

【淺釋】不論推手、散手，都以對方動作的緩急為緩急，即對方動得快，我也應得快；對方動得慢，我也以慢相隨。這就是所謂「捨己從人」和「因敵變化示神奇」。由此證明，太極拳法並不是只要慢、不要快的。而這種隨對方動作速率的變化而變化，離不開黏勁的具體運用。

《拳法·剛柔篇》所說的「克敵制勝，全在用黏」，即與此意相合。若以武術古典理論來說，早在明代嘉靖年間，俞大猷就在《劍經》中提到了「黏」字。用「黏」必須熟習柔化。因此，《拳法·剛柔篇》又說：「不諳柔化，何來用黏?!」為了練出黏勁，達到黏走相生，緩急相隨，借以克敵

制勝，後世的太極拳法，不但強調放鬆訓練，要求「慢中求功」，而且創造了「聽勁」「問勁」「答勁」等等一系列練習感知敏銳的方法。但這些太極功夫，都不是一日之功所能造就的，必須是日積月累，積功而成的。

【原文】雖變化萬端，而理惟一貫。

【淺釋】古人說：「法有萬端，理存於一。」聯繫到太極拳法，說明方法變化雖多，但從理論上是可以由分析加以綜合歸納的。《太極拳論》把上面所說的一些最基本的要求作為綱要提出來，認為不管太極拳法如何在應用中千變萬化，而其動分靜合、無過不及、隨曲就伸、走黏相生、緩急相隨等基本原理卻是一貫的。而這靜動、曲伸、走黏、緩急等對立統一的矛盾現象，又都可歸結為「陰陽」二字，陰陽是統一於「太極」的，這就是所以把這種拳法稱之為「太極拳」的緣由了。同時，這也就是上面淺釋中已談到的，把古代樸素辯證法應用於太極拳法中去了。

【原文】由著熟而漸悟懂勁，由懂勁而階及神明。

【淺釋】著熟，著法熟練。懂勁，懂得勁的規律。神明，神妙而高明。俗話說：「熟能生巧。」所以，學習太極拳法也必須從熟練開始，一旦做到著法精熟，也就漸漸懂得了勁的變化規律。當然，這必須兼練走架和推手，光靠走架摸勁是不夠的。反之，只推手不走架，則推手懂勁的根柢也同樣是深不了的。大凡武術訓練，其初級階段，一般都是要求熟習著法，謹守規矩；而達到高級階段，也就是經過精熟和懂勁的道路，能夠隨機因敵變化，形成條件反射，而能不拘守於一著一式的成法，這時就達到神而明之的階段了。

什麼叫「神明」？《孫子兵法‧虛實篇》說：「故兵無常勢，水無常形，能因敵變化而取勝者，謂之『神』。」

拳、兵同源，理無二致。戚繼光《拳經捷要篇》說：「遇敵制勝，變化無窮，微妙莫測，窈焉冥焉，人不得而窺者謂之『神』。」這就是拳諺所說的「拳打不知」了。

但要達到上述神而明之的程度，必須從「守規矩」入手，而漸至「變化無方，心手兩忘」。達到這種程度，說明這時已邁入既守規矩而又能「脫規矩」的出神入化境界了。當然，檢驗的惟一標準仍在於能否克敵制勝，否則豈不都成了空話、大話?!「脫規矩」一語，與古人所說的「忘法」之含義略同，如：明代莊元臣《叔苴子》說：「教劍者有法，及其能劍，忘其法並忘其劍矣!」又說：「未忘法而用劍者，臨戰鬥而死於劍。」這說明「未忘法」是死守常法而不會因敵隨機變化。

在太極拳教學方面，歷代太極拳名家大都本著《太極拳論》所提出的這兩個訓練階段來進行教學。然而古今能「階及神明」的人，畢竟是比較少的。其原因是多方面的，因為人們鍛鍊的近期目的不盡相同。而今接受正規的嚴格的太極對抗性競技訓練的運動員，若與參加打太極拳的人數相比，那也是微乎其微的。這就有待於太極推手競賽的健康而蓬勃地發展。

【原文】然非用力之久，不能豁然貫通焉！

【淺釋】用力，指用功。今人俗話也有稱「用功」為「花功夫」或「用力氣」的。但功夫是依靠積累的，一曝十寒，乃積功之大忌。豁然貫通，含有「頓悟」的意思。乍一看，彷彿頓悟是偶然的。但若聯繫到積功既久，那就說明有必然的基礎，而絕不是「空中樓閣」高不可攀的。但有一點是必須承認的：練太極拳法成熟的過程，在時間上是遠比外功拳為長的。所以《十三勢行功歌》說：「得來不覺費工

夫。」因此，同樣的「三年小成，十年大成」，練太極拳的人就非加倍用功不可，而且還必須是能得其要領的，反之，不得要領，那就「功成終淺」了。

【原文】虛領頂勁，氣沉丹田。

【淺釋】「虛領頂勁」已成為楊澄甫《太極拳說十要》一文中第一要，但他把「領」字易為「靈」字，含義是頭向上頂起時，要虛靈自然。他說：「頂勁者，頭容正直，神貫於頂也。不可用力，用力則項強，氣血不能流通，須有虛靈自然之意。非有虛靈頂勁，則精神不能提起也。」而依王宗岳原有文字釋義的，則有解「虛領」為「虛虛領起」之義者。如顧留馨先生《太極拳術》說：「虛領頂勁意為頭頂要輕輕往上頂著，便於中樞神經安靜地提起精神來指揮動作。」愚意則認為：「領」的本義是以「衣領」借喻為人的頸項部位，全句的原意當是「指頸部的肌筋要放鬆，頭部要正直而自然地向上頂起」。

但若從闡發《太極拳論》精義而言，以上三種注釋是一致的，並無矛盾之處。《十三勢行功歌》說：「滿身輕利頂頭懸」，也是指「虛領頂勁」來說的。「氣沉丹田」則是指採用腹式呼吸，使氣息不致上浮。這必須有一個較長的鍛鍊過程方能真正做到。《太極拳說十要》說：「氣沉丹田，自無血脈僨張之弊。」但《太極拳論》中為什麼要把上面這兩句話放在一起呢？因為虛領頂勁則神氣貫頂，如是才能心清、目明、氣順遂；氣沉丹田則氣能下行，如是才能氣固、身穩、勁不浮。所以，上則虛領頂勁，下則氣沉丹田，這兩者既有內在聯繫，又都是初學者所必須努力去做的。它不僅關係到練拳者的儀表，而且涉及心法、眼法、氣法等諸方面，這無疑是不可等閑視之的。

【原文】不偏不倚，忽隱忽現。

【淺釋】身體不可歪斜搖擺，前俯後仰。勁路的虛實要忽而隱藏，忽而顯現，做到變幻不定，使對方吃不準我的勁路變化，猜不透我的心思，找不出我的破綻，總而言之，其目的是令人莫測高深。這樣，在心理上占了優勢，自然有助於奪取勝利。「不偏不倚」是以個人重心在底盤中所處的位置來衡量的——但不是絕對地始終把重心放在正中，否則就變成靜功站樁了。所以，既要做到不偏不倚，又要注意不可「過正」，過猶不及也。

【原文】左重則左虛，右重則右杳。

【淺釋】與人對手時，我左側的肢體如微感重意，就立即將左側的這一部分肢體變虛；我右側的肢體如微感重意，也立即把右邊的勁隱去，使對方無法「得實」而攻。杳（音「咬」yǎo），無影無蹤，深遠貌。我們知道，發放必須得著對方的實處，如得不著對方的實處，那就難以得力、得效。因此，凡對方企圖得實，我自當相應地把對方與我相接部位變虛變柔，使人感到像把勁力落到棉花上一樣而無法得力。這裡主要依靠肢體觸覺等感知的靈敏度，來作出迅速和精確的反應，使對方感到難以捉摸。例如：對方好像能按到我的實處了，但真正按來時，實處不早不遲地已經變虛，這「實勁」彷彿已杳如黃鶴了。而李亦畬《五字訣》說：「左重則左虛，而右已去；右重則右虛，而左已去。」此話既本於《太極拳論》，又增添了以腰為軸、借力反攻的含義，大體上相當於外功拳術所常說的「左避右趨」與「右避左趨」。當然，在趨避的具體方法上，依然是各有特點的。

【原文】仰之則彌高，俯之則彌深。

【淺釋】對方仰攻，我就升高，使他深感高不可攀；對

方俯襲，我就落低，使他頓覺深不可測。「彌」（音「迷」mí），更加的意思。與下文「愈」字義同。

【原文】進之則愈長，退之則愈促。

【淺釋】對方進身，我就引之向後，使他感到越是向前，形勢越加深長而終不可及；對方退身，我就乘勢進逼，使他覺得越是後退，形勢越加局促而陷入困境。「愈」（音「喻」yù），越、更加。今人作文以用「越」字者為多。

【原文】一羽不能加，蠅蟲不能落。

【淺釋】衡量敵勁輕重的準確性，不可有一根羽毛分量的誤差；感覺敏銳的程度，要使蒼蠅、蚊蟲都落不到我的身上。這話自然只是用來形容觸覺等感知能力的極度敏銳罷了，無疑是帶有文學誇張的色彩。太極推手的實踐證明，各人的感知能力在經過推手訓練後，與常人的差異明顯加大，即使是同學之間，由於鍛鍊有是否勤苦、是否得法等差別，特別是對「聽勁」所下工夫有深有淺，所以，各人感知能力的強弱亦有不同。感知能力較差的人，在推手中往往受人制而難以制人——這時就會深切地體會到「棋高一著，縛手縛腳」了。

【原文】人不知我，我獨知人。英雄所向無敵，蓋皆由此而及也。

【淺釋】上文在「忽隱忽現」一語之後，緊接著是分別從左右、高低、進退等不同角度，去論證如何使對方感到幽遠難及，高深莫測。如是，即使他有很大的力氣，也無從發揮其應有的作用。套句土話就叫「摸得著，看得見，打不著」。進而文章強調了感知能力和量敵精確的重要意義。總之，就是要使對方難知我的動向，而我獨能對他的情況了如指掌。《孫子兵法·謀攻篇》說：「知彼知己者，百戰不

殆；不知彼而知己，一勝一負；不知彼，不知己，每戰必殆。」殆（音「代」dái），危險、失敗。「知彼知己者，百戰不殆」，能達到這種地步方能夠做到所向無敵。

【原文】斯技旁門甚多，雖勢有區別，概不外壯欺弱、慢讓快耳！

【淺釋】這種拳技的其他流派很多，雖然拳架姿勢、動作有所不同，但大體上都不外乎強壯的打敗體弱的，手腳慢的輸給手腳快的。「概不外……」句，一作「概不外乎……」，後人潤改所致。

【原文】有力打無力，手慢讓手快，是皆先天自然之能，非關學力而有為也！

【淺釋】有力氣的人打敗沒力氣的人，手腳慢的輸給手腳快的人，這些僅僅是反映著人們的天賦自然的本能，而不是由於在學練拳法這一門學問上所下工夫的深淺而有所作為的啊！

【原文】察「四兩撥千斤」之句，顯非力勝；觀耄耋能禦眾之形，快何能為?！

【淺釋】仔細分析「四兩撥千斤」這句拳諺，顯然不是主張以強力去勝人的；請看那七八十歲的老年人能抵禦眾人的情形，那單純的依靠快速，又有什麼作用呢？！耄耋（音「冒」mào、「蝶」dié），八十曰耄，七十曰耋。太極拳並非只要慢不要快，這在前面已經談到了。俗話說「快了不如巧了」。巧，技巧。說明技巧往往是有決定意義的，而快慢是要據情而定的。至於用力問題，就「四兩撥千斤」來說，主要也還是突出了一個技巧問題。人們常說：「太極拳法乃技巧之學。」因而在這裡也關涉到對「先天自然之力」的改造問題，用太極拳的術語來說，就叫做「換勁」。透過「換

勁」逐漸練出和積累「太極內勁」。

　　所謂「太極內勁」，也不是神秘的東西，僅僅是在剛柔、大小以及動力定型等諸方面符合太極拳法的特定要求而已。楊澄甫《太極拳之練習談》說：「太極拳，乃柔中寓剛、棉裡藏針之藝術。」這就說明了被稱為「太極內勁」的這種勁力的特性。但這決不是說，練太極拳的人力氣越小就越能在推手競賽中取勝或奪取冠軍。這都是因為把太極拳術語混同一般口語來理解而產生了誤會。

　　【原文】立如平準，活如車輪。

　　【淺釋】平，天平。準，準頭。郝和藏本中，「平」字作「枰」。枰，秤盤，仍借指天平。故「平」「枰」二字不僅音同，而且在這裡義也可通。

　　全句是說，立身要像天平那樣中正不偏，肢體靈活要像車輪那樣圓轉自如。《太極平準腰頂解》說：「頂為準頭，故曰『頂頭懸』也；兩手即左右之盤也，腰即根株也。立如平準，有平準在身，則所謂輕重浮沉，分厘絲毫，莫不顯然可辨矣！」這就是把人體比作天平，有天平的準頭在身，那麼就能精確地去稱人的分量了。

　　【原文】偏沉則隨，雙重則滯。

　　【淺釋】對方用勁，我相應地把自己的勁偏沉於一端，不與對方的實力相頂相抗。反之，如我也以重力相抵抗，那便形成了「雙重」的局面，這時勁路就發生重滯而停頓了。換句話說，偏沉為得巧，雙重是拼力。得巧則勁路通暢，兩力相隨，大力打不著小力；拼力則勁路壅塞，兩力相抵，大力必勝小力。

　　【原文】每見數年純功，不能運化者，率皆自為人制，雙重之病未悟耳！

【淺釋】偏沉相隨，而不予受力。採用這種措施，必須是自覺的，並透過長期鍛鍊實踐而獲得的。而雙重相抵或相爭，形成拼力現象，則是盲目的，不自覺的。很多同好在理論上認識到了，而在實際中做不到，說明並未真正認識。每每見到下了多年苦功而仍不能運用柔化的人，大抵都是授人以柄，為人所制的，這就是還沒有真正覺悟到自己犯有「雙重」毛病的緣故呀！

【原文】欲避此病，須知陰陽；黏即是走，走即是黏；陽不離陰，陰不離陽；陰陽相濟，方為懂勁。

【淺釋】要避免犯雙重的毛病，必須弄通陰陽對立統一的辯證規律；黏就是走，走就是黏；陰離不開陽，陽也離不開陰；陰陽兩者能相反相成，相互輔助，這才算是懂得了勁的規律。走和黏是一對矛盾，它們在一定條件下相互轉化，走向自己的反面，沒有「走」就沒有作為矛盾對立面的「黏」。由於這兩者既是互寓的，又是隨時可以轉化的，所以說「黏即是走，走即是黏」。由於「孤陰不生，獨陽不長」，所以，兩者必須相濟。

而這裡所說的「陰陽」，則是包括了太極拳運動中可能出現的剛柔、動靜、開合、虛實、輕沉、蓄發、呼吸、走黏等等各種形色的矛盾現象。而上文所說的「黏、走」，則只是太極拳法中較為重要的一對矛盾。不懂黏、走，就談不上懂勁，當然也就難以自覺地去克服雙重的毛病了。但要達到懂勁的程度，顯然也要處理好其他有關的矛盾現象。一言以蔽之，要懂得太極拳的辯證法才行哩！

「陽不離陰，陰不離陽」句，一作「陰不離陽，陽不離陰」，兩者義無不同。

【原文】懂勁後，愈練愈精，默識揣摩，漸至從心所

沈壽太極拳文集

欲。

【淺釋】懂得了勁的規律以後，拳藝就越練越精，再經由實踐中反覆不斷地認識思考和揣摩研究，就能逐漸地達到隨意運用的地步了。

【原文】本是「捨己從人」，多誤「捨近求遠」。所謂「差之毫釐，謬以千里」。學者不可不詳辨焉！是為論。

【淺釋】本來太極拳的技、戰術原則是「捨己從人」，許多人卻錯誤地「捨近求遠」了。這真正是俗話所說的「差之毫釐，謬以千里」了。學拳的人不可不詳細辨析啊！所以特地作了以上的論述。

「謬以千里」，一作「謬之千里」，義無不同。「捨己從人」「捨近求遠」這兩句成語，現在早已成了太極拳教學中的術語了。「捨己從人」指隨人而動，黏則相隨，走則引化，黏走相生，與人周旋，隨機應變，伺機隨勢而定進退化發。這在化而不發的情況下，外形是被動的，但實質卻是主動的。「捨近求遠」，就是俗語所謂「近路勿走走遠路——枉費精神了」。因此，這與「捨己從人」恰恰相反，其貌似主動，或者頂頂抗抗，或者在不得機不得勢的情況下盲目行動，暴露勁點，結果反被對方利用借力，或者以大力制勝於你。這樣豈不落了一個實際上被動。

因此，老一輩太極拳家常說：「這也叫『自作主張』。」意即不問條件和不講方法地盲動。然而不具備「聽勁」等基礎功夫是不免要「自作主張」的。現在國內外練太極拳的人確實不少，但在基礎功夫上肯下苦功的人，又少得可憐，這是亟待解決的一個關鍵問題啊！

清代王宗岳《打手歌》淺釋與研究

一、《打手歌》的原文及其作者

通行本七言六句共四十二字的《打手歌》，初見於清代王宗岳著《太極拳譜》內。其原文為：

「掤捋擠按須認真，上下相隨人難進。

任他巨力來打我，牽動四兩撥千斤。

引進落空合即出，沾連黏隨不丟頂。」

「捋」，原作「攦」；「沾連黏隨」原作「粘連黏隨」，今皆依簡體字及通行本。此外，個別輯本有作「上下相遂人難進」「人難侵」「敵難近」「引入落空」「沾連綿隨」的等等，都屬筆誤或潤改。

陳溝兩儀堂舊抄本《打手歌》首句作「擠掤攦按」；近人陳子明（？～1951）《陳氏拳械匯編》所輯《打手歌》，「掤捋擠按」作「掤攦擠捺」，這恐怕只是為了切合鄉音罷了。其他如「上下相隨」作「周身相隨」，「來打我」作「來攻擊」，「不丟頂」作「就屈伸」等等，分明也屬潤改一類，在文義上均無多大的出入。

《打手歌》作者王宗岳，山西人，清代乾隆年間在世，以教書為業。平素酷愛武術，精通拳法、槍法，悉心研練數十年，頗有心得。著有《太極拳譜》和《陰符槍譜》。據清代乾隆六十年乙卯歲（1795）佚名氏《陰符槍譜序》說：「山右王先生，自少時經史而外，黃帝、老子之書及兵家言，無書不讀；而兼通擊刺之術，槍法其尤精者也。蓋先生深觀於盈虛消息之機，熟悉於止齊步伐之節，簡練揣摩，自

成一家，名曰『陰符槍』。……辛亥歲（1791），先生在洛，即以示余。余但觀其大略，而未得深悉其蘊，每以為憾。余應鄉試居汴，而先生適館於汴。退食之餘，復出其稿示余，乃悉心觀之。」又說：「先生嘗謂余曰：『余本不欲譜，但悉心於此數十年，而始少（稍）有所得，……於是將槍法集成為訣，而明其進退變化之法』。」

上文「洛」，指洛陽。汴，指開封。說明王宗岳於 1791 年在河南洛陽，1795 年在開封。他既悉心於武技數十年，此時當已接近晚年了。看來他的一生，主要是生活在乾隆年間（1736～1795）的。此外有關他平生的事跡，別無史料可考。

王宗岳的著作，被後世太極拳家所普遍推崇的是《太極拳譜》一書。《太極拳譜》的內容包括《太極拳論》《太極拳釋名》兩篇論說文，以及《打手歌》《十三勢行功歌》兩篇七言歌訣。這四篇文章在國內外流傳都極為廣泛，近百年來出版的各種太極拳專著，大都是附錄或引述這些文章的，它對於後世太極拳實踐和理論的繼承、創新、發展等諸方面，都有著極為深遠的影響。

《打手歌》言簡意賅，便於背誦和記憶。因此，它歷來被當作太極推手教學的啟蒙性教材，是公認的太極拳推手和散手的指導原則。例如歌訣中「上下相隨」「四兩撥千斤」「引進落空」「沾連黏隨」「不丟（不）頂」等語，都早已成為太極拳教學的常用術語了。

前輩太極拳名家為《打手歌》注解的人很多，雖然詮釋是大同小異的，卻也不乏獨到的心得，在一定程度上都為豐富和充實《打手歌》的學術性理論內容，作出了各自的貢獻。所謂「闡發精義」，實際上就包含了注家自己鍛鍊實踐

的心得，因而比原作的意義往往更加深了一層。例如：「沾連黏隨」四字，原來是指「沾而相連、黏依相隨」的意思。《太極拳論》中早已談到了「我順人背謂之黏」「偏沉則隨」等語，但後人則把沾、連、黏、隨四字分別解釋，並使之成為推手所必須遵循的四個要點。這就不能不說是在理論上作了進一步的發展。

《打手歌》為王宗岳所著，原無疑義。近代張士一始據《太極拳論》「察『四兩撥千斤』之句」，提出《打手歌》為王以前人所作。唐豪（1897～1959）又據在河南溫縣陳家溝發現的少了最後兩句的《打手歌》，提出《打手歌》為陳奏庭所作。顧留馨也因之認定《打手歌》六句為「王宗岳修訂」。對此雖已考據成帙，但細辯其根據是薄弱的。

例如：「四兩撥千斤」是一句極為古老的拳諺，早在王宗岳以前已經流行於世，王宗岳把它採入《打手歌》原是毫不足怪的。歷代後人詩歌中，採入古代格言、諺語的事例舉不勝舉，何獨王宗岳不能如此呢？再說唐豪先生在30年代發現陳溝兩儀堂拳譜舊抄本中有《打手歌》四句，因此推想六句，當由四句繁衍而成，這也只是想當然罷了。因為四句變六句固有可能，而六句只得其中四句或者少抄了兩句，那也屬常有的事啊！何況兩儀堂舊抄本未必是早於乾隆年間的抄本。以是觀之，要推翻王宗岳是《打手歌》的作者，其論據顯然是不夠充分的。

二、《打手歌》題解

「打手」一詞，原本是一詞多義的。如《明史‧兵志》：「其不隸軍籍，所在多有，而嵩及盧氏、靈寶、永寧，並多礦兵，曰『角腦』，又曰『打手』。」嵩，河南嵩

山一帶。盧氏、靈寶、永寧等縣都在河南西北部。永寧，即今洛寧。「角腦」，角力的頭腦（頭目），亦即相搏的高手之意。「打手」，打，擊也，與搏同義，實即「拳手」的意思。換言之，「角腦」與「打手」，基本上是一個意思的兩種稱呼。魏禧《兵跡》說：「四方行教者，技藝悉精，並諳殺法，名曰『打手』。」行教者，指以教拳為業的人。殺法，這裡指絕招。

魏禧（1624～1681），即魏冰叔，明末清初江西寧都人，時稱魏叔子。明亡後隱居江西翠微峰，康熙年間薦舉「博學鴻儒」，不應。說明他與黃宗羲、陳奏庭都是生活在同一時代的人。而「打手」一詞，在清初仍可能與「拳手」屬於同義詞。從河南溫縣陳家溝《陳氏家譜》看，譜內歷代族人名字旁注「拳手」「拳手可師」「拳手大家」「拳手最高」或「拳手神妙」者達二十餘人，說明「拳手」也就是對「技藝悉精」之拳師的一種稱呼。由此推之，則《打手歌》似也可作「拳手歌」來解釋的。

打手的另一義是：手與拳通義，打手即「打拳」，今人多以走架為打拳，古代「打拳」一詞則以散手較藝為主。如明代戚繼光《拳經捷要篇》說：「余在舟山公署，得參戎劉草堂打拳。」意即說他在舟山公署與參將劉草堂一起作散手交流切磋。這麼說來《打手歌》似又可解為「打拳歌」「短打歌」或「散手歌」了。

據傳太極拳已有三百多年的歷史了，而「推手」一詞實是近一百多年來楊式太極拳假借「岳氏雙推手」之名而擬定的。在此之前，溫縣陳氏太極拳稱之為「搞手」。《陳氏世傳太極拳術》一書（1932年上海版）作者陳子明所輯的《打手歌》，曾被改名為《擠手歌訣》。

清代李亦畬輯有武禹襄《打手要言》《打手撒放》，李本人也著有《走架打手行工要言》等文。此處「打手」兩字即取自《打手歌》，看來清代早期的「打手」，是比較接近於散手的。至於當今流行的各種推手配套練習法，則純係後人陸續創編而成的。如今推手理論和方法都相當豐富，並已達到了老少咸宜、人人皆可練習推手的地步。這顯然是歷代太極拳家和廣大太極拳愛好者在繼承前人實踐經驗的基礎上，不斷地創新發展所獲得的豐碩成果了。基於古今語言有別，而今人往往把「打手」一詞當作「打人凶手」解，因此，有的人就乾脆把《打手歌》改名為《推手歌》了。但若從保持古籍的原貌來考慮，還是不去擅改為好。

三、《打手歌》今譯與淺釋

《打手歌》是應用當時白話文撰寫的一首通俗性拳訣。就字面而言，其文義並不深奧，因此，古人也從未作過今譯。採取今譯的辦法，在客觀上依舊難於表達其中術語的基本概念，而仍須借助於注釋。如今姑妄試譯之，僅供大家參考。

> 掤捋擠按四法必須認真學習，
> 周身相隨喲，使人難於侵入。
> 任憑他用多大力氣來攻打我，
> 四兩之力喲，足以撥動千斤。
> 引進落空一經合度立刻發放，
> 切記沾連黏隨喲，不丟不頂。

現再根據原文，逐句淺釋如下：

（一）掤挒擠按須認眞

「掤、挒、擠、按、採、挒、肘、靠」，是太極拳的八種基本手法，簡稱「太極八法」。但其前四法屬「正法」，後四法屬「奇法」。《孫子兵法・勢篇》說：「三軍之眾，可使必受敵而無敗者，奇正是也。」又說：「凡戰者，以正合，以奇勝，故善出奇者，無窮如天地，不竭如江河。⋯⋯戰勢不過奇正，奇正之變，不可勝窮也。奇正相生，如循環之無端，孰能窮之？」拳法如兵法，所以傳統拳術的基本手法也有奇正之分。

何謂奇正？奇正的含義極廣。一般地說，先出為正，後出為奇；正面為正，側翼為奇；明戰為正，暗襲為奇⋯⋯總起來說，正法就是最基本的常法，奇法則是相輔助的變法。「以正合，以奇勝」，就是以正兵或正法迎敵，以奇兵或奇法制勝。《太極拳釋名》說：「掤挒擠按，即坎離震兌，四正方也。採挒肘靠，即乾坤艮巽，四斜角也。」四斜角，即四隅，亦即四奇。奇，犄角，即斜角。但這裡是用八法與八陣、八卦相合，借以使太極八法規範化的。若以九宮圖式示意則為：

以上規範，若作仔細分析的話，是有一定道理的。例如：在推手運動過程中，以自己的

巽靠	離挒	坤掤
震擠	太極	兌按
艮肘	坎掤	乾採

南
東 ← → 西
北

胸部方向為準，掤、挒、擠、按四正法，是正面應敵的；採、挒、肘、靠四隅法，則是斜向出手的。而正四法的勁別，是以橫勁、直勁各兩法來作安排的。即：掤挒兩手的運

動，是應用與胸橫線相並行的橫勁；擠、按兩手的運動，則是運用與人體矢狀軸相並行或同一方向的直勁。相對地說，四隅法都是介於橫勁與直勁之間的斜勁，而且，其出手的遠近變化也較四正手為多，明顯地包羅了「遠手、近肘、貼身靠」。當然，這僅僅是原則上的規範，在實際運用中不是一成不變的。

《孫子兵法・虛實篇》說：「水因地而制流，兵因敵而制勝。故兵無常勢，水無常形。能因敵變化而取勝者，謂之神。故五行無常勝，四時無常位，日有長短，月有死生。」這是就變化而言。然而要能因敵變化，首先得打好基礎。整個太極拳以八法為基礎，而八法又以四正法為基礎。因此，要學習推手、散手，一定要先把四正法練得純熟。

（二）上下相隨人難進

拳法攻守，務須上下相隨。戚繼光說：「上下周全，無有不勝。」拳諺說：「打人如擁抱，手到步要到。」又說：「手到步不到，短打不得妙；手到步也到，發人如玩笑。」此外，尚有「手進三分，步進七分」等說法。總之，是指手足齊到，全身應敵而言。這些話都是從進攻角度來提出要求的。而上下相隨既然是為使對方難於進取制勝，說明這裡原話是指防守而說的。但兩者要求上下手足協調一致，全身勁力完整一氣，其基本原理卻是完全相同的。

現在，「上下相隨」一語早已成為太極拳通用的術語了，前輩太極拳名家也有闡釋。如楊澄甫《太極拳說十要》說：「上下相隨者，即太極拳論中所云『其根在腳，發於腿，主宰於腰，形於手指，由腳而腿而腰，總須完整一氣』也。手動、腰動、足動，眼神亦隨之動，如是方可謂之『上

下相隨』。有一不動，即散亂也。」這就含有「以腰為軸」「一動無有不動」的意思了。

如果結合力學重心原理來說，上下相隨就在於自始至終地保持「立身中正安舒」，使重心相對穩定。重心穩定則進退操縱得其宜，且無跌仆之虞。手去步趨，身退步撤；手足呼應，步隨身換，如此方能達到與「隨遇平衡」相似的功效。凡在運動中兩腳隨攻守之勢而動，使人體重心不超越底盤範圍，自然時時刻刻都能保持身體平衡而不跌倒了。

舉例來說，當你快步走路時，腳下被東西絆住，不慎跌了一跤。為什麼會跌跤呢？上下不相隨嘛！如果思想上有警惕性，能及時跨越障礙，或者腳下雖被絆住，而上身卻能夠相應地及時「刹車」，並克服運動慣性，那也不致使身軀前傾到失重的程度，也就不會跌這一跤。所以說跌這一跤的原因就是上下不相隨所致。

在推手攻防運動中，若能做到上下相隨，也就是能使自己的重心始終保持在底盤範圍以內，那就不會跌僕；反之，如上下不能相隨，不必說是在對抗性推手競賽之中，即使是走架，也會有步履不穩的感覺，這似乎應稱做「上下不隨立不穩」了。

（三）任他巨力來打我，牽動四兩撥千斤

這兩句說的是「順人之勢，借人之力」「以小力化解大力」。其實，借力之法並非太極拳所獨有的，如《少林拳術秘訣》一書中所載《趨避歌訣》說：「趨避須眼快，左右見機行。趨從避中取，實自虛處生。山重身難壓，隙開進莫停。勢猛君休懼，四兩撥千斤。」這最後兩句與《打手歌》第三、四句基本上是一個意思。一說不怕他來勢多猛，一說

不管他來力多大，總之都認為用小力是足以化解和反擊大力的。然而大不相同的一點是：少林拳派一般只把借力當作技、戰術之一，幾乎所有的外功拳術無不兼備借力之法的；但太極拳卻是把借力之法提高到戰略原則上來看待的，因此，它把一系列「以小勝大」「借力發人」等技、戰術，都當作保證實現戰略原則的主要手段了。這正是主柔、主守的太極拳從理論到方法都與外功拳有很大差別的原因了。

「四兩撥千斤」是一句古老的拳諺，至遲在明代就很流行了。四兩怎麼能撥動千斤呢？這分明是含有藝術誇張的形容性說法。但也不妨依此舉個例子來談談：就把對手比作一個千斤大石，這塊石頭壓到我身上，那可不得了，準被壓個半死吧！若要不讓它壓著，那就如古諺所說的：「泰山雖重，其如壓不著我何！」壓不著，自然無損於我一根毫毛。如果這塊千斤巨石牢固而平穩地豎立在地面上，那即使有幾個大力士也沒法推動它，更不用說四兩之力就能把它跌翻了。但如這塊巨石被烈風吹動，其重心已在底盤邊緣極限而搖搖欲墜，只消再加四兩之力就會使它跌倒，那麼「四兩撥千斤」豈不成了現實?!

或許有人認為，這個例子太「典型」了，意義不大。其實在推手運動中，人體始終處於運動狀態中，人體重心偏向底盤一側是經常的。何況人只有兩隻腳，而不同於四腳爬行的獸類，因此，在一般情況下，底盤總是有其較窄的一面，加上自身的攻守失誤和對方的虛引詐誘，人體終不免有處於動搖之時，而不能像千斤巨石那樣巋然不動地豎立在地面上的，正因為如此，「四兩撥千斤」的機會就多了。有時對方用大力推來，由於身法前傾、上下不相隨，你只須用小力牽動一下，就可使他向前跌仆，甚至有時只須斜閃放空，也可

使力大而不太懂技藝的人發生傾跌現象。總之，這是「借大力」的形象化說法，又有誰會用天平去衡量呢！

（四）引進落空合即出

對方攻來，我就引之使進，卻又不使他的剛發之勁落實到我的身上，而使其落空。彼勁一經落空，其身法必然有所傾側，而這時我已蓄勁蓄勢充分，並認定機勢無不合度，便抓住戰機，瞬間發放，這樣也就無往不利了。合，合度，包括很多方面，主要是指得機得勢，而不是單純地指外形的開合之「合」。

陳品三（1849～1929）《擖手十六目》（以下簡稱《十六目》）一文中，第 9～12 目對「引進落空」四字作了逐字的解析：

9. 引，是誘之使來，牽引使近於我。

10. 進，是令人前進，不使逃去。

11. 落，如落成之落，檐水下滴於地；又如葉落於地。

12. 空，宜讀去聲，人來欲擊我身，而落空虛之地。

此外，「合即出」的「出」字，當解作勁力的「發出」「發放」，而總的來說都屬「打」的範圍。打要快，切不可稍有遲疑，拳諺說：「遲疑必失機」「機勢一失掉，空有兩手巧。」所以，強調「合即出」。《十六目》第 13～16 目，實際上就是為「合即出」三字作注，其中，「得」相當於「合」；「打」就是「出」；「疾、斷」講的是「即」。茲錄如下：

13. 得，是我得機、得勢。

14. 打，是機勢可打，乘機打之。

15. 疾，是速而又速，稍涉延遲，即不能打，機貴神速。

16. 斷，是決斷，一涉游疑，便失機會，過此不能打矣！

從《十六目》「速而又速」句，聯想到《太極拳論》的「動急則急應」。這些話都充分說明太極拳並不是只要慢不要快的。特別是推手和散手運動，快慢都必須服從戰略、戰術原則的需要，也必須能順應對方的變化，這才能稱得上「因敵變化示神奇」啊！

（五）沾連黏隨不丟頂

「沾連黏隨」四字，近代太極拳家大都作了逐字分解，如《十六目》第1～8目，除1～2目「較、接」二字指推手較量外，第5～6目「因、依」二字則是從「黏」字中衍生的。現引載於後。

1. 較，較量高低。
2. 接，是兩人手相接也。
3. 沾，是手與手相沾，如「沾衣欲濕杏花雨」之「沾」。
4. 黏，如膠漆之黏，是人既沾我手，不能離去。
5. 因，是因人之來。
6. 依，是我靠住人身。
7. 連，是手與手相接連。
8. 隨，是隨人之勢以為進退。

從上引之文，不難看出，《十六目》實際上是針對《打手歌》最後兩句中11個字所作的逐字分解。這裡雖未談到「不丟頂」三字，但如能做到沾連黏隨，那也自然能做到不丟不頂了。不丟頂，意即在捨己從人、隨人而動的過程中，既不丟人，也不用勁頂人。換句話說，黏不住人，必犯「丟」的毛病；做不到「捨己從人」，就易犯「頂」的毛病。後人進一步由「丟、頂」二字，把它繁衍為「匾、抗、

丟、頂」四字，統稱為「雙重」之病。總之，沾、連、黏、隨是四要，丟、頂是二不要。繁衍後「二不要」就成為四不要，或稱「四病」。

楊澄甫先生所藏據稱是祖傳的《太極拳譜》，其中也有《沾黏連隨解》和《頂匾丟抗解》各一篇。因文字不多，茲特輯錄全文，以便對照分析。

《沾黏連隨解》

　　提上拔高謂之沾；留戀繾綣謂之黏；
　　捨己無離謂之連；彼走此應謂之隨。

要知人之知覺運動，非明沾黏連隨不可，斯沾黏連隨之功夫，亦甚細矣！

《頂匾丟抗解》

　　頂者，出頭之謂；匾者，不及之謂；
　　丟者，離開之謂；抗者，太過之謂。

要知此四字之病，不但沾黏連隨之功斷，且不明知覺運動矣。初學對待者不可不知，更不可不去此四病。所難在沾黏連隨中不許頂匾丟抗，是所不易也。

上文「提上拔高謂之沾」，與《十六目》「手與手相沾，如『沾衣欲濕杏花雨』之『沾』」的說法有所不同。「提上拔高」是為了便於借力，這與李亦畬《撒放密訣》「擎起彼勁借彼力」句中「擎」字的含意相近似。所以，沾中須含擎意。「留戀繾綣」就是密切得難分難捨之意，與「如膠漆之黏」是含意一致的兩種說法。其餘各句也無矛盾之處。

頂匾丟抗的「頂、抗」二字，凡頂得厲害就成了「抗」。抗，即以大力抵抗。作為術語字，這是從「頂」字中衍化派生的。至於「丟」與「匾」二字，丟，即離。匾，同癟。人走時，我不能連隨，那就成為「丟」；與此相反，人黏逼而來，我雖不與頂抗，只是丟了掤勁，掤不住，化不開，手臂一下子被壓扁，貼住自己的身軀形成「自困自」的「軟手」，這就稱為「匾」。它既像掛在中堂的橫匾，缺少拱形的抗壓力，又像泄了氣的皮球，癟掉了，那自然立即被人得實發放了。

由此推論，匾，雖與丟的方向、現象都不相同，但卻是從「丟」字中衍化派生的。這是指術語的繁衍，實質上也就是對《打手歌》理論的一大發展。這四病都與《太極拳論》所說「雙重之病」相合，也就是都會被對方乘機借力或乘隙進攻得逞的。因此，《打手歌》的最後一句，便成為太極拳推手和散手運動中最重要的基本要領了。這也就是《打手歌》之所以被後人尊奉為太極拳經典著作的緣故吧！

清代武禹襄《身法八要》淺釋

《身法八要》，原題名為《身法》。「八要」則是《身法》所記述的八個要點。全文共十六個字，即：「涵胸、拔背、裹襠、護肫、提頂、吊襠、鬆肩、沉肘。」

《身法》一文，見於清代李亦畬輯錄的廉讓堂本《太極拳譜》，是《十三勢架》中開篇的一段，這一段以七言四句詩歌體記述。「身法八要」的原文為：

> 提頂、吊襠心中懸，鬆肩、沉肘氣丹田；
>
> 裹襠、護肫須下勢，涵胸、拔背落自然。

這四句歌訣，在民間常被太極拳愛好者單獨傳抄，並題其名曰：《身法八要歌》。究其原由，當因這四句歌訣便於記憶背誦和有助於講授基本要領的緣故吧！

「身法八要」，歷來被傳習武式太極拳的人看作必須遵循的基本要領。其實，它對其他各學派的太極拳，具有同等重要的指導意義。為便於廣大太極拳愛好者研究參考，特將以上四句歌訣逐一淺釋如後。

一、提頂、吊襠心中懸

提頂　就是頭部正直地向上頂起，不低頭，也不昂頭，使神氣貫頂，精神提起，以提挈全身。這與王宗岳《太極拳論》一文中的「虛領頂勁」《十三勢行功歌》中的「頂頭懸」，以及楊澄甫《太極拳說十要》中的「虛靈頂勁」，都是一個意思。

吊襠　是指襠部開圓坐落，從頭頂「百會」穴到襠部會陰穴之間，彷彿有一條無形的線垂直地吊著。這樣全身動作就顯得輕靈、沉著，並可做到輕靈而不飄浮，沉著而不滯重。當然，首先要做到「提頂」，然後才有可能實現「吊襠」。這就像打井水一樣，上面的繩子如不提起，或雖提而不正不直，那下面的水桶便無「吊」字的意義可言。由此說明，提頂、吊襠二者相互關聯，缺一不可。舉腿動步時，兩腿著力，臀部相應地下垂和微向前送，做到「尾閭中正」。即令臀部既不向後撅起，也不向左右扭動。同時，兩胯鬆落，隨著小腹的自然起伏鼓蕩，襠部就有了吊住的感覺了。一般地說，能吊襠，尾閭自然中正，這好比建築業使用的鉛陀螺一樣，重力不偏不倚地垂直向下，就保持了「立身中正安舒」。《十三勢行功歌》所說「尾閭正中神貫頂，滿身輕

利頂頭懸」，若與《身法》的「提頂、吊襠」對照分析，不難看出：儘管二者的文字一繁一簡，說法也不盡相同，但實際做法及意義卻是基本相同的。

「心中懸」一語雙關，既說心中要牢記「提頂、吊襠」這一基本要領，又說提頂、吊襠就像一條無形的線，通過人體中心垂直地懸著；上頂下吊，頭頂襠落，上下兩端略成懸掛與對拉之勢。總之，掌握這一要領的目的，是使練拳的人做到「立身中正安舒」，精神提起，舉動輕靈，重心穩定。

二、鬆肩、沉肘氣丹田

太極拳術語中，有「鬆肩、沉肘」「沉肩、墜肘」「沉肩、垂肘」和「沉肩、曲肘」等等說法，表述不同，其理則一。打太極拳時，要求全身關節做到節節鬆沉。

鬆肩 鬆肩、沉肩，強調兩肩關節以意鬆開，往下垂落，並有下沉的氣勢。凡做不到鬆肩要求的人，其兩肩就容易不自覺地端起，這就叫做「聳肩」或「寒肩」，屬於身法方面的一種「病態」。所謂「寒肩」，指的是如同人們在遇到寒冷時把肩膀聳起一樣。肩部一經聳起，則氣血易上浮而難於下沉，這時上肢和全身都不得力。此外，鬆肩更含有鬆靜而不緊張的意思。首先要求大腦鬆靜，在任何情況下不可張惶失措。這鬆中必須寓一「靜」字，因為「不靜不鬆，不鬆不靜」，兩者互為因果，故務求鬆中寓靜。其次，兩肩的關節也要鬆開，做到腋窩處有可容一橫拳的空隙。這樣，腋部就像裝有彈簧，富有彈性，在推手時兩臂不易被人壓扁，不致發生「自困自」的現象。所以肩關節切不可向裡收緊，要鬆肩而不可「緊肩」。

沉肘 要求肘關節向下鬆垂。不論走架或推手，以心行

氣，當氣行於兩肘，心中務須保持兩肘有下沉墜落的意念。有的人理論上明白了沉肘的重要性，但在走架時從不進行沉肘的意念訓練；一旦推手，兩肘被對方一托即起，立時胸、脇兩空，彷彿成了一個「投降式」，這就是因為平時缺少逐日地練習意念功夫所致。同時，要使肘尖保持下垂，出手要留有餘地，而不可肘直無餘。換言之，由於發勁等原因，當肘關節在做最大限度的伸展時，仍須留有微小的曲度，而不可完全伸直，一發無餘，這就叫「曲肘」。

曲肘實際上仍屬於沉肘的一種形式，惟有如此，方符合「勁以曲蓄而有餘」的太極拳理。若與沉肘、墜肘、垂肘、曲肘的要求相反，則據其不同的動態或靜態，可以觀察到出現懸肘、寒肘、抬肘或揚肘等毛病，主要表現為肘部懸起，腋下脇部暴露，極易為人所乘。此外，肩、肘兩者的關係極為密切，肘不鬆垂，肩部必然容易聳起；肩部聳起，肘部也易隨之抬起。這樣就會使氣血阻塞於肩、肘關節部位，而不能暢達於腕根和指端，手腕也就難以運用自如了。這不但會影響健身的效果，而且在推手時勁力僵滯、破綻奇多，往往弄得「攻也不是，守也不是」。

「氣丹田」是指鬆肩沉肘有利於氣沉丹田。氣沉丹田，就是以意沉氣，使之下達於小腹部的丹田部位，而不使其向上浮起。

三、裹襠、護肫須下勢

裹襠 兩膝用意裡裹，使襠部開圓，並寓有以膝護住襠部的意念。這裡主要是指運用意念而言，而不是在外形上過分地扣膝，否則會使小腿脛骨處於傾斜狀態，加大膝部負荷，日久會導致膝關節慢性勞損。能裹襠，在行動中就易於

分清和變換虛實，又由於襠部圓撐地呈拱形狀態，不僅易使下盤穩固，而且日久還能增強兩腿的負荷能力和抗壓能力。

總而言之，裹襠不僅僅為了以膝護襠，如果你曾經騎過馬，就會把裹襠與坐馬的姿勢聯繫起來思考。實踐證明，裹襠確是坐馬的一種姿勢，而且是把這種姿勢的優點貫穿到所有的步型中去。因而裹襠雖源於坐馬勢，然其應用卻又不限於馬步。

護肫 兩肘以意微合，兩脇微斂，使肘部和前臂沉著地前合，隨時護住大腹及心窩等要害部位。肫（zhūn），禽類的胃，這裡借作人的胃部（即大腹）。有人把「肫」字誤作「臀」字解，大謬不然矣！從字面上說，裹襠、護肫是指在下兩膝相裹，以護住襠部；在上兩肘相合，以護住胃部。但其實際意義早已超出原意的範圍了。

「須下勢」這裡指的是走架、推手都必須注意鬆腰、落胯地坐身，不論架式高低，胯窩部位都應有程度不同的折疊感，從而在身法上表現出有周身下沉的氣勢。從全句分析，不難看出，這「須下勢」三字並非專指拳架套路中的「下勢」動作。

四、涵胸、拔背落自然

涵胸 今也作「含胸」，音義均無不同。胸略內含，而不可挺出。但也不可內含過分而變成「凹胸」。兩肩微微向前合，使胸部自然地含虛和鬆沉，從而有助於氣沉丹田，借以做到「胸虛、腹實」和「氣遍身軀不稍滯」。故郝月如（1877～1935）在《武式太極拳要點》一文中說：「能涵胸，才能以心行氣。」

拔背 背部自然地挺拔，脊背「大椎」穴上下一線，似

有微微鼓起之意，使氣貼於背，力由脊發。

「落自然」出落得自然。楊澄甫說：「能含胸，則自能拔背；能拔背，則能力由脊發……」總之，要取法自然，而不可做作，否則反易弄巧成拙，會因胸部過度內含或背部過分隆起而表現為凹胸、弓背、低頭、哈腰等錯誤身法。

附帶說明一下，所謂「身法八要」，實際上是肢體上下或前後相互密切關連部位在太極拳運動中的四對要點。但由於約定俗成的緣故，大家也就不再改口去稱它為「身法四要」。

對於初學者來說，嚴格遵循「身法八要」，無疑是分外重要的。郝少如曾說：「身法是太極拳理論的主要內容之一。身法在教或練的過程中，既是最基本的，也始終是最重要的。因此，對身法必須要求嚴格。」他又說：「練成這八條身法之後，全身的肌肉、骨骼才能靈活、協調，動作一致，才能達到隨心所欲的地步。」

少如是月如之子、郝和之孫。郝氏三代精研和教習武式太極拳，積累了豐富的教學實踐經驗。上引少如的話，是值得引起太極拳各學派充分重視的。

清代武禹襄《四字密訣》淺解

李亦畬　於光緒七年（1881）手訂的《太極拳譜》，內有《禹襄母舅太極拳四字不傳密訣》（簡稱《四字密訣》）。「四字」，即「敷、蓋、對、吞」，是應用於太極拳推手、散手化勁和發勁的秘訣。

武禹襄　在《四字密訣》的跋文中說：「此四字無形無聲，非懂勁後，練到極精地位者，不能知全。是以氣言，能

直養其氣而無害，始能施於四體，四體不言而喻矣！」

　　跋文說明，要想弄懂「四字密訣」，首先要懂勁；不懂勁，不練到極精地步的人，是不可能完全弄懂它的。這話聽起來有點神秘，但練習推手是有一個「由著熟而漸悟懂勁，由懂勁而階及神明」的進階過程。只有過了初級階段，才能漸漸懂得「四字密訣」。當然，由於各人的悟性不同，即使下了同樣的工夫，領會也會有遲有早。

　　跋文指出「是以氣言，能直養其氣而無害」。直養其氣，指呼吸要自然順遂，呼吸自然順遂才沒有害處。

　　這裡先談談「凌空勁」。說推手有凌空勁，見於陳炎林《太極拳刀劍杆散手合編》一書（1943年上海國光書局出版）卷二「論勁」之末條，而他也已聲明說：「凌空勁……實乃一種精神上之作用而已。」這與武氏所說「是以氣言」迥然不同。其實，推手不僅是要挨著的，不連不能打，而且多數時間都要用手如膠似漆地黏著對方的肢體，所謂「剛外有柔，如膠似漆」「克敵制勝，功在用黏」。因此，那種認為不用黏，是用氣控制對方，而且把它看作練「凌空勁」的基礎，實在是大謬不然的。

　　太極拳對意、氣、勁三者，是強調「以心行氣」「以氣運身（見武禹襄《十三勢行功要解》），以及「意到則氣到，氣到則勁自到」的。推手主要有賴意識支配行動，在運行中意、氣、勁三者是合一的。

　　當然需要足夠的「氣」，才能有足夠的「勁」，因此，才強調要「養氣」。但養氣不自然、不順遂，就會氣滯勁塞，因此，武氏曾一再指出要「直養其氣」。氣能直養，方能貫達四體，這樣才能談到化勁、發勁的隨心所欲，否則四體麻木不靈，豈不化發兩誤。

上面先把跋文弄通，然後再逐一解釋「敷、蓋、對、吞」，這樣才能事半功倍。

【原文一】敷：敷者，運氣於己身，敷布彼勁之上，使不得動也。

【淺釋】我們先讀一讀李亦畬的《敷字訣解》：「敷，所謂『一言以蔽之』也。人有不習此技而獲聞此訣者，無心而白於余。始而不解，及詳味之，乃知『敷』者，包獲周匝，『人不知我，我獨知人』。氣雖尚在自己骨裡，而意恰在彼皮裡膜外之間，所謂『氣未到而意已吞』也。妙絕！妙絕！」文中所說的「包獲周匝」，就像傷科醫生在為患者的手臂敷上藥，然後輕輕地包上布條。

周匝，環繞一圈的意思。如果不挨著人，那就算不了「敷」，更談不上「包獲周匝」。「敷」，當然也含有「輕靈」之意，但輕靈不等於飄浮。虛虛地挨著人，肯定黏不住人，那就談不上後文的蓋、對、吞了。一旦對方移位進手，我會反應不及；反之，如我進手，對方反而會感覺敏銳，因為從「浮→實」就會予人以明顯的感受。所以，「敷布彼勁之上」應「包獲周匝」而不宜飄浮，也不可使我勁出現斷續、缺陷、凹凸，甚至不與人相連相隨。否則就談不上什麼沾連黏隨了。

全句注文的大意是：敷是以心運氣在自己的肢體上，並（通過與人相連接處）將我之氣像敷藥一樣敷布在對方的勁上，使他不能出手。

這裡「運氣於己身」是指以意引導氣的自然運轉，即所謂「行氣如九曲珠，無微不到」。氣的運行，在一定程度上要適應於迎敵的需要，但又必須形成自然的反射。末句的「動」，是指「出手」，如同「彼不動，己不動」的「動」

字。這裡不作動彈解，否則「使不得動」就成了硬性捆綁，豈不「失之毫釐，謬以千里」！應解釋為把對方黏住，使無法逃脫；或解釋為「使對方進不能發、退不能化」，亦可。

【原文二】蓋：蓋者，以氣蓋彼來處也。

【淺釋】不僅敷布，而且把對方要出的勁蓋住。敷布帶有普遍性，因為對方勁尚未出；而蓋字帶有專門性，指定要「蓋彼來處」。來，即來勁。對方有勁來，我就籠罩住它，使之隨我而動。太極拳推手的外形是被動的，強調「捨己從人」；而實質上是主動的，告誡人們不要「捨近就遠」。

【原文三】對：對者，以氣對彼來處，認定準頭而去也。

【淺釋】蓋住以後，還要對準。拳諺說：「接手如落榫：一對準，二吃牢，三落實。」對準，以我之氣對彼來處。認定準頭，這就對準、吃牢了；然後落實，發放而去，那就萬無一失了。

【原文四】吞：吞者，以氣全吞而入於化也。

【淺釋】第三字講的發，第四字講的是化。化人，就像魚兒吞食一樣，輕鬆地全吞而消化之。當對方發勁或逼人，我就以氣全吞而化解之。這裡再說明一遍：太極拳強調意、氣、勁三者合一而以意為主導。李亦畬《敷字訣解》也講到：「氣雖尚在自己骨裡，而意恰在彼皮裡膜外之間，所謂『氣未到而意已吞』也。」說明意念必須領先一步，亦即所謂「心為令，氣為旗」「以心行氣」，而不是相反。

此外，「敷、蓋、對、吞」四字是一個整體，研探這首字訣，最好能與「沾、連、黏、隨」四字一起理解，並參考「接手如落榫：一對準，二吃牢，三落實」的拳諺，再參以「意到氣到勁自到」的原理，然後結合自己由推手實踐逐漸

懂勁的程度，慢慢地、細細地體味，肯定是不難理解這《四字密訣》的，也不會感到有什麼神秘之處。當然，要真正在推手、散手中做到，那是非下十年苦功不可的。

清代李亦畬《撒放密訣》淺釋與研究

一、《撒放密訣》作者的生平

《撒放密訣》一文作者李經綸（1832～1892），字亦畬，河北永年縣人。永年是清代楊式太極拳創始人楊祿禪（1799～1872）和武式太極拳創始人武禹襄（1812～1880）的故鄉，也就是楊式和武式太極拳的發祥地。而且武禹襄原來就是從學於楊祿禪的，後至河南溫縣趙堡鎮，又從陳青萍學習了陳式新架太極拳，此後融會貫通而自成一派。因此，陳、楊、武式太極拳之間，不但存在著一脈相傳的淵源關係，而且其傳遞關係是十分親近的。

就其架式來說，雖有大、小與新、老架之分，但若探究其拳理，卻是全然相結合的。

李經綸是武禹襄的外甥，他是咸豐元年辛亥歲（1851）貢生，於同治元年（1862）舉孝廉。一生中當過巡檢（清代治理縣轄邊遠市鎮或關隘的小官）、商人和種痘醫生，而並非職業拳師。咸豐三年（1853），當他22歲（虛歲，下同）時，方從其舅父武禹襄學拳。學成後勤奮鍛鍊實踐數十年，到老不輟。經綸的身材矮小，但功成後與人比手，卻能使對方騰空而出。他生平撰寫了《五字訣》《撒放密訣》《走架打手行工要言》等有關闡發太極拳訣要的文章，並繪有《左右虛實圖解》的示意圖。

此外，他在 1879～1881 年，曾以工楷輯鈔《太極拳譜》三本傳世，被後世奉為太極拳經典著作。

　　經綸的學生有郝和（字為真，1849～1920）、葛福來等數人。近世的武式太極拳，實有賴於郝和、郝文桂（字月如，1877～1935）、郝少如（1908～1983）等祖孫三代的廣為傳授，故舊時也稱武式太極拳為「郝架太極拳」。形意、八卦拳家孫祿堂（1861～1932）之太極拳，原也得自郝和的傳授；後孫祿堂又融入其原習的形意、八卦拳之理法，始自成一家，被後學奉為孫式太極拳這一學派的創始人了。

　　從上述師承關係，就足以看出：在太極拳的歷史上，李經綸不失為承前啟後的一個重要歷史人物。

二、《撒放密訣》的著作年代

　　李經綸傳世的幾篇文章，是連同王宗岳、武禹襄的數篇太極拳論著一起輯鈔在《太極拳譜》內的。其中有《太極拳小序》一篇，實為《五字訣》的序文。該序文的篇末敘及：「予自咸豐癸丑（1853），時年二十餘，始從母舅學習此技。口授指示，不遺餘力。奈予質最魯，二十餘年來，僅得皮毛。竊意其中更有精巧。茲僅以所得，筆之於後，名曰《五字訣》，以識不忘所學云。」這說明《五字訣》大約是他在 45 歲（1876）前後寫就的。《撒放密訣》則是繼《五字訣》之後撰寫定稿的，這從《撒放密訣》的四句原注中各有「靈、斂、靜、整」四字就可看出。《五字訣》的第五字——「聚」，未列入《撒放密訣》的注文內，那是因為「聚」字屬「五字」的總體，如《五字訣》說：「上四者俱備，總歸神聚。」又因為《撒放密訣》是「四字秘訣」，當他用四句七言歌訣來闡釋這「擎、引、鬆、放」四字時，猶

感語之不詳，便從《五字訣》中各取一字，作為注文，並在跋文中記有「精神不團聚者不能」等語，這正是《五字訣》中「聚」字的概括之意了。竊，此處係謙詞，即私自、個人的意思。

至於李經綸的其餘各篇文章，至遲寫成於第一本《太極拳譜》輯鈔成書之前，即不遲於光緒五年己卯歲（1879）。而馬印書（即馬同文，經綸之姨甥）鈔本中《太極小序》篇末的紀年作「丁卯」（1867），與序文中「自咸豐癸丑（1853），……二十餘年來……」等語不合，明顯地是刊刻差訛所致。總而言之，上述經綸傳世的作品，距今都已有一百多年的歷史了。

三、《撒放密訣》的原文與校勘

《撒放密訣》是李經綸所寫各篇拳著中惟一用四句七言詩歌來詮釋他自己心悟所得的「擎、引、鬆、放」四字秘訣的。其餘如《五字訣》《走架打手行工要言》等篇，在文章體裁上都屬論說文。《撒放密訣》全文應包括篇題 4 字，篇首密訣 4 字，歌訣 28 字，原有註文 16 字，以及篇末跋文 63 字，合計 115 字。現錄其原文如下。

《撒放密訣》

　　擎、引、鬆、放：
　　擎起彼勁借彼力，（中有靈字）
　　引到身前勁始蓄，（中有斂字）
　　鬆開我勁勿使屈，（中有靜字）
　　放時腰腳認端的。（中有整字）
【跋文】擎、引、鬆、放四字，有四不能：腳手不隨者

不能，身法散亂者不能，一身不成一家者不能，精神不團聚者不能。欲臻此境，須避此病；不然，雖終身由之，究莫明其精妙矣！

以上原文係據廉讓堂本錄出，篇末「跋文」二字係本文作者所加，其餘未增損一字。經與以後出版的有關各輯錄本校勘：

（一）篇　題

除個別版本改名為《撒放秘訣》外，一般都保持原有篇名，以保持古籍的原貌。

（二）篇首四字

在孫祿堂原著《太極拳》（人民體育出版社 1957 年初版，二版時改名為《孫式太極拳》，以下簡稱「孫本」）附錄中，「擎」誤作「擊」。以「擎」為是。

（三）歌　訣

孫本歌訣第一句作「擎開……」，「開」字顯屬潤改。原文「擎起」一詞中，雖含有「擎開」的意思，但卻是以「提上拔高」作為其主導思想。因此「擎開」只能作為原文「擎起」的詮釋之詞。換言之，「擎起」不只是尋常的「擎開」。

郝和藏本《太極拳譜》乃是李經綸於 1881 年鈔定的第三本，亦即最後一本，其第一句歌訣中「彼勁」作「彼身」。兩者都是經綸原著，其原意是一致的。但從斟酌字句上說，以「彼勁」更為貼切，即包含了「沾接彼勁」之意。至於「彼身」二字，那也是泛指對方的肢體，而不是專指軀幹部分。郝本雖是經綸最後鈔定的一本，但經綸之侄孫李福蔭在 1935 年作序和編次的廉讓堂本，乃是李福蔭「細檢家藏各本，擇其詳盡者，厘定次第，原文之中，未敢增改一字」

（李福蔭《廉讓堂本〈太極拳譜〉序》）。

結合此說，愚以為從用詞分析，「彼勁」一詞極可能是李經綸在 1881 年以後才改定的。而外間流傳的以鈔自郝本為多，如卞人杰著《國技概論》（正中書局 1936 年版，1948 年二版）、郝少如編著《武式太極拳》（人民體育出版社 1963 年版）等書，所輯此首歌訣均據郝本。第 2～4 句歌訣及四句原注，各版本大都是一致的。但民間輾轉傳鈔的，其筆誤或音轉訛字就不勝枚舉了。

（四）跋　文

郝本無跋文。此跋文外間流傳輯鈔者較少，這也是廉讓堂本的可貴之處了。

四、《撒放密訣》淺釋

【題解】撒放，即發放，指太極拳推手發勁。密訣，即秘訣，含有珍秘訣竅和深藏不露的意思。如《少林拳術秘訣》《四字不傳密訣》，以及「長壽密訣」等等都屬此類。

綜上所述，「撒放密訣」就是「太極拳推手發放秘訣」。這裡「秘訣」所指是「擎、引、鬆、放」四個字，似也可稱之為《四字訣》；而歌訣、注文和跋文，都是用來闡釋這四字之秘要的。現逐句解析如下。

（一）

【原文】擎：擎起彼勁借彼力（中有靈字）

【淺釋】擎的本質是「化」，亦即「沾化」。楊澄甫家藏本《沾黏連隨解》說：「提上拔高謂之沾。」說明作為術語字，擎與沾的含義是略同的。太極拳推手在順勢借力的過程中，必先有一「化」，擎是為了化解敵力和達到順勢借

力、「四兩撥千斤」的目的，所以說，它的實質仍是「沾而
化之」的一種基本方法。雖然太極拳高手在一舉手之間化、
發皆成。但這不是初學者所能仿效的，且在教學上也須分解
其常法的逐一過程。一旦練之純熟，自也能「捨己從人」，
隨意而動，隨化而發，臻乎「神明」的境界。

那麼如何「擎起彼勁」呢？以掤法為例，如對方用雙手
按來，或者用拳向我上、中路打來，我便用左（或右）前臂
沾著其腕節，向上、向前掤起；同時向左（或右）側轉腰，
隨轉腰之勢，擎開彼勁。若是動步推手或散手，也可迎敵而
上，因形取勢。這也叫「掤化」，結合《撒放密訣》來說，
當屬「擎」之一例。

或問，對方向你打來，你向前掤去，是否會犯「雙重」
發生頂、抗？回答是否定的。「擎起」即含有承受而上的意
思，所以上述掤法的關鍵在於「向前、向上」，而不是單純
向前，逆著勁相互頂抗。若能向前沾接並承而向上，這時兩
勁方向略成直角，便有借力之效。由於你將對方來勁承而向
上，既使彼勁沒法降及我身，卻又因被我「提上拔高」，使
其有被掀起腳跟之感。因此，倘能使用得法，不論向上擎起
或向側擎開時，都可將對方掀起，達到「順人之勢，借人之
力」的目的。

然而「擎起彼勁」並不限於「法一種。一般地說，太極
拳推手發放的全過程，不論採用太極八法（即掤、捋、擠、
按、採、挒、肘、靠）中的哪一法來進行發放，都必須貫穿
「擎、引、鬆、放」這四個字訣；而且太極八法在應敵時，
是相互為用，奇正相生的。本句用掤法來作解釋，只是取其
簡明易懂而已。「借彼力」則是泛指借對方之力，而其最終
目的還在於發放有效而取勝。

沈壽太極拳文集

【原注】「中有靈字」。靈，即「身靈」。《五字訣》說：「二曰身靈（按：《五字訣》與《撒放密訣》各有次序，下同）：身滯則進退不能自如，故要身靈。舉手不可有呆像，彼之力方礙我皮毛，我之意已入彼骨內。兩手支撐，一氣貫穿，左重則左虛，而右已去；右重則右虛，而左已去。氣如車輪，周身俱要相隨。有不相隨處，身便散亂，便不得力，其病於腰腿求之。先以心使身，從人不從己；後身能從心，由己仍是從人。由己則滯，從人則活。能從人，手上便有分寸，秤彼勁之大小，分厘不錯；權彼來之長短，毫髮無差。前進後退，處處恰合。功彌久而技彌精矣！」

從這段話即可看出，「擎起彼勁」決不是硬擎，而是遵循王宗岳《太極拳論》所說的「捨己從人」的法則。硬擎必然犯「雙重之病」，那就成了「由己則滯」和「捨近求遠」了。這裡「身靈」二字，是指全身肢體都要靈敏，而不是只指軀幹的靈活。同時，擎起彼勁的關鍵在於腰腿，而不在手臂力大。

推手時，手和臂雖然起到如同昆蟲觸角般的作用，而且化、引、拿、發主要也表現在手和臂上，所謂「形於手指」；但若腰腿無功，或周身不能相隨，那就不能得力。拳諺說：「根基不牢，著人不妙。」又說：「力量一分散，四兩也難擔。」所以，篇末跋文也著重提出了「四不能」的說法。

太極拳推手運動過去曾被稱為「知人之知覺運動」，因此必須練出「周身成一家」的身靈，逐步做到「秤彼勁之大小，分厘不錯；權彼來之長短，毫髮無差」。亦即要求日久獲得「一羽不能加，蠅蟲不能落」那樣敏銳的知覺，這就全賴平日積累「聽勁」等功底了。

（二）

【原文】引：引到身前勁始蓄（中有斂字）

【淺釋】什麼叫「引」？引，引導，引誘，牽引，作為太極拳推手的術語字，是兼有三種含義的。古人說：「兵不厭詐。」拳術原本是古代「兵技巧」的一種，是以兵法為指導思想的。《孫子兵法‧計篇》說：「利而誘之。」《勢篇》說：「故善動敵者，形之，敵必從之；予之，敵必取之。以利動之，以卒待之。」《莊子‧說劍篇》說：「示之以虛，開之以利。」這裡都可歸結為一個「引」字。換言之，「引」就是為了「動敵」，但又必須像牽牛鼻子一樣，要達到「引之使來，敵不得不來」。

以向左挒法為例：對方雙手按來，我以左前臂掤起後，趁勢用左手採執其左腕，用右臂尺骨近腕一側黏貼其左上臂近肘處，向我左側挒去。這挒法即屬「引」之一法。如不用挒勁發放，當我把對手「引到身前」時，也恰好是我蓄勢、蓄勁達到最充分的時候，這樣就為下一步採用一種相適應的手法來進行發放做好了準備。引要長，氣要斂，如此才能獲得「蓄之既久，其發必速」的效果。倘使不能做到「引到身前」，就形成遠距離發放，而這樣做若不是失效，便是收效甚微。倘若不能做到「引到身前勁始蓄」，而在未引到身前便蓄足勁的話，那當引到身前時，已泄去了部分勁，勢必形成發放的勁力不夠充分。所以，必須「引到身前勁始蓄」，這樣方能使蓄勁充分、發放有力。但「引」又不限於挒法，各法皆可引。

【原注】「中有斂字」。斂，即「氣斂」。《五字訣》說：「三曰氣斂：氣勢散漫，便無含蓄，身易散亂。務使氣

斂入脊骨，呼吸通靈，周身罔間，吸為合、為蓄；呼為開、為發。蓋吸則自然提得起，亦拿得人起；呼則自然沉得下，亦放得人出。此是以意運氣，非以力使氣也。」

這段話著重談呼吸方法，強調「氣斂入脊骨」，而不可任其散漫飄浮。這就須由平素勤於練習站樁和走架來幫助積累養氣和練氣的功底了。太極拳主張「慢中求功」，這原本就是養氣之一法。養氣和練氣的目的，是為了能在對敵運動中，氣不躁動、散漫、飄浮或滯澀。聯繫到「引」字來論呼吸，則引為吸、為蓄，在於能自然地提得起、拿得起人。因此，在神形上必須沉著、輕靈，在呼吸上必須順暢、自然，並使意、氣、勁三者合一，做到「意到、氣到、勁自到」。《十三勢行功心解》說：「以心行氣，務令沉著，乃能收斂入骨；以氣運身，務令順遂，乃能便利從心。」又說：「全身意在精神，不在氣，在氣則滯。」這些話都強調以意識支配動作，而著法動作又與呼吸、勁力能自然地合為一體。所謂「呼吸開合，著著有勁」，就是指後者的自然配合，協調一致。如此始可言「以意運氣」「以氣運身」。反之，若一味鼓氣以發力，那就成了「以力使氣」了。此外，蓄勁、蓄勢尤須講究神清、氣斂、身穩，這三者又是相互關連的，氣斂則神清、身穩，氣散則神迷、身亂。這是在推手中所必須注意的。

（三）

【原文】鬆：鬆開我勁勿使屈（中有靜字）

【淺釋】「鬆開我勁」，這是指拿定對方勁的瞬間，要使自己全身肌筋骨節盡量放鬆，而不可緊張和僵滯，因為全身肌筋放鬆，則下一步發勁時收縮度大，這樣爆發力就大。

與此相反，如果肢體不鬆，這時拙力僵勁滯留於筋骨血脈之間，未發勁就難以順應對方來勢，一旦發勁更是「力大勁小」，爆發力微乎其微。原因是該鬆柔時不鬆柔，以致在剛發時肌筋的張弛差不大，爆發力自然也大不了。所以，在發放前的一「拿」，特別強調一個「鬆」字。不過，雖鬆開我勁，但「拘意莫鬆」，在意識上是不可鬆懈的。

「勿使屈」，一說是要鬆開我勁，但勿使之軟屈。即要求鬆柔而不軟屈，否則反被對方乘機侵進。另一說是勿使對方轉化為屈蓄，否則就使我失去了「得實」的良機。若從全句文理分析，則以前者為是。

【原注】「中有靜字」。靜，即心靜。《五字訣》說：「一曰心靜：心不靜，則不專，一舉手前後左右全無定向，故要心靜。起初舉動未能由己，要息心體認，隨人所動，隨曲就伸，不丟不頂，勿自伸縮。彼有力，我亦有力，我力在先；彼無力，我亦無力，我意仍在先。要刻刻留意，挨何處，心要用在何處。須向不丟不頂中討消息。從此做去，一年半載便能施於身。此全是用意，不是用勁。久之，則人為我制，我不為人制矣！」

鬆字中有靜字，這就將「鬆」「靜」二字聯結在一起了。其目的都是為了拿住彼勁，得實而發。得實即得機。拳諺說：「機勢瞬息變，遲疑必失機。」又說：「機勢一失掉，空有兩手巧。」所以，在這一剎那的關鍵時刻，全賴體鬆心靜。心不靜則意不專、體不鬆；反過來說，體不鬆，也會影響心靜意專。太極拳推手中的借力，主張「後人發，先人至」，所謂「彼無力，我亦無力，我意仍在先」，指的是對方勁力虛柔而有備，則我也以虛柔無力對待之，即「彼不動，己不動」，大家不發勁，但我的意識仍須領先。意識領

先，當然要格外心靜，借以息心體認對方勁力剛柔的變化。「彼有力，我亦有力，我力在先」。亦即「彼微動，己先動」，達到「後發先至」的目的。

要做到這一點，就更要注意「鬆」「靜」二字。實踐證明：虛柔之勁易於相接，對方突變，若我應之不及，又何能在其微動瞬間使我力在先？說明要在對方勁勃然發作之前，就能感知其預兆，這是必須從多方面來進行訓練的。但就知覺運動來說，心靜則聽勁聽得真切，體鬆則感知敏銳。這樣就有利於隨人之動而動，做到隨曲就伸，後發先至。

（四）

【原文】放：放時腰腳認端的（中有整字）

【淺釋】放，勁力的發放，即發勁。凡得機得勢，即可發勁。對方向前用力打來、按來，我可放将勁、掤勁或捋勁；對方向後抽身，我可順勢用擠、按等勁別發放；對方猛發採勁，我可順勢還以靠勁。應隨機應用，變化無方。常法雖可用文字列舉一二，而變法是不可備述的。總起來說，關鍵在於發放時周身上下相隨，專注一方，以腰為軸，以腳為根，全身勁力務求完整一氣，不可有絲毫散亂不正的現象。「認端的」，認，識別，識記。端，端正，端然不傾倚的樣子。的，尾助詞，因押韻關係而加上去的。所以，不可把「端的」當作「果然」或「究竟」來解釋，否則就解不通了。

【原注】「中有整字」。整，即勁整。《五字訣》說：「四曰勁整：一身之勁，練成一家，分清虛實。發勁要有根源，勁起於腳根，主於腰間，形於手指，發於脊骨。又要提起全副精神，於彼勁將出未發之際，我勁已接入彼勁，恰好不先不後，如皮燃火，如泉湧出，前進後退，無絲毫散亂，

曲中求直，蓄而後發，方能隨手奏效。此謂『借力打人、四兩撥千斤』也。」

這段話把發勁的要領講得很透徹了。發勁時要求勁整，所謂「周身合下成千斤」，但關鍵仍在於腰腿有功。接勁，又稱「拿勁」或「捉勁」。這不是指一般的勁力相接，而是專指對方將發未發勁之際，把我勁接入彼勁，借力發放。這在術語上也叫「拿勁」，就像拿住東西一樣地「拿」住對方的勁。拳諺說：「接勁如落榫：一對準，二吃牢，三落實。」這樣發放似乎萬無一失了，但借力發放只在一刹那間，如火候掌握不好，就反而被人借力發放了。

（五）

上引跋文所談到的「四不能」，便是要求：「內外合一，周身一家」，這也可歸結為一個「聚」字。《五字訣》中說：「五曰神聚：上四者（按：指靜、靈、斂、整四字）俱備，總歸神聚。神聚則一氣鼓鑄，練氣歸神，氣勢騰挪，精神貫注，開合有致，虛實清楚。……能懂開合，便知陰陽。到此地位，功用一日，技精一日，漸至從心所欲，罔不如意矣！」

這說明在推手發放的全過程中，就是要貫徹心靜、身靈、氣斂、勁整、神聚五個要求，五者是缺一不可的。進而也證明了上引這兩首拳訣的關係是十分密切的。不但兩者在寫作次序上相繼而成，而且在理論的提煉和昇華上，也有其較為直接的進階關係。《五字訣》與《撒放密訣》一樣，是很受太極拳愛好者所推崇的，它對於今天太極拳走架和推手運動，仍有著深刻的指導意義。

五、結　語

　　《撒放密訣》的「擎、引、鬆、放」四字，若探究其實質，乃是傳統太極拳推手「化、引、拿、發」四個要點的另一種說法，因為太極拳推手在理論原則上是不能不化而發的。化和發兩者是相反相成的對立統一體，它在太極拳推手運動中是缺一不可的。化中有引，故「引」屬「化」；發前有拿，故「拿」屬「發」。《撒放密訣》作者則用「擎、引、鬆、放」四字，透過歌訣並結合《五字訣》來闡發這四個要點，自有其獨到的真知灼見。例如，化必擎而化之，則「勁不丟，借力也易得手；引必結合蓄勁，使火候恰到好處；拿要鬆，鬆為得實發放。諸如這類精義，往往是人們所容易忽略的。由此說明，這首拳訣不但具有歷史價值，同時還具有很好的實用價值。

清代陳品三《擖手十六目》淺說

一、《十六目》及其原文

　　《十六目》原名《擖手十六目》，為河南溫縣陳家溝陳氏十六世陳鑫（字品三，1849～1929）所撰。擖，音 kā（咖），又音 jié（潔）。《說文》註：「刮也。一曰撻也。」撻，鞭撻之「撻」，亦即打也。太極拳推手在明清時期曾被稱為「打手」或「靠手」，而此處「擖手」與「打手」義同，與「靠手」音近。後者有可能為音轉和義衍而產生的別名。

　　《十六目》原載於陳鑫著《陳氏太極拳圖說》的書稿

中，後為陳子明《陳氏世傳太極拳術》（1932年上海版）、陳績甫《陳氏太極拳匯宗》（1935年南京版）、王新午《太極拳法實踐》（1959年陝西人民出版社初版，實為1927年王著《太極拳法闡宗》一書的修訂本）等書所輯載。不過，王新午《太極拳法實踐》一書所輯錄的只有十四目，題名被改為《推手應注意各點》（以下簡稱《各點》），正文文字也稍有出入。可能因輾轉傳抄所引起的差訛，或者是有意識地予以潤改所致。

《十六目》是以「較接沾黏，因依連隨，引進落空，得打疾斷」四言四句十六字為要目，原作者並對這十六字逐一銓解如後。

1. **較**：較量高低。

2. **接**：是兩人以手相接也。

（沈壽註：《各點》「相接」作「相搭」。）

3. **沾**：是手與手相沾，如「沾衣欲濕杏花雨」之「沾」。

（註：《各點》「相沾」作「沾住」。）

4. **黏**：如膠漆之黏，是人既沾我手，不能離去。

（註：《各點》作「……是人既黏住我手，則不能脫。」）

5. **因**：是因人之來。

6. **依**：是我靠住人身。

（註：《各點》「人身」作「人之身」。）

7. **連**：是手與手相接連。

8. **隨**：是隨人之勢以為進退。

9. **引**：是誘之使來，牽引使近於我。

（註：《各點》作「牽引誘之使來」。）

10. **進**：是令人前進，不使逃去。

（註《各點》無「不使逃去」四字。）

11. **落**：如落成之落，檐水下滴於地；又如葉落於地。

（註：《各點》作「如落葉之落」。）

12. **空**：宜讀去聲。人來欲擊我身，而落空虛之地。

（註：《各點》作「是空虛處」。）

13. **得**：是我得機得勢。

（註：《各點》作「得機，得其機勢」。）

14. **打**：是機勢可打，乘機打之。

（註：《各點》作「即擊即就也。我既得勢，不可失時，得打就打」。）

15. **疾**：是速而又速，稍涉延遲，即不能打，機貴神速。

（註：《各點》無此目。）

16. **斷**：是決斷，一涉游疑，便失機會，過此不能打矣！

（註：《各點》無此目。）

以上原文是以沈家楨、顧留馨編著《陳式太極拳》一書所輯錄者為依據（見人民體育出版社 1963 年 12 月初版第 320 頁・大展出版社 2002 年 9 月版第 338 頁），並與王新午《太極拳法實踐》一書所載《推手應注意各點》一文作出校勘，凡兩者有不同之處，便加註於句後的括號內，以供大家對照參考。序號也係筆者所加。

此外，《各點》的「十四目」依次為「較接沾因，黏依連進，隨引落空，得打」。說明該書將《十六目》原著改變次第後，各目已經連接不成文句了。但其銓解的內容，主要是作了一番精簡潤改，在文義上倒也沒有多大的出入。

二、《十六目》與《打手歌》

《十六目》文字通俗易懂，其中「沾、連、黏、隨」和「引、進、落、空」八個字，係源於清代王宗岳《打手歌》

「引進落空合即出，沾連黏隨不丟頂」句。說明《十六目》是陳鑫在闡發《打手歌》精要的基礎上，結合作者自身的實踐經驗撰寫而成的。就其內容而言，實為「推手十六字訣」，亦即推手十六字要領及其注釋。因此，讀者在研讀《十六目》時，最好能與七言六句的《打手歌》一併深入探究。

不難看出，《十六目》與《打手歌》一樣，所敘不僅僅是推手技術問題，而且也包含了戰略、戰術問題。文內所列「沾、黏、因、依、連、隨」和「引、進、落、空」等各目，恰恰是推手競賽中亟待解決「頂、抗、匾、丟」四種毛病的基本方法。至於「得、打、疾、斷」四目，則能克服推手中運動員頭腦反應不快、爆發力不足、得實不發、坐失時機，以及「拙力僵勁充滿經絡」等較為突出的問題。

三、《十六目》的譯釋

為使大家對《十六目》有一個完整的概念，特將全文試作連貫性的意譯如下，僅供廣大讀者參考，並求指正。

與對手較量高低時，雙方首先以手相接。務須遵循「沾連黏隨」「因依」等要點，運用「引進落空」的戰術和技法，去克敵制勝。在較量的過程中，凡我一經得機得勢，必須立即乘機乘勢而打；打時要做到快疾利索，當機立斷，而切不可失掉火候。此即所謂「機不可失，時不再來」是也！

上述「沾連黏隨」四字是近世太極拳家所公認的「推手四要」，歷代作注釋者甚多，此處不再贅述。

現著重談談《十六目》中的「因、依」二字的含義。因，依照，根據。「因人之來」意即「根據對方的來勢」。依，依靠。這裡主要是指近身相依，便於用招。總起來說，

「因、依」二字乃是說明既要順人之來勢而隨機應變，又要使我全身能貼近和依靠對方的身體，做到黏依不脫，而不只是兩手能沾能黏，或者僅僅能沾黏對方上肢。這樣功夫就深入了一層。拳諺說：「拳不近身是空招。」又說：「打拳不近身，只是瞎胡混！」由此也可看出，「因、依」二字的確是非常重要的。

至於「引進落空」的「引」字，陳鑫自注是「誘之使來，牽引使近於我。」也就是有意識地引誘和牽引對方的肢體，但又不可使對方察覺。凡能引進至恰到好處，就既使對方大力落空，又可隨手發放，使其身軀失重並落入空虛之地。這裡包含了對來力的一補一瀉，既瀉其大力，使之無法打到我的身上；又補其已迷失方向的力，使之失重跌仆。而在引進落空的全過程中，「牽引使近於我」是個極為重要的關鍵。有的人不明「牽引」，而愛作遠距離發放，往往放人不遠，卻又易被人乘隙反攻和搶攻得逞。因為不牽不引，對方重心就處於相對穩定之中，加上彼身距我較遠，在不近我身的情況下發放，造成我「力臂」較長，那時我發放的力量就相對地變小；且由於力臂伸展較長，不僅身軀易向前仆出，而自身暴露的空子也會多一些、大一些。所有這些，也就是武術術語中所說的「破綻」，這無疑是推手的大忌了。

陳鑫在世時，曾潛心致力於豐富太極拳理論，以充實中華武術文獻寶庫。因此，對於他傳世的著作，如《陳氏太極拳圖說》一書，無疑是值得我們去探討和研究的（該書原由開明印刷局在 1933 年出版發行；1985 年 1 月，上海書店又據此版本影印出版）。

淺談太極拳的「用意不用力」

一、「全是用意，不是用勁」

書法講究筆力，拳法講究勁力。不過，書學有強調「用筆之力，不在於力」的，而太極拳學恰好也是十分強調「用意不用力」的。

太極拳名家楊澄甫先生（1883～1936）曾在《太極拳說十要》中把「用意不用力」列為「十要」之一，並作了詳盡的闡釋。他說：「太極拳論云：此全是用意不用力。練太極拳全身鬆開，不使有分毫之拙勁，以留滯於筋骨血脈之間以自縛束，然後能輕靈變化，圓轉自如。」有的人認為「用意不用力」這話是楊澄甫所創說的，而且是只限用於養生的。其實不然。楊澄甫所引「此全是用意不用力」，語出清代李亦畬《五字訣》的「心靜」條目。若把《十要》與《五字訣》合璧對照地研讀，就可明白，「用意不用力」是太極拳所固有的理論，並非楊澄甫所創說的，也絕不限於養生之道。所謂「息心體認」「刻刻留意」，都是強調用意，而在古今太極拳理論中，是無不分外注重用意的。

當然，楊澄甫《十要》在闡釋「用意不用力」時，是在繼承的基礎上有所發展的，尤其是運用中國醫學經絡學說來

加以論證。如：「或疑不用力何以能長力？蓋人身之有經絡，如地之有溝洫——溝洫不塞而水行，經絡不閉則氣通。如渾身僵勁充滿經絡，氣血停滯，轉動不靈，牽一髮而全身動矣。若不用力而用意，意之所至，氣即至焉。如是氣血流注，日日貫輸，周流全身，無時停滯，久久練習，則得真正內勁，即太極拳論中所云：『極柔軟，然後能極堅剛』也。」這一解析，在當時無疑是頗具新意的。同時也說明，懷疑「不用力」無以長力、無以制勝者，在當時就很普遍。對他所說的「不用意而用力，最易引動，故不足尚也」等語，持反對意見的人就更多了。

二、是不用力，非不要力

然而有不少人是把「不用力」與「不要力」混為一談了；有的人則是撇開了「用意」來談「不用力」，認為既然強調「不用力」，那麼又何來「彼有力，我亦有力，我力在先」？在他們看來，「不用力」就沒有力了，就變成「軟手」了。其實，「用意不用力」，是指用意識去支配行動，若是推手，那便是「挨何處，心要用在何處」，做到「隨人而動，隨曲就伸」，而不要把意識片面地傾注到用力上去。因為意識傾注於用力，則動作容易僵滯，這時呆力雖大而轉動不靈，不但難以充分發揮太極拳「四兩撥千斤」「以小力勝大力」的技巧，而且即使從養生保健和醫療效果上考察分析，也是不利於促進氣血暢活的。

但以上所說的「不用力」，說的是意識的關注問題，而不是不要講究勁力。拳諺說：「意到則氣到，氣到則勁自到。」既如此，那就只須「以心行氣」「以氣運身」，而不必刻刻留心於自己的用力方面。因為勁力是隨著招法而生

的。當然，這必須是積功而成的。

三、柔中寓剛，綿裡藏針

至於太極拳的勁力，似可用十六個字來概括，即「以柔為主，外柔內剛，柔中寓剛，剛柔相濟。」歷代太極拳家在勁力問題方面曾有過不少精闢的論述，如楊澄甫《太極拳之練習談》說，「太極拳，乃柔中寓剛、綿裡藏針之藝術……」；再如《太極指明法》說，「用勁不對，不用力不對，綿而有剛對」（見楊澄甫著《太極拳使用法》一書第85頁，文光印務館1931年版）。但這裡的「不用力」，顯然是指「柔而無剛」而言，所以是「不對」的。這要從上、下句作全面的辨析，而不可斷章取義。換言之，上文「用意不用力」是正確的，而此處指出綿而無剛的「不用力不對」，那也是正確的，兩者並無矛盾。因為前者是指意識貫注之意向，而後者是指勁力之剛柔，所說的不是一碼事。

四、力強十會，巧破千斤

楊澄甫先生還在《太極拳使用法》一書的「雜說」一章中說：

「有說一力強十會——有理，我說一巧破千斤——不錯！」

常見一些人由於訓練不足，以致頂、抗等毛病嚴重。在兩力相抵的情況下，自然是力大者勝。這樣力大的選手一時得勢，「一力勝十會」的說法，又引起許多太極拳愛好者的重視。我們並非不要有此「一力」，而是相對地注重於「一巧」。同時，此一力務須是活力、內勁，而不可是「牛力」、拙勁。「雜說」云：「不要憕牛力，巧內功不能勝大

力者何必練拳?!千斤落空無所用矣!」此足以說明,太極拳還是主張「尚巧不尚力」的。

不過,卻不能因之認為太極拳是不要力的,否則把相對的道理加以絕對化,那真理也就立時變為謬論了。至於力的性質,那更須判明,因為我們所要的是太極內勁,而絕非拙力僵勁。

五、「用筆之力,不在於力」

最後,我們從古代書學中也可找到相類似的論說。古人說:「他山之石,可以攻玉。」書法與拳法雖分屬文事與武術,但古來各種技藝,在某些基本原理方面是不無相通之處的。而歷史悠久的書學,對著書立說較遲的拳學來說,啟示尤多。如林韞在《撥鐙序》中說:「盧肇謂林韞曰:子學吾書,但求其力耳。殊不知用筆之力,不在於力;用於力,筆死矣!」這席話與太極拳的「用意不用力」的主張豈不恰合?!

宋代書法名家米芾《海岳名言》說:「世人多寫大字時,用力捉筆,字愈無筋骨神氣,作圓筆頭如蒸餅,大可鄙笑!要須如小字,鋒勢備全,都無刻意做作乃佳!」這裡所說的「筋骨神氣」和「鋒勢備全」,都體現著自然流露的內在勁力,也即「筆力」。但決不是靠「用力捉筆」或「刻意做作」所能取得的。因為越用力,筆越死;筆越死,筆力越弱,結果就不免弄巧成拙了!

上述古代書法家的經驗之談,不亦有助於我們領悟太極拳推手和散手的用力問題嘛!

第三章
太極拳與氣功

太極拳與氣功站樁

一、打太極拳的人要練站樁嗎？

常常有拳友詢問：「打太極拳的人要不要練習站樁？」拳家常說：「未習拳，先學步；未學打，先練樁。」又說：「練拳無站樁，起屋未打樁。」可見站樁在武術中的重要性了。尤其是練太極拳推手的人兼練站樁就顯得更為重要了。

練站樁的主要目的是為了使下盤穩固，足、膝有勁，氣沉丹田，心靜神清。如是方始能在推手中氣不躁動，腰腿有力，足膝輕靈，進退操縱得宜，從而獲得以靜禦動、克敵制勝之效。

往昔在內家拳各流派中，曾有兩種對待站樁各持極端的看法：一派獨崇站樁，而否定拳架套路的必要性，認為只要苦練站樁，外加幾手散練，就足以對付敵手、制勝於人了，並認為拳架套路是束縛人的，無益於實戰。另一派則認為「站樁無用」，它只會使人失去腰腿的靈活性，有礙於實戰。我們認為，這兩種說法都或多或少地帶有片面性。

我們主張把站樁和走架有機地結合起來，在練拳之前，適當地練習一下站樁，這樣不但能促使下盤穩固，而且有安定心神，調和氣血，促進新陳代謝等作用。它不論對提高健康或技擊水準，都是有益而無害的。

二、打太極拳的人怎樣練站樁？

我在拙著《太極拳入門》第四章「樁功」中說：「站樁的種類很多，習太極拳的人，一般只練渾元樁一式就行了。」

渾元樁，一作「渾圓樁」，又有「抱雲樁」「雲門樁」「養氣樁」等異名。其襠步成二字馬步，或作八字馬步。具體方法如下：

圖一

兩足併行開立，與肩同寬，或比肩稍寬。兩足尖指向正前方，或略成八字。兩腿屈膝下蹲，初學或體弱者，可採用稍微屈膝的「高樁」；久練者應採用大、小腿之間彎成 135°角左右的「半樁」。重心放在兩腿之間，足心含虛，全足踏實。上體自然正直，頭頂起、襠落下，精神提起，含胸拔背，沉肩墜肘，尾閭中正，立身安舒。其身法基本要領與太極拳架全然相合。

在屈膝下蹲的同時，兩手由兩側回環上提，環抱於胸前，使兩掌心與乳心遙遙相對，中間相隔一橫拳半。兩手十指和掌心也遙相對應，兩手指尖之間，相距一橫拳左右。兩掌心朝裡而略微朝下，腕根塌沉，掌心含虛。兩肘須略低於腕部，並用意裡裹。全身務須有下沉的氣勢。

這種兩臂環抱的站樁姿勢，在技擊意義上含有「守中」的意思。即：以頭頂百會穴至襠下會陰穴一線為中心線，使全身重心自然地落在兩足之間的中心，這樣，身法與襠步自然正中安舒，穩定性好，其所以置兩臂、兩手於圓周線上，乃是含有防禦和待機反擊、搶攻之攻守意識。因此，腋窩要虛，而兩脇空隙相對地要實。兩腋虛，則臂部彈性充足，伸

縮餘地較大；
兩脇實，則邊
門不易受侵。
但腋虛脇實是
結合兩臂、兩
肘來說的。兩
臂既要用意外
撐，又要用意
裡裹，這是有
意識地鍛鍊兩
臂的掤撐之
勁，兼含待機
掤發擊敵、以
及守中防護心

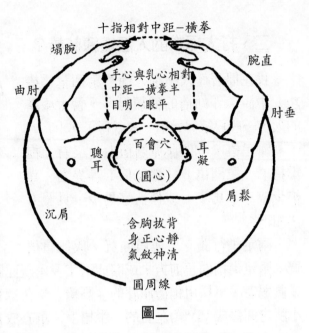

十指相對中距－橫拳
塌腕
腕直
曲肘
手心與乳心相對
中距一橫拳半
目明～眼平
肘垂
百會穴
聰耳
耳凝
（圓心）
肩鬆
沉肩
含胸拔背
身正心靜
氣斂神清
圓周線
圖二

沈壽太極拳文集

窩、胃脘、脇腋等部的職責。在此姿勢的基礎上，一旦化靜
為動，只須以肘為軸，舉手向上即可護及頭面，落手向下又
可防守襠膝。這充分說明武術站樁與養生氣功站樁，在要求
上是不盡相同的。突出地表現在武術站樁的心理意志訓練、
放鬆訓練、耐力訓練、形態訓練和呼吸訓練等等，幾乎無一
不與武術技擊要求密切相關連。

　　如此站定後，兩眼向前平視，不怒不閉，息心靜氣，無
思無慮。先輕輕搖晃一下身軀，覓得最適中的重心垂直點。
然後大口吐出濁氣，以鼻深納清氣三至五度。繼而氣斂神
凝，舌抵上腭，以鼻緩緩呼吸。一般可採用腹式正呼吸法，
久練者也可採用腹式逆呼吸法。吸氣時氣貼脊背，呼氣時沉
於丹田。「氣沉丹田」一詞，通常泛指腹式呼吸法，而這裡
也借指腹部鼓蕩的自我感覺。但切忌做得過分，尤其不宜仿

效硬氣功表演者那樣把大、小腹肌都收緊貼到脊背上去，須知太極拳主張取法於自然，而不應強硬造作。

初練站樁的人，只須純任其自然地練習，每日一次，每次三五分鐘；然後根據各人的實際情況循序漸進，逐步遞增至 15～20 分鐘。這樣持之以恆地練習，就會自覺下盤日趨穩實，腰腿有功，丹田之氣充盈，四肢內勁也相應增加。

與此相類似的，而僅僅在手勢上稍有變化的樁式很多，都可統稱為「渾元樁」。例如：（一）在上述「抱雲樁」的基礎上，使兩手成握拳式，此即為「抱月樁」。（二）在抱雲樁的基礎上，兩手心轉腕外翻，使手心稍向外並遙相對應，如雙手合抱一足球，此即為「抱球樁」。此式兩手拇指指尖朝裡與乳心遙遙相對，中間相隔一橫拳。

此外。輔助樁式常練的有「手揮琵琶樁」，或稱「川字樁」。實即取太極拳「手揮琵琶式」姿勢來練站樁，但每次必須先後練習左、右兩個分式。

三、可否在每次練太極拳之前練一會兒站樁？

完全可以！練站樁不僅能增強腿勁，而且對於充實腰部和襠部功夫，促使下盤日趨穩固，也有明顯的效果，故站樁又名「襠功」。若從保健或體育醫療的角度上說，站樁有調劑身心、改善心態、暢活氣血和促進新陳代謝等作用。而在練習太極拳之前靜站片刻，則能進一步獲得動靜相濟之效。

四、練站樁會發生偏差嗎？

練站樁不得其法，有可能會發生偏差。因此，最好請有經驗的老師當面傳授。練武術站樁要注意：

1. 循序漸進，切忌貪多

進功不可太猛，練功時間不可太長，初學時架式不可太低。否則會出現呼吸不順暢、疲倦困乏、煩躁或膝痛等不正常反應。

2. 取法自然，切忌憋氣

全身關節節節鬆沉，架勢自然，重心穩定。呼吸尤須任其自然，若呼吸長期不自然，或初學時就練習多種呼吸方法，就容易引起憋氣、努氣等現象，輕則發生胸悶、頭昏，重則引起岔氣、氣痞或疝氣等症狀，個別人甚至會因氣機紊亂而引起恐慌心理，出現短暫性的類似神經官能疾患的一些症狀。這都是自學站樁者尤須注意的。

3. 選擇環境，切忌受驚

入靜時，切忌受驚，否則容易產生不良後果。所以練站樁必須選擇環境寧靜、空氣潔淨和地面乾燥的場所和時刻，尤其是警惕外界噪音或人物、事物等干擾。一般地說，練武術站樁的行功時間較養生站樁為短，其架勢也較低些，而入靜也稍淺些，這樣行功是不易受驚的。但萬一受驚，只要處之泰然，或緩緩收功，做些自我按摩和導引動作，就能使精神很快恢復正常，從而避免發生偏差。初學者每次從一二分鐘開始，最長以不超過 20 分鐘為宜，久練者（指已練出腰腿勁的人）一般只在練拳前站樁數分鐘即可。

4. 持之以恆，切忌懶散

懶散歷來是練拳習功者之大忌。凡練功時馬馬虎虎，一

蹲即起；或直膝挺立，不求深功；或不求甚解，不得其法；或一曝十寒，缺乏恆心的人，往往是收效不大，事倍功半或有始無終者。這正是初學者不可不引以為戒的，所謂「慎始者可望於終成」也。

站樁須知

初學氣功站樁常有以下幾種錯誤練法，筆者根據文獻記載及個人練站樁功之體會，提出一己之見。

一、直膝挺立

練站樁應稍微屈膝蹲身，即使是高定位站樁亦應如此。如直膝挺立，容易疲勞，不易耐久，時間一長會引起小腿部靜脈曲張。

二、稍蹲即起

初學者怕兩腿酸痛，往往一蹲即起。這樣功效不顯，且有悖於站樁要領。須知站樁，一名襠功，又名馬步。凡襠部不做程度不同的撐圓，就談不上練襠功。凡兩膝不屈，兩腿不蹲，絲毫無騎馬之勢，就失去了馬步之意義。如因病弱，可降低要求，把架勢放高，時間縮短。

三、超長站樁

練站樁，時間不宜過長。那種認為「站樁時間越長越好」的說法是錯的，其結果會使人勉強硬撐而致偏差。初學時，應從 2～3 分鐘開始，逐漸遞增，第 1 個月內增至 5 分鐘，第 2 個月內增至 10 分鐘，第 3 個月內增至 15 分鐘，以

後就可按個人情況而靈活掌握，但一般能練到 20 分鐘左右就足夠了。

四、面壁而站

有的人練站樁由於聽信某些傳說而喜歡面壁。其實面壁練功，弊多利少。因為目前練功環境不可能絕對安靜，而牆壁能反射聲波。面壁的人距壁較近，閉目入靜，如外界干擾由聲波反射，往往易使練功者受驚而出偏差。

五、誤吸廢氣

目前各大中城市的廢氣公害較為嚴重，練功者吸氣深，受害遠較不練氣功者為大。因此，選擇練站樁的時間、地點都要避開廢氣。

六、身僵氣促

身體僵硬，大多是因站樁時肌、筋、骨節沒有放鬆。這樣站樁十分費力，稍站即腿酸膝痛，困乏難忍，容易造成心煩氣促。所以練站樁必須注意鬆靜自然，做到體鬆、氣順、心靜、步穩。

總之，練站樁要堅持不輟，不要追求近效。只要做好以上幾點，便可功到自然成。氣功站樁流派較多，本文作為一己之見，是否恰當，謹請高明指正。

站樁八字要訣（五言八句）

「內家站樁」的八字要領是「鬆、靜、穩、緩、細、勻、合、連」。其八字要訣為：

體鬆心方靜，神凝氣始穩。

息須緩細勻，功宜一氣成。

神形務相合，意氣自然眞。

一時弗貪多，練功貴於恆。

【簡釋】：此歌訣為筆者早年所撰，曾刊登於醫學雜誌上。其第一句有鬆、靜二字，第二句有穩字，第三句為緩、細、勻三字，第四句意含一「連」字，第五、六句占一「合」字。第七、八句則是要求循序漸進、持之以恆。

氣通三關訣（七言八句）

練習站樁的訣要，有《氣通三關訣》一首可供參考。此歌訣為筆者早年所撰，共七言八句，其原文為：

起根、順中、達於梢，意到氣到勁自到。

意不在氣氣不滯，氣通三關勁始到。

鬆開肢體十五關，引活氣血是正道。

氣血暢活體自健，白髮老翁勝年少。

現依上述原文逐句淺釋如下。

起根、順中、達於梢

「根」，「根節」；「中」，「中節」；「梢」，「梢節」。全身以腳為根基，腰為中軸，頭腦為最高統帥部。但就人身的主要關節來說，則身軀與四肢又各有三關，合之而為「十五關」：

（一）軀幹部分：養生氣功以腦後「玉枕」穴為上關，

背部「夾脊」為中關，「尾閭」為下關。內家武術氣功，除沿用上述說法外，但凡等同「三節」的三關，則皆指頸節、腰節和尾節而言。若言穴位，則為頸節的大椎穴、腰節的命門穴和尾節的長強穴。

（二）下肢部分：以胯為根節，膝為中節，踝為梢節。

（三）上肢部分：以肩為根節，肘為中節，腕為梢節。

上述「關」「節」二字在這裡是通義的。這與古代拳論「一身備五弓」之說也是相合的，即：每一張弓都有弓把——稱為中節，而兩頭繫弦之處，則分別其上、下為根節與梢節。

「起根、順中、達於梢」這句話，既說明了內氣的運行線路，又強調了行氣時必須順達而勿使阻滯。

意到、氣到、勁自到

即拳諺所說的「意到則氣到，氣到則勁自到。」凡是上乘拳術，似乎無不重視「用意」，而反對使用拙勁蠻力的。在練站樁時，自然也必須貫徹這一精神。

意不在氣氣不滯

這句指出意念不要貫注於呼吸，否則呼吸就反而遲滯不暢了。

氣通三關勁始到

內氣能通達三關，則內勁才能相應地到達。這裡意、氣、勁三者是相結合的。

鬆開肢體十五關，引活氣血是正道

內氣的周行，在主要關節處最易受阻，氣阻則勁也不暢，所以必須首先「鬆開肢體十五關」。惟有如此，方能「引活氣血」。如不走這一「正道」，而採取各種錯誤的練法，往往會自傷其身。練功原屬養身之道，倘若自傷其身，豈不有違於初衷！所以必須強調「氣通三關」「引活氣血」，使全身氣血暢通無阻。常有讀者來信詢問通十五關與通任督的關係，簡言之，若全身十五關皆通，則任、督兩脈是無由不通的。

氣血暢活體自健，白髮老翁勝年少

常言道：「拳功療病道理簡，暢活氣血體自健。」說明練拳習功主要是由暢活氣血來增強人體的抵抗力，與疾病作搏鬥，並使體質轉弱為強的。有不少老年人因終年堅持不懈地習練站樁而精力充沛，無病無痛，與一些病弱少年相比，他們無論在精神和體力方面都是占上風的，這是不能不令人欽佩和羨慕不已的。

拳樁因果訣（五言四句）

> 拳以樁為根，樁以拳顯神。
> 樁無拳不靈，拳無樁不穩。

【簡釋】：拙作《拳樁因果訣》說明，拳術以站樁築基，但如只有地基而不蓋房子，那對拳術來說，就無以顯示神奇和應用於技擊、表演等方面，故曰「樁無拳不靈」。至

於「拳無樁不穩」句，凡經歷過散手競技的人，在這方面的體會就較深刻：腰腳基礎功夫的優劣，無疑是競技勝負的重要因素。

太極拳與書法運氣

常言道：「書法、拳藝兩相通。」相通，這裡是指在理法上有著可供相互借鑒之處。這就像拳諺所說的「拳、醫相融，一功兩用」。這說明懂拳術的人去學練書法或醫術，都有其便利之處。近年來，武術界愛好和學練書法的人日益增多，為此，我願給大家介紹一些簡單易行的運氣方法，並聯繫太極拳經略加評述，以為讀者研究參考，兼助初學者之雅興妙趣。

我國古代武術家和書法家都十分注重運氣功夫，往往以此為不傳之秘而深藏不露。然則運氣的方法並不複雜，且在應用上也不限於書法、拳術，其他如中醫、戲曲、舞蹈、歌韻、雜技等各界，也都流傳著運氣之法。雖然各家的運氣無不結合自身的藝業來加以靈活應用，但其基本原理卻是一致的。

書家、拳家多壽星，如孫墨佛、蘇局仙、吳圖南、劉志清等皆是。這恐怕與他們常年堅持養氣、運氣之法不無關係吧！這些老人，壽臻百歲而猶能作書、打拳，實在令人羨慕！當然，長壽的因素是多方面的，但練書習武和養氣、運氣具有延年益壽的良好功效，這一點是早已被人們的實踐所證實和肯定了的。中國拳法歷來強調以「氣功為始終之則」，拳諺說，「在外為拳，在內為氣」；又說，「外練筋、骨、皮，內練一口氣」，都充分說明了氣功在拳術中的

核心作用。新中國成立以來，隨著武術和氣功的普及推廣，人們對武術的運氣方法已有所認識和了解，但練習書法也要運氣，知曉的人就不太多了。

1943 年，陳康在其所著的《書學概論》一書的第二編第四章內，專立「運氣」一節，簡明扼要地記述了書法的運氣方法。他說：「（運氣）這步工夫古來少傳，今人也不肯多講。但古代名家沒有不得此秘的。」他特別指出，「運氣的方法，如果精熟太極拳的，更易明瞭」；又說，「不懂太極拳的，可於絕早起床，練習深呼吸運動。在室外空氣清爽的地方，兩足站開，身體平直，用兩掌或左右前後開合。張開胸部時，深深吸入空氣，用兩鼻孔吸，不可用口以致發出氣音：胸部收縮時，便用鼻孔呼出。呼吸均須細長，不可粗促。至少運動十分鐘，則胸部氣滿，意志清新，胸懷即有壯闊之感」。可以看出，這只是一般的深呼吸。能否打上一套「慢中求功」的太極拳，來代替這種深呼吸運動呢？不論從調和氣血、平心靜氣、放鬆肢體、絕慮凝神以及增進健康等諸方面分析，均無不可。不過，這還僅僅是書法運氣中的第一步——準備活動階段。

那麼第二步呢？《書學概論》接著寫道：「呼吸運動完結後，仍宜直立，左手叉腰、右手平舉，屈肘如執筆狀：把全身精力，運到右肩，橫直曲折如練書一樣，腦中存著帖上的字，用手再橫直曲折地畫著，以練習手勢。胸部仍然輕微地呼吸開合，如此經過數分鐘，則右手有雷霆萬鈞之勢。」這第二步才是具體地結合書法意想的運氣方法了，似可稱為「站式運氣階段」。

在這一練功階段，本著「先在心、後在身」「意在筆先，筆居心後」的要求，凝神靜思，同時把全身勁力運到右

肩，貫向腕根，波及末梢。從而使日後達到：凡書寫一點一畫無不是「意到氣到，氣到勁自到」；倘能全身勁到，則久而久之自能練出龍騰虎躍、鐵畫銀鈎的筆力。

其實，這與打太極拳的運勁原理確乎是相合的。傅鍾文老師在《楊式太極拳》一書中說：「至於運勁，也是『先在心，後在身』以意貫於這個部位，意到勁到，意之所注處就有所感覺。這也是『內外一致』的一種鍛鍊方法。」根據意、氣、勁三者合一的拳理，就足以說明這裡「運勁」與上文「運氣」的術語，兩者是名異實同的。所以，書法運氣也要注意肢體鬆沉，而不是相反地渾身緊張和拼命用力；否則勁力壅塞於肩、背或肩、肘之間，那時筆的運行就反而顯得僵硬不靈了，又何來「龍跳天門，虎臥鳳閣」的筆力呢?!

《書學概論》接下去說：「然後回到房間，照前節講的姿勢坐好，兩足以尖掌地，臀部坐在一半椅子上，然後全身力氣不致墜落椅上。像騎馬一般地使全身氣血暢通，力氣自然上行，由足掌、臀部而直上兩肩，右肩須略向外，這時力便集於肩上來了。這是運氣的要領。」又說：「臨書前照此去臨帖，初初不忙下筆，先以手執筆循帖上的結構，憑空曲肘懸腕的畫著。……同時心領神會，再凝結而成自己要寫的字。這就是古人所說的心中有字，然後手上有字。」

這第三步是從「站功」進入「坐功」，似可稱為「坐式運氣階段」。這一階段雖已變徒手畫空為執筆畫空，但主要仍是練習運氣與養成凝神靜思的習慣。

針對《概論》作者所說的「運氣的方法，如果精熟太極拳的，更易明瞭」，以太極拳的古典理論來作詮釋。例如：關於勁的來源，武禹襄在《十三總勢說略》一文中寫道：「其根在腳，發於腿，主宰於腰，形於手指。」練書法也是

一種「運勁」，如今為了使所寫的一點一畫都能全身力到，所以兩足要著地如植根；而臀部半坐，取騎馬姿勢，那也是為了使全身氣血暢活，兩腿之勁能自然上達腰間；由腳而腿、而腰，若能一氣貫串，則「力便集於肩上來了」。至於「形於手指」，那是指外觀反映在手指上，而不是指主觀上著重去運用手指。太極拳強調練好腰腿功夫，而不贊成盡在手指上耍花哨；歷代書法家也大都主張「五指但司執管，不主運筆」。運筆則根據字體的大小，分別透過運腰、運肩、運肘或運腕去完成的。

一般地說，小楷運用腕力，中楷運用肘力，大楷以肩力出之，數尺以上的「榜書」始以腰力出之。其實，太極拳雖強調「腰脊為第一之主宰」，但推手發勁也還是隨機應變，分別以各部之勁力出之，與運筆頗有異曲同工之妙。這與「腰為主宰」的原理並不矛盾。

此外，書法運氣與實際練書時，要求「右肩須略向外」（練左筆者，左肩須略向外），這與外功拳的「順肩」，以及太極拳的「含胸拔背」，也都是其相近似之處。

綜上所述，證明書藝與拳技雖分屬文、武，各有門徑，但在理論上確有某些相通之處。因此，我勸武術家學點書法，書法家學點武術，這對於提高各家原有的技藝和理論水準，肯定會有所裨益，而決不會是枉費精神。當代著名書法家沈尹默、馬公愚和畫家豐子愷諸先生，生前都與太極拳家傅鍾文老師相交甚厚，並都跟傅師學練過太極拳。這不是偶然的吧！

卷二　太極拳論譚

第四章
太極劍的訣要

練好太極劍的訣要

太極劍，是太極拳派著名的器械套路。在太極刀、劍、槍、杆等器械中，素以太極劍流傳最為廣泛。傳統太極劍是在太極拳的基礎上發展起來的，其基本要領與太極拳是一致的。然而劍法畢竟有著不同於拳法的獨特要求。武術諺語說，「劍如飛鳳，又似游龍」；「劍似飛龍騰雲，刀如猛虎下山」，這說明劍法也不同於刀法。劍法特別強調「身劍合一」「尚活而不尚力」。

練劍時，首先要求周身輕靈，運行敏活，圓轉自如，身法與劍法協調一致。這就更需要注意神活意先，以意識引導行動，使動作變得敏捷，勁路剛柔相濟，逐漸做到輕靈柔順而不流於飄浮，從容沉著而不陷於重滯。

其次，還要求精神要提得起，呼吸要自然，劍法要準確等等。在應用上同樣是講究「沾、黏、連、隨」的。過去有的太極拳家把「太極十三劍」的對練稱為「太極黏劍」，緣由即出於此。總之，練習太極劍的神態、姿勢和動作，都應似游龍飛鳳，要輕巧敏快而穩健不迫，內含抑揚頓挫而不失沾黏連隨。再次，全身運動須以腰為軸，上下隨合，鬆腰活腕，勁由脊發，達於劍端，要做到「一動無有不動，一靜無有不靜」的基本要求。

拳諺說：「拳技以眼為尊。」又說：「眼為心之苗。」
劍術自然亦極為重視眼法，要求做到眼、手、劍三者相隨。
眼神雖以向前平視為主，但視線須跟隨劍指、劍尖與劍鐔轉
動，瞻前顧後，左顧右盼，並逐漸達到精、氣、神與身、
手、劍內外合一。拳諺說：「單刀看手，雙刀看走，寶劍看
鐔，大刀看口。」這話簡潔扼要地說明了不同器械的眼神關
顧上各不相同的個性。

　　刀、劍對神形合一的基本要求是一致的，但神形合一的
具體方法與風格都是有所不同的。

　　刀劍的握法也不盡相同。一般說，握劍的手要輕柔靈
活，以使劍能運轉自如為原則；但也不可忽略「柔而有
韌」。若柔而無韌，則器械經不住受人一格；器械被格即脫
手，自然就談不上克敵制勝了。一般握劍是以拇指、食指、
中指三指為主，其餘兩指為輔。掌心要含虛而不可捏實。

　　此外，從技擊角度看，握劍的食指也不宜伸展地貼放在
護手（即「劍格」）上面。若把食指伸展壓貼在劍格中端，
這雖有助於初學者穩定寶劍的運行線路，但若以技擊分析，
則無異是「請人斷我食指」了。

　　世上各種技藝都有自己的特殊規律。劍術也如此，凡在
練劍時違反了劍術規律，也就失去了緊湊而逼真的藝術和技
擊價值。同時，內、外功劍法各有特色和長處，在原則上是
與各自的拳法配套成龍的。

　　練一趟太極劍的正常速度比太極拳要快些。但初學時寧
慢勿快，慢則動作分明，姿勢容易正確。太極拳、劍都有抑
揚頓挫的特點，不論太極劍的分支流派如何，在總的外觀上
都要做到節節貫串，綿綿不斷，柔和順暢，宛如一氣呵成。
即所謂「如長江大海，滔滔不絕也」。因此，在定勢時要似

頓非頓，有明確的落點，無強拗斷離的痕跡。變式時動作圓活，剛柔內含，運行應付裕如。

學習劍術套路，先求姿勢正確，動作熟練，這在術語上叫做「搭架子」；然後進一步分析研究劍法作用，逐步摸索和掌握用勁的規律，這在術語上叫做「練架子」或「摸勁」。當然，真正要做到「由著熟而漸悟懂勁，由懂勁而階及神明」，那還得輔以劍術競技活動。但若單純從鍛鍊身體出發，練習套路積功日久，自也能在演練中達到動靜相生、剛柔互濟、姿勢優美、動作自然的要求的。

學習太極劍的人，最好先把太極拳學會，鞏固一年之後，再去學習劍術，這樣在教學上就事半功倍了。反之，由於拳術尚未鞏固，下盤腰腿無功，再拿上一支器械，舞動起來不免顧此失彼，因此，教與學都很吃力，事後的「成活率」與質量也是大打折扣的。這說明學劍是要有點拳術功底的。

太極劍術練習談

太極劍是太極拳學派著名的器械套路，傳統的楊式太極劍，姿勢優美，舒展大方，動作樸實，柔中寓剛，具有太極拳系器械的獨特風格。練習太極劍，除了特別強調周身輕靈，動作敏活外，其餘基本要領與太極拳的靜、鬆、穩、勻、緩、合、連七字要訣是完全一致的。其中「緩」字，是指與外功拳系器械對比而說；若與太極拳相比，則太極劍的速度比太極拳稍快。傳統太極劍一般編為 50～55 式，完成套路時間 2～3 分鐘。但初學者宜慢不宜快，慢則動作充分，呼吸自然，反之，動作不充分，就容易發生「走過場」的現

象；呼吸不自然，全身關節肌筋就不容易放鬆，也必然會發生強拗斷離、渾身僵硬等現象。

「九路八十一式太極劍」是我早年在傳統楊式太極劍的基礎上增編修訂而成的自練套路，其運動量、運動強度和難度均較傳統太極劍為大。而且各式不相重複，完成套路正常時間為 4～5 分鐘。其基本原理則與傳統太極劍法是相同的。

傳統楊式太極劍法有抽、帶、提、格、擊、刺、點、崩、攪、壓、劈、截、洗十三字訣。今人有將「格、洗」二字改為「撩、刮」的，但「格、洗」實為重要劍法。根據楊式太極劍精簡改編的「三十二式太極劍」，則又把「提、格、崩、攪、壓、洗」六法，改為「撩、掛、托、掃、攔、抹」；而在我國劍術中，尚有挑、扎、披、砍、摸、剁等多種劍法，早已被太極劍所吸收。因此，我們在練習時，可依傳統的十三法為主，以其他十三法為輔。現將「主輔十三法」整理列表如下，以供參考：

主	抽	帶	提	格	擊	刺	點	崩	攪	壓	劈	截	洗
輔	攔	掃	披	掛	撩	扎	剁	挑	摸	抹	砍	托	刮

當今劍術套路競賽，對上列刺、點、崩、撩、掛、劈、攔、托八法，是分外重視的。

拳諺說：「未習拳，休學劍。」又說：「劍術易學精通難。」這說明學劍不但必須具備比較紮實的基礎功夫，而且必須首先學好同一拳派的拳法。要切實做到腰腿有功，上下相隨，全身勁整，能鬆腰活腕，勁由脊發。

此外，最好還能懂得每一術式的技擊意義，從而使心意

精氣神與眼身手步劍內外合一。這樣練習日久，勤而有恆，自無強拗斷離、不能順勢得力或姿勢不佳等常見的弊病。只要基礎打得好、紮得深，自能在入門以後，「由著熟而漸悟懂勁，由懂勁而階及神明」。

相反，如果急於求成，則不是一曝十寒、半途而廢，便是練成了只圖好看的「花架」、腰腿無功的「空架」、刀劍不分的「混架」、或左搖右擺的「歪架」。常見學劍十年而空洞無物者，所由皆此。屆時雖想改正，但不正確的姿勢既經定型，習慣成了自然，想改正就事倍功半了。這是初學太極劍的人所不可忽視的。

楊式太極拳宗師楊澄甫先生曾論劍說：「劍氣如虹，劍行似；劍神合一，玄妙無窮。」著名武術家李景林先生（1886～1931）也曾說：「練劍之要，身如游龍，切忌停滯，習之日久，身與劍合，劍與神合，於無劍處，處處皆劍。能知此義，則道近矣！」我國武術諺語素有「劍走青，刀走黑」「劍似飛鳳，刀如猛虎」等說法，這些話都強調了劍的運行要輕靈敏活，切不可僵滯不化；同時，要做到身、劍、神三者合一，從知法明理入手，漸至「變化無方，心手兩忘」。

此時與人對劍，已從「有法」變為「無法」，而在這「無法」之中，卻又是劍劍得法，攻守無不得其宜，如此才能體現出「渾身是劍」的高超劍藝。

上述「無法」之說，一作「忘法」。實際上是「由著熟而漸悟懂勁」之後，在與人競技或實戰時，形成「條件反射」，能以閃電般速度作出近乎自發的攻守反應，而不是先想好了，用什麼劍法或招式去對付人家，這就叫「忘法」。

如明代莊元臣《叔苴子》說：「教劍者有法，及其能

劍，忘其法並忘其劍矣！」又說：「未忘法而用劍者，臨戰鬥而死於劍。」這說明「未忘法」是死守常法而不會因敵隨機變化。

太極劍是以太極拳為基礎的，拳練得太差的，學劍肯定好不了，還是先把拳練得好點再說。凡是教劍，一般是著重教授劍法，而不去細講步法、身法的。蔡龍雲同志在《劍術》一書（江西人民出版社 1982 年初版）第四章談「怎樣練習劍術」說：「按照傳統的基本技法，必須做到以下七點。

這七點是：第一，形體工整；第二，筋骨遒勁；第三，心力堅強；第四，氣勢連貫；第五，陰陽分開；第六，擊刺得法；第七，呼吸自然。」

這七個要點，對於練習太極劍也很有參考價值。只是在練習時還必須注意突出太極劍的特點，如「以柔為主，剛柔相濟「綿裡藏針」「用意不用力」，以及「動作圓滿」「相連不斷」「後發先至」等等。倘若撇開了這些最基本的特點，那就不成其為太極劍了。

最後，特將上述「九路八十一式太極劍譜」錄載於後。

九路八十一式太極劍譜

第一路	第二路	第三路
1.預備勢	10.燕子入巢	19.旋風勢
2.起勢	11.靈貓捕鼠	20.蜻蜓點水
3.漁人指路	12.鳳凰抬頭	21.等魚勢
4.三環套月	13.黃蜂入洞	22.左右龍行
5.大魁星	14.斜飛勢	23.懷中抱月

6. 燕子抄水	15. 海底針	24. 宿鳥投林
7. 左右攔掃	16. 扇通背	25. 烏龍擺尾
8. 太公釣魚	17. 撇身劍	26. 青龍出水
9. 小魁星	18. 順風揚帆	27. 風捲荷葉
第四路	**第五路**	**第六路**
28. 獅子搖頭	37. 迎風撣塵	46. 大鵬展翅
29. 猛虎抱頭	38. 順水推舟	47. 海底撈月
30. 野馬跳澗	39. 流星趕月	48. 風捲殘雲
31. 翻身勒馬	40. 天目飛瀑	49. 鴛鴦腿
32. 退步跨虎	41. 挑簾勢	50. 葉底藏桃
33. 飛燕穿林	42. 車輪劍	51. 十字腿
34. 雲劍	43. 催馬加鞭	52. 龍宮探寶
35. 劈山開川	44. 撥草尋蛇	53. 鷂子翻身
36. 石上試劍	45. 紫燕銜泥	54. 白蛇吐信
第七路	**第八路**	**第九路**
55. 撥雲見月	64. 連環腿	73. 二起腳
56. 哪吒探海	65. 白猿獻果	74. 打虎勢
57. 犀牛望月	66. 左右落花	75. 擺蓮腿
58. 射雁勢	67. 玉女穿梭	76. 獅子張口
59. 青龍現爪	68. 白虎攪尾	77. 牧童張口
60. 鳳凰展翅	69. 鯉魚戲水	78. 一枝梅
61. 金雞獨立	70. 烏龍絞柱	79. 風掃梅花
62. 大蟒伏地	71. 劍劈華山	80. 指南針
63. 左右跨攔	72. 二龍戲珠	81. 收勢

沈壽太極拳文集

中國古劍淺說

寶劍一名「三尺」，又有「青蛇」「青龍」「秋水」等別名，是我國古人隨身佩帶的一種短兵器。但無論作為古代的一種自衛和實戰用的兵器，還是作為古今用於健身的民族武術器械，寶劍都給世界各國人民留下了極其深刻的印象。

近些年來，隨著群眾性武術運動的蓬勃發展，無論民間或學校，參加劍術鍛鍊的人日趨增多了。藉由劍術鍛鍊，不但能有效地增強人們的體質，使人精力充沛，而且有助於活躍群眾的文體活動，使人心神舒爽，情趣盎然，對於提高學習和工作效率，預防和減少疾病，都有一定的作用。所以，這是深受廣大群眾喜愛的武術項目之一。

而我們現在用於武術運動的劍和劍術，都是在繼承古代武術文化遺產的基礎上加以創新發展的。為此，本文著重談論一下古劍的歷史常識，以供武術愛好者參考。

一、劍的起源

我國寶劍創始於何時何人？這一問題歷來是眾說紛紜的。距今幾千萬年前，人類的祖先已經開始使用石刀、石矛了。劍的萌生大概是從刀、矛發展衍化派生的，即由矛頭的伸展，以及變單刃的刀為雙刃的劍。由此推想其歷史可能要稍晚些。而青銅刀、劍比之石器、骨器的歷史相對地要短得多了。

《黃帝本行記》說：「帝採首山之銅，鑄以為劍，以天文古字題銘其上。」但《初學記》卻說：「黃帝採首山之銅始鑄為刀。」《管子‧地數篇》則說：「昔葛盧之山，發而

出金，蚩尤受而製之，以為鎧、劍、矛、戈。」黃帝與蚩尤是傳說中距今四千多年前同時代的人。《山海經・大荒北經》說：「蚩尤作兵，伐黃帝。」《史記・五帝本紀》：「蚩尤作亂，黃帝戰於涿鹿之野，遂擒殺蚩尤。」那時雖然還處於新石器時代的後期，但最早青銅器的冶煉，很可能就是從製作刀、劍等兵器開始的。

古往今來，很多創造發明的萌芽時期，往往比普及時期要早得多。事物的發展規律，總是由微而著，從少變多的；但萌生和發展過程中歷時的長短，卻是各不相同的。不過到目前為止，我國考古學家尚未發現過這麼早的青銅刀、劍，因此，他們大都根據出土的實物，把金屬古劍創始的歷史考定為「距今約三千年前的西周初期」。當然，對於上述載於古書中的傳說，是有待考古學界進一步去發現和證實的。

關於鐵劍的記載，古書所說的產生時代也是相當早的。《禹貢》已有「鐵」字。陶宏《刀劍錄》（一作梁・陶宏景撰《古今刀劍錄》）說：「孔甲在位三十一年，以九年歲次甲辰，採牛首山鐵鑄劍，名曰『夾』，古文篆書，長四尺一寸。」孔甲是夏代（約公元前 21～16 世紀）中期的帝王，這裡「四尺一寸」是指古尺，若以周尺計算，約合今天市尺二尺四寸半，即 81.6 公分。但即使在周代初期也不可能有那麼長的劍。何況夏代怎會用天干、地支來紀事呢？說明所記當屬於民間傳說一類。然而《司馬法》也說：「夏執玄鉞。」宋均註：「玄鉞用鐵不磨礪。」總之，以上古文獻認為，早在夏代已有鐵劍、鐵鉞了。

但呂振羽等史學家大都認為：「在沒有實物發現前，也是不足憑信的。」（見呂著《簡明中國通史》，人民出版社 1955 年 6 月出版，第 82 頁注文第 15 條）而目前發現最早的

鐵劍，也不是周代的。此外，古文獻中各種歧說尚多，不可能一一記載。

二、東周尚劍

到了春秋戰國時期，我國鑄劍工藝和劍術武藝的發展，都已達到了相當高的水準，尚劍之風極為興盛，這顯然與生產力的發展和戰爭頻繁等時代背景，以及統治階級的提倡和民間尚武的風俗習慣等等多方面因素有關。《韓非子》各篇述及劍的文辭極多，如《有度篇》：「鏌邪傅體，不敢弗搏。」鏌邪，即莫邪，原是春秋名匠干將、莫邪夫婦所鑄的利劍，雌雄成對，以其夫婦名為劍名，而這裡是泛指利劍。傅通敷；傅體，貼近身體的意思。其大意是說：當寶劍要擊著我身體的時候，就不可不搏鬥了。

《說林上篇》還記有善相劍者曾從子的故事，說：「衛君怨吳王，曾從子曰：『吳王好劍，臣相劍者也。臣請為吳王相劍，拔而示之，因為君刺之。』衛君曰：『子之為是也，非緣義也，為利也。……』乃逐之。」這段故事說明：東周時期不僅有劍士、劍俠和鑄劍名匠，而且有專事鑒定寶劍質量為職業的人。

《五蠹篇》談到：「俠以武犯禁，……犯禁者誅，而群俠以私劍養。」韓非抨擊當時權貴們競相蓄養「劍俠」，致使暗殺（「私劍」）事件層出不窮，已構成嚴重的社會問題，所以把「俠」也列為「五蠹」之一。

區冶，即歐冶子，春秋越人。在歷史上與同時代吳人干將、莫邪夫婦齊名。《吳越春秋・闔閭內傳》中記有歐冶子與干將曾經同事一師學習鑄劍的故事。馳名古今中外的龍泉劍，即為歐冶子所始鑄。歐冶子當年鑄劍的地方，在今浙江

省龍泉縣城外二里許，至今尚殘存汲水淬劍用的古井一口（原為七口，呈北斗七星狀）。後人為紀念他，尊奉他為鑄造鐵劍的鼻祖。並築「歐冶子將軍廟」於七星古井之側，現遺蹟猶存。

龍泉，原名龍淵，唐代為避唐高祖李淵諱，方始改稱「龍泉」。而地名是因劍得名的。相傳歐冶子曾為楚王鑄龍淵、太阿、工布三把名劍。而為越王勾踐所珍藏的沈盧、純鈞、勝邪、巨闕、魚腸大小五把名劍，相傳也是歐冶子的傑作。如此說屬實，則1965年從湖北楚墓出土的越王勾踐雙劍，就有可能是上述名劍中的兩把。

一說在此之前，歐冶子所鑄的沈盧、磐郢、魚腸三把名劍曾為吳王所有。專諸為吳公子光刺殺吳王僚時，就是在進炙魚之際，以魚腸劍突刺吳王，而直透堅甲。其銳利是可想而知了。因專諸行刺前藏劍於魚肚下，故後人多以為魚腸劍是匕首。其實春秋寶劍尺寸較短，而宴會的炙魚卻不一定是限於尺把長的魚，所以「魚腸」未必是匕首。

據北宋·沈括（1031～1095）《夢溪筆談》卷十九《器用篇》釋古劍說：「古劍有沈盧、魚腸之名。沈音湛。沈盧謂其湛湛然黑色也。古人以劑鋼為刃，柔鐵為莖幹，不爾則多斷折。劍之鋼者，刃多毀缺，巨闕是也。故不可純用劑鋼。魚腸即今蟠鋼劍也，又謂之『松文』。取諸魚燔熟，褫去脇，視見其腸，正如今蟠鋼劍文也。」以此觀之，上述名劍彷彿是以特定的工藝和規格製作的，而同一工匠所鑄的同名利劍，恐怕不會都是只此一把的。令人感興趣的是：魚腸的花紋與越王勾踐雙劍的花紋如出一轍。此外，古劍著名的尚有白虹、紫電等等許多名目。

三、削鐵如泥

「削鐵如泥」，這是古小說中對於利劍形容的套語，顯然是一種藝術誇張。但寶劍貴於堅韌鋒利，我國名劍的犀利程度，往往是非親眼目睹的人所難於置信的。古今文獻中有關這方面的記述是極多的。凡屬名劍，都能「水擊鵠雁，陸斷駒馬」（《韓非子》）、「水斷蛟龍，陸剸犀象」（《夢溪筆談》），其銳利確是非同一般的。

1968 年，從河北西漢墓出土中山靖王劉勝的兩把寶劍，以及 1974 年從陝西臨潼秦始皇陵陶俑坑出土的三把寶劍，都是通體寒光逼人、鋒利如故的。上述秦劍，一下能劃透十多張報紙；儘管埋藏在陰寒潮濕的地底下已歷兩千餘年，卻無絲毫鏽跡，依然是光彩奪目的。

若以近世龍泉寶劍的傳統工藝來說，也堪令人贊嘆。如1911 年，龍泉縣幾家劍鋪舉辦一次鑄劍比賽，「沈廣隆號」劍鋪主匠沈庭璋所鑄的寶劍，一劍刺穿三枚銅板，而劍刃不鈍不捲，奪得頭名。再如 1958 年，在全國性專業會議上，有人用一把龍泉劍將迭在一起的六個銅板揮劍一劈為二，立時成為十二瓣。以上事實，都足令目睹者瞠目結舌，贊嘆信服。

四、文而兼武

古今很多著名人物都曾認為：要使中華民族的國力強盛，及在各項事業上有所成就，必須振興武風，使人們能文能武。

在古代，不但武人習劍，而且文人也多有愛好劍術的。《體育之研究》說：「清之初世，顏習齋、李剛主文而兼

武。習齋遠跋千里之外，學擊劍之術於塞北，與勇士角而勝焉。故其言曰：『文武缺一豈道乎？』……此數古人者，皆可師者也。」《體育之研究》是毛澤東同志青年時代的一篇著作，原發表在 1917 年《新青年》雜誌上，署名「二十八畫生」。顏、李是清代著名學者，屬同一學派，世稱「顏李學派」。兩人皆通六藝，主張研究學問結合實踐，並主張「文而兼武」。

但遠在先秦時代，文人習劍就蔚然成風了。如子路雄冠，饒有武勇；毛遂按劍，叱楚王於庭；馮屈彈鋏而歌等等故事不勝枚舉，說明文人很早就與寶劍結下了不解之緣。屈原《離騷・九章・涉江》說：「余幼好此奇服兮，年既老而不衰；帶長鋏之陸離兮，冠切雲之崔嵬。」東漢王逸註：「長鋏，劍名也。其所握長劍，楚人名曰『長鋏』也。言己內修忠信之志，外帶長利之劍，戴崔嵬之冠，其高切青雲也。」陸離，指人在行進時，佩劍一高一低的動態。崔嵬，高貌。楚人稱劍為「鋏」，可能是古義。與本文所引《刀劍錄》「孔甲在位……採牛首山鐵鑄劍，名曰『夾』」的說法是一致的。但晉・司馬彪等人釋鋏為「劍把也」。《文選》註：「鋏，刀身劍鋒也。」清・程瑤田《考工創物小記》說：「鋏為劍室，故稱長鋏，劍把安得稱為長乎？」按：劍室，即劍鞘。《方言》：「劍削，自河而西，燕、趙之間謂之『室』；自關而東，或謂之『廓』，或謂之『削』；自關而西，謂之『韓』。」戴震疏證：「削，亦作鞘。」按《集韻》：「鞘，亦作韓、削、皉。今通作『鞘』。」從這裡也可以看出，由於各地方言不同，後人詮釋不同，以致同一「鋏」字，就衍變出各種不同的解釋了。

但筆者認為，古人所說「鋏，夾也」，這是不會錯的。

而最早稱劍為「夾」，可能是據冶金鑄劍的原始工藝來命名的，即泛指全劍而已；而「劍」字的產生，可能晚於「夾」字。因為原始的劍，是不會有很多附件的；劍格、劍室和木夾式劍把等等都只能是逐步發展而來的。而後人據已發展的實物因形訓詁，於是就從「夾」「鋏」二字衍生出許多不同的含義。以致時到今日，也就只能因文解字了。

《離騷・九歌》也有「撫長劍兮玉珥」等句。王逸註：「玉珥，珥謂劍鐔也。」由於屈原自幼愛劍，所以後人繪製或雕塑的屈原像，一般多作高冠佩劍的英姿。從屈原的壯志與利劍內外相合看，說明佩長劍並非為了裝飾。

秦漢擊劍之風並未少衰，且有進一步的發展。而當時學子從師習劍，主要是為了爭取功名，當然也不排除鍛鍊身體和用以防身的目的。

但前者卻是主要的。如《史記・項羽本紀》說：「項籍少時，學書不成，去；學劍，又不成。」這裡學書、學劍，就分別代表了學文、學武。而且有抱負的文人學士，無不自幼立志和向往把自己培養成一個能文能武的人才的。如西漢時的司馬相如、三國時的魏文帝曹丕等人都善於擊劍。這種風氣直到進入南宋以後才逐漸衰落。

第五章
太極拳歌訣（六首）

太極拳學歌（七言三十二句）

自古拳學三大用，健體防身祛病痛。
太極拳術真善美，三大功用成一統。
歷史悠久好拳種，傳世數今頂興隆。
推向四海為人類，造福借重太極功。
年老體衰意從容，拳畢猶把刀劍弄。
日積月累功漸深，康健竟與壯年同。
年少氣盛性好動，推手散手興味濃。
能文能武懷大志，國內國際爭光榮。
初學務必循序進，越級躁進難成功。
育人教拳先傳德，拳以德立藝德宏。
口傳身教須耐心，拳理拳技要貫通。
繼承而後談創新，無根造作空中空。
勤苦實踐最為重，一日練就一日功。
練與不練大不同，一天不練十日空。
著熟懂勁顯神通，始信拳學不負儂。
活到老來練到老，人人稱羨不老松！

　　註：本卷第五章太極拳歌訣與第七章太極拳推手歌訣，均
係沈壽本人所撰。其中有一部分歌訣，曾在 1986 年被輯入寧

波市永年太極拳社編印的《沈壽拳訣選》（內部資料），作爲
當年該社創立三周年的紀念品。

太極拳五字要訣（四言十句）

　　靜：心靜意專，動中處靜。
　　鬆：由鬆入柔，鬆柔輕靈。
　　穩：立身中正，步似貓行。
　　勻：形如抽絲，相連不斷。
　　緩：從容沉著，慢中求功。

　　註：拙作《太極拳五字要訣》以及本卷第七章所載拙作
《太極推手化引拿發訣》《太極拳九十六法訣》三首，曾於
1986 年發表在《少林武術》雜誌第 5 期上，1990 年被收入
《中國武術大辭典》。

拳法五要訣（四言五句）

　　一要心靜，
　　二要眼明，
　　三要身靈，
　　四要手準，
　　五要步穩。

　　註：清·李亦畬《五字訣》的訣文是：「一曰心靜，二曰
身靈，三曰氣斂，四曰勁整，五曰神聚。」這是從心、身、
氣、勁、神五方面來說的。本訣則是從心、眼、身、手、步五

方面來說的。其中心、身二者皆已敘及，而眼與神是表與裡的關係。與此相類似的拳術歌訣，如浙閩一帶的南拳有《五要訣》說：「一要眼尖，二要手捷，三要膽穩，四要步堅，五要力實。」以上雖因拳種不同而各自有所側重，但相互之間都有一定的可供借鑒之處。這類拳訣言簡意賅，無不是根據人們實踐經驗提煉而成的。而個人所撰，僅僅是繼承與記述前人世代積累下來的經驗罷了。此首《拳法五要訣》若能與清代王征南《五字心訣》「敬、緊、徑、勁、切」一併研究，或許會有助於人們加深對古代內家拳法的一些理解。

太極拳法八正訣（七言八句）

練拳先心後及身，心正頭正身軀正。
拳正德純武藝眞，眼正意正勁亦正。
勤恆禮誠記在心，平心靜氣去制勝。
招正式圓步相隨，磨練嫻熟功必成。

註：八正，指心正、意正、眼正、頭正、身正、拳正、招正、勁正。

從學須知歌（七言八句）

學拳必先知三條：第一有恆、崇武德；
第二勤學、明拳理；第三強身、莫逞能。
如果三條能做到，日後藝精德亦高；
倘若三條做不到，那就只能學皮毛！

註：這首《從學須知歌》記述的是前輩拳家開始授徒時上第一課時的教誨：不崇武德、不明拳理、缺乏恆心、不願勤學苦練或愛亂逞能的人，都不可能在拳藝上有精深的造詣，到頭來至多是學到點皮毛而已！

練爲上歌（七言八句）

尊師愛友講團結，武德高尚藝始高。
德智體與眞善美，拳學之中豈可少？
武藝貴精不貴多，須把戰術胸中藏。
若說習拳有竅門，心傳口授練爲上。

註：「練爲上」的上字，原本是專指上賽場的「上」。後來有的人把它引申爲「上策」「上乘」或「頭等重要」，也有泛指上進或進步的意思。本文中三者皆可通，不必執一。

據傳，有位著名的太極拳家臨終時，後輩詢問：「還有什麼太極拳秘訣要傳給大家？」答曰：「練！練！練！」拳藝以練爲上，這確是個平凡的眞理！

第六章
太極拳推手漫談

略論推手競賽

我國開展推手競賽活動，從 1982 年開始至今已經諸多年頭了。隨著競賽的開展，經驗不斷積累，教練水準不斷提高，技術、戰術水準大有改進，裁判水準也有所提高。透過逐年的訓練和比賽實踐，《太極推手暫行競賽規則》經專家們多次修訂，也逐漸趨向完善。所有這些，無疑是許多同志傾注心血和用汗水灌溉所收穫的成果，是可喜可賀的大好事！

不過，我們既要看到成績的一面，也要看到不足的一面。惟有如此，才能策勵我們繼續奮進，而不致因頭腦發熱或滿足於現狀而從此停滯不前。

說起不足，其中最大的不足莫過於太極拳推手比賽時，雙方運動員的相互頂抗。這種「頂頂抗抗」，俗稱「頂牛」，彷彿是兩頭牛用蠻力以角相抵，結果往往是牛力大者勝。所以用「頂牛」一詞來形容太極推手比賽中出現的頂抗，恐怕是再確切不過了。頂抗是太極拳推手的大忌，術語上稱為「雙重之病」。王宗岳《太極拳論》說：「偏沉則隨，雙重則滯。每見數年純功，不能運化者，率皆自為人制，雙重之病未悟耳！」

推手比賽中經常出現的硬頂硬抗、企圖以蠻力拙勁取勝

的「雙重之病」，不僅嚴重地違反了太極拳推手的根本要求，失去了太極拳推手技藝的特色，而且也會使誤傷事故不斷發生。

在有的省、市級選拔比賽中，雙方頭部相撞或一方肘關節被逼成輕度脫臼等事故，都曾發生過。這類情況，使某些內行的觀眾大失所望。有的同志說：「太極拳推手素以柔中寓剛，借力發人見長，如今恰好是缺少這種綿裡藏針、以柔克剛、四兩撥千斤的韻味。這簡直不像太極拳推手，當然，也不像武術散手、摔跤、拳擊等體育項目，成了個『四不像』，因此，令人興味索然！」

類似的評論甚多，雖然語言尖刻些，要求稍高些，但問題畢竟是存在的，評價也還是比較客觀的。

在推手比賽中，「頂抗」現象很普遍，而實際應用的推手著法又很單調，這都反映出推手運動員的技藝不夠成熟。技藝的不成熟，多半是由於訓練方法不對頭，或訓練程度較差所致；有的則是兩者兼而有之。特別是對太極拳推手基本功的練習，如聽勁、借力等等重視不夠。

此外，諸如著法單練（以求得極其熟練為準）、腰腿功夫（以能隨遇而安，強似不倒翁為準）、「復盤」研究（以弄清每次比賽勝敗原因、找出經驗教訓為準）、戰術訓練（以理論與實踐相結合為準）以及心理意志訓練（以冷靜、沉著，並能以頑強的意志去奪取勝利為準），所有這一系列的基本訓練，都是必不可少的。

而今有些練習者，甚至還不明白「頂抗」為何物，認為反正根據現行競賽規則所允許的範圍，在不犯規的情況下，把對方推出或逼出圈子就是了。

太極拳名家楊澄甫先生曾經說過：「軟太極法，方是真

太極用法。」（見楊澄甫著《太極拳使用法》一書中的「雜說」，下同）但有的人卻不以為然，認為：「比賽嘛，就是『比規則』，硬而能得分的，豈不勝過『軟』而失分者？」正是基於這個觀點的不斷擴散，於是信奉「力大為王」的人就日趨增多了。從中也反映出現行的《推手競賽規則》還存在著一些問題，因為從某種意義上說，「比賽就是比規則」這句話是不無道理的。

楊澄甫先生曾說過：「不要懼牛力，巧內功不能勝大力者，何必練拳？！」他又說：「千斤落空，無所用矣！」說明對付「牛力」，主要靠勤苦練出「巧內功」，並運用「四兩撥千斤」的方法去獲取勝利。

現在我們客觀地分析一下當前推手訓練和比賽情況，就不難明白：如今能踏踏實實地按照「沾黏連隨」的推手訓練要點，真正練出「巧內功」的推手運動員，實在太少了；而企圖運用「牛力」取勝的人，卻不在少數。或許這與推手訓練方面所存在的一系列具體問題有關，如教練師資問題、裁判水準問題、運動員選材問題、組隊問題、訓練經費問題、訓練方法和業餘訓練時間問題等等。

在這一系列問題未得到全面的妥善解決之前，勢必會產生訓練方法和方式不對，訓練時間不足，推手選手臨時「拉夫」、倉促應戰，以致質量馬虎，甚或徒具推手外形，全靠「硬拼」來僥倖取勝等不正常的情況。

若再追根究底地從推手技術角度上考察分析，也不難看出：要想練出「巧內功」，不僅要求方法對頭，而且遠比練出「硬推硬逼」的「牛力」更費時間。而在目前具有「巧內功」的選手尚缺的情況下，蠻力大者自然而然地占了上風，於是，「力大為王」也就暫時被誤認為是推手訓練的「捷

徑」和成功的「秘訣」了。

其實，上述問題雖然是在賽場上反映出來的，而其根子卻在於基層推手訓練的不足。若是有關領導部門光抓全國或省、市的推手競賽，而不去過問基層推手訓練問題是否有了新的突破，那麼，恐怕就不免「年年競賽，歲歲頂抗」，形成「雙重之病永不悟」的僵局了。

此外，如前所述，頂抗問題的存在，與現行推手競賽規則對它所採取的抑揚態度也有著密切關連，例如：當雙方一旦發生較明顯的相互頂抗現象時，場上主裁判是立即制止、還是聽憑蠻力大者把蠻力小者逼出或推出取勝？在硬抗的情況下取勝，是宣判無效、還是準予得分？

筆者認為：發生第一種情況時，應由裁判立即把雙方分開，分開後重新就地接手，繼續比賽（不必經過搭手劃兩圈等手續）。發生第二種情況，往往是因裁判員來不及把雙方分開，而一方已被頂抗出圈了，這時仍應宣布無效，並在邊線內就地接手，繼續比賽。這樣做是為促使大家不走「力大為王」之路。同時，也是間接地鼓勵大家逐漸去掌握太極拳推手「四兩撥千斤」的技巧。

太極拳推手勁力論

清代王宗岳《太極拳論》說：「斯技旁門甚多，雖勢有區別，概不外乎壯欺弱、慢讓快耳！有力打無力，手慢讓手快，是皆先天自然之能，非關學力而有為也。察『四兩撥千斤』之句，顯非力勝；觀耄耋能御眾之形，快何能為?!」又說：「每見數年純功，不能運化者，率皆自為人制，雙重之病未悟耳！」上引「先天自然之能」是指常人所有的力量和

速度。分析「顯非力勝」一語，則可以肯定：既然不主張以強力勝人，那無疑地是以智巧取人了。至於「快何能為」句，則是相對地強調「快了不如巧了」。因而太極拳推手運動是歷來講究聽勁、問勁、答勁、懂勁，遵循沾、黏、連、隨之規矩，不犯頂、抗、匾、丟、拖、拉等雙重之弊病的。

上述這些主張，決不是無端地一概否定「力」和「快」的重要性，而僅僅是否定缺少實效的拙勁呆力，以及否定盲目的快。其關鍵則在於如何運化問題。

太極拳推手強調快慢相宜。《太極拳論》說：「動急則急應，動緩則緩隨。」顯然，太極拳並不是不要快，而是要求做到快慢都能得其宜，即隨彼之動而動，彼快己快，彼慢己慢。其目的乃是在相隨相應之中，確切感知對方勁的變化，作出準確、及時的反應。這也就是我們所常說的「隨機應變」了。反之，如不顧實際情況，盲目求快，或快來慢應，那都會導致失敗。在太極拳術語中，這類快慢不能隨人的現象叫做「自作主張」。凡不能「捨己從人」、快慢不合時宜的，均屬於「雙重之病未悟」，亦即所謂「不能運化者」也！

力量似可分為「先天自然之能」的「本力」，以及經過太極拳訓練的運化之力。本力，即固有的力；運化之力，即「太極內勁」。人們往往誤將本力等同拙勁、呆力來加以理解，愚以為這樣未免過於籠統。

例如：經常從事體育活動的青少年，不少人的本力較大，但拙勁呆力較少，他們學練太極拳推手後，經過化僵去滯的階段，很快就能練出內勁。相反，一些從事簡單的重體力勞動的人，由於日常勞動中以直力為主，日久形成動力定型，儘管本力很大，但在學習太極拳推手時，就顯得巧勁少

而呆、直力多，與太極拳以劃圓圈、走弧線為主的動力定型格格不入，其運化所需的過程，自然也要長得多了。

另一種情況是，體弱多病的人本力較小，經過太極拳推手訓練長了內勁，可惜其內勁仍不足以化解和抵禦強力，應了「一力降十會」的拳諺。因為他們雖會推手，卻難以化解大力。當然，這個「會」字應帶上問號，因為還存在體質和體能問題。作為推手運動對手的兩個人若體質差距過大，弱者僅憑技術優勢，亦不一定能取勝。這說明以弱勝強是有條件的。

對有些體格纖弱的人，從有無拙勁呆力上檢驗，似乎不易檢驗出來。他們的雙重之病往往表現在容易被人壓扁打出。究其原因，在上，是因掤勁不足，或易丟失掤勁，違反了太極拳推手「掤勁不丟」的基本要求；在下，則是因腰腿力量不足，底盤不固，腰軸轉動不靈，後腿支撐不力。雖說是由於基本功不過硬和內勁不足所致，但實際上與體質、體能不佳也有著極為密切的關係。

以上說明：「先天不足，後天要補。」一定要在學練推手的同時，積極地透過各種有效的手段，改變自己的體質，增強自己的體能，這樣才能造就既有技巧、又有內勁的推手運動員。實際上，《太極拳論》中「顯非力勝」的「力」字，是指外勁強力，而不是指內勁巧力。

楊澄甫先生在《太極拳使用法》（文光印務館 1931 年版）一書中所說的「巧內功」，那才是指內勁巧力。他告誡學生們說：「不要懂牛力，巧內功不能勝大力者，何必練拳?!千斤落空，無所用矣！」拳諺也有「以巧破千斤」之說，它與「四兩撥千斤」屬同一個意思的兩種說法。而「無力打有力」「小力勝大力」，其實仍是同一意思的第三、四

種說法。儘管看問題的角度和說法都稍有差異，但其「以小勝大」「以弱勝強」的意義卻是一致的。

在太極拳推手傳統術語的應用上，「無力」與「小力」是同義的，如同俗話所說的「勿用啥力氣」或「不費吹灰之力」，但這並不意味著真正的軟弱無力。內勁不露於外形，發勁留有餘地而不主張使盡、使絕，這都是「無力」「小力」等說法的起因。何況，既然「以巧」可「破千斤」和「四兩」可「撥千斤」，那又何必非得耗去千斤的巧力內勁去破對手的千斤呢？

當然，這都是形象化的、帶有誇張意味的說法，對親身參加太極拳推手實踐的人來講，是不難理解的。總之，「無力」不等於沒有內勁實力，更不是不練就有勁；「小力」也不是指內勁很小，而是指耗力較小而已！

「用意不用力」，著重指鬆開全身肌筋骨節，以意識支配動作，相當於一種放鬆訓練。楊澄甫先生在《太極拳說十要》一文中就曾談到：「若不用力而用意，意之所至，氣即至焉！如是氣血流注，日日貫輸，周流全身，無時停滯。久久練習，則得真正內勁。」他還指出，這正是前人所說的「極柔軟，然後極堅剛」。所以，練習太極拳推手必須遵循「以鬆入柔，柔中寓剛，剛復歸柔，剛柔相濟」的勁力鍛鍊方法，而不主張以強力相拼或打消耗戰的。

所謂「意到、氣到、勁自到」，同樣是強調不要把意識傾注到用氣和用力上去，反之，就「在氣則滯」「在力則澀」了。換言之，推手時，何處著人，意識使到何處，而氣與勁自然會隨之到達的，這樣才能使意、氣、勁三者合一。相反，如果把意識貫注在用氣上，那就易使呼吸緊張，內氣上浮；如果把意識傾注到用力上，那也會使肌筋骨節緊張，

而把應該透發出去的勁力都阻滯在緊張的關節和肌肉之中了。由此說來，「用意不用力」的術語，和常人所理解的不用力是不盡相同的。

最後，提醒一句：學習太極拳推手一定要練出內勁巧力，否則就談不上有「巧內功」；但這是一種「活力」，而不是「死力」。什麼是「死力」？簡言之，凡力大而轉不了彎的，就是「死力」。

武術散手、推手溯源與釋名

一

中華武術，源遠流長，歷史悠久。武術，古稱「武藝」，素有「十八般武藝」之說。1947 年版《辭海》說：「我國近稱國內原有之武藝曰『國術』，亦稱『國技』，所以別於外來之武術而言。其研究技擊之機關有國術館。」解放後，武藝始又統稱「武術」。我國東南沿海一帶民間，俗稱武術技藝為「功夫」。因之，「功夫」也就成了武術的別名。現在世界各國也往往稱中國武術為「功夫」。近幾年國外新版的英、法、德、日文辭典，都相繼收入了這個「外來語詞」──「Kungfu」（功夫）。

「十八般武藝」原是形容武藝的全面，並非今天有的書刊所說的「即十八種武器」。古籍中為「十八般」填充的十八種名目，那也只是古人根據當時或前代民間流行的十七種古兵器加上拳法湊成的，而且是眾說紛紜的。

其實，古兵器何止十七種？但有一點是一致的，即：「十八般武藝」中包括拳和械。後世的「拳」，包含了散手

和套路。明代戚繼光《拳經捷要篇》說：「其拳也，為武藝之源。」而散手技擊無疑是拳術的精髓所在，亦為拳術套路生命之源泉。元、明時期，稱「十八般武藝」中的「拳」為「白打」。白打即散手的異名。明代以後，拳術套路迅猛發展，尤以晚清至今一百多年來繁衍的數量最為可觀。但拳術套路與散手依然是相互依存和互為因果的，這也就是前輩武術家所常說的體用關係了。

從我國漫長的歷史上考察，散手競技的產生與發展的歷史，比拳術套路產生的歷史要早得多。今之武術史家，一般認為拳術套路始自隋唐時期。這僅僅是一種推理，因為如今，已無明代之前的古拳譜等文物可供考證。

我個人研究認為，早在兩千年以前，已有西漢劉安《淮南子》所記的「六禽戲」等導引套路；六禽戲取材於西漢《導引圖》，而馬王堆西漢帛畫《導引圖》自 1973 年冬出土以來，經筆者反覆考證研究，斷定其全圖 44 式，乃是根據古老的《十一脈經》，按每脈四式編套的導引套路，似可稱之為「導引四段功」，計 11 套；稍晚的東漢華佗創編了「五禽戲」，這一著名的導引套路，實際上是以《淮南子》六禽戲為基礎改編而成的。以上三者是一脈相承的。這是經過個人多年考據獲得的結論。導引是一種養生醫療藝術，屬醫療體育範圍。拳術是一種搏鬥藝術，在古代屬於「兵技巧」範圍，即相當於今之國防軍事體育。

這兩者雖各有淵源及其發展道路，但它們之間往往又是相互借鑒和吸取另一方之理法、養分來充實自己的。由此推想，既然在西漢初期已有簡單的導引套路，那麼，在當時也可能已有古拙簡樸的、連綴幾式而成的拳術套路了。這一推論，惟有留待今後考古文物和史料的新發現來驗證了。

沈壽太極拳文集

拳術，古稱「拳法」或「拳」。源出先秦古籍上所說的「拳勇」。如《詩經・小雅・巧言》：「無拳無勇。」《國語・齊語》：「桓公問曰：於子之鄉，有拳勇股肱之力、秀出於眾者？」說明拳法本身已包含了勇和力，實即拳勇之法，或者說是徒手搏鬥之術。所以在我國自先秦時期迄至中古時期，也稱拳術散手為「手搏」「相搏」或「相撲」，後來又稱「白打」「短打」。其名目雖有區別，範圍也有廣狹之分，但實際內容卻是大同小異的。這一系列流行於不同歷史時期的名詞中，搏、撲、打三個字都應訓解為「擊」。

　　《爾雅・釋訓》有「徒搏」一詞，《孔叢子・問答》有「手搏」一詞，但都是指人與野獸的徒手搏鬥。《穀梁傳》多次應用「搏」「相搏」等詞，那才是指兩人的徒手搏擊。晉代杜預等人註：「搏，手搏也。」東漢時班固《漢書・藝文志》更記有《手搏》六篇的書目，且被列為「兵書」類的「兵技巧家」。以上足以說明，拳術是從人獸及人們的徒手搏鬥發展而來的，而《手搏》六篇正是總結此前手搏理論和實踐經驗的一種專著。這也證明我國拳術自古以來就兼具體育、藝術和國防價值的；它的多種功用，在後世也是因人因時而有所側重的。

　　「相撲」一詞，較早見於《北史》與《晉書》，實際上是「相搏」的異寫罷了。搏、撲二字古音相通，都是「擊」的意思。如《字林》說：「手相搏曰『撲』。」作為體育競技戲樂項目的名稱，「相撲」多見於宋代古籍。而今人觀看了日本的「大相撲」表演，往往認為這就是我國古代相撲的活標本。事實上這是傳入日本後，經過他們累代改革演變的一個武術分支流派，即使在日本也不是主流派，它是無法表達我國古代相撲之全貌的。

有人望文生義地認為，相撲就是摔跤。這是因為撲字的今義一般不再作「擊」解的緣故，往往把相撲理解為「相互撲在一起」的意思了。試考今之吳越方言仍沿稱打架為「打相打」，這一古稱才是相撲的本義。若說有所區別，僅僅是體育競技在本質上有別於打架而已。若就其形式來說，也就包括踢、打、摔、拿、跌等法在內了。一言以蔽之，相撲也就是今稱武術散手，而不是限於「上摔、下絆跤」的摔跤。而摔跤則是廣義的武術中的一個專項，如同今天的射箭一樣，是拳術的兄弟項目。

再有《漢書》中的「角抵」一詞，是被清代史學家王先謙注解為「貫跤」的。貫跤，即摔跤，也稱「摔角」。其實角抵不是摔角。「摔角」是在「角」字上面突出了一個「摔」字，也即以摔法為主的角鬥。角抵起於戰國時期，是一種以校武藝用以相誇示的戲樂。

它的內容可廣可狹，但不外乎是包括「手搏」在內的對抗性體育競技表演。它從秦二世時起始名「轂抵」，漢時作「角抵」「角氐」（角氐，見《漢書·張騫傳》）。《五代史·義兒存賢傳》作「角觝」，唐代古籍多以此為名。《漢書·武帝紀》：「元封三年（按：即公元前 108 年）春，作角抵戲，三百里內皆來觀。」東漢時應劭註：「角者，角技也；抵者，抵觸也。」文穎註：「兩兩相當，角力、角技藝、射御，蓋雜技樂也。」

以上說明這是個多項目的演武競技，但以「兩兩相當」的較藝為主。清人王先謙補注說是「貫跤」，則謬矣！後世的角抵戲雖有所演變，但仍離不開這個範圍。

關於「角力」一詞，有三種解釋。

1. 以武力較勝負，如《漢書·隗囂傳》：「未能觀兵成

都，與子陽角力。」《三國志‧華歆傳》：「今當角力中原，以定強弱。」

2. 校力之戲或比試勇力的各種徒手競技項目，自然也包括手搏在內，如《禮記‧月令》：「孟冬之月，……天子乃命將帥講武，習射御角力。」但有的學者認為，此處「射御角力」句，仍是射御較勝負之義。筆者以為此句似應標點為「習射、御、角力」，即操練射箭、駕戰車和比試拳勇股肱之力。

3. 專指摔跤的一種，但這恐怕是後來才產生的新義了。

換言之，原來「角力」一詞是包括拳術散手和摔跤等在內的，但一般不是專指一項；而且，在元代以前的古籍中，角力是以「手搏」為主要內容的。這些都要根據古書的文義來進行辨析。

以上所述各種名目，都與今天的武術散手有著直系或旁系的親緣關係。然而「散手」一詞的出現也是相當早的了。《居延漢簡》就有「相錯畜，相散手」一語。陳邦懷《居延漢簡偶談》說：「相錯畜，言二人之交錯相聚畜，其意即搏也；相散手，言由搏手而散手，或張或弛，乃兵家之技巧也。」（見《考古》1963年第十期）詮其大意，實即犬牙交錯的徒手搏擊。這說明漢簡中的「相散手」，也就是相搏、手搏的同義語了。今天的散手已被列為武術項目中拳術運動的一個專項，它與古代散手無疑是一脈相承的。

二

太極拳據傳創於明末，已有三百多年的歷史。從較早的陳式太極拳架式考察，它極可能是從明代戚繼光《拳經》三十二式長拳演化發展而來的；而在理論上則是陸續汲取了古

代內家拳等拳論著作，借以充實和形成自己的獨特風格的。「推手」一詞，是楊式太極拳假借「岳氏雙推手」之名而擬定的。在此之前，河南溫縣陳式太極拳稱之為「擖手」，近人陳子明（？～1951）《陳氏世傳太極拳術》一書（1932年上海版）中曾稱之為「擠手」。現在一般統稱為「太極拳推手」。而清代乾隆年間（1736～1795），山西王宗岳則稱之為「打手」，並著有《打手歌》一首：

> 掤捋擠按須認真，上下相隨人難進。
> 任他巨力來打我，牽動四兩撥千斤。
> 引進落空合即出，沾連黏隨不丟頂。

　　這首七言六句歌訣原載於王宗岳《太極拳譜》，如今早已被後人尊奉為太極拳推手的經典著作之一，成為太極拳推手、散手的指導原則了。有的武術史家認為：「這首拳訣不是王宗岳所作」，但論據似不夠充分。

　　「打手」一詞在古代是多義的。如《明史·兵志》：「其不隸軍籍，所在多有，而嵩及盧氏、靈寶、永定（筆者按：嵩，嵩山一帶，餘三縣皆在河南西北部。永定，即今洛寧）並多礦兵，曰『角腦』，又曰『打手』。」角腦，就是「角力或角抵的頭腦」。角力與角抵都已在前文敘及，現在再引證一下宋人筆記文中的解釋。

　　宋代吳自牧《夢粱錄》說：「角觗者，相撲之異名也，又謂之爭交。」宋代耐得翁撰《都城紀勝》也說：「相撲爭交，謂之角觗之戲。」所謂「爭交」，即爭鬥與較量的意思。交，交手、校力。那也是包括踢、打、摔、拿、跌在內的爭交。說明「角腦」實即相搏高手的意思。打手，打，擊

也，與搏、撲義同，那就是「拳手」的意思了。所有這些證明，這裡的「角腦」與拳手基本上是一個意思的兩種稱呼。

明末清初散文家魏禧（1624～1681）所撰《兵跡》說：「四方行教者，技藝悉精，並諳殺法，名曰『打手』。」那也是「拳手」的意思。據顧留馨等同好考定為太極拳創始人的陳王廷（《陳氏家譜》作「陳王庭」；族譜、墓碑作「王廷」），《家譜》中也旁注有「陳氏拳手」等字樣。魏禧，即魏冰叔，與陳王廷是同時代人，而略早於山西王宗岳。由此觀之《打手歌》似也可作「拳手歌」解。

另一義是，手與拳通義。今人多把走架稱為打拳。古代「打拳」一詞所指以散手較藝為主，如戚繼光《拳經捷要篇》篇末說：「余在舟山公署，得參戎劉草堂打拳。」「打手」亦可解作「打拳」或「散手」。而且，推手原本也是屬於散手範圍的。清代太極拳家李亦畬輯有《打手要言》，其「打手」二字即取自王宗岳《打手歌》。故現在大家都公認王宗岳《打手歌》即《推手歌》。

三百餘年來，太極拳推手理論和方法日益繁富，並達到老少咸宜的地步，這是歷代太極拳家和廣大太極拳愛好者在繼承前人實踐經驗的基礎上，不斷地創新發展所獲得的豐碩的結果，而顯然不是個別人的功績了。

三

綜上所述，自先秦到清末，拳勇、手搏、相搏、相散手、角抵（觳抵、角氐、角觝）、相撲、散手、打拳、打手、短打等等名目，實際上都是我國古代拳術從用於實戰到體現實戰的本色，是搏鬥技藝的根基所在。它們在不同的歷史時期，雖存在名稱異同和內容廣狹之別，但其基本內容，

卻是一脈相傳的。

由於我國拳術具有數千年的發展歷史，其分支流派之浩繁自不待說，然而綜觀其基本內容，仍不外乎散手和套路兩大組成部分。從整個武術來說，也就是拳諺所說：「功為基礎，拳為中心，打為應用，械為發展。」但器械部分，在理論原則上也是以散打與套路組合而成的，僅僅是器械散打已不太流行而已。

若與國際擊劍運動對照起來觀察，也可說中國武術的器械散打萎縮已久了；或者說已被器械對練套路所包攬了。

有的同好傾向於維持現狀，把拳械套路看成是武術發展的「最高形式」，並認為「如果把技擊提高到一個至高無上的地位，那將妨礙和限制武術運動的發展」。而本人認為：經過提煉昇華的拳械套路，與散手應該是相輔相成的「兩條腿」，是缺一不可的。即使把套路說成是最高形式，但如長期缺少體現實戰形式的散手技擊的基礎，也會使「最高形式」因缺乏根幹的支撐而阻礙其「百尺竿頭更進一步」。

武術以技擊性為第一義，一旦離開了技擊性，也就結束了武術的生命。這一點對武術套路來說也不例外。但這並不排斥武術的藝術性、文娛性、體育性……總之，發展到今天，中華武術早已成為一門綜合性的體育藝術；然而就其核心內容而言，依然是離不開「技擊」二字的。

關於地位的高低問題，這就像兩條腿的高低一樣，自以相當為好。就體用關係來說，套路與基本功都是基礎，是「體」；散手競技則是體現應用的，是「用」。就源流關係來說，散手無疑是套路的源泉。它可以促使和團結各個不同拳派，都在同一規則下來參加對抗性競技和交流。而套路猶如百川，亦如繁花。源泉不絕則川流長，根深葉茂則花盛

開。所以，若為中華武術發展前途計，以及從推向世界的廣闊角度來看問題，這「兩條腿走路」的方針無疑是十分正確的。

新中國成立以來，我們以長拳、南拳、太極拳為武術發展的重點項目，在武術套路方面有了長足的進步，其成就是巨大而喜人的。但在武術散手對抗競賽方面，卻放棄和讓位於日本與東南亞各國，這不能不說是一大缺陷。經過近幾年的重新籌劃和試點，終於在 1982 年舉行了首次全國武術對抗項目表演賽。南拳北腿、各顯神通。博得了廣大觀眾的熱烈掌聲。這一實踐證明，這種體現中華武術所固有的拳術實戰性本色的重放光彩，是深受廣大人民群眾歡迎的。

這種旨在振興中華武術，經過審慎嚴謹的改革，初步產生了新穎的武術散手競賽。儘管目前仍處於實驗階段，還有許多細節問題有待進一步解決和克服，但已顯示了前途無量的發展方向。

哪些人不宜參加推手運動

一般地說，太極拳推手運動是老少咸宜的。老年愛劃圈，少年好競技，開展太極拳推手活動可以各得其所。可是，也有一些人是不宜參加這一項運動的。例如：患有傷風感冒、紅眼病（結膜炎）、肺結核、病毒性肝炎、傳染性皮膚病等患者，在疾病痊癒之前，暫時是不宜與人推手的，否則不僅會因推手勞累而加重自己的病情，而且會因推手時透過肢體的接觸和呼吸的途徑，把病傳染給對方，進而使這種傳染病在更大的範圍內傳播擴散。這顯然是有悖於武術和公共衛生道德的。將疾病傳染給別人，這是高尚的拳友所絕不

願做的。有人或出於一時疏忽，並不自覺。對此雖可原諒，卻不可姑息、遷就。

其次是高血壓、心臟病和有癲癇病史等患者，一般在緩解期內可以做一些保健性推手練習，但不必去追求技擊，更不宜參加正式推手競賽。孕婦最好暫不參加推手運動，以免因勞累等原因導致腹痛、陰道流血，甚至引起流產。其他各種慢性病患者，凡在急性發作期中，都不宜參加推手運動，以免因疲勞而加重病情。

再次是大饑、大飽、大恐、大怒、過度疲乏或酒後，都不宜與人推手，否則不但對健康不利，而且會因動作的自控能力明顯降低、肢體各部的協調性差，導致發生失控誤傷等意外事故。這是不可不加以預防的。

太極拳推手的意志心理訓練漫談

武術競技訓練，應當包括身體素質、技術、戰術和意志心理等訓練內容，太極拳推手競技訓練也不例外。但在民間所見，卻往往偏重於著法訓練，而忽視其他。這樣競賽時就可能遇到臨場和競賽過程中的心理障礙，俗稱「慌場」或「臨陣忘兵法」。

然而不只新手要克服心理障礙，即使是老手，也要時刻警惕自己意志心理方面的波動和失調。當然，新手最易發生「上場慌」，一慌，技術、戰術就難以充分發揮。這時，常會變成一味拼力氣，從根本上忘掉了太極拳推手的沾、黏、連、隨等基本要求，而剩下的就只有頂、抗、匾、丟了。那又怎能不導致失敗呢?!

再如，有的人處逆境能沉著應戰，一旦進入順境後，反

而惴惴不安，怕別人追上來反敗為勝。結果在心理上求穩怕輸，隨之也就會影響到技、戰術水準的發揮；甚至從此時開始，在風格上「由虎變貓」其後果就有可能「由怕輸變為真輸」了。還有一種「贏得起，輸不起」的人，贏時趾高氣揚，一切很順手；一旦輸了一二分，就張惶失措，甚至輕易棄權認輸了。這種人怕打惡仗，意志也顯得不夠堅強。

此外，心理上的各種應變能力也極為重要。我們常常聽到有個別人抱怨裁判誤判或判得不公正，有的人就因此在競賽時憋了一肚子氣，而不是透過正常的途徑去解決這類問題。事實上，誤判或判得不夠公正等現象都是有可能發生的，自己原本在思想上就應當有所準備，所謂「有備無患」是也！這樣一旦發生類似現象時，對自己的精神思想上就不會產生嚴重的干擾。

而有的人卻往往因此賭氣發狠，胡亂比賽終場；個別人還因此任意棄權退出比賽。這樣就顯得胸襟不寬和心理失控了。類似情況也會發生在觀眾干擾之時，那就更反映出精神高度集中能力的不夠了。

拳諺說：「沉著為拳藝之本。」而沉著也確實是一種意志力的表現。人們一般把「勝不驕、敗不餒」「打不爛、拖不垮；咬得住、拿得下」等等頑強拼搏的精神歸結為拳風，認為這是傳統武術的優良作風。但這種拳風只有由意志心理訓練，有意識地進行培養，方能在競技中經得住考驗。

或許有人認為，「意志心理訓練」不是我國傳統武術所固有的，而是現代體育中的新概念，是來自歐美的「舶來品」。其實不然，我國武術素來強調培養精神意志和膽略氣魄，明代戚繼光說：「臨陣若無膽向前，空自眼明手便。」拳諺說：「心力不堅，則無勁健。」而《少林拳術秘訣》一

書則認為：拳術「以氣功為始終之則，神功為造詣之精，究其極致所歸，終以……超脫於生死恐怖之域，而後大敵當前，槍戟在後，心不為之動搖，其氣始可以壯往。」說明武術氣功，也是意志心理訓練的一種主要手段。

從這裡也可看出，我國傳統武術中，有關意志心理訓練的內容是十分豐富的。如先師童崇武老人所留傳的「內家八樁」，就是充滿了意志心理訓練的內容的。

太極拳在走架時採取「慢中求功」的方法，本身就包含了意志心理訓練、身心放鬆訓練，以及意識、呼吸、勁力（即意、氣、勁）三者結合為一的訓練。不過，是否有意識地去從事這種訓練？是否自覺地把這種訓練與推手訓練結合起來？這是決定有無訓練效果的關鍵所在。

有些人，既不重視遵守必要的紀律，又不肯自覺培養自己的頑強意志和沉著、穩定的心理素質，表現出一種自由散漫，或任性、急躁、懶散等等不良作風，而使人感到修養太差，拳風不正，以及意志力薄弱。所有這些，正是推手競技運動員所要力戒的「致命」的弱點了。這類心理素質方面的缺陷，也只有透過嚴格的、有紀律的集訓，才有可能得到克服和矯治的。反之，如果聽其自流，日後就難免會積習難返了。

太極拳推手與《孫子兵法》

我國春秋末期的軍事學家孫武所著《孫子兵法》（簡稱《孫子》），是我國現存最早的兵書之一，也是世界上最古老的一部兵書。《孫子》不但具有豐富的古代軍事戰略思想，而且具有樸素的唯物觀點和辯證法思想。正因為如此，

《孫子》一書在我國和世界的軍事學術史與哲學思想史方面，都占有極為重要的地位；而其對古今拳學的深刻影響及其指導意義，也是顯而易見的。

拳諺說：「拳、兵同源。」早在漢代，手搏就被列為「兵技巧」的重要內容之一。後世拳術競技在戰略、戰術等方面的基本原則，因其與兵法有相通之處，所以，通常是有選擇地從中借鑒和吸取其精華的。已故的著名武術家溫敬銘教授（1905～1985）生前常說：「古來習拳知兵法，不知兵法莫對手。」這話是有一定道理的。

筆者特結合平素在太極拳推手方面的鍛鍊實踐，來論證《孫子》的軍事哲學思想對太極拳推手的指導意義，以供太極拳推手運動員、教練員、裁判員以及廣大的推手愛好者參考。

一、「知彼知己，百戰不殆」

這句話出於《孫子‧謀攻篇》：「知彼知己，百戰不殆；不知彼而知己，一勝一負；不知彼不知己，每戰必殆。」知，了解。殆，危險。後世成語有作「知己知彼，百戰百勝」，雖亦典出於此，但以「不殆」較為實際，而「百勝」則未免帶有誇張的成分。

戰爭中敵我雙方是最基本的一對矛盾，只有深刻地了解敵我雙方的情況，才能避免犯片面性的毛病。

在太極拳的古典理論著作中，也不乏引述或發揮孫武的這一名言的，如清代王宗岳所著的《太極拳論》說：「人不知我，我獨知人。英雄所向無敵，蓋皆由此而及也！」很明顯，這話實是以上述孫武名言為依據而加以引申和發揮的。

再如，清代李亦畬《走架打手行工要言》寫道：「欲要

引進落空、四兩撥千斤，先要知己知彼；欲要知己知彼，先要捨己從人……」又說：「平日走架是知己功夫，一動勢先問自己：周身合上數項不合？少（稍）有不合，即速改換，走架所以要慢不要快，打手是知人功夫，動靜固是知人，仍是問己。自己安排得好，人一挨我，我不動彼絲毫，趁勢而入，接定彼勁，彼自跌出。如自己有不得力處，便是雙重未化，要於陰陽開合中求之。所謂『知己知彼，百戰百勝』也！」文中「打手」，即今稱之推手。

李亦畬根據《孫子》「知彼知己，百戰不殆」的名言，結合太極拳走架和推手實踐，提出「平日走架是知己功夫」和「打手是知人功夫」，並作了具體的解釋。

據太極拳體用之說，太極拳以走架為「體」，練體，也即練知己功夫；太極拳以推手、散手為「用」，練用，便是練知人功夫。但這兩者是密切關連的，是互為因果、相互促進和相輔相成的。太極拳家孫劍雲說：「練『體』就包括著『用』，練『用』也離不開『體』。……但單人練習，不易找到『用』的妙處。」換言之，走架中雖然包含了足以供應用的各種著法，但如只練走架，仍是難以掌握著法的使用規律，更談不上「懂勁」和「階及神明」了。

從這個意義上說，只練走架，不但無法「知人」，而且其知己功夫也是有限的；相對地，推手雖是知人功夫，卻也包含著知己功夫，這正如李亦畬所說的「動靜固是知人，仍是問己」。不過，太極拳是以走架為基礎功夫的，基礎紮得不牢實，應用於推手、散手時，也不免會頭重腳輕、頂頂抗抗和僵滯不化的。

總而言之，要達到知己知彼，那就必須把走架和推手這兩種功夫結合為用，做到體用兼修，如此勤學苦練，日久才

能「由著熟而漸悟懂勁，由懂勁而階及神明」。

　　還必須說明一點，走架與推手乃是太極拳的兩個組成部分，是對立的統一體。初學的人往往在走架時忘了存想「無人人打影」（也叫「無人若有人」）的知人功夫；在推手時卻又撇開了走架中的知己功夫，甚至連基本用法都來自太極拳架以外的東西，如使用彈擊、撞擊、硬拖、硬拉、硬叉、擘夾、抱摔等等，幾乎成了「四不像」，那就沒法說這些是太極拳的知己和知人的功夫了。《老子》說：「知人者智，自知者明。」看來要練好太極拳的走架和推手，這「明、智」二字也是缺一不可的！

二、「後人發、先人至」

　　「以迂為直，後發先至」，這是太極拳推手的基本特點之一，也是太極拳的戰略思想之一。

　　《孫子‧軍爭篇》說：「凡用兵之法……莫難於軍爭。軍爭之難者，以迂為直，以患為利。故迂其途，而誘之以利，後人發，先人至，此知迂直之計者也。」軍爭，指兩軍透過戰略行軍，爭取先機制敵之利。迂直，原本是指行軍路線的迂遠和近直。所謂「以迂為直」，就是說如何透過迂遠的途徑，去達到近直的目的。

　　而太極拳推手則是借指出手、動步和進身的線路，彷彿一舉一動都在畫太極圖似的，其外形動作都是略呈弧線的；又好像把一連串大小不同、形狀有別的圈圈兒連接起來。這樣在走架或推手時，就會使人產生「如行雲流水，連綿不斷」或「如長江大海，滔滔不絕」的感覺。要點，是不可有直進直出的動作。

　　由於人體關節適宜於做一些圓轉、回環、螺旋、纏繞等

動作，當這些動作運用得法時，其實際速率往往能超過直線運動。特別是在近身的情況下，有時手臂過分伸展，反而會感到靈活性變差，顯得礙手礙腳了。

什麼叫「後人發，先人至」呢？

太極拳訣說：「彼不動，己不動；彼微動，己先動。」這原是清代武禹襄在《〈太極拳論〉解》一文中的話。在太極拳推手中，由於要借人之力，所以必須順人之勢並誘之以利，即誘使對方先發。凡對方不發動進攻，我也不發動，但必須以意領先地隨人運動；一旦感知對方有發勁的徵兆，我在順勢地接定彼勁的條件下敏捷地後發先至，使其自行跌出，這就是所謂「力從人借，機由己發」。換句話說，便是「以彼之勁，擊彼之身」，所以，才能「先人而至」，其最重要的關鍵就在於敏鈍決勝敗了。

王宗岳在《太極拳論》中，要求太極拳手的感知能力和靈敏度達到「一羽不能加，蠅蟲不能落」的程度。這話雖含有誇張的意味，但卻足以說明太極拳推手的技巧和敏銳等要求的確是很高的；這與硬拼硬打是大不相同的。

《荀子·議兵》說：「……後人發，先人至，此用兵之要術也。」而太極拳推手中的「以迂為直，後發先至」，不只是技術問題或戰術思想，而是具有重大的戰略意義的。

三、「攻其無備，出其不意」

《孫子·計篇》說：「兵者，詭道也。故能而示之不能，用而示之不用，近而示之遠，遠而示之近。利而誘之，亂而取之，實而備之，強而避之，怒而撓之，卑而驕之，佚而勞之，親而離之。攻其無備，出其不意。」這「攻其無備，出其不意」，正是這段話的要旨。

毛澤東同志說：「什麼是不意？就是無準備。優勢而無準備，不是真正的優勢，也沒有主動。懂得這一點，劣勢而有準備之軍，常可對敵舉行不意的攻勢，把優勢者打敗。」

　　在太極拳推手過程中，也常常會遇到這類情況的，例如：在技藝水準上雖然略高於對方一籌，但如在競技中忽視了「在戰術上重視敵人」，以及缺乏各種必要的計劃和思想準備，一旦遇到不意的攻勢，就會受敵所制，甚至遭到慘敗。再如，有的推手運動員原本很有的優勢，但僅僅為了一時不適應對方的推法，或者只是不適應對方所僅有的某一個「得意技」，有時也會敗於多方面處於劣勢的新手。不過，這一位劣勢者的勝利，多多少少是帶有僥倖成分的。

　　如何才能做到「攻其無備，出其不意」呢？這就涉及到「用詭道而制勝」的問題。曹操說：「兵無常形，以詭詐為道。」李筌說：「軍不厭詐。」張預則說：「用兵雖本於仁義，然其取勝必在詭詐。」《韓非子・難一》：「戰陣之間，不厭詐偽。」毛澤東同志也說：「錯覺和不意，可以喪失優勢和主動。因而有計劃地造成敵人的錯覺，給以不意的攻擊，是造成優勢和奪取主動的方法，而且是重要的方法。錯覺是什麼呢？『八公山上，草木皆兵』是錯覺之一例。『聲東擊西』，是造成敵人錯覺之一法。……『兵不厭詐』，就是指的這件事情。」

　　或許有人會說：今天的太極拳推手競賽，是一項體育比賽，豈可「以詭詐為道」？

　　其實這是誤解，是把武德與技、戰術混為一談了。今天的拳術原本是一種搏擊藝術，就像足球與棋類的模擬古代戰爭一樣。因此，在太極拳推手競賽中所應用的「誘手」，實是推手技藝的重要組成部分，而且正是為了保證實現「攻其

無備，出其不意」的戰略、戰術思想。在包括太極拳在內的任何拳術競技中，應用諸如「聲東擊西」「上驚下取」等等技、戰術，都是極為普遍的。

例如，明末清初陳王廷《拳經總歌》說：「鈎掤逼攬人人曉，閃驚取巧有誰知？佯輸詐走誰云敗，引誘回冲致勝歸。……聲東擊西要熟識，上籠下提君須記。」《拳經總歌》的結束句為：「教師不識此中理，難將武藝論高低！」這說明太極拳推手如果拋棄了戰略、戰術和技擊意義，那剩下的就只有雙人舞蹈或雙人遊戲了。

誘手的方法，其要旨便是「攻其無備，出其不意」。現舉一例：我用左腕或前臂黏住對方的左腕或左肘輕輕地向前、向上擎起，若對方感到受逼而出現後仰姿勢時，我迅即以右手（掌指朝下，掌心朝前）推按對方的小腹部，把對方發出。這就是上驚下取，或稱之為「上引下取」。引，引出其在上之虛；取，取其在下之實。當人體後仰時，凡其上虛柔有備，則其下多半是呆實無備的；其上越虛，則其下越實，這是必然之理，與生理、心理都有關係。左右亦如是。這在拳法術語上就叫做「引虛擊實」，其方法與「聲東擊西」基本上屬於同一類型。《孫子·虛實篇》說：「出其所不趨，趨其所不意。……攻而必取者，攻其所不守也。」

由於習慣於上體後仰者，其小腹部的防守意識較差，所以，應用上述方法往往能收「攻而必取」之良效。

類似的方法千變萬化，不可窮盡，但都表現在一開一合之中，故陳品三說：「一開一合，拳術盡矣！」而《孫子·軍爭篇》早已談到：「故兵以詐立，以利動，以分合為變者也。」分合，即開合也。當然，兵法所言為兵力之分合，而拳法所言乃是形體與勁力之開合，但其基本原理卻是相通

的。

四、「其疾如風，其徐如林」

　　《孫子‧軍爭篇》在指出「故兵以詐立，以利動，以分合為變者也」之後，緊接著說：「故其疾如風，其徐如林，侵掠如火，不動如山，難知如陰，動如雷震。」三國時諸葛亮《便宜十六策‧治軍第九》說：「故軍以奇計為謀，以絕智為主。能柔能剛，能弱能強，能存能亡。疾如風雨，舒如江海，不動如泰山，難測如陰陽，無窮如地，充實如天，不竭如江河，終始如三光，生死如四時，衰旺如五行，奇正相生，而不可窮。」這不僅與前者在辯證法思想原理上是一致的，而且還有著明顯的繼承和發展的關係。

　　上引《孫子‧軍爭篇》中談到「其疾如風，其徐如林」，這「疾」「徐」是一對矛盾，是相反相成的，是在運動中不斷地轉化的。無「疾」，就無所謂「徐」；無「徐」也就無所謂「疾」。太極拳推手也是如此，既需要「徐」，又需要「疾」。在方法上便是《太極拳論》所說的「動急則急應，動緩則緩隨」。急、疾在此處是同義詞，緩、徐也是同義詞。

　　有人認為，太極拳只要慢不要快，這顯然是對太極拳走架的「慢中求功」的一種誤解。平日走架之所以要慢不要快，這在前文所引李亦畬《走架打手行工要言》一文中已經談到了，這裡不再贅述。而太極拳推手必須遵循「沾、黏、連、隨」這四個要點。如在推手運動中不能捨己從人、隨人而動，以對方的緩急為緩急，那又如何能連、能隨？又如何能沾、能黏？如此，則非犯「頂、抗、匾、丟」等雙重之病不可。這說明「慢中求功」的方法與競技應變的要求，兩者

是不可混為一談的。

太極拳推手與任何拳法競技一樣，在疾、徐上必須合乎隨機應變的要求，以求達到克敵制勝的目的，而絕不是只要個「慢」字就可以打勝仗的。

陳品三《攬手十六目》曾對「得、打、疾、斷」，即其中的第 13～16 目做過如下解釋。

「得：是我得機、得勢。打：是機勢可打，乘機打之。疾：是速之又速，稍涉延遲，即不能打，機貴神速。斷：是決斷，一涉游疑，便失機會，過此不能打矣！」

從上述「疾、斷」二字中不難看出：只要能得機、得勢，便須當機立斷，抓住火候速之又速地打。這「速之又速」，與《孫子》「其疾如風」的說法是一個意思。一言以蔽之，推手發勁就是要「其疾如風」的。如果慢吞吞地發勁，那即使不失時機，也無爆發力可言，就只能是玩玩的了。

此外，有人認為太極拳術語中的「捨己從人」一語屬「泛道德」的說法。其實，這句話原本出於王宗岳《太極拳論》「本是捨己從人，多誤捨近就遠」。作為術語，它僅僅是借用了成語的文字，而賦予了新義。這句術語在太極拳推手中的性質，純屬方法性的，而不是道德性的。所以，單就此一語而言。是談不上什麼泛道德的。

五、「修道而保法，故能為勝敗之政」

《孫子》十分強調修明政治，確保法制。如《孫子·形篇》說：「善用兵者，修道而保法，故能為勝敗之政。」再如《孫子·計篇》所提出的決定戰爭勝負基本因素的「五事」「七計」。其五事是「一曰道，二曰天，三曰地，四曰

將，五曰法。」其「七計」則是從五事中引伸出來的，即「主孰有道？將孰有能？天地孰得？法令孰行？兵眾孰強？士卒孰練？賞罰孰明？」這裡談到了「法」「法令」「賞罰」等都屬法的範圍。

孟軻說：「不以規矩，不能成方圓。」所以，國有國法，兵有兵法，拳有拳法，競賽有競賽法。大法即「大規矩」，小法即「小規矩」。若就太極拳推手競技而言，則國家體委審定的《太極拳推手暫行競賽規則》便是推手競技的大法，是參加推手競賽的運動員們所必須共同遵守的；同時，推手裁判員憑此執法，而推手教練員也必須以此規則作為平素訓練運動員的依據。

老一輩的太極拳家授拳時，大都十分強調遵守規矩；同時，又能辯證地對待規矩中的原則性與靈活性的東西，即所謂「遵規矩而不泥規矩，脫規矩而自中規矩」。又曰：「巧不離乎規矩，實不泥乎規矩。」這是因為事物存在一般規律與特殊規律，所以要能知常知變，正確、妥善地處理原則性和靈活性的問題。可是，有些推手運動員只想到了「脫規矩」和「不泥規矩」，卻忘掉了「遵規矩」和「自中規矩」（即自然地合乎規矩的意思），很容易使推手運動變性。

說到「保法」，那執法人員自然是頭等重要的。愚以為推手裁判員最好是專職的，而不是由一般的武術裁判員兼任。因為太極拳推手在武術對抗性競賽項目中，有其獨特之處。如果某一位武術裁判員根本不會推手，要做到準確地執法，不發生漏判、誤判，無疑是難上加難的。

此外，對規則的條文，也要不斷地作必要的修正，尤其是對於如何確保「貫徹沾連黏隨、以柔克剛和恃巧不恃力的原則」問題，必須廣開言路，深入研討，拿出更具體、更有

力的措施來，並確實做到「三員」（推手運動員、教練員、裁判員）一體遵行。那時的太極拳推手競賽就必定是更精彩、更好看的；反之，如丟了「沾連黏隨」四個字，太極拳推手就名存實亡了，或者說是「變味」啦！

《孫子》十三篇的內容是豐富多彩的，它在宋代就被列為《武經七書》之首，並被後人尊奉為「兵經」。它在公元7世紀傳入日本以後，又被日本學者稱譽為「東方兵學之鼻祖」「兵學聖典」和「世界古代第一兵書」。現在世界上許多國家都有《孫子》的譯本，因此，更受到國際上有關人士的普遍重視。

然而《孫子》畢竟是兩千多年前的作品，它不可能不受到當時的社會歷史條件的局限。但我們如能按照「古為今用」的原則，批判地吸取其精華，借鑑其某些有關的理論，借以指導當前的武術散手和太極拳推手的實踐，無疑會有一定的作用。因此，這是值得我們作進一步深入的探索與研究的。

第七章
太極拳推手歌訣（六首）

太極拳推手八法訣（五言十六句）

八法須認真，四正為根本。
一臂莫單行，上下緊相跟。
掤撐圓而沉，捋抱順且韌。
擠排化在先，按推勁要整。
採拿宜拔根，挒驚務相稱。
肘屈勿輕使，靠崩必貼身。
稱美雖經年，功夫終難深。
不若朝暮練，日久知屈伸。

註：此首拳訣原名《八法訣》，曾載於沈壽著《太極拳推手問答》一書（人民體育出版社 1986 年初版），並分別在有關各題中對這首歌訣作了淺解。本訣對講解八法要點有提示作用，故特選收。

太極拳推手化引拿發訣（七言四句）

化人渾身節節鬆，引宜柔順手莫重；
拿準焦點憑意氣，發賴腰腿主力攻。

註：清代李亦畬著有《撒放密訣》：「擎起彼勁借彼力，引到身前勁始蓄；鬆開我勁勿使屈，放時腰腳認端的。」而本篇實際上也屬「撒放密訣」一類，故可供學者參同研究。

常山蛇陣訣（七言十六句）

常山蛇陣須知曉，襲我頭面用尾掃；
擊我尾部回頭咬，攻我身軀首尾保。
上驚下取後發至，聲東擊西招法妙。
上籠下提須記牢，乍隱乍現人難料。
瞻前顧後戒備嚴，欲上寓下意先到。
忽南忽北擾人心，不偏一隅藝始高。
吞吐莫忘黏和繞，拳不近身是空招。
相搏不諳此中理，十戰九負還算好！

註：這首七言十六句拳訣，是筆者早年結合拳術散手競技實踐而撰寫的，本篇題名及其主題思想，均源於《孫子兵法·九地篇》：「故善用兵者，譬如率然；率然者，常山之蛇也。擊其首則尾至，擊其尾則首至，擊其中則首尾俱至。」拳諺說，「拳、兵同源」；又說，「拳法如兵法」。所以，前輩拳家就曾撰寫過一些與此相類的歌訣，如太極拳家陳品三曾有詩曰：「擊首尾動精神貫，擊尾首動脈絡通。當中一擊首尾動，上下四旁扣如弓。」這首詩與本篇第1~4句的內容是相合的。總之，率兵作戰尚且要做到「相救也如左右手」「齊勇若一」「剛柔皆得」「攜手若使一人」（均見《孫子兵法·九地篇》）；在拳戰中更要切實做到自身的「兩膊相繫」「上下相隨」「內外結合」「長短相救」「首尾互保」「前後呼應」。

這是武術對抗性競技的基本要求。拳諺說：「拳理不明，枉費精神。」由此可見，有些看來很淺近的拳理，卻往往是十分重要的。

當一個人自身的四體百骸能協調一致，做到「神爲主帥，身爲卒兵」，且使所率之「卒兵」能「齊勇若一」之時，才談得上對技、戰術的具體運用。在我國古代，也有許多論述在拳法競技過程中如何應用戰術的歌訣，如明末清初陳王廷的《拳經總歌》中，就有不少句子是強調認真運用戰術去克敵制勝的。其中有「閃驚取巧有誰知，佯輸詐走誰云敗」和「聲東擊西要熟識，上籠下提君須記」等句。這些雖然都是些推手和散手戰術的「老生常談」，但對初次參加武術對抗性項目競賽的選手來說，切不可掉以輕心；尤其在訓練中要培養出善於隨機運用各種戰術的良好的習慣和智謀，而不是「臨陣才翻兵書」。否則徒有「初生之犢不怕虎」的勇氣，而不懂戰術的運用之妙，終究是會以吃敗仗而告終的。

對手要訣（七言四句）

腰是門軸身是門，忽開忽合人難侵。
要識此中機關妙，不犯雙重是正經。

註：對手，泛指太極拳推手、散手等。

太極拳黏走訣（七言四句）

太極拳法原無方，
不犯雙重柔寓剛。

彼來我走虛若谷，
人背我黏實而放。

太極拳九十六法訣（四言二十四句）

1. 掤捋擠按，採挒肘靠。
2. 托架藏撈，分化沾黏。
3. 抹勾拂撥，開合提擔。
4. 摟抱沉壓，纏繞挑剪。
5. 拴推探撲，撩穿插點。
6. 旋轉格勒，墜落挽扳。
7. 遮蓋撂截，籠撐回環。
8. 封閉雲猿，看護搬攔。
9. 撅頂拔拍，扼鎖刮扇。
10. 沖貫撇栽，絞崩劈砍。
11. 搭接引誘，啄觸剁攢。
12. 扔拋攪拐，抖搖挫掮。

　　註：此首原載沈壽《太極拳入門》（書稿）內，係仿《內家九十六法訣》結合太極拳法來撰寫的。

第八章
內家拳法訣（五篇）

小序：《內家拳法訣》（以下簡稱《拳法》）原有武德、精氣、方略、機勢、剛柔、虛實、變通和周旋八篇，係我青年時代所作，均未正式發表過。

筆者自幼酷愛武技，曾遵先祖母之命從師學武。由於秉性所好，少年時進一步涉獵各種劇烈的競技運動，尤喜不計勝負的武術散手競技。年方弱冠，便仿古人以四言歌訣體裁，寫下《拳法》八篇，借以闡發師傳和個人參予武術鍛鍊、實踐的心得體會。

中華武術是中國寶貴的民族文化遺產，也是一門深邃的學問。其品類之浩渺猶如滄海，吾人終其一生，也難盡悉其精義。但基於中華武術一脈相承的淵源關係，故各拳派在理法上無不存在相通之處。

古人曰：「法有萬端，理存於一。」所以，《拳法》雖屬一家之說，倘若其中有愚者之一得，或許仍有其點滴可取的地方；但願能批判地加以吸取。

筆者愛好武術之情趣雖到老不衰，但個中所得，僅屬皮毛，《拳法》自不例外。其中淺陋與謬訛之處，懇望讀者指正。至於已亡佚的《武德》《虛實》和《周旋》三篇，只好容後補撰了。此處姑按現存五篇重編次第，其文字則一仍其舊，以保持習作的歷史原貌。《拳法》一名《內家四字經訣》，其各篇均為四言六十四句。

一、精氣篇

拳家三寶，精氣與神。存亡之機，生命之本。
三寶與人：精乃生人，氣乃養命，神乃為人。
精為氣母，又為神宅。精虛氣虧，精耗神失。
人之所動，氣之所至。精脫雖亡，氣消亦死。
神於人身，位居司命。神為主帥，身為卒兵。
神充身強，神衰體病。神存則生，神去則瞑。
拳家調攝，兼修內外。內之所養，精氣神哉。
呼吸精氣，獨立守神。蓄精養氣，神氣自振。
神舒心靜，衛生之道。積精全神，形體難老。
外之所練，筋骨皮毛。舒筋活絡，無微不到。
內有所養，外自然強。內失所恃，徒具外壯。
拳別上下：用意為上，運氣次之，拼力最戇。
用意在身，取法乎上。意來氣至，氣至勁放。
意莫在氣，在氣必過。亦不在力，在力則澀。
身動氣趨，氣趨血行。血行精壯，精壯神盈。
氣血暢活，延年祛病。捨此遠求，難獲精靈。

二、方略篇

拳雖小技，說理精微，專心一志，始得三昧。
循序漸進，百折不回，拳打一生，方為可貴。
功不在數，貴於勤苦；拳不在多，貴於精熟。
臨陣方略，柔靜為主。知己知彼，趨避有度。
柔能克剛，勁小不輸；靜以禦動，弱不受侮。
搏敵如虎，全神以赴；視虎似犢，不怯不怖。
遇弱不懈，逢強莫驚。身靈步穩，勢背心定。

人順我背，柔化得寧；我順人背，剛發隨行。
柔不離剛，動不離靜。柔不可軟，剛不可硬。
出手成勢，著隨意興。避逆從順，多算必贏。
勢猛休懼，掣肘避鋒；借力還人，其勢更猛。
斜撤誘敵，有機即乘。蓄我後勁，不與力爭。
人去我隨，人駐我擾。相與周旋，以逸待勞。
進取時刻，勿遲莫早。人疲我強，順勁橫掃。
急著前去，補手相承；隱著埋伏，出奇制勝。
繼而決戰，勢如山崩。出手見紅，無敵不勝。

三、機勢篇

拳法制勝，全憑機勢。應敵要訣，知機識勢。
機勢不得，如推泰岱；機勢並得，輕似漂海。
勢在得橫，機乃得實。虛極實生，必有初實。
初實可摧，嫩芽易碎；中實可隨，伺擊惰歸。
極實可破，盈滿必虧。遲疑失機，空留後悔。
有機無勢，終難揚威。任人奪勢，不敗亦危。
以靜待機，靜若處子。以動襲隙，動如靈獅。
能得機勢，又輔以勇。借勇助勢，其勢更洶。
拳兵之勢，不過奇正。始以正合，終以奇勝。
奇正之變，不可勝窮。直出側入，步趨身擁。
側翼搶攻，一臂雙功。敵後出手，手比山重。
激水漂石，其勢險也。非吾勁大，勢之助也。
猛禽毀折，其節短也。非吾力多，勁之聚也。
拳貴神速，勁發宜促。節長勢弱，勁斷形露。
勢如擴弩，節如發機。發似迅雷，掩耳不及。
機勢節勇，呵成一氣。拳打不知，是為真技。

四、剛柔篇

凡百拳術，皆貴乎柔。初學打拳，手軟勿愁。
寧軟莫硬，輕鬆入手。破僵去滯，靈俐身手。
引活勁路，化鬆為柔。致柔既久，意到氣透。
氣能遍體，勁隨氣走。勁過三關，內剛外柔。
剛哉非硬，不離其柔；運柔成剛，剛生於柔。
一味求剛，頂頂抗抗；悉心求柔，始得堅剛。
一意發勁，浮浮漂漂。勁路不暢，力大勁小。
發人不遠，自跌路遙。弄巧成拙，引人失笑。
僵硬之柔，難化難走；不能柔化，怎成好手？
柔也非軟，不癟不丟。柔以克剛，剛以制柔。
柔中寓剛，若棉裹鐵；剛外有柔，如膠似漆。
剛柔轉換，全在用意；克敵制勝，功在用黏。
既習內功，豈可無意？不諳柔化，何來用黏？
功蘊於內，切莫外顯。剛柔內涵，功效立見。
小成三年，大成十年。不得要領，功成終淺！
剛柔相濟，人人稱美。走過天下，信乎吾言！

五、變通篇

拳法陰陽，一弛一張，循環往復，合道之常。
因敵用術，最要變通，不可執一，尤忌雙重。
兵無常勢，水無常形。臨陣拳鬥，宛如水行。
因勢利導，取勝若神；埋塞不化，取敗之根。
自古手搏，原無定法。法即是變，通即是法。
達極必窮，窮則變法；變則自通，通則能達。
古之智將，深明陰陽，嚴正靈活，能弱能強。

孤陰不生，獨陽不長；純柔必削，純剛必亡。
陰中寓陽，柔中寓剛。蓄而後發，弛而後張。
靜中求動，能守善攻；動中處靜，寡可敵眾。
虛實實虛，忽陰忽陽；有緩有急，不柔不剛。
可去可就，且降且升；即退即進，能敗能勝。
細辨虛實，善識向背。奇正相生，攻其無備。
料敵在心，察機在目。隨機應變，皆貴神速。
著隨勁變，敵變吾變；著變手變，神活意先。
神龍隱現，瞬息萬變，克敵制勝，全在一變。

第九章
關於太極拳械散手譜

懷念溫敬銘先生

溫敬銘先生（1905～1985）逝世快八周年了，這是我常常想念的一位良師益友。溫老與我相知甚早，而相交卻甚晚，並且只限於書面上的神交。當時溫老曾多次安排我二人會晤的機會，但都未果。到如今只剩下一堆遺墨，每每重溫溫老贈言，總感到既欣慰又悵然。

我與溫老晚年神交的媒介，乃是拙作《試論古代內家拳及其十四禁忌》一稿。1980 年秋我將此稿投寄《武漢體育學院學報》，學報編輯部審閱後，批了「請溫敬銘教授審閱」。溫老鄭重其事地審閱，半月後，在 1980 年 12 月 28 日批道：

「本文引文可靠，觀點明確，文亦通順，特別是提出的內家、外家、內功、外功、武當、少林、長拳、短打問題上展開爭論，以期得到解決。這是全國武術重點的體院應作的工作。」

溫老將拙文提出的某些爭議問題，提高到全國武術重點體院應作的工作上來，可見其重視的程度。

1981 年 10 月，武漢體育學院武術教研室曾于久老師，趁赴閩出席全國武術比賽大會返漢之便，專程到寧波來訪問我。隨後提出要我為武漢體院即將主編的《武術專輯》撰

稿。《武術專輯》連續辦了四期，每期都發表我的稿件 1～3 篇。使用的筆名除沈壽外，尚有沈漢泉、老驥、沈子等等。但最終還是因刊物經費不足而偃旗息鼓，煞是可惜！可嘆！

1982 年 10 月 14 日，曾于久同志在來信中談到：「溫老對您的大作十分滿意，他對您有『當今唐豪』之評價。同時，希望您多撰寫文章。」當然，這是溫老對後學的勉勵之言。

同日，溫老也有一短箋給我，全文云：

沈壽吾兄大鑒：

通訊雖係初次，而久已聞名了，奈無緣會晤，深引為憾。急待良機，早日拜候為盼。

《武術專輯》多承鼎力協助，特此致謝。更望一本初衷，多為賜稿，自當原文照登。預計出版《沈子太極拳理論》專書，望吾兄早日整理，全部（包括已發表者）稿件寄來，先在《武術專輯》連載，最後匯集成書，望勿見卻。

此致

敬禮

溫敬銘

1982.10.14

其實溫老長我 25 歲，乃是父執之輩，豈可稱我為「兄」？於是我特地奉函講明這一點。但溫老極為謙遜，以後信中或稱「沈子」或稱「沈壽同志」，只在最後三封信中稱「沈壽吾弟」，現錄其一：

沈壽吾弟：

你如無意見，從此就以此呼之，確感親切。

你的文章已有《中州武術》（《少林與太極》之前身）以特約稿刊載。（沈壽按：指《王宗岳〈太極拳論〉淺釋》，發表在1984年《中州武術》創刊號及第2期連載）評價亦高，惟未登完，該社定與你有聯繫，如有問題，可直告我。

擬將你三部大作推向河南出版社出版，當前重點寫《古典論文選》。我的意見：以王宗岳文為樣版（按：指拙作《王宗岳〈太極拳論〉淺釋》一文），寫下去，字數不限。可列一提綱，盡可能今年內交稿。繼攻《古今歌訣選》，三年內出完三書。可以設法預交部分稿酬。《中央武術》（按：指《中華武術》）可以每期寫篇三千字的短文，文章可以在書稿中抽拔資料，你如同意，請速告知，以便聯繫。

兄溫敬銘
1984.7.25

溫老是河北蠡縣人，其夫人劉玉華教授（1915～）則是河南開封人。「燕趙多慷慨豪俠之士」，河南少林拳名重天下。而這一對武術世家的老夫妻，也是名不虛傳，老兩口早在1936年就參加了在柏林舉行的第11屆奧運會，並作了武術表演。解放後他倆為中國培養了許多武術人才，真可謂桃李滿天下！武術界有誰人不識君哉?!

《中州武術》創刊前，借重河南、河北的老鄉關係，誠聘溫老夫婦為雜誌顧問。因之溫老就把拙文推薦給《中州武術》，同時也想把我的書稿推薦給河南人民出版社，但後來是人民體育出版社第二編輯室主任親自出馬，也就捷足先得

了拙稿。然而至今尚有一部分書稿未及整理，只要我有餘力，我一定會如溫老生前所約，竭盡全力去整理完成的。或許我還會先去徵求河南出版社的意見，是否讓書稿在中州出版，以慰溫老的在天之靈。

1985 年 6 月 22 日《武漢體院學報》鄭寶田老師來信說：「溫老八十大壽將臨，學校暫定 7 月 5 日舉行慶賀儀式。」不意在慶賀八十大壽之後還不滿三個月，溫老竟於 1985 年 9 月 17 日 14 時 14 分溘然長逝，享年八十歲。然則溫老的精神卻長留在他給我的十幾封墨香未泯的華翰之中。在我接到武漢體育學院「溫敬銘同志治喪委員會」的訃告後，我嚎啕地痛哭了一場。接著提筆寫了一首挽聯曰：

「哲人其萎乎，餘熱嘉惠後學，物質不滅！華翰猶存耶，全力趕超前賢，精神永在！」

最後我還能說些什麼呢？我們是師生關係，是忘年交關係……因此，我心裡想說的話是：名師難得，明理之師更難得！知己難得，人生能獲一知己，也就不負此生了。

上面《懷念溫敬銘先生》一文，原載於 1993 年第 5 期《少林與太極》（雙月刊）雜誌第 17～18 頁。文中敘及「人民體育出版社第二編輯室主任親自出馬，也就捷足先得了拙稿。」這是指在 1985 年秋，筆者接受人民體育出版社的委託，從事搜集、整理、點校、考釋清代王宗岳等著《太極拳譜》一書，歷時三年半，至 1989 年 3 月方始脫稿；繼而於 1990 年 9 月定稿、1991 年 10 月出版。說明從啟動至出版歷時整整 6 年，方始將這部十四卷本《太極拳譜》奉獻在廣大讀者的面前。

早在 1985 年初，經國家體育運動委員會批准，在第一批待整理的古代武術典籍書目中，就列有《太極拳譜》一書。

同年秋天，人民體育出版社第二編輯室主任叢明禮同志專程前來舍間約稿時，特地說明：「這次向你約稿的事，是溫老（溫敬銘先生）大力推薦和介紹的。」可是，當 1991 年 10 月《太極拳譜》一書出版的時候，曾經滿腔熱忱地鼓勵我從事太極拳理論研究和寫作的溫老，離開人世已 6 年多了。每每思念及此，無不為之悵然。

為此，我在《太極拳譜》一書卷首的「序言」中曾寫下了這麼一段話：「據我知道，無論國內、國外，確實有不少太極拳愛好者渴求一讀《太極拳譜》而不可得，尤其是希望能整理出版一部薈萃各家太極拳古典理論的《太極拳譜》，而不只是寥寥數篇。這不僅僅是許多讀者所期望的，而且也是已故的老武術家溫敬銘先生的遺願。他生前曾多次來信，希望我能從事這一部古籍的整理工作，並認為這是繁榮武術學術和促進太極拳走向世界的一種需要，也是振興中華武術的當務之急。而今，當我們將這部《太極拳譜》奉獻給國內外廣大讀者的時候，也就借作序之機，告慰武術界所有關切和支持過這一工作的新朋故友，並致以誠摯的謝意。」

時光如水，今年（2002 年）9 月 17 日是溫敬銘先生逝世 17 周年紀念日。對於為振興中華武術拼搏一生的、藝德雙馨的溫老，是值得我們永遠懷念的。

清代楊氏傳鈔老譜中的「體育」一詞

——我國「體育」一詞可能出現在 19 世紀的 60 年代

關於「體育」一詞在我國的由來，有人認為「體育」一詞是在近代體育傳入我國後方始應用的。開始是「體操」與

沈壽太極拳文集

「體育」長期並用，後來，在 1922 年北洋政府頒布「新學制」時，才正式將「體操課」改名為「體育課」，這時「體育」一詞才在我國名正言順地獨來獨往了。

「但在 1922 年之前，我國官方文件和報刊雜誌中，早已普遍使用『體育』一詞了。」（李寧·關於「體育」一詞在我國由來的商榷·成都體育學院學報，1980，6（2）：19）

有人說，「體育」一詞在我國最早見於 1904 年，並由此斷定「體育」一詞是 20 世紀初傳入我國的〔見「體育」一詞在我國的由來·新體育，1980，6（9）〕。事實上 1901 年 5 月出版的《教育世界》上已經反覆地出現「體育」一詞了。然而「體育」一詞在我國究竟從何年何月最早地出現呢？這事尚待作進一步的考證。

李寧認為：「『體育』一詞傳入我國的問題，與戊戌變法運動有著十分密切的關係。最早傳入的時間，不會在 20 世紀初，而很可能在 19 世紀末。」而我們認為這樣推斷恐怕是較保守的。

1985 年，我在點校考釋清代王宗岳等著《太極拳譜》（北京：人民體育出版社，1991 年 10 月初版）一書時，發現清代楊氏傳鈔老譜中，如《太極體用解》一文中末句為：「若是功成後猶有妙出於硬力者，修身、體育之道有然也！」再如《太極文武解》一文說：「文功在武用於精氣神也，為之體育。」又說：「夫文武尤有火候之謂，在卷放得其時中，體育之本也。」「不惟體育，武事之功，事事諸如此理也。」《太極分文武三成解》說：「體育內也，武事外也。……由體育之文而得武事之武，或由武事之武而得體育之文，即中乘也。然獨知體育之文，不知武事而成者，或專武事，不為體育而成者，即小成也。」

上述三文，合計提到「體育」一詞凡 9 處，說明應用已很廣泛了。

查清代楊氏傳鈔老譜，寫本較多，其中「佑本」見於吳公藻（1899～1983）編《太極拳講義》中的《楊氏太極拳老譜》鈔本的影印件，共計文章 40 篇，封面蓋有著名太極拳家吳鑒泉和吳愛仁堂等印章，封二有吳公藻的題記：「此書乃先祖吳全佑府君拜門後由班侯老師所授，是於端芳親王府內抄本，在我家已一百多年，公藻在童年時即保存到如今。吳公藻識。」

上文中全佑（1834～1902），係吳鑒泉（1870～1942）之父。班侯，即楊班侯（1837～1892）係楊祿禪（1799～1872）之次子（長子楊錡，早亡）。今假設全佑 30 歲時拜班侯為師，三年後授譜，則《老譜》授於 1867 年，至 1967 年為一百年。這樣至七八十年代皆可稱為一百多年。正合乎吳公藻所識記。

上文內「端芳親王」，當為端方午橋（1861～1911），清朝末年任兩江總督。1911 年辛亥革命爆發後，端芳被革命黨人殺死於四川資州（今資中）。

今假定上述「體育」一詞出現於 19 世紀 60 年代，那就比 20 世紀初出現的說法要早 40 年。但不知吳公藻所寫的識記是否十分可靠？這是有待大家進一步作出驗證的。❶

【註釋】：

❶ 沈壽註：本拙文原載於 1994 年《成都體育學院學報》第 2 期，原題即今之副題。由於史料取自清代楊氏傳鈔之太極拳老譜，故冠以今題，並將此拙文補收編入本書。

《成都體育學院學報》刊出本文時，曾在正文前加「編者按」

稱：「日本體育史學家岸野雄三著《體育史學》認為，『體育』一詞最早為日人近藤鎮三於明治九年（1876年）在《文部省雜志》上首先使用。本文則指出中國使用『體育』一詞的時間可能更早。這一推斷有待專家學者們進一步考證。」

36 式反式太極拳譜簡解

反式太極拳，顧名思義，也就是把太極拳的架式反過來進行練習，其絕大多數的基本拳式都與傳統楊式太極拳的姿勢相同，而動作的左右方向相反。

早在清代，就有人提出在太極拳套路練至嫻熟後，還應兼做反式練習。即把整套太極拳架式反過來練習，或進行反式單練。後來陳炎林在《太極拳刀劍杆散手合編》一書卷一內「練習太極拳之順序與經歷」這一節中，也明確提出：太極拳架「練至全皆純熟，而精氣神均能顯露，然後可將全套各勢改為左式（即反式），……倘能將全套左式架子，練至綿綿不斷，如同右式者，則功夫更進一層矣！」（該書係上海國光書局1943年6月初版。）

筆者早年也曾堅持反式太極拳練習，但當時工作繁忙，深感鍛鍊時間不夠用。於是，我在1960年整理編成「73式復式太極拳」一路。改編後的每個基本拳式都有左、右式，而且全套中沒有重複的基本拳式。

上述73式復式太極拳，經歷了一段時間的試練以後，又體會到：太極拳的練習以專精為尚，以慢練為功，由於個人練習時間的限制，似以主練一套傳統太極拳為宜；但可把反式太極拳單獨編為一套，以供輔助練習。因此，我在此後又

重新編寫了反式太極拳。多年來幾經易稿，最後定譜為「36式反式太極拳」。

對此，曾在 1977 年撰寫了《反式太極拳譜簡釋》一稿，請人刻印後分贈拳友和弟子。近年來仍有弟子前來索要譜文，現特將「36 式反式太極拳譜」（拳式名稱順序表）及其線路示意圖重新整理並作簡解如下：

一、36 式反式太極拳譜

（拳式名稱順序表）

第一段	第二段	第三段	第四段
預備勢	10. 扇通背	19. 單鞭	28. 十字踩腳②
1. 起勢	11. 撇身捶	20. 下勢	29. 栽捶
2. 抱虎歸山	12. 搬攔捶	21. 七星勢	30. 白蛇吐信
3. 肘底看捶	13. 如封似閉	22. 退步跨虎	31. 高探馬
4. 倒攆猴⑤	14. 手揮琵琶	23. 擺蓮腳	32. 穿掌
5. 斜飛勢	15. 十字腿	24. 彎弓射虎	33. 四正推手②
6. 提手上勢	16. 踢腳②	25. 雲手⑤	34. 伏虎勢②
7. 白鶴亮翅	17. 指襠捶	26. 斜單鞭	35. 十字手
8. 摟膝拗步③	18. 雙風貫耳	27. 攬雀尾	36. 收勢
9. 海底針			（全套完）

註：拳式名稱帶有圈號的數字，表示連續做若干分式。

沈壽太極拳文集

二、36 式反式太極拳線路示意圖

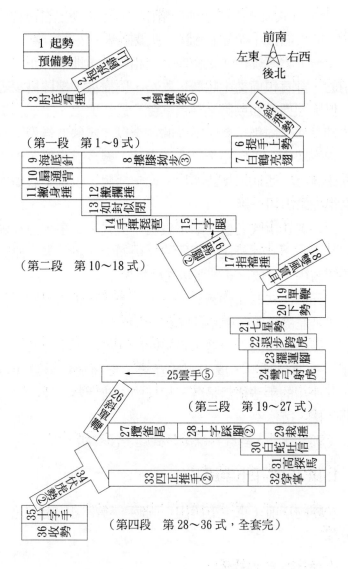

前南
左東　右西
後北

1 起勢
預備勢
2 抱虎歸山
3 肘底看捶　　4 倒攆猴⑤　　5 斜飛勢

（第一段　第1～9式）

6 提手上勢
9 海底針　　8 摟膝拗步③　　7 白鶴亮翅
10 扇通背
11 撤身捶　13 如封似閉　12 搬攔捶
14 手揮琵琶　15 十字腿

（第二段　第10～18式）

16 蹬腳⑦
17 指襠捶　18 轉身蹬腳
19 單鞭
20 下勢
21 七星勢
22 退步跨虎
23 擺蓮腳
25 雲手⑤　　24 彎弓射虎

26 轉身擺蓮

（第三段　第19～27式）

27 攬雀尾　28 十字踩腳②　29 栽捶
30 白蛇吐信
31 高探馬
33 四正推手②　32 穿掌

34 摟膝⑦

35 十字手
36 收勢

（第四段　第28～36式，全套完）

三、36 式反式太極拳動作簡解

現對 36 式反式太極拳動作略作簡解，以便熟習傳統楊式太極拳的人能據「線路示意圖」默識揣摩、按圖索驥。

（一）與傳統楊式太極拳完全相同的，即並無正、反式區別的，計有預備勢、起勢、收勢、倒攆猴、摟膝拗步等數式。但除預備勢和收勢之外，其餘 3 式在與上、下式相銜接時，其動作方向仍是有所不同的。今以「起勢」為例：其下接「抱虎歸山」是向左後斜方（東北）轉身邁步的，而不是向右後斜方（西北）轉身邁步。換句話說，也就是必須與反式的抱虎歸山相銜接。

（二）在術式名稱上雖不表明「反式」二字，但在動作上，其上、下肢都是左右相反的。例如：「斜飛勢」原是右弓步挒右手，今成反式，便是左弓步挒左手了。

（三）反式的「雙風貫耳」，其做雙貫拳的上肢動作不變，但其左腳是邁向東北斜方成左弓步的。

（四）從表面現象看，定勢時反式的「提手上勢」，變成了「手揮琵琶」，成了兩式互變。然而從技擊意義上分析，其使用的手法依然是各不相同的：前者為「提合」，後者為「採、挒」。

（五）此外，對較特殊的數式逐一淺釋如下：

1. 第 15 式「十字腿」

左腳向正前（東）方蹬出；同時，雙掌向（南、北）兩側分擊。

2. 第 16 式「踢腳」

一名「左右踢腳」，用腳尖踢向右（左）前上斜方，先右後左；同時，兩掌向前後兩側分擊。此式與當今流行的傳統楊式太極拳「左右分腳」略同，惟一區別是：分腳用腳尖向前上斜方分踢，腳尖向前，腳面繃平；而踢腳是向前上斜方勾踢，腳尖向上，腳踝屈攏。

3. 第 17 式「指襠捶」

左踢腳後，左腳落橫步，右腳邁直步；同時，右手摟膝，左手指襠。因此，全稱應為「進步左指襠捶」。

4. 第 19 式「單鞭」

全稱為「轉身右單鞭」。接作第 20 式右仆步「下勢」。

5. 第 25 式「雲手」

由東向西橫行 5 次後，接做第 26 式朝向西南斜方的「斜單鞭」（右式）。

6. 第 28 式「十字踩腳」

提起右腳向正（東）前下方踩出，高不過膝；同時，兩掌先在右胸前交腕合抱，並隨著右腳的踩出，兩掌做左前右後的分擊。換言之，右腳與左掌一齊向前，而右掌向後。此為右式。接做與此左右動作相反的左式。但踩腳的方向仍向正（東）前下方。

7. 第 29 式「栽捶」

左踩腳後，左腳落橫步，右腳邁直步；同時，右手摟膝，左手栽捶。因此，全稱應為「進步左栽捶」。此式與第

17式「指襠捶」只在沖捶的角度上有所區別，其餘相同。

8. 第31式「高探馬」

上接反式的翻身「白蛇吐信」後，左腳先向後退一步，接做反式「高探馬」。

9. 第33式「四正推手」

即把定步四正推手的掤、捋、化、按、擠 5 個動作依次納入本套路。上接第 32 式反式的右弓步「穿掌」，上步成左弓步左掤式；繼而以左手做執腕狀，用右手向左後側捋去，成捋式；接著兩掌根沉化後，向前按出，成按式；在按式的左弓步尚未弓足時，將左掌移至右前臂內側，以合力向前擠出，同時弓足左腿，成擠式。此為「四正推手」的左式。左式完成後，邁上一步成右弓步右掤式……依次完成右式。左、右式動作相同，方向相反。其順序各為「掤、捋、按、擠」四個分式，這與「攬雀尾」的順序稍有不同，而與當今通行的楊式定步四正推手是一致的。

當初安排的目的，也就是便於學者在學會套路後，進一步學練太極推手。但定步四正推手的動作，是既有左右、又有順拗之分的，個人單練，也可演練出四種式樣。而這裡只編入「掤順、捋拗……」的左右兩式，而未編入「掤拗、捋順……」的左右兩式。特此說明。

10. 第34式「伏虎勢」

一名「虛步打虎」，又名「打虎下勢」。接上式，在後的左腳稍提起，隨即原地落下，身體重心後移；在前的右腳稍提起，隨著上體微向右轉，使右腳尖指向西北斜方，並以

腳尖踮地成右虛步。同時，左手握拳上舉，高與左額齊，虎口朝下；右手也由掌變拳，稍內收後以平拳（即「復拳」）向右前（西北）斜方擊出，高與腰齊。此為右式。然後，身體重心前移，右腳踏實，上體向左轉向西南斜方，左腳稍提起，隨轉體移至左前（西南）斜方，並以腳尖踮地成左虛步。同時，右臂屈肘，右拳走弧線上舉，高與右額齊，虎口朝下；左拳下落至左胸前，以平拳向左前（西南）斜方擊出，高與腰齊。此為左式。

11. 第35式「十字手」

由「伏虎勢」左式，身體左轉至正前（南）方，左腳跟內扣45°，重心移向左腿，右腳前移，成開立步；同時，兩拳變掌，開而後合，交腕合抱，成「十字手」式。接做第36式「收勢」全套完成。

九路八十一式太極刀譜

九路八十一式太極刀是我早年在傳統楊式太極刀的基礎上增編而成的自練套路，其運動量、運動強度和難度均較傳統太極刀為大，完成套路正常時間為4～5分鐘。其基本原理則與傳統太極刀法是相同的。

太極刀的《十三字訣》是：「砍、斫、鏟、截、刮、撩、扎、抹、劈、纏、扇、攔、滑。」其《四刀訣》為：「斫剁、鏟、截割、撩腕。」

九路八十一式太極刀歷經多次修訂。在1983年10月寧波市永年太極拳社成立後，應弟子們的要求，才開始對外傳布。並於1987年10月將「九路八十一式太極刀譜」刊登在

寧波市永年太極拳社編印的內部資料《楊式太極拳教材》上。因此，外界流傳的多為這一份在 1987 年 6 月作了第 6 次修訂的譜文。

上述《楊式太極拳教材》在「編者的話」中提到：「九路八十一式太極刀、劍，原是沈壽老師在繼承傳統太極刀、劍的基礎上，創新發展而成的自練套路，其難度、強度與運動量均較傳統套路為大，因此，很受年紀較輕的太極刀、劍愛好者的歡迎，並在我市已開辦過九路八十一式太極刀、劍學習班多次。它作為傳統太極刀、劍的一種補充，對於豐富和擴展楊式太極拳械項目，充實太極拳寶庫，適應廣大群眾各自不同要求的選擇，都有著一定的積極意義。」同時也指出：「本書內除了九路八十一式以外的所有楊式太極拳、刀、劍譜，均係近代太極拳名家楊澄甫先生所留傳的傳統套路，而這正是我社所專門推廣和研究的基本項目。」

九路八十一式太極刀、劍套路，曾於 1987 年和 1992 年分別在浙江嵊縣（即今嵊州市）和寧波市進行了兩次錄影。此後，九路八十一式太極劍譜未再更動，但對九路八十一式太極刀又作了第 7 次修訂，在 1993 年 5 月最後定譜。這也就是我日常自練至今的九路八十一式太極刀了。

筆者所編「三十六式太極拳」「三十六式反式太極拳」和九路八十一式太極劍三種套路，都具有式式不同的特點。惟獨九路八十一式太極刀，經過 6 次修訂後，仍有若干重複的術式。因此，在最後定譜時，就更改了所有重複的幾個術式動作及其名稱，也做到了式式不同。至於把 81 式太極刀、劍分成九路，那純粹是為了便於教學。這裡「路」與「段」的意思基本相同。

現將 1993 年最後定譜的「九路八十一式刀譜」錄載如下：

第一路	第二路	第三路
1. 預備勢	10. 返身劈刀	19. 反腕推刀
2. 起勢	11. 白鶴展翅	20. 轉身藏刀
3. 摟膝拗步	12. 撥雲望日	21. 玉女穿梭④
4. 葉底隱花	13. 風捲荷花	22. 左右斜抹②
5. 騰挪反刺	14. 單鞭	23. 筆掃千軍
6. 青龍出水	15. 白雲蓋頂	24. 刺破青天
7. 推窗望月	16. 風掃梅花	25. 猛虎剪尾
8. 撤步絞刀	17. 白猿獻果	26. 回馬撥刀
9. 魁星點筆	18. 蒼鷹搏兔	27. 白蛇吐信

註：式名後有圈號的數碼，表示連做幾個分式動作。

第四路	第五路	第六路
28. 魚躍龍門	37. 大鵬展翅	46. 龍捲刀
29. 抱刀拍腳	38. 震腳提刀	47. 拖刀敗勢
30. 左右打虎②	39. 叉步切刀	48. 左右撩刀②
31. 右踢腳	40. 黑雲壓城	49. 回首斬蛇
32. 大蟒回身	41. 卞和攜石	50. 挑袍勢
33. 飛針挑花	42. 上步七星	51. 探寶勢
34. 左右迎敵②	43. 退步跨虎	52. 鷂子翻身
35. 太公釣魚	44. 轉身黑虎	53. 一枝梅
36. 海底撈月	45. 撥草尋蛇	54. 震腳探海

第七路	第八路	第九路
55. 獅子盤球③	64. 金鵰盤頭	73. 奔牛望月
56. 飛虎振翼②	65. 背掛劈刀	74. 迎風滾避⑤
57. 李廣射虎②	66. 裹腦藏刀	75. 獨立掛刀
58. 蝶戀花③	67. 玫瑰刺	76. 猛虎下山
59. 平斬斜格②	68. 右蹬腳	77. 力劈華山
60. 風車飛舞②	69. 背刀左蹬	78. 金龍吐火
61. 震腳挑撩	70. 順水推舟②	79. 樵夫砍柴
62. 二起腳	71. 霸王舉鼎	80. 手揮琵琶
63. 伏虎勢	72. 纏頭掛刀	81. 收勢

教學時，當教會了第一路的9式，就可在第9式後面加上一個「收勢」。如此進行復習時，就如同學會了一個短小的套路，有利於激發學員學習的興趣和自信心。以後隨著學習進度逐步伸展，把「收勢」也向後推延，直至教完全套為止。

最後還必須說明一點，九路八十一式太極刀、劍都是「長套」，它雖適宜於健身自娛，也適宜於表演娛人，好處固然不少，然而卻不是適合於廣泛推廣普及的套路。學練這種「長套」，一要具有一定的功底，二要具有堅忍不拔的毅力。惟有如此，才能學會、學好，才能終身習練不輟。

有感於清代龔煒習刀自豪

清代龔煒（1704～1769以後）所著《巢林筆談》一書中，有「習刀自豪」條目，稱：「予少好武備，嘗竊前人刀法，靜觀而私演之，大要用避為擊，手眼快、身腳輕耳！因繫鉛於足，久之解去，超逾頗便。然法不指授，終是死法。」（見中華書局1981年第1版《巢林筆談》卷一第15～16頁）

銓解其大意是，龔煒在少年時就愛好武備之術，曾經偷偷地學習前人刀法，靜心觀覽而後悄悄地演練，從而略知其大要是：以躲閃來為襲擊創造條件，手眼要快，身軀與腿腳也要輕捷啊！因此，他以鉛片綁於足部（來演習刀術），日久後解去鉛片，趨超逾越很是輕便。然而刀法乏人指授，那所學的終是些紙上得來的死方法。

上面是介紹他初習刀術的情況。下面他談到進一步學習的情況，說：「丙午冬，有客從北來，與予講論刀術，與舊說無以異也，遂習之，略知騰縱閃賺、斜提直刺之法。而功

疏力詘，技卒不成。」

文內「丙午冬」，是指清代雍正四年丙午冬天，即公元1726年，當時龔煒才23虛歲，正值年少氣盛之時。有客人從北方來，同他講論刀術，他覺得所講與前人書上所說的沒啥差異。於是，他就跟從學習，從中稍為懂得騰縱閃賺（沈壽按：今多作「騰挪閃展」，音變而義也隨之略變）、斜提直刺的方法。然而終因下苦功不夠，在勁力上也認輸屈服，這樣在技術方面終於沒能學出什麼成績來。

這說明龔煒是實事求是地在回憶青年時代學而無成的幼稚情形，只學得了一點皮毛。

最後，龔煒寫道：「然當酒酣興高，迭躍揮霍，光鋩霜落，手臂風生，遣豁不平之懷，洗滌酸腐之胃，衛身雖拙，而吐氣自豪。」也就是說，他在酒酣興高的時候，就常持刀一次接一次地跳躍揮劈，那刀鋒的光芒就像冰霜散落，手臂也能呼呼生風。雖然功夫不足以防衛自身，然而用於排遣不滿胸懷，滌蕩酸腐的腸胃，借以揚眉吐氣而自豪（那是再好也沒有了！）。

上文若歸納為一句話，便是：「衛身雖拙，而吐氣自豪。」

文中「洗滌酸腐之胃」是一語雙關的。明指食物，暗指可惱恨的酸腐之事。

讀了此文，頗有感觸，筆者自幼亦酷嗜武技，持刀迭躍揮霍，已有數十年歷史，卻從未持刀衛身。有時候為排遣胸中悶懣，揮刀霍霍，亦吐氣自豪而已矣！豈有他哉?!

這篇拙文，原題《清代龔煒習刀自豪》，曾刊登在1994年第3期《武林》雜誌上。有關論述刀術方面的文章，我除曾在上世紀60年代撰寫過《太極刀譜大全》一稿外，別無所

出。為此，今特將上面這篇千字的隨筆收入本書，聊表我對刀術的一孔之見耳！

108式太極散手對練譜

先手、後手各做起勢

一、1. 上步擊心捶——2. 退步單提手；（圖一）

二、3. 進步攔捶——4. 回攔捶；（圖二）

三、5. 上步左靠腋——6. 套步右打虎；（圖三——圖四）

四、7. 攔頂左肘——8. 單臂右推肘；

五、9. 順勢左撇捶——10. 上步右靠腋；

六、11. 套步左打虎——12. 撇身捶；

七、13. 斜步右劈腦——14. 轉腰雙按手；

八、15. 折迭撇身捶——16. 搬攔捶；

九、17. 斜步橫捌手——18. 換步左野馬分鬃；（圖五）

十、19. 虛步右打虎——20. 撤步将手；

十一、21. 插步左靠胸——22. 繞進步雙按；（圖六）

十二、23. 退步跨虎——24. 斜步指襠捶；（圖七——圖八）

十三、25. 斜步採捌手——26. 換步右穿梭；（圖九——圖十）

十四、27. 左掤撇身捶——28. 白鶴亮翅；（圖十一）

十五、29. 套步左靠胸——30. 套步右撅臂；（圖十二）

十六、31. 将按手——32. 雙風貫耳；（圖十三）

十七、33. 動步雙按手——34. 搬攔捶；（圖十四）

十八、35. 單臂左推肘——36. 雙搓臂；
　　　　　（第一節完）

十九、37. 單臂左推肩——38. 化頂右肘；

二　十、39. 斜步採捌手──40. 換套步左撇；

二十一、41. 套步右打虎──42. 換步捋手；

二十二、43. 插步左靠胸──44. 右擠手；

二十三、45. 換步雙分靠──46. 繞步左攔靠；

二十四、47. 暗頂右肘採──48. 換步右獨立；

二十五、49. 退步雙採手──50. 雙分左蹬腳；

二十六、51. 套步左靠胸──52. 套步右撇臂；

二十七、53. 換步右分腳──54. 斜分右摟腳；

二十八、55. 換步左分腳──56. 斜分左摟腳；

　　　　（圖十五──圖十六）

二十九、57. 換步右靠背──58. 回左靠背；

三　十、59. 換套步左掤──60. 雲手右按；

三十一、61. 換步右掤手──62. 雲手左按；

三十二、63. 右開右掤手──64. 撇身捶；

三十三、65. 換步左探馬──66. 右閃拳踢踝；

三十四、67. 轉身擺蓮腳──68. 上步左斜飛；

三十五、69. 左下式扇通背──70. 換步右斜飛（圖十七）

三十六、71. 套步左打虎──72. 白蛇吐信；

　　　　（第二節完）

三十七、73. 推肘倒攆猴──74. 扼腕左閃掌；

三十八、75. 推肘倒攆猴──76. 上步右貫耳；

三十九、77. 撲面倒攆猴──78. 退步七星；

四　十、79. 海底針──80. 扇通背；（圖十八──圖十九）

四十一、81. 手揮琵琶──82. 彎弓射虎；

四十二、83. 右單鞭──84. 上步肘底捶；（圖二十──圖二十
　　　　一）

四十三、85. 上步穿掌──86. 提手；

四十四、87. ——88. 先手、後手接練攬雀尾推手與黏手；

四十五、89. 換步單鞭——90. 拳式右拗步；

四十六、91. 雙採手——92. 迎面沖捶；

四十七、93. 進步搬攔捶——94. 退步左扼腕；

四十八、95. 如封勢——96. 雙按手；

四十九、97. 似閉勢——98. 拗步右蹬腳；

五　十、99. 按肩右拗步——100. 轉身指襠捶；

五十一、101. 跟步左獨立——102. 單鞭右下式；

五十二、103. 上步栽捶——104. 左右穿梭；

五十三、105. 左右雲手——106. 穿心掌；

五十四、107. 迎面兜捶——108. 轉身擺蓮腳；

　　　先手、後手接練四正、四隅推手後，各作十字手收勢

　　（全套完）

河北慈博

浙江沈壽

合藏本

演練者：

先手：河北慈博□（左）

後手：浙江沈壽△（右）

圖一：

1. 上步擊心捶□

2. 退步單提手△

圖一

圖二：

3. 進步攔捶□

4. 回攔捶△

圖二

圖三：

5. 上步左靠腋□

（一名「托肘靠腋」）

圖三

卷二　太極拳論譚

圖四：
6. 套步右打虎△

圖四

圖五：
18. 換步左野馬分鬃△

圖五

圖六：
20. 撤步将手△
21. 插步左靠胸□

圖六

圖七：
23. 退步跨虎□

圖七

圖八：
24. 斜步指襠捶△

圖八

圖九：
25. 斜步採挒手□
（一名「左採右挒手」）

圖九

圖十：

26. 換步右穿梭△

圖十

圖十一：

27. 左掤撇身捶□
（一名「上掤撇身捶」）

圖十一

圖十二：

30. 套步右撅臂△

圖十二

圖十三：
32. 雙風貫耳△

圖十三

圖十四：
33. 動步雙按手□

圖十四

圖十五：
55. 換步左分腳□

圖十五

圖十六：
56. 斜分左摟腳△

圖十六

圖十七：
69. 左下勢扇通背□

圖十七

沈壽太極拳文集

圖十八：
79. 海底針□

圖十八

圖十九：
80. 扇通背△

圖十九

圖二十：
83. 右單鞭□

圖二十

圖二十一：
84. 上步肘底捶△

圖二十一

以上 108 式太極散手對練譜，係慈博生前和我在已故世的太極拳家陳炎林所著《太極拳刀劍杆散手合編》一書卷十「太極散手對打」的基礎上改編而成。

　　該書中太極散手對打為 88 式，而我們除增加 20 式外，也改變了一些術式動作及其名稱；特別是在第 108 式後，增益了「先手、後手接練四正、四隅推手後，各做『十字手』收勢」。因此，這套太極散手對練，實際上還不止是 108 式。而且，最後的推手對練可以隨心所欲地延長時間，一般練習全套常在半小時以上。

　　其四正推手以「爛踩花」為主，並摻入使用了「脫規矩」的黏手方法。黏手以互黏肩、肘、腕三節入手，漸至渾身可黏，而不限於某一部位。四隅推手除了必練傳統的「四捋四靠」和後來流行的「八捋八靠」外，還練習我倆自創的「八法推手」，即按「掤、捋、擠、按、採、挒、肘、靠」八法的順序，依次進行動步的四正和四隅相互連貫的推手。

　　這套太極散手對練，一經習練嫻熟，其對練時的意趣，以及對練後的身心感覺，都是妙不可言的。它既不同於動作上有斷有續，而且難以完全避免發生損傷的一般散手競賽，又不同於「無人人打影」的太極拳走架練習。關鍵在於它能長時間地黏依不脫，而默識動靜、剛柔、虛實、輕沉、蓄發等種種辯證關係的無窮變化於心中，大有「運用之妙，存乎一心」的感受。

　　慈博，字善眾（1920～1985），河北寧晉縣人。據他自稱，其所習楊式太極拳係北京崔毅士先生在 20 世紀 40 年代所授。

　　我與慈博兄相識於 1959 年，結為拳友後，由於兩人所習楊式太極拳的架式大同小異，因此，在走架時各練各的套

路，各帶各的弟子。晨練走架後就在一起練習推手；晚間再抽空到一方的家裡，一同練習和切磋推手、散手。節假日則約定去公園與其他拳友相聚，一同練習交流和探討研究拳藝。就這樣我們相交了 15 年，直至 1974 年我返回原籍時，才戀戀不捨地分手道別。

慈博身材魁梧，為人直爽和善而仗義，頗有「河北英雄」之氣概。根據當年分手時他良好的健康狀況，我認為他在日後一定會是位長壽的老人，不意竟在 1985 年突然發病逝世，享年 66 虛歲，使人惋惜和傷感不已。

對練譜中所附插圖照片 21 幅，係錢劍虹和王有文所攝。照片中老友慈博兄的音容笑貌依舊，恍如昨日之事。當時他與我約定：日後一定要將整套 108 式太極散手的照片拍攝齊全，並奉贈吾師傅鍾文先生一套以求教益；同時，他還希望親自赴滬拜謁傅先生一次，當面聆聽教誨；他第三個願望是，希望能同我一起在全國武術會議上作一次 108 式太極散手對練的表演。

儘管我在當年及時將 21 幅散手對練照片奉呈吾師，並獲得讚揚。然而慈博兄的三大願望，由於如今早已是物是人非夢難圓了，這是使我引以為終身的憾事的。

而今發表本譜，也含有寄厚望於後來者的意思了。

增訂後記

　　增訂後的《太極拳論譚》一書，共選收 20 世紀八九十年代（1980～1995 年）發表在各種體育刊物上的有關拙文，連同未公開發表過的部分文章，共計 45 篇，編為九章。由於全書以有關太極拳的論文和隨筆漫談等文章為主要內容，所以，命名為「太極拳論譚」。

　　上述有關刊物是：北京、成都、上海、武漢、廣州等體育學院學報，武漢體院《武術專輯》《體育文史》《體育之春》《競技與健美》《中華武術》《武林》《中州武術》《少林武術》《少林與太極》《武魂》《武術健身》《中國太極拳》和《氣功》等雜誌。由於刊物名目繁多，加上刊登的時間跨度長達十餘年，因此，一旦要想收集這些拙文，是頗費周折的。

　　如今能編集成書而使其不致散失，借以為 21 世紀的太極拳教學和研究工作者，以及廣大的太極拳愛好者，提供一部可資研究探索，並有指導實踐意義的理論性著作，這首先要感謝出版社和責任編輯同志的熱情支持。

　　本書論述的內容包羅萬象，而在寫作上力求深入淺出。

1. 有古有今，古為今用

　　書中對歷史上評價較高的幾篇太極拳古典拳論作了淺釋和研究，又有「太極推手與《孫子兵法》」「中國古劍淺說」和「武術散手、推手溯源與釋名」等篇，同大家一起研

討;同時,也抒述了武德拳風、武術改革、推手競賽等當代的熱門話題。

2. 有體有用,體用結合

體,指走架行功;用,指推手運動。這方面的闡述,包括太極拳的要領、用意方法,以及有關推手運動的勁力、技法、戰術、戰略、意志心理訓練等等問題。

3. 有拳有劍,拳械兼備

不僅談拳,並且論劍,如「太極劍訣要」「太極劍練習談」等篇便是。本書原已錄載拙編九路八十一式太極劍譜,這次在 2002 年增訂時,又增加了第九章「關於太極拳械散手譜」,其中收入了「36 式反式太極拳譜簡解」「九路八十一式太極刀譜」和「108 式太極散手對練譜」3 篇譜文,以使本書的內容更加豐富多樣。

4. 有動有靜,動靜相濟

太極拳、刀、劍、推手都屬「動功」,氣功站樁則屬「靜功」。前輩太極拳家歷來重視養氣,主張「動靜兼修、內外並練」。本書第三章專談「太極拳與氣功」。

5. 有文有訣,體裁多樣

古往今來,太極拳歌訣往往為初學太極拳的人所格外喜愛的。

本書選收了筆者早年所撰寫的拳訣 20 首。由於拳訣短小精悍,言簡意賅,易誦易記,在提高與普及太極拳方面,它比之論文、隨筆等文章體裁,自有其別具一格和不可取代的

優點。

　綜上所述，本書就很有點「雜家」的味道了。但或許正因為如此，它既可供學術研究，有一定的文獻價值，也可作娛樂消遣來閱讀它，這就算是雅俗共賞了。

　這部書的編集、整理、充實、修訂等工作，始自 1986 年，至 1995 年已歷時十年之久。十年編一書，說明寫作固不易，而編集也甚煩難。至於又相隔七年，在 2002 年作出增訂，那更是難得的事啊！若因此能在太極拳走向世界的旅程中留下一個足印，發揚中國瑰寶——太極拳的應有作用，提高全民健康水準，增進世界人民友誼，為造福人類提供一塊鋪路石，則吾願已足！

　因限於學力，書中粗疏與謬誤之處，尚希海內外讀者批評指正。

沈　壽

1995 年 7 月定稿於北京

2002 年 12 月增訂於寧波

卷 三

36式太極拳詳解

目　錄

沈壽太極拳文集

卷三
36 式太極拳詳解

沈壽太極拳文集

第一章
談談太極拳的健身價值

太極拳是中國體育文化遺產的瑰寶，是中華武術著名的拳種。數百年來，太極拳在我國民間由點到面地流傳，日趨廣泛，而今更受到世界各國人民的喜愛，在海外的傳布也在不斷發展之中。

太極拳的養生保健和預防疾病的功能是有目共睹的。近百年來，太極拳明顯地向著養生保健和醫療體育的方向發展，例如：放慢練拳的速度、降低運動的難度和強度，以及強調架式高低和運動量大小都可因人、因時而異等等，都是向健身方向傾斜。但與此同時，它依舊保持了健身、娛身、壽身、醫身和防身五大功能，並且開展了太極推手競賽，體現了「武術既是搏擊，更是健身」的觀念。因此，太極拳才能有力地吸引更多的群眾來參加鍛鍊。

第一節　「練拳煉人，拳煉一生」

拳諺說：「外練筋骨皮，內練一口氣。」又說：「外練筋骨膜皮毛，內練意志精氣神。」總之，練拳必須內外兼練，必須包括身、心兩個方面。其中心理意志是支配著一個人能否把拳練好，特別是能否「拳煉一生」的根本所在。

太極拳原則上要求天天練習，風雨無阻，夏練三伏，冬練三九，堅持終年不輟地拳煉一生，把太極拳當作「終身體育」來進行鍛鍊。能夠做到這一點的人，自然會終身獲益。

有的人主張每週只練 5～6 天，中間自由休息 1 或 2 天。這當然是可以的，可隨各人的具體條件和習慣而定。上述間歇性的練習方法，與「天天練」雖然各有長短，但都可算作終年不輟的。而能否堅持終年不輟地練拳，這是對一個人意志力的磨練和考驗。一般地說，這與人們的文化素質和思想修養有著直接的關係。

凡是武德、武風、心地、涵養，都屬內煉的範圍。這就是「練拳煉人，拳煉一生」的道理了。換句話說，這裡包含了「人練拳，拳煉人」；「既煉身，更煉心」。即：由長期的練習太極拳時的「慢中求功」、心平氣和、全神貫注等具體要求，逐漸地磨練出日常處事的從容不迫，不急不躁；養成「誠以待人，毅以治技」、心地寬闊、富有涵養等等良好習慣，從而使自己在心理上能經常保持平衡和坦蕩長樂。所有這些拳外功夫，無疑也是依靠百煉才能成鋼的。而這對一個人的心理健康，卻是十分重要的。

常言道：「練拳容易，煉人難。」所以，對「練拳煉人，拳煉一生」的道理，切不可等閑視之。（註：練、煉二字有著不同含義。）

第二節　「精神內守，病安從來」

我國古代醫學經典著作就曾指出，調攝精神對於增進身體健康有著十分重要的作用。如《黃帝內經素問·上古天真論》說：「恬淡虛無，真氣從之；精神內守，病安從來。」（唐代王冰註：「恬淡虛無，靜也。」）

太極拳歷來非常強調心靜氣順，精神貫注。如清代王宗岳《十三勢歌》說「靜中觸動動猶靜」「氣遍身軀不稍滯」

「刻刻留心在腰間，腹內鬆靜氣騰然」等句便是。再如清代李亦畬《五字訣》的條目：「一曰心靜，二曰身靈，三曰氣斂，四曰勁整，五曰神聚。」其中心靜、氣斂、神聚，都與上述所引《黃帝內經素問・上古天真論》句的精神是相合的。儘管一為醫理，一為拳理，但兩者之間確有其相通之處。

《黃帝內經素問・上古天真論》還談到了「把握陰陽，呼吸精氣，獨立守神」這一攝生方法。總之，其調攝精神是為了使人們保持恬愉寧靜的生活，減少不良的精神刺激，防止七情傷身，從而增進健康，達到延年益壽的目的。

太極拳在練功過程中，要求做到「動中處靜，靜中寓動」；摒棄雜念，精神內守，思想集中，慮淡思清；意注動作，氣沉丹田，呼吸精氣，吐故納新。這樣在忙碌的生活中，人們既能透過練習太極拳獲得恬愉寧靜的時刻，借以轉移大腦皮層的興奮點，減少不良刺激，又能由肢體和深呼吸運動來改善體質、增進健康。如此鍛鍊日久，自能積精全神，增強免疫能力，使虛邪之氣難於為害了。

練習太極拳的終極目的，正如《十三勢歌》所說的：「詳推用意終何在？益壽延年不老春」拳諺說：「拳、醫相融，一功兩用。」這話也是很有道理的。

第三節　「上工治未病」

《黃帝內經素問・四氣調神大論》說：「是故聖人不治已病，治未病；不治已亂，治未亂。夫病已成而後藥之，亂已成而後治之，譬猶渴而穿井，鬥而鑄錐，不亦晚乎！」這是一種防重於治的思想，用現代人的話來說，也就是「預防

為主」。

這裡「治未病」有兩種含義：一為防患於未然，即未病而預防疾病；一為既病之後，防其傳變，如擴散或併發其他疾病。前者屬養生保健範圍，這正好使太極拳的健身（身心保健）、娛身（歡娛身心）、壽身（延緩衰老）等功能得到充分發揮。當然，防病手段絕不限於太極拳一種。而一個人如能長期不生病或少生病，精神樂觀愉快，那自然能延緩衰老而獲得長壽的。

後者則屬於醫療範圍，即在既病之後，應當做出早期診斷和早期治療，借以及時控制疾病的發展和演變。對此，太極拳只能退居輔助地位，如在醫生的指導下，參與一部分適應症的綜合治療。主要是透過練拳活動，幫助患者漸漸地增強身心（即生理和心理方面）的抵抗力，與疾病作頑強鬥爭。但不是所有的病症都能適應的，尤其是一些急性病和重症患者，或者因身體過分虛弱，一時不宜學練太極拳的，都不可勉強。總而言之，必須因人、因病、因時而異，以能取得良好的療效為準。

世界上沒有包治百病的萬應靈藥，也沒有包治百病的醫療體育，太極拳也不例外。

但凡適合用練太極拳進行輔助醫療的患者，要想獲得實效和長效，是務須持之以恆的。常見為療病而練拳的人，有的往往急於求成，企圖在短時間內治癒疾病，練了一陣子，在達不到目的時，就不再練了。有的經過較長時間的太極拳鍛鍊，並依靠綜合療法（如配合藥物等各種療法）治好了疾病，達到了目的，他也就不再堅持練拳了。但這種人獲得的也僅僅是小效、近效，而不是大效、遠效。

拳諺說：「學拳三年，丟拳三天。」又說：「一日練，

一日功；十日不練，百日空。」說明「拳靠練」。而沒有堅持練拳的決心，不把太極拳當作「有病治病，無病健身」的養生之道來勤學苦練的人，其「丟拳率」確實是很高的。練與不練是大不相同的，一旦如因丟拳後舊病復發，甚至百病叢生，這時就後悔莫及了。

第四節　拳能療病道理簡，氣血暢活體自健

常言道：「人身血脈似長江，一處不到一處傷。」而拳諺說：「拳能療病道理簡，氣血暢活體自健。」上述兩種說法，從正、反兩個方面說明了氣血暢活對人體健康的重要性。一般不常運動或老弱病殘的人，其氣血運行往往存在著滯遲或局部受阻的現象，這正是造成體弱、患病、早衰的重要原因之一。

《黃帝內經素問·舉痛論》：「余知百病生於氣也，怒則氣上，喜則氣緩，悲則氣消，恐則氣下，寒則氣收，炅則氣泄，驚則氣亂，勞則氣耗，思則氣結。」總之，疾病的發生或惡化，往往與人體氣機逆亂有關。而情志的過度，如過度興奮或抑鬱，也會引起氣機紊亂和臟腑功能失調而得病。所以，醫諺也說：「氣滯百病生，氣順百病消。」而堅持打太極拳的人，能夠從運動引活氣血，寧心安神，使氣血流暢無阻，氣機順而不亂，心理上的興奮與抑制獲得相對平衡，從而起到增強身心健康和延緩衰老的積極作用。

由於太極拳的運動量可大可小，架式可高可低，速度可快可慢，因此，可以說是男女老少無不相宜的。就養生保健而言，那應該是從青少年時代就開始積極地參加鍛鍊了。這樣積功既久，到了中老年的時候，既養成了鍛鍊終身的良好

習慣，在體質上也必然會較不愛運動的同齡人高出一籌。大而言之，這對增強民族體質是具有重大的戰略意義的。

太極拳的健身價值，也表現在它所具有的良好的持久性上。因為它的動作難度不大，效驗明顯，又不需要任何設備，場地的要求也不高，只要地面平坦、乾燥，夠太極拳路線來回往復，就可供個人練習了。

總而言之，由於練習太極拳的簡便易行、經濟實惠，從而在持久性方面，與步行活動一樣，只要你有「誠、毅」二字在胸間，就能以此成為維持終其一生的健身運動方式了。這對人們一輩子身心健康的獲益是不言而喻的。

從這種意義上說，似可把太極拳比喻為一座寶山，如能夠堅持練到老，你就能獲得無價之寶。反之，如學而無恆，中途放棄，那引用前輩太極拳家的話來說就是「寶山空回」了。

但如今能堅持鍛鍊到老的人，若與參加過學練的人數相比，實在是「百不得一」乃至「千不得一」的。這就需要提倡一種堅韌不拔的拳風。在養生保健領域，應該提倡「拳練一生，是為真能。」而不是為湊熱鬧地練上一陣子。如能用「活到老，學到老，練到老」「生命不息，練拳不止」來自我勉勵，這樣太極拳必然會在日後給你帶來意想不到的健身效果。而一個人的身心健康，無疑是能為社會提供更大奉獻的一種「無形資產」啊！

第二章
楊式太極拳的源流關係

太極拳源遠流長，流派繁多，而人們常說道：「天下太極是一家。」這話有兩種含義：

一、其本義是指，凡稱得上「太極拳」的，無不存在著一脈相承的歷史淵源和發展關係。

二、其引申義則是指，不論哪一個流派的太極拳，都是以造福世人為己任的，無不具備健身價值和技擊意義的。

第一節　傳統楊式太極拳的創始 及其最後定譜

楊式太極拳是太極拳中最為著名的一個流派。這一派太極拳是由河北永年人楊祿禪及其子楊健侯、其孫楊澄甫等三代人，在陳式老架太極拳的基礎上創編發展而成的。

一、楊式太極拳創始人「楊無敵」——楊祿禪

楊式太極拳創始人楊福魁（1799～1872），字祿禪❶，清代直隸（今河北省）廣平府永年縣人。幼年時在故鄉就曾學練過拳術，後在河南溫縣陳家溝拜陳氏 14 世陳長興（1771～1853）為師，學習陳式老架太極拳。

經過許多年的勤學苦練❷，學成後回到故鄉，因其拳藝高超，從學的人很多。當時人們稱他傳習的拳為「化拳」「綿拳」或「沾綿拳」。主要是因這種拳術能以柔克剛，以

小力化解大力;而且,在技術上沾黏不脫,發放猶如綿裡藏針,瞬間化發皆成,故有上述「化拳」「綿拳」「沾綿拳」等說法。

後在清代道光年間,庚子科(1840)進士、時任刑部四川司員外郎的武汝清,介紹楊祿禪到北京去教拳,自此以後,太極拳就逐漸在北京傳布開來,並深受學練者的喜愛。

楊祿禪初到北京時,有一些武師因見其身材瘦小,而不把他放在眼裡。事後幾經比試,楊祿禪以柔克剛,以小勝大,連連打敗身材魁梧的彪形大漢,所向無敵,於是名聲大噪,人以「楊無敵」稱之。

書諺說:「筆墨當隨時代。」是說書法藝術應當隨著時代的發展而發展。其實,其他技藝也無不如此,拳藝自不例外。它涉及到諸如致用方向、教學對象和審美情趣等等方面微妙的變化。因此,如何進一步繼承與創新發展,這一課題是始終存在的。這正如傅鍾文老師所說:「楊祿禪雖然是陳長興的傳人,但他並不墨守成規,又在陳式老架太極拳的基礎上作了發展,使之更合理化、大眾化,並使老少咸宜,都能練習,……」(見《楊式太極拳教法練法》一書第5~6頁)

楊式太極拳創始和發展150餘年以來,它就是適當地降低難度,從原來偏重技擊逐漸地向著以養生保健為主的方向發展的;從審美的情趣方面,它不僅僅是動作架式的變化,而且通過文人潤飾修改了藝術形象化的拳式名稱,給予太極拳愛好者從形體到文字的藝術享受,這無疑是拳藝文化的一種昇華。

二、繼往開來、承上啓下的楊健侯

楊祿禪有三個兒子：長子楊錡，字鳳侯，早亡；次子楊鈺，字班侯（1837～1892）；三子楊鑒，字健侯（1839～1917），號鏡湖。

班侯、健侯兄弟倆自幼從父學習太極拳，孜孜苦練，寒暑不輟。所以，都能承傳父業，傳授太極拳於北京。

楊健侯性格溫和善良，拳藝剛柔並濟，尤其善於以柔克剛，使用巧內勁制勝。他對刀、劍、槍、杆等器械也有很深的造詣。據傳，其授拳主張因人、因材施教，「大、中、小三種架子皆備」，可以任人自擇，因之從學的人特別多。當然，楊式太極拳以大架著稱，這裡所說中、小架子，屬於靈活變通性質。

楊健侯也有 3 個兒子：長子名兆熊，字夢祥，晚字少侯（1862～1930）；次子兆元，早亡，身後有一女楊聰，嫁與趙樹堂；三子兆清，字澄甫（1883～1936）。

楊少侯 7 歲學拳，性格剛強，拳藝精湛，善用散手，有其伯父楊班侯的遺風。

楊兆元雖然早逝，但其外孫女趙貴珍（1902～1976）的丈夫傅鍾文，是楊澄甫的高足；兆元的外孫趙斌（海元），也曾從楊澄甫學拳。而且，傅、趙兩家，至今都有後人承傳楊式太極拳，說明在拳藝上是後繼有人的。

三、楊式太極拳奠基人、一代宗師楊澄甫

楊澄甫性情溫順厚道，武藝超群而對人謙虛和氣，才智聰穎而不驕不躁，因此，深受當時太極拳愛好者的推崇。據傳他在幼年時，並不太喜歡拳技，到十餘歲的時候，始從父

學習家傳太極拳❸。而在其父親逝世後，他頓悟所學的太極拳藝來之不易。於是，從此發憤圖強，日夜苦練，並潛心鑽研不輟。常言道：「功夫不負苦心人。」經過勤苦研習，他的技藝猛進，逐漸達到了爐火純青的境界，終負盛譽，成為楊式太極拳的一代宗師。

楊澄甫身材魁偉，藝德雙馨。其拳剛柔相濟，外柔如綿，內堅似鐵，恰如他在《太極拳之練習談》一文中所說：「太極拳，乃柔中寓剛，棉裡藏針之藝術。」他的推手技藝，精妙獨到，化、引、拿、發，均臻上乘。拳架則以大架著稱，姿勢舒展大方，動作簡捷樸實。因此，樂於從學的人特多，一時譽滿南北。

20 世紀 20 年代，楊澄甫應邀從北京南下，曾先後授拳於武漢、南京、杭州、上海、廣州等地。1936 年病逝於上海。其傳世著作有《太極拳使用法》（文光印務館 1931 年出版）、《太極拳體用全書》（上海大東書局 1934 年出版）。

楊式太極拳經過楊氏三代人的繼承、實踐、創新、發展，至楊澄甫晚年才最後定譜。這時楊式太極拳所形成的風格特點是：莊重渾厚，舒展大方；輕靈沉著，剛柔並濟；立身中正，不偏不倚；結構嚴謹，動作樸實；取法自然，氣勢騰然。

以上說明，楊式太極拳脫胎於陳式老架太極拳，經過三代人及其學生們的共同努力，才形成今天深受廣大群眾喜愛、老少咸宜、風格特點突出的楊式太極拳。

楊氏三代致力於太極拳的傳布，桃李滿天下。150 餘年來，人才輩出。這不僅使傳統的楊式太極拳獲得人們廣泛的喜愛而造福人群，而且使整個太極拳得到了極大的發展，繁衍和豐富了許多流派，從而促使太極拳成為中華武術的三大

拳種之一。在楊式太極拳創始之後，陸續形成的各個著名流派中，如武式、吳式和孫式太極拳，也都與楊式太極拳之間存在著直接或間接的源流關係。

第二節　楊式太極拳的整理、創新與發展

近半個世紀以來，太極拳呈現出空前蓬勃的發展，這與國家領導人的倡導，以及國家有關部門的重視和支持，也是分不開的。

例如：在 1956 年，國家體育運動委員會（簡稱「國家體委」）就把太極拳列為「重點發展的武術項目之一」。同時，組織了專門小組，「採用楊澄甫的架子，去掉其中過多的重複姿勢」，編成「簡化太極拳」（24 式）；繼而又「在總結編寫『簡化太極拳』的經驗的基礎上，修訂補充了原有太極拳單練套路和雙人推手；精簡改編了原有『太極劍』；選輯了有關太極拳的理論和傳統的理論資料」。❹

上述「原有太極拳單練套路和雙人推手」，以及「原有太極劍」，都是指當時在國內民間流傳最為廣泛的楊式太極拳、楊式推手和楊式太極劍。因此，不論是採用楊澄甫架式的「簡化太極拳」（24 式），還是經過整理編排後的 88 式太極拳，都仍屬於楊式太極拳的範疇。而國家各級體育部門對 24 式和 88 式太極拳的推廣普及，曾經是不遺餘力的。這也為整個太極拳的普及發展創造了良好的條件。

20 世紀 70 年代，國家體委運動司又組織了編寫小組，在 24 式簡化太極拳的基礎上，編寫了「48 式太極拳」。「『48 式太極拳』在動作數量上，比『簡化太極拳』約增加了一倍，打一套拳的時間為 8～10 分鐘；難度和運動量都相應地

有所提高；在拳路風格和內容編排上也有一定的發展」。❺

治至 20 世紀 80 年代，中國武術研究院進而組織了「四式太極拳競賽套路」編寫小組。所謂「四式」是指楊式、陳式、吳式、孫式太極拳。在競賽套路編成後，又組織了技術審核組，邀請太極拳名家進行審核，最後，由中國武術研究院審定公布；匯編成書後，由人民體育出版社於 1989 年出版。

由此說明，「48 式太極拳」和「楊式太極拳競賽套路」也都是對傳統楊式太極拳的繼承、創新和發展。換句話說，這是為了增進人民的健康和適應人們不同的需要，在傳統楊式太極拳的基礎上創編發展而成的。從而進一步說明，傳統的楊式太極拳，雖然是在楊澄甫手裡最後定譜的，但楊式太極拳的發展並未終止，而且呈現出「百花齊放」的姿態。總的來說，這是有利於增強人民體質、弘揚中國寶貴的武術文化遺產，以及擴大楊式太極拳的交流、比賽和走向世界的。

事實上，經過半個世紀的努力發展，如今太極拳已經逐漸走向世界，其開展面遠比 50 年前要廣泛得多了。

現在隨著時代和社會的發展，工作節奏的加快，生活方式的變遷，以及各種觀念的更新，從而促使楊式太極拳也在不斷地迎接新的挑戰，以求在繼承發揚優良傳統的基礎上，更科學合理地發揮其養生保健和體育醫療等方面的作用，為造福人類作出更大的貢獻。

楊式太極拳起源於 19 世紀中葉，創始迄今，雖已有 150 餘年的歷史，但它比起我國許許多多古老的拳術，還是比較年輕的。然而在這一個半世紀裡，其發展之快，開展面之廣，卻是中國武術史上所罕見的。由於楊式太極拳歷代傳人和廣大太極拳愛好者持久不懈的共同努力，因此，楊式太極

拳成為國際性的體育項目是遲早會實現的。

【註釋】：

❶　祿禪，一作露禪。在不同的出版物上，又有祿纏、露蟬、儒禪等異寫。而據傅鍾文老師生前告知：當以「祿禪」為是。

❷　據 1930 年楊澄甫在杭州市任浙江省國術館教務長時答復中央國術館函詢，說其祖父「露禪先生自幼即在陳長興先生處學習拳藝，彼時才十齡左右，從師丸三十餘年」。見唐豪、顧留馨編著《太極拳研究》一書第 154 頁，1964 年 3 月人民體育出版社初版。但傅鍾文先生晚年在《楊式太極拳教法練法》一書中說：「楊祿禪三進陳家溝學拳 18 年」云云。詳見該書第 2～3 頁，1989 年 11 月同濟大學出版社初版。今並錄以上兩說，以為研究武術史者參考。

❸　一說「6 歲始從伯父習拳，10 歲隨父到京，20 歲起授拳。」此外，不同傳說尚多。

❹　以上引文見中華人民共和國體育運動委員會運動司武術科編《太極拳運動》一書之第 14 頁和第 1 頁，1962 年 1 月，人民體育出版社出版（繁體字：大展出版社）。

❺　見《四十八式太極拳》之「前言」，人民體育出版社1979 年第 1 版。

第三章
楊式太極拳的基本拳式

第一節　直系傳遞線路

筆者所傳習的楊式太極拳，係傅鍾文老師所親授。

傅鍾文（1903❶～1994），號小詩，河北省永年縣廣府鎮南街人。少年時即開始在故鄉學練楊式太極拳，1921 年到上海謀生。1925 年參加上海精武體育會，曾學練了著名的精武潭腿。1927 年，楊澄甫先生由北京南下，在上海教拳時，傅鍾文得以常隨楊澄甫老師左右學藝。由於傅鍾文悉心求藝，勤懇好學，並能尊師重道，因此，備受老師器重和信任，終於盡得楊式太極拳之真傳。

1936 年楊澄甫病逝後，傅鍾文獨自授拳於上海，並於 1944 年創立「上海永年太極拳社」。自此後整整半個多世紀，他一直以推廣普及和弘揚楊式太極拳為己任。1958 年，上海市武術隊成立時，他被聘為太極拳教練員，曾經培養了一批太極拳優秀選手，多次奪得全國太極拳比賽的冠軍。1979 年，他被推選為上海市武術協會副主席。他在暮年，依

【註釋】：
　❶　傅鍾文老師的誕生年代，據其生前自述是 1908 或 1907 年生。1994 年逝世時，由其家屬宣布訂正為 1903 年出生，享壽 92 虛歲。

舊頻繁地參加太極拳普及、提高和交流活動，尤其是關切國際太極拳術的交流和發展。他以耄耋高齡，先後到新加坡、日本、澳大利亞、德國、義大利、瑞士、美國等地遊歷和講學，促進了中外體育文化的交流，為太極拳走向世界、造福人類貢獻了自己的一份力量。

傅鍾文老師的傳世著作有《太極刀》《楊式太極拳》和《楊式太極拳教法練法》。其中《楊式太極拳》一書，已被譯成英、法、日、德等多國文字在世界各地廣泛傳播。

由於楊式太極拳自創始至今，不過 150 餘年歷史，因而傳統楊式太極拳的淵源與傳遞線路是十分清晰的。例如：從楊祿禪到筆者的直系傳遞線路應為：

楊祿禪→楊健侯→楊澄甫→傅鍾文→沈壽

第二節　關於《楊澄甫式太極拳譜》

傅鍾文老師所傳授的楊式太極拳，是楊澄甫先生晚年最後定譜的。它與自己早年的以及其上一代所傳授的楊式太極拳，較明顯的一點差別是站立起勢，而不是蹲身起勢。至於其他動作，與各地流傳的楊式太極拳，多半是大同小異的。為此，我在上個世紀 60 年代開始推廣普及這套太極拳時，就把它稱作「楊澄甫式太極拳」。寓意是：這是楊澄甫先生晚年最後定譜的楊式太極拳套路，並以此來區別與之大同小異的「楊式太極拳」。

同時，為了便於刻印或打印「拳譜」（指拳式名稱順序），贈送給學練的人，就特地編寫了一份「簡譜」。所謂「簡譜」，即每一個拳式名稱至多在 4 個字以內。這樣刻印時，就比較省事、省時、省力、省錢，而且也便於初學者的

記憶（或傳抄）。當然，這與當時缺少經費和印刷條件是有關係的。但簡譜並不影響推廣普及，對於原譜上的全稱，我們在傳授時仍舊作了詳盡的解釋。而那簡化了的名稱，也就成為「簡稱」。根據個人的實踐經驗，將簡稱與全稱並用，使兩者相輔相成，是有利於教學的。

現將上述「簡譜」上的簡稱，與原譜（以 1963 年人民體育出版社出版傅鍾文演述《楊式太極拳》一書為準）的全稱作一對照：

沈壽太極拳文集

簡　　稱	全　　稱	備　　註
提　手	提手上勢	省略「上勢」二字。
摟膝拗步	左摟膝拗步	省一「左」字。
摟膝拗步②③	左右摟膝拗步	以序數表示「左右」。
搬攔捶	進步搬攔捶	省略步法名稱。
倒攆猴⑤	左右倒攆猴	以序數表示「左右」。
右攬雀尾	上步攬雀尾	省略步法名稱，加一「右」字。
分腳②	左右分腳	以序數表示「左右」。
懸腿左蹬	轉身蹬腳	簡稱省略身法名稱，並加「懸腿」二字。
栽　捶	進步栽捶	省略身法名稱。
撇身捶	翻身撇身捶	省略身法名稱。
右　蹬	右蹬腳	各式「蹬腳」都省一「腳」字。
打虎勢②	左打虎勢、右打虎勢	原分兩式，今併為一式。
回身右蹬	回身右蹬腳	省略一「腳」字。
左　蹬	左蹬腳	省略一「腳」字。
轉身右蹬	轉身右蹬腳	省略一「腳」字。
白蛇吐信	轉身白蛇吐信	省略身法名稱。
高探馬	高探馬帶穿掌	原為一式，分為兩式。

簡　　稱	全　　稱	備　　　註
穿　掌		
十字右蹬	十字腿	因這裡十字腿與蹬腳無異，故改之。
指襠捶	進步指襠捶	省略步法名稱。
七星勢	上步七星	省略步法名稱，加一「勢」字。
跨虎勢	退步跨虎	省略步法名稱，加一「勢」字。

　　從上列對照表中不難看出，「簡譜」主要是省略了一部分拳式全稱中的身法和步法名稱，以及用序數來表明拳式名稱中的「左右」字樣，從而把全譜中每個拳式名稱的字數，壓縮到4個字以下（包括4個字）。

　　此外，把「左打虎勢」和「右打虎勢」併為一式，而把「高探馬帶穿掌」分為兩式，那是根據多年來拳友和同學們的提議，認為這樣能使全譜的拳式名稱結構更加統一和協調，同時，又能保持85式的總式數不加變更，豈不一舉兩得！

　　茲將拙編的「簡譜」——《楊澄甫式太極拳譜》全文錄載於後，僅供楊式太極拳愛好者、太極拳教學和研究工作者的參考。

楊澄甫式太極拳譜

1. 預備勢
2. 起　勢
3. 攬雀尾
4. 單　鞭
5. 提　手
6. 白鶴亮翅
7. 摟膝拗步
8. 手揮琵琶
9. 摟膝拗步③▲
10. 手揮琵琶▲
11. 摟膝拗步▲
12. 搬攔捶
13. 如封似閉
14. 十字手
（第一節完）
15. 抱虎歸山
16. 肘底看捶
17. 倒攆猴⑤

18. 斜飛勢

19. 提　手▲

20. 白鶴亮翅▲

21. 摟膝拗步▲

22. 海底針

23. 扇通背

24. 撇身捶

25. 搬攔捶▲

26. 右攬雀尾

27. 單　鞭▲

28. 雲　手⑤

29. 單　鞭▲

30. 高探馬

31. 分　腳②

32. 懸腿左蹬

33. 摟膝拗步②▲

34. 栽　捶

35. 撇身捶▲

36. 搬攔捶▲

37. 右　蹬

38. 打虎勢②

39. 回身右蹬△

40. 雙風貫耳

41. 左　蹬△

42. 轉身右蹬△

43. 搬攔捶▲

44. 如封似閉▲

45. 十字手▲

（第二節完）

46. 抱虎歸山▲

47. 斜單鞭△

48. 野馬分鬃⑤

49. 攬雀尾▲

50. 單　鞭▲

51. 玉女穿梭④

52. 攬雀尾▲

53. 單　鞭▲

54. 雲手（五）▲

55. 單　鞭▲

56. 下　勢

57. 金雞獨立②

58. 倒攢猴⑤▲

59. 斜飛勢▲

60. 提　手▲

61. 白鶴亮翅▲

62. 摟膝拗步▲

63. 海底針▲

64. 扇通背▲

65. 白蛇吐信

66. 搬攔捶▲

67. 右攬雀尾▲

68. 單　鞭▲

69. 雲　手⑤▲

70. 單　鞭▲

71. 高探馬▲

72. 穿　掌

73. 十字右蹬△

74. 指襠捶

75. 右攬雀尾▲

76. 單　鞭▲

77. 下　勢▲

78. 七星勢

79. 跨虎勢

80. 轉身擺蓮

81. 彎弓射虎

82. 搬攔捶▲

83. 如封似閉▲

84. 十字手▲

85. 收　勢

（全套完）

註：式名後有「▲」符號者爲重複術式。

式名後有「△」符號者爲大同小異的重複式。

式名後圈號中的數碼，爲左右分式連輟的次數。

第三節 楊式太極拳（85 式）的基本拳式

筆者自隨傅鍾文老師學習楊式太極拳以後，數十年來，既傳授了一些人（約兩千餘人），也鍛鍊了自己的身體和精神意志。即使在 1993 年退隱以後，不再從事教學工作，但自己依然堅持行功走架，無論隆冬炎夏，寒暑不輟。

下列由我演練的這套拳照，係 1977 年（農曆丁巳年）攝於照相館，距今已 25 年了。由於年代久遠，勢必影響照片的清晰程度。但其動作姿勢，都是依據傅鍾文老師所親授楊澄甫先生原式進行拍攝的。照片攝成後，即送請傅鍾文老師品評指點，而曾獲好評。這套拳照，拍攝的鏡頭角度掌握得較好，不偏不倚。拳架稍微高些，那是為了適應中老年人參加鍛鍊的需要。

由於傳統楊式太極拳是拙編「36 式太極拳」的基礎，因此，我將這套從未發表過的 60 幅拳照公諸同好，同時，配以拙作《太極拳體用全訣》七言 84 句，以為大家研究參考。

第 1 式「預備勢」，面向南。（圖 1）《太極拳體用全訣》（以下簡稱「全訣」）

太極拳術重用意，
腰如車軸心行氣；
靜鬆穩勻緩合連，
走架莫忘此中理。

第 2 式「起勢」，面向南。（圖 2）

圖1

圖2　　　　　　　　　　　圖3

【全訣】

　　起勢守靜待人動，
　　氣沉丹田精神提。

　　3 式、49 式、52 式「攬雀
尾」之①左掤式（圖 3）

　　26 式、67 式、75 式「右攬
雀尾」──即「上步攬雀尾」，
均無左掤式；其餘掤、捋、擠、
按等各式相同。（圖 3）

圖4

　　3 式、49 式、52 式「攬雀
尾」之②右掤式（圖 4）

　　3 式、49 式、52 式「攬雀尾」之③捋式（圖 5）

　　3 式、49 式、52 式「攬雀尾」之④擠式（圖 6）

　　3 式、49 式、52 式「攬雀尾」之⑤按式（圖 7）

【全訣】

　　掤捋擠按攬雀尾，

圖 5

圖 6

圖 7

圖 8

沾連黏隨勤練習。

4 式、27 式、29 式、50 式、53 式、55 式、68 式、70 式、76 式「單鞭」（圖 8）

【全訣】

單鞭抹勾向胸逼，

旋腕一鞭勁須齊。

圖 9

圖 10

沈壽太極拳文集

5式、19式、60式「提
手」（圖9）

【全訣】

　　　提手上勢合著封，
　　　敵若抽手進身擠。

6式、20式、61式「白鶴
亮翅」之①（圖10）

原此圖列在「提手上勢」
範圍之內，傅鍾文老師在晚年
始改列入本式，故從而改之。

圖 11

6式、20式、61式「白鶴
亮翅」之②（圖11）

【全訣】

　　　白鶴亮翅擠靠分，
　　　懸頂坐身寸腿踢。

7式、11式、21式、62式「摟膝拗步」（左式，即「左

圖 12

圖 13

摟膝拗步」）（圖12）

【全訣】

　　摟膝拗步摟手打，

　　心眼身手步合一。

　　8式、10式「手揮琵琶」
（圖13）

【全訣】

　　手揮琵琶主採掤，

　　穿繞沾化借他力。

　　9式、33式「摟膝拗步」
之右式（圖14）

圖 14

　　此圖為右式，做第9式「左右摟膝拗步」，即將左、
右、左三式連綴而成；第33式，則為左右兩式連綴而成。以
下各個重複術式請參看前面的圖，而不再重複說明。

　　12式、36式、43式、82式「搬攔捶」，面向東（圖
15）

圖 15 　　　　　　　　　　　圖 16

【全訣】

　　進步搬攔捶胸脇，

　　搬攔得法顯技藝。

（註：25 式、66 式搬攔捶見圖 27。）

13 式、44 式、83 式「如封似閉」（圖 16）

【全訣】

　　如封似閉守中攻，

　　墜身脫銬長勁逼。

14 式、45 式、84 式「十字手」（圖 17）

【全訣】

　　十字手法變無窮，

　　撐裹鑽翻開合奇。

15 式、46 式「抱虎歸山」（圖 18）

【全訣】

　　抱虎歸山破後敵，

　　心清眼明手要疾。

圖 17

圖 18

圖 19

圖 20

16式「肘底看捶」（圖19）

【全訣】

肘底看捶纏繞黏，
乘隙一拳莫失機。

17式、58式「倒攆猴」之右式（圖20）

圖 21

圖 22

倒攆猴一般練習做「右、左、右、左、右」五次。這裡右或左式，是指用右手或左手撲面為準。

17 式、58 式「倒攆猴」之左式（圖 21）

【全訣】

倒攆猴兒迎面撲，
沉氣扳挽挫敵勢。

18 式、59 式「斜飛式」（圖 22）

【全訣】

斜飛勢如鷹翱翔，
開勁斜擊稱其勢。

22 式、63 式「海底針」（圖 23）

圖 23

圖 24

圖 25

【全訣】

　　海底針破擒拿法，

　　折腰一沉攻莫遲。

23 式、64 式「扇通背」

（圖 24）

【全訣】

　　扇通背似折扇開，

　　力由脊發勁貫指。

24 式「撇身捶」之①，

胸向南，右橫拳，左掌護額。

（圖 25）

圖 26

24 式「撇身捶」之②，面向西（圖 26）

【全訣】

　　撇身捶掌連環劈，

　　側鋒擊敵如霹靂。

25 式、66 式「搬攔捶」，面向西（圖 27）

圖 27　　　　　　　　　　　　　　圖 28

沈壽太極拳文集

　　85 式楊式太極拳套路中共有搬攔捶 6 式，其中 12、36、43、82 四式面向東方（見圖 15），而 25、66 兩式是面向西方的（見圖 27）。但本圖還可以作為圖 15 的右側面圖看待；而圖 15 則可作為本圖的左側面圖參看。兩相印證，其定勢的姿勢就更加清楚了。

　　28 式、54 式、69 式「雲手」（圖 28）

　　【全訣】

　　　　雲手橫行連綿綿，
　　　　妙用全在轉腰際。

　　30 式、71 式「高探馬」（圖 29）

　　【全訣】

　　　　高探馬上纏腕採，
　　　　仰之彌高掌探鼻。

　　31 式「分腳」（右式——右分腳動作之①：左弓步捋式）

圖 29

圖 30

圖 31

圖 32

圖 33

（圖30）

　　31式「分腳」（右式──右分腳動作之②：向右前斜方分腳）（圖31）

　　31式「分腳」（左式──左分腳動作之①：右弓步持式）（圖32）

　　31式「分腳」（左式──左分腳動作之②：向左前斜方分腳）（圖33）

圖34

圖35

【全訣】

　　左右分腳脅下刺，

　　捋來架去伺隙襲。

32式「懸腿左蹬」（一名「轉身蹬腳」）（圖34）

【全訣】

　　轉身蹬腳腹上端，

　　懸腿蹬伸打援敵。

34式「栽捶」（圖35）

圖36

【全訣】

　　進步栽捶破前踢，

　　摟他撲地腰脛擊。

（註：腰脛，腰眼或脛骨。）

　　35式「撇身捶」（全稱「翻身撇身捶」）之①胸向北，右橫拳、左掌護額（圖36）。其背面圖可參看圖25。

　　35式「撇身捶」之②，面向東（圖37）

圖 37

圖 38

35 式撇身捶與前 24 式撇身捶動作相同，但過渡與定勢時的方向不同，可相互參看、印證。

37 式「右蹬」

請參看圖 56 正面圖，但 37 式的背部向南，是向東方蹬出右腳。

38 式「打虎勢」

見後，圖 38、圖 39。

圖 39

39 式「回身右蹬」

請參看圖 56，但其右腳蹬出的方向，與 37 式相同。

40 式「雙風貫耳」

見後，圖 40、圖 41。

41 式「左蹬」

請參看圖 34 背面圖，但 41 式胸部向南，是向東方蹬出

圖 40　　　　　　　　　　　　　　　　圖 41

左腳。

42 式「轉身右蹬」

請參看圖 56，但其右腳蹬出的方向，與 37 式相同。

【全訣】

左右蹬腳膝腹占，

輕黏漫捌猛飛腿。

為了便於相互參閱，故特將上述 37～42 式中的左右蹬腳連續地寫在一起。

38 式「打虎勢」之左式（一名「左打虎勢」）（圖 38）

38 式「打虎勢」之右式（一名「右打虎勢」）（圖 39）

【全訣】

左右打虎勢威武，

下採上打披身退。

40 式「雙風貫耳」之①「英雄獨立勢」（圖 40）

40 式「雙風貫耳」之②右弓步摜捶（圖 41）

圖 42

圖 43

【全訣】

　　雙風貫耳雙環捶，
　　迷而後摜步要追。

　　47 式「斜單鞭」（圖
42）

　　除定勢時面向東南斜方以
外，其餘與「單鞭」相同。所
謂「斜單鞭」，也就是斜向之
單鞭的意思。

　　48 式「野馬分鬃」（右
式）之①（圖 43）

圖 44

　　48 式「野馬分鬃」（右式）之②（圖 44）

　　圖 43 和圖 44，是右式連續動作的兩個圖，而不是兩個分
式。圖 44 是右式的定勢。

　　48 式「野馬分鬃」（左式）之①（圖 45）

　　48 式「野馬分鬃」（左式）之②（圖 46）

圖 45　　　　　　　　　　　　圖 46

沈壽太極拳文集

　　圖 45 和圖 46，也是左式
連續動作的兩個圖，而不是兩
個分式。圖 46 是左式的定
勢。

圖 47

　　野馬分鬃一般由「右、
左、右、左、右」五個分式連
綴而成。但也可根據個人或表
演的需要改做 3 或 7 次。不
過，次數的變更務須全套協
調，以免影響往復來回線路的
長短。

　【全訣】

　　　野馬分鬃腋下展，
　　　鬆手一分把敵摧。

　51 式「玉女穿梭」之①（圖 47）

　「玉女穿梭」有四個分式，分別走向四角。①、③分式

圖48

圖49

的定勢姿勢相同，但方向分別
朝向西南與東北；②、④分式
的定勢姿勢相同，但方向分別
朝向東南與西北。

　　51式「玉女穿梭」之④
（圖48）

　　②、③分式圖照省略，其
定勢姿勢可分別參看④和①兩
分式。

圖50

　　【全訣】

　　　　玉女穿梭巧為貴，
　　　　護臂穿打四敵潰。

56式、77式「下勢」之①（圖49）

56式、77式「下勢」之②（圖50）

圖49和圖50是連續動作的兩個圖，而不是兩個分式。

圖 51　　　　　　　　　　　圖 52

【全訣】

　　下勢蓄勁避銳氣，

　　俯之彌深無所畏。

57 式「金雞獨立」（左獨立式）（圖 51）

57 式「金雞獨立」（右獨立式之①）（圖 52）

57 式「金雞獨立」（右獨立式之②）（圖 53）

　　圖 52 和圖 53 是連續動作的兩個圖。圖 53 是在圖 52 的基礎上把上體再側轉些，這樣膝節向前的伸展度就增大了。

【全訣】

　　金雞獨立隨勢起，

　　撩撞閉踢任我為。

65 式「白蛇吐信」（圖 54）

【全訣】

　　轉身白蛇吐信烈，

　　叉喉刺瞳敵膽碎。

72 式穿掌（圖 55）

圖 53

圖 54

圖 55

圖 56

【全訣】

穿掌採桃葉底藏，

疆場搏敵喉間刺。

73式「十字右蹬」（原名「十字腿」）（圖56）

圖 57　　　　　　　　　　圖 58

【全訣】

　　十字腿起分手攔，

　　上驚下取最得勢。

74 式「指襠捶」（圖 57）

【全訣】

　　進步指襠捶下路，

　　摟腿寸靠把襠指。

78 式「七星勢」（圖 58）

【全訣】

　　上步七星防上打，

　　掤架之下直拳馳。

79 式「跨虎勢」

其定勢姿勢請參看圖 11「白鶴亮翅」的定勢。

【全訣】

　　退步跨虎閃正中，

　　如虎勁敵受扼制。

80 式「轉身擺蓮」（圖 59）

圖 59　　　　　　　　圖 60

【全訣】

　　　轉身擺蓮帶括掃，
　　　前後應敵旋風勢。

81式「彎弓射虎」（圖60）

【全訣】

　　　彎弓射虎如發矢，
　　　沉勁蓄氣雙拳使。

85式「收勢」

其定勢姿勢請參看圖1「預備勢」。

【全訣】

　　　收勢意氣歸丹田，
　　　心靜神怡倍舒適。

【全訣‧結語】

　　　中華武術世稱奇，
　　　國之瑰寶宜珍惜。
　　　能文善武有品德，
　　　民族興旺自可期。

第四章
36式與傳統楊式太極拳的式名和式數

第一節　楊式太極拳的式名和式數

　　傳統楊式太極拳的套路，雖然只有一套，但見於上一世紀的各種有關出版物，其所編式數並不完全相同，例如：

　　一、文光印務館 1931 年出版的楊澄甫著《太極拳使用法》一書中，第 15～17 頁所列「太極拳十三式」（沈壽按：實即「楊式太極拳譜」），其式數編為 78 式，並在篇末稱：「以上太極拳名稱三十七，全套七十八個姿勢完。」意思是：傳統楊式太極拳共有 37 個基本拳式及其名稱，而整個套路，包括重複式在內，共有 78 式。

　　二、京城印書局 1921 年出版的許靇厚（即許禹生，1879～1945）著《太極拳勢圖解》一書（後文簡稱「許本」），將全套楊式太極拳編為 74 式。其中第 36 式為「二起腳」。

　　三、中華書局 1925 年出版的陳微明（1881～1958）著《太極拳術》一書中，將全套楊式太極拳編為 80 式。

　　四、人民體育出版社 1963 年出版的傅鍾文演述《楊式太極拳》一書中，全套始編列序號為 85 式。而其具體架式，則與 1934 年上海大東書局出版的楊澄甫著《太極拳體用全書》是一致的；僅僅由傅鍾文演述和補拍了過渡動作的照片，並依楊澄甫的體貌繪製成插圖。

上述各書，都是 20 世紀出版的、極有影響的楊式太極拳
著作，其內容是一脈相傳的同一套楊式太極拳套路。而且，
其著作者中除許禹生是楊健侯的學生外，陳微明和傅鍾文都
是楊澄甫嫡傳的高足。然而其式數或式名、甚至個別動作姿
勢，在楊式太極拳尚未最後定譜之前，各書之間是稍有出入
的，這可說是在所難免的。

即使在楊澄甫晚年最後定譜以後，後世傳人在重新整理
時，仍不免會因滲入己見，從而使這原本是同一套的楊式太
極拳套路，出現了稍微不同的式名和式數。其中式名的不
同，以同音異寫居多。

其實，這是太極拳發展過程中客觀存在的現象。因此，
對於當今流傳於各地民間的楊式太極拳，惟有抱著「求大
同、存小異」的態度，才能使之獲得更廣泛的交流和發展。

第二節　36 式太極拳與 37 個基本拳式 的合璧對照

36 式太極拳的基本拳式是式式不同的，而傳統楊式太極
拳除了 37 個基本拳式之外，其餘就都是重複式了。例如：全
套編為 78 式的楊式太極拳，其中就有 41 個為重複術式；再
如全套編為 85 式的楊式太極拳，其中有 48 個重複術式。

一般地說，套路中的重複式，是對一些重要的拳式動作
的反覆練習，這無疑是很有必要的。而 36 式太極拳的式式不
同，則是突出套路的短小精悍；相對地又顯示其所蘊涵內容
的豐富多彩。如需要反覆練習時，可採取多打幾套，也可反
覆單練個別需要熟練的拳式。

36 式太極拳既然是脫胎於傳統楊式太極拳的，那麼，它

與傳統楊式太極拳的 37 個基本拳式的關係如何？又為什麼少了個基本拳式呢？

要弄清這個問題，就必須將 36 式太極拳的各個拳式名稱，與編為 78 式的楊式太極拳套路中的 37 個基本拳式名稱合璧對照，以資相互印證。

對照之下，可以清楚地看出以下幾點：

一、36 式太極拳把「穿掌」單列為一式。

二、36 式太極拳中除有「二起腳」之外，又增列「拍腳」一式。

以上說明增加了兩個獨立的基本拳式。

三、36 式太極拳把「撇身捶」作為「二起腳」的一個分式，而不單獨列為基本拳式。

四、36 式太極拳把「轉身十字腿」作為「蹬腳」的一個分式，而不單獨列為基本拳式。

五、36 式太極拳把「單鞭」與「下勢」合為一式，而不再另列「單鞭」一式。

以上則說明又減少了三個基本拳式。從而也就由 37 個基本拳式變為 36 式。當然，36 式太極拳的實際內容是經過充實的，而不是簡單的組合。

第三節　三份拳譜中基本拳式名稱
##　　　差異的舉例

現將 36 式太極拳與傳統楊式太極拳（85 式和 78 式）譜文中基本拳式名稱的差異列表舉例如下：

從表中不難看出，這三份太極拳譜內的式名，其差異是微小的。其中 85 式楊式太極拳譜的套路，是楊澄甫先生生前

沈壽太極拳文集

36式	85勢	78勢	備　　註
預備勢	預備勢	（無）	36式預備勢 未編列序號。
起式	起勢	太極起勢	此處「式」「勢」 兩字可通用。
倒攆猴⑤	左右倒攆猴	左右倒攆猴	
扇通背	扇通背	山通臂	
拍腳②	（無）	（無）	
穿掌	高探馬帶穿掌	高探馬帶穿掌	36式將高探馬與穿掌分 列為兩式。
二起腳	（無）	翻身二起	
打虎勢②	左打虎勢、 右打虎勢	左右披身伏虎	85式分列為兩式。
蹬腳④	十字腿	轉身十字腿	36式把十字腿列為「蹬 腳」的分式。
雙風貫耳	雙風貫耳	雙風貫耳	
雲手⑤	雲手	抎手	
單鞭下勢②	單鞭、下勢	單鞭下式	85式分列為兩式； 78式另有「單鞭」。
七星勢②	上步七星	上步七星錘	78式捶字均作「錘」。
擺蓮腳②	轉身擺蓮	轉身雙擺蓮	
搬攔捶	進步搬攔捶	進步（上步） 搬攬錘	78式分進步、上步兩 種；攔字作「攬」。
收勢	收勢	合太極	

最後定譜的；78式楊式太極拳譜則在最後定譜之前，兩者相距當在十年以上。這兩份拳譜中的式名，有一些不同的字大都屬於同音異寫。惟一較大的差別是將「78式」中難度較大的「翻身二起」一式，改換為「85式」中所有的「翻身撇身捶」「進步搬攔捶」和「右蹬腳」三式。而1921年出版「許

本」的 74 式中，尚有「二起腳式」。說明這一式原是經楊健侯這一代人傳下來的。

36 式太極拳保留了「二起腳」，並主張其練習的難度可大可小，可因人而異。這樣既可使基本拳式的內容更加豐富多彩，又不致影響到中老年人或體質較弱者一起參加學習和鍛鍊。

第五章
36式太極拳譜及示意說明

第一節　36式太極拳譜

註：式名後帶圈號的數字，為連做若干分式。

第二節　36式太極拳往返線路示意圖

一、假設場地示意圖及其說明

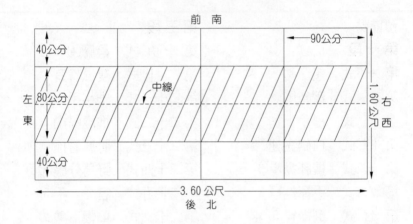

1. 此場地大小，普遍適用於一般身材的人練習36式太極拳。在套路熟練後，鍛鍊時可因地制宜。即使是更小的室內場地，也能習練自如。這正如有的拳家所說：「套路是死的，人可是活的。」因為步伐大小和手臂伸展的幅度，都可根據環境和形勢作出「微調」的。

2. 上列假設場地是按預備勢和起勢時的方向——前南、後北、左東、右西繪製的。做預備勢時，面向正南方兩腳開立，兩腳跟貼近底線；兩腳位置放在右起第2格內的右部分。

3. 起勢出場後，兩腳邁入標有斜線的中場，此後就在中場依「東→西」和「西→東」的走向進行練習。直到收勢退場時，方始退回起勢時的原地。

4. 由於有的拳式向斜角邁步，有的拳式手腳伸展的幅度較大，這樣手和腳就不可能完全保持在中場範圍，所以，只要做到不超越整個場地的邊線就行了。然而在初學打拳時，就要確立循著「中線」運動的意識，同時兩足之間要保持一定的橫距，那樣才不會把拳路走歪、走偏了。

二、36 式太極拳運行線路示意圖

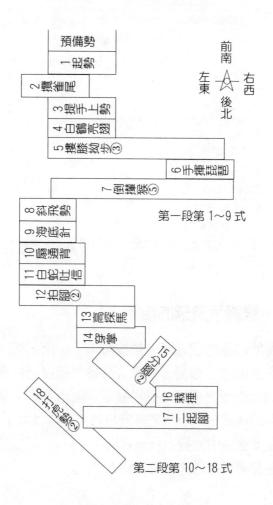

第一段第 1～9 式

第二段第 10～18 式

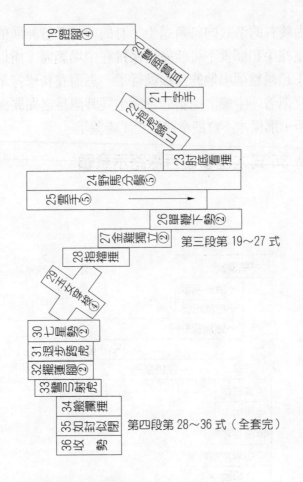

19 蹬腳④

20 玉女穿梭

21 十字手

22 抱虎歸山

23 肘底看捶

24 野馬分鬃⑤

25 雲手⑤

26 單鞭下勢②

27 金雞獨立②　　第三段第 19～27 式

28 摟膝拗捶

29 轉身蹬腳④

30 七星勢②

31 退步跨虎

32 擺蓮腳②

33 彎弓射虎

34 搬攔捶

35 如封似閉　　第四段第 28～36 式（全套完）

36 收　勢

三、線路示意圖的說明

1. 場地和線路示意圖，都按前（上）南、後（下）北、左東、右西的方位繪製。初學者持書對照自己打拳的往返線路時，由面南而立開始，可根據示意圖自下而上地逐式對照自己練習的拳式，而不用把書翻轉過來請人代看了。

2. 從示意圖中大體上可以看出：

①整套拳式往返運動的線路；

②每一個基本拳式在最後定勢時的方向。

3. 36 式太極拳共分四段，每段 9 式。線路示意圖表明：其第一、二段各有一個來回；第三段有兩個來回；第四段或是就地轉圈，如「玉女穿梭」走四角、轉身 360°「擺蓮腳」等式，或者是在原地進退，而沒有出現明顯的線路來回。總起來說，整套拳架共有四個來回。

4. 凡一個拳式有 2 個或 2 個以上分式者，只在一個方格的拳式名稱後，用帶有圈號的數字表明，而不繪成幾個方格。

5. 整套拳路的東——西走向，基本上在一條線路上，然而示意圖卻無法把各式重疊在一起繪製，因此，只能是上下相接。

6. 凡上下兩格相連（⊏═══⊐），說明這前後兩個拳式動作是在同一位置上進行的。

7. 凡上下兩格相連而有長短，這大體上表明前後兩個拳式動作所占位置的長短。

8. 凡動作向斜方的拳式，則用斜向的長方格表明。其中「分腳」用「丁」字格表明，「玉女穿梭」用「十」字格表明。但示意圖也只能是示其大略而已。

9. 終場時，收勢應回到起勢原來的位置上。但如果回不到時怎麼辦呢？辦法有兩個：

①凡是集體練習，特別是參加集體表演，事先應該對自己最後若干式步伐的長短作出微小的調整，使收勢能回到起勢的原地。

②若僅僅是個人練習，或個人表演，那只要收勢離起勢的原地不遠即可，並無大礙。

10. 為了便於讀者閱讀，除面向南的拳式名稱採取正面書

寫外，其餘都按拳式走向的線路書寫，即：

①凡由東向西走者，就由東向西書寫；

②凡由西向東走者，就由西向東書寫；

③凡向斜方的，也按其走向書寫。

但以上都以最後動作為準，例如：「拍腳」「分腳」等式，都是先後向著兩個不同的方向，那就以最後一個分式的定勢動作為準。

11.「雲手」是面向南，卻又是由西向東地橫行，所以只好用正面書寫，並以箭頭符號表示其橫行的走向。

第三節　關於 36 式太極拳圖照的幾點說明

一、36 式太極拳動作分解圖照計 235 幅，另有附圖 13 幅，共 248 幅。其中附圖，是為了使讀者看圖看得更清楚些。

二、書中演練者動作圖照的方位是：前南、後北、左東、右西（見動作圖照方位示意圖）。這個方位是固定的，

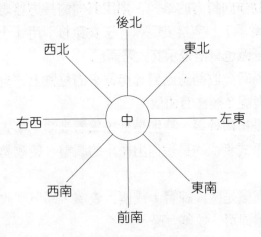

動作圖照方位示意圖

這既是地理位置，也是寫書時定位的一種需要。所以，初學的人最好能朝南起勢練習走架，這樣就與書中圖照取得一致的方向，便於對書中圖文所表明動作方向的理解。待日後套路熟練以後，那時打拳就可根據情況自行選擇起勢的方向，而不一定都採用面南起勢的。

三、由於學練者要與書中動作圖照的方向一致，這樣在對照自己的動作時，就必須將書朝外（南），才能看得更清楚些。但這樣觀圖對照是既彆扭又吃力的。這裡有兩個較好的對照方法：

①是觀看書上圖照，並用大鏡子（如穿衣鏡、練功鏡等）來對照自己的動作姿勢；

②是同學間相互幫助，由同學用書中圖照來對照我的動作姿勢。

四、動作圖照方位示意圖與線路示意圖所繪的位置恰好相反。為什麼呢？

這是因為前者是以書中演練者面南起勢的方位為準，讀者在閱讀時，圖照正好是面對著讀者的。這說明在起式時，圖中人是面對南方的，而觀圖人卻是面對北方的。

而後者——線路示意圖，則是便於讀者對照自己面南起式的走架往返線路的正確性，並採取正面閱讀書中線路示意圖的方式進行對照。因此，它是按讀者面南起勢的方位繪製，即讀者的前面是南、背面是北。這樣就不用把書本顛倒過來加以對照了。

綜上所述，不難看出，這兩者僅僅是繪法不同，而其實際行拳的方向卻是完全相同的。

五、凡一個基本拳式中有幾個重複動作的分式，其中有的就省略了圖照，而用文字加以說明。

六、動作分解的圖照和文字，兩者是相輔相成的，是為了給大家解析得更詳盡些，以有利於較快地弄懂學會。但是打拳時，必須力求動作如行雲流水般綿綿不斷、滔滔不絕。特別是轉關變式時的連貫銜接，切不可出現時斷時續的現象。

七、在文字說明中，不論先寫或後寫身體的哪一部分，在實際走架時，全身動作都要協調一致，做到齊起齊止；切記「一動無有不動，一靜無有不靜」，而不可使完整的動作割裂開來。

第六章
36式太極拳動作圖解

預 備 勢

【釋名】

即預備姿勢。舊稱「無極勢」，含有「動靜未分」的意思。

面向正南方，兩腳開立，與肩同寬，兩腳尖朝向正前（南）方，成開立步（俗稱「11」字步，即兩腳平行地指向前方，如阿拉伯數碼「11」）；頭部與身體自然正直；兩臂自然下垂，兩手放在大腿外側。兩眼向前平視（圖1）。

【要點】

精神高度集中，做到虛領頂勁、含胸拔背、沉肩墜肘等要求。同時，調勻呼吸，使之氣沉丹田。全身上下、內外，務須鬆靜自然，做到立身中正安舒。本式雖無動作，但其內容卻包含了調意、調神、調身、調息，在靜態下做好演拳前的一切準備。而對上述基本要領，那是必須在全套動作的過程中貫徹始終的。

圖 1

第一段

第一式 起 勢

【釋名】

起勢是拳術套路的開始動作。而古代拳術一般是以第一拳為起勢的，俗稱「開門勢」或「初勢」，可以用此式來辨別這是哪一拳派或其分支流派的套路。

楊式太極拳曾經把預備動作之姿勢稱為「太極起勢」，而不另立預備勢的。（見楊澄甫著《太極拳使用法》，1931年文光印務館出版；又見於楊澄甫著《太極拳體用全書》，1934年大東書局出版）

本套路在起勢中增加了出場動作，作為起勢的組成部分。

①緊接上式。兩臂緩緩地向前、向上平舉，開始上舉時，兩臂內旋，兩掌隨上舉之勢，變為掌心向下，指尖向前（南），漸漸舉至高與肩平，兩掌相距與肩同寬（圖2）。

②上動不停。兩肘下沉，帶動兩掌坐腕，沿原來上舉的線路下按，兩掌下按至兩臂微直時，放在大腿外側，掌心向下，指尖向前，坐腕翹指。眼向前平視，眼神兼顧兩掌下按（圖3）。

③重心移至右腿；右腳不動；左腳輕輕提起，向正前跨上一小步，先以腳跟著地；同時，

圖2

圖 3

圖 4

圖 5

圖 6

兩臂外旋，兩肘微屈，兩掌翻轉，變俯掌為仰掌，經兩側前（東南與西南）方，向上、向前（南）做弧線回環（圖4、圖5、圖6）。

④上動不停。重心漸漸前移至左腿；左腳全腳踏實；右腳動步跟隨向前方跨上一小步，先以腳尖踮地，隨之全腳踏

圖7   圖8

實，身體自然地直立，兩腳並行地仍保持原來（見圖3）的
橫距；同時，兩臂內旋，兩掌翻轉，變仰掌為俯掌，漸漸向
身前合攏，還原為前平舉的姿勢，兩掌相距與肩同寬，高與
肩平（圖7、圖8）。

　　⑤上動不停。兩肘下沉，帶動兩掌坐腕下按至兩臂微直
時，放在大腿外側，掌心向下，指尖向前，坐腕翹指；在兩
掌下按的同時，頭部上頂，上體自然地微微伸拔。眼向前平
視，眼神兼顧兩掌下按（圖9、圖10）。

　　【要點】

　　練習太極拳，從起勢到收勢，式式動作都必須相連不
斷，一氣呵成。因此，練拳時必須提起精神，全神貫注；尤
須以意領先，即以意識支配動作，做到「先在心，後在
身」。一舉一動，都要先想後做，邊想邊做。所以，不論反
映在內心意識，還是表現在形體動作，都似行雲流水，連綿
不斷；又如長江大海，滔滔不絕。

　　起勢開始時，兩腿雖直立未動，卻不可僵硬挺立，兩膝

圖 9

圖 10

要含虛，心中要有預動感，下肢要有待動的準備。跨出第一步時，肢體動作即須協調一致，上下相隨，做到以腰為軸，帶動全身肢體。

伸臂或舉臂時，肘部不可完全挺直，必須恰當地留有餘地，使肘尖微露，有下墜之感。當然也不可過度，一般地說，只要肘節不完全挺直，肘尖就必然是微微凸露的。同時，要保持肘節鬆沉，這樣就符合了「墜肘」的要求。

楊式太極拳的掌型為「八字瓦楞掌」（一作「八字瓦壟掌」），即掌心含虛，虎口鬆開，使手部略呈八字形。手指則應自然舒展而不可捲曲，除拇指分開外，其餘四指不可用力張開；但也不可用力併緊，而以自然舒展為是。

在兩掌下按時，掌根下沉，微微凸露，而手指自然地微微上翹，這便是「坐腕」。其目的在於勁貫掌根，達於指端。

第二式　攬雀尾

圖11

【釋名】

兩手來回往復，像輕柔地撫摩攬拂鳥雀的尾羽，故名。

本式由掤、捋、擠、按四式組成，即太極推手中的「四正法」，是太極拳的基礎著法。

掤　式

①接上式。左腳跟碾地，左腳尖裡扣約 45°；重心移至左腿；右腳提起，腳尖下垂，上體稍向右（西）轉；左掌隨轉腰上提，放在胸前；右臂外旋，右掌翻轉，放在小腹前，兩掌心左後右前地上下斜形相對。眼向前（西）方平視（圖11）。

②上動不停。身體繼續向右轉；右腳隨轉體向右（西）前方邁出，先以腳跟著地，漸至全腳踏實，右腿前弓，左腿蹬伸，成右弓步；同時，右臂圓撐，隨轉腰之勢，以右前臂向右（西）前方掤出，右掌心朝裡，高與肩平；左掌隨同右前臂向前推出，手指朝上，左掌與右掌相距約一尺許（「等身尺」，即相當於自己前臂尺骨的長度）。眼向前平視，眼神兼顧右前臂前「（圖12、圖12附圖）。

【要點】

兩掌上下合抱時，一前一後斜形相對，其下面的一手，在出手前有潛藏的意思。手臂上掤時，要注意沉肩墜肘。向前掤出時，兩臂都要圓撐，其肘部應稍低於腕部。肩部腋下要含虛，像裝有彈簧支撐著似的，使手臂富有彈性。邁步要輕靈而穩健，前腳伸、後腳蹬，「後腳送前腳」，使前腳落

沈壽太極拳文集

圖 12

圖 12 附圖

地無聲，這就是「邁步如貓行」。全身動作要協調一致，必須用意識支配，以腰為軸，使前臂掤出與後腿蹬伸連成一條斜形直線，做到周身一家。

捋　式

①接上式。上體微向右轉，右前臂以肘為軸，使右掌稍向上、向前伸舉，隨即右臂內旋，使掌心翻轉成斜向外、向下；同時，左臂外旋，使掌心翻轉成斜

圖 13

向裡、向上，兩掌邊翻邊伸向右前斜方（朝西偏北）（圖13）。

②上動不停。身體微向左轉，重心漸漸後移至左腿，腰胯部和兩肘尖鬆沉；兩臂微微屈肘，帶動兩掌向左側捋去；最後坐實左腿，成右虛步，上體轉向西南斜方；兩掌各放在

圖14　　　　　　　　　　圖15

左、右胸前。眼隨手轉，手眼相隨，眼神先關顧右掌向左
挒，挒到盡處，眼向前（西）方平視，眼神兼顧兩掌（圖
14、圖15）。

　【要點】

　　挒式兩掌之間的距離也是一尺許，例如：對方與我身材
相仿，今我用左手扣搭住對方左腕部，並用我右腕內側黏住
對方左肘尖近上臂處，這時我兩掌相距就在「等身尺」的一
尺許。在太極拳走架或推手、散手中，表現出兩隻胳膊相互
呼應、協力同心的類似情況是普遍的，這就是所謂「兩膊相
繫」。它是全套太極拳的要領和手法特點，所以，不只是限
於某一式的。

　　36式太極拳在走架時採取傳統的轉腰平挒的形式，既不
向下挒，也不向上挒。這與槍法一樣，也叫「中平為王」。
因為兩手持平，向上可護及頭、面，向下可護及襠、膝。不
過，應用於與人對待（推手或散手）時，必須是隨機應變
的，除了多用平挒，也可應用向上或向下挒。

圖 16

圖 17

擠　式

①捋式完成後，坐實左腿，右腳稍提起；身體微向右轉，面對右（西）前方；同時，左臂內旋，左掌翻轉成俯掌，放在胸前；右臂外旋，右掌邊翻轉、邊向下沉落，成仰掌，放在腹前，兩掌心左後右前地上下斜形相對。眼向前（西）方平視（圖16、圖17）。

②上動不停。身體繼續向右轉，重心前移；右腳隨轉體向右（西）前方邁出，先以腳跟著地，漸至全腳踏實，右腿前弓，左腿蹬伸，成右弓步；同時，右掌向上、向前提起，右前臂呈弧形橫置於胸前，右肘略低於腕，掌心朝裡；左掌相應地在右前臂內側，跟從向前；繼而左掌根向前貼近右腕脈門，含蓄地貼住後，兩臂橫撐，兩掌以合力向右（西）前方擠出，高與肩、鎖關節相平。眼向前平視，眼神兼顧擠手（圖18、圖19）。

【要點】

擠，含有排擠的意思，即用後手的掌根合在前手的脈門

圖 18   圖 19

上，向前用合力擠發。擠時兩臂要略呈橫形，但動作仍應中正圓滿，沉肩墜肘，肘部略低於腕部，而不可因此聳肩抬肘。太極拳凡做弓步，前腿屈膝以脛骨垂直為準，膝尖不可超過腳尖，否則便是所謂「過勁」，易失中正之勢而為人所乘。

按 式

①接上式。右臂內旋，使兩掌心都向下；左掌根繼續向前，由貼著右腕脈門擦過右手背，略呈雙掌交叉後，即向兩側分開，兩掌橫距比肩稍窄；身體重心開始後移（圖20、圖21）。

②上動不停。身體重心繼續後移，直到坐實左腿，成右虛步（這種步法也叫「坐虛步」，是虛步的一種）；同時，兩掌坐腕，兩肘漸漸屈攏並下沉，帶動兩掌並行地向裡、向下抹回；在抹回的過程中，雙手由俯掌漸漸地變為手指斜向上的立掌，兩掌心相互對應，微偏向前（西）方。眼向前方平視，眼神兼顧雙掌抹回（圖22）。

③上動不停。右腳先提起，然後向前（西）方邁出，先

圖 20

圖 21

圖 22

圖 23

以腳跟著地，隨著重心前移，過渡到全腳踏實，右腿前弓，左腿蹬伸，成右弓步；同時，兩掌從胸前向前、稍向上按出，高不過口；邊按兩臂邊內旋，由轉腕旋臂，使兩掌心由斜形相對漸漸轉向朝前而微側；定勢時，兩掌相距的寬度不變，腕根坐落，十指向上，虎口撐開，雙手拇指往後側上翹。眼向前（西）方平視，眼神兼顧雙掌按出（圖23、圖

圖 24　　　　　　　　圖 25

24、圖 25）。

【要點】

拳訣說：「按前有一化。」即在使用按式時，先有一個向裡、向下沉化的動作（見圖 20～22），然後轉腕向外、向前上按出（見圖 23～25）。這裡的一「化」，是按式的組成部分，體現了「先防守、後反攻」的思想，也含有「意欲向外、向上，必先向裡、向下」的意思。化，有走化、引化、帶化、沉化等等說法，這是用法或視角不同所致。

沉化後，雙手向前、微向上起地按出。這時，兩掌要走斜形直線，而不是圓弧線。按出後，手指高與口齊。動作要注意上下相隨，周身一家。如按手動作與向前弓腿和坐腰落胯務必協調一致。

武禹襄《十三勢說略》說：「其根在腳，發於腿，主宰於腰，形於手指。」拳諺又有「五心相印，子午相對」的說法。五心，即在心意的支配下，使兩手心、兩腳心與之相應。如雙按手時，心意貫勁於掌心，並與下肢一弓一伸的腳

心相互呼應，這便是「五心相印」的典型例子。

　　但用意必須含蓄，不可過分。聽憑意在若有若無之間可也！子午相對，這裡指在後蹬伸一腿，與在前按出的雙手形成一條斜直線。子為北，午為南，「子午相對」在這裡泛是指前上、後下的直線相對而言。因為發勁反攻必須專注一方，而不可能是轉彎抹角地發勁的。

第三式　提手上勢

【釋名】

　　兩手合抱、交錯後向上提起，故名「提手上勢」。提手上勢定勢時的姿勢，與手揮琵琶的方向相反，其餘相同；但若就其動作過程與勁別來說，卻是各不相同的。提手上勢用的是合勁和提勁，而手揮琵琶用的卻是纏勁和穿化勁。

　　①接上式。重心仍放在右腿，右腳跟碾地，使右腳尖內扣45°後踏實；同時，身體向左轉，面向南方；隨著腰部左轉，左臂微內旋，左掌自下而上地畫弧上架，放在左額前（南）上方，掌心向外，指尖斜向右上方，略呈亮掌托架的姿勢；右掌隨轉腰之勢，向前（南）方平移（是腰的轉動所致，而非手動），仍呈立掌，掌心向外，指尖向上。眼向前平視，眼神兼顧左掌向上托架（圖26）。

　　②上動不停。左腳跟碾地，左腳尖外展約90°後踏實，重心漸漸移向左腿；同時，左掌自上

圖26

圖 27

圖 28

而下地向左前側方弧形落下，使兩掌平行地放在身前兩側方，兩掌心向前而微側，指尖斜向上，兩肘微屈（圖27）。

③上動不停。左腿坐實，右腳提起，向左腳前右方（朝南偏西）落步，兩腳前後相距一步，右腳跟著地，腳尖微微翹起，右膝自然微屈，成右虛步（一名川字步或川虛步，又名翹腳步，是虛步的一種）；同時，兩肘帶動兩掌繼續下沉至兩側上腹高度後，漸漸合攏，並向前、向上提起和錯開；這時，右掌在前，指尖斜向上，高與眉齊，掌心向左（東）而微偏向上；左掌在後，指尖斜向上，高與胸齊，掌心向右（西）而微偏向下，左掌心和虎口正對著右肘彎，兩手有遙相呼應之勢；上身略微向左側轉，胸部朝向東南方。眼向前（南）方平視，眼神兼顧雙手抱合和上提動作（圖28、圖29）。

【要點】

上、下肢動作要上下相隨，協調一致。重心轉移時，身體要平穩，臀部不可凸出。兩腳要分清虛實，虛實變換要輕靈而沉著。定勢時，兩腳之間應有橫距間隔，切不可踩在同

圖 29　　　　　　　　　　　　圖 30

一條直線上；右腳尖不可翹得太高。兩手合抱上提與錯開，動作要飽滿而圓活。肩關節和肘關節都要鬆沉，做到沉肩墜肘。兩手要相互呼應，做到「兩膊相繫」。定勢時，左手保護著右臂的肘節，太極拳術語叫「護中節」。拳諺說：「中節不護，渾身是空。」所以，不可等閑視之。

第四式　白鶴亮翅

【釋名】

右手上揚亮掌，左手下摟按掌，恰似白鶴亮翅，故名。

①接上式。上體微向左轉；右腳提起，稍向後收；兩肘尖也稍向後內收，左臂微內旋，使左掌心翻轉向下；右臂屈肘，臂內旋，使右掌翻轉成俯掌，下落至左掌下側外方時，右臂外旋，右掌重又翻轉成側仰掌，放在左掌的下側外方，左掌在上、偏後，右掌在下、偏前（圖30）。

②上動不停。右腿向前（南）邁出，右腳跟仍在原地落步，右腳尖裡扣45°後全腳踏實，踏實後的右腳尖指向東南斜

圖31　　　　　　　　　　　　圖32

方；上體漸漸向左轉，重心移向右腿，右腿屈膝坐實；同
時，右臂上提至右胸前側方，右掌心朝裡，指尖向東方；左
手坐腕立掌，掌心正對著右前臂內側。眼向前平視，眼神兼
顧右前臂（圖31）。

　　③上動不停。上體繼續向左轉，轉至面向正東方；左腳
微提起，稍向右收，繼而向前移，置於身前（東）方，以腳
尖虛踮地面，左膝微屈，成左虛步；同時，右臂上提，臂內
旋，使右掌心翻轉向外，放在右額的前上方，指尖斜向上，
成亮掌式；左臂向左下方沉落，左掌隨之弧形地向左下方摟
按，並放在左胯的前側方，掌心向下，坐腕翹指，指尖向前
（東）方。眼向前平視，眼神兼顧兩掌一上一下地雙分（圖
32、圖33、圖33附圖）。

　　【要點】

　　右腿邁出、右臂前撐和左掌放在右前臂內側時，意含先
擠後靠：擠時，左掌根與右腕脈門遙遙相對；靠時，右腿前
弓，上體左轉，左掌根與右肘彎遙遙相對應。但左掌與右臂並

圖 33

圖 33 附圖

不相接，僅僅是含有此處可用擠或用靠的意思。

　　當身體轉向東方、雙手兩分時，軀幹要有向上伸拔的氣勢。頭要頂，襠要落，上體能伸拔，右腿能坐實，這樣重心自然穩固，且會有上下對拉和將肢體拔長的感覺。練拳時，凡是頭能向上頂起，做到虛領頂勁，這樣精神就自然能提得起，而不會有懶散現象。

　　在本式的動作過程中，尤須注意保持立身中正安舒，而不可有前俯後仰、挺胸腆腹或臀部外凸等現象。右手上舉亮掌時，要格外注意沉肩墜肘，而避免出現聳肩抬肘的毛病。定勢時，兩臂要圓撐而略呈弧形，並有上下對稱的感覺。同時，左手不要貼靠在胯部，而要稍微向左側分開一點，使之具有圓滿支撐的氣勢。

第五式　摟膝拗步

【釋名】

　　一手摟過膝面，稱為「摟膝」；凡走架時，用我右手出

圖34　　　　　　　　　　　　圖35

擊而左腳前邁的，或者用左手出擊而右腳前邁的，都稱為「拗步」。以上兩者合而成為「摟膝拗步」。反之，如某一拳式出左手同時邁左腳，或者出右手、邁右腳，這時手和腳就順向一邊，那便是所謂「順步」。

本式共有左、右、左3個分式，因此，全稱為「左右摟膝拗步」。劃分左或右式，是以摟膝的一手為準。

（1）左摟膝拗步

①接上式。身體先微沉，隨即向右轉腰；右臂外旋，右掌從上而下，由亮掌轉腕成俯掌，再翻轉成仰掌，經頭面、左胸和上腹，在小腹前弧形沉落，再隨轉腰經右胯旁向後側（西南）上方回環運轉，掌心朝裡，指尖斜向上；同時，左掌由左下方向右上方弧形提起，高不過右乳心，掌心朝下而微向裡。眼隨轉體環視，眼神兼顧雙手動作，最後顧及右後側一手（圖34、圖35、圖36）。

②上動不停。身體向左轉；左腿屈膝提起，腳尖微下垂，左腳向前（東）方邁出一步，先以腳跟著地，隨著重心

圖36

圖37

圖38

漸漸前移，使全腳踏實，左腿前弓，右腿蹬伸，成左弓步；同時，左掌向左、向下弧形地摟過左膝膝面，放在左胯的前側方，掌心向下，坐腕翹指，指尖向前；右掌經右後側上方回環內收，貼近右耳，呈側立掌，指尖向上，掌心朝裡，正對右耳部，繼而從右耳旁向前（東）方伸臂推出，邊推邊臂內旋，使掌心變為斜向前方，指尖向上，高與眉齊。定勢時，眼向前平視，眼神透過右手指尖關注前方（圖37、圖38、圖39）。

（2）右摟膝拗步

①接上式。身體漸漸向左轉，以左腳跟為軸碾地，使左腳尖外展45°；重心全部移向左腿；右腳跟提起；隨轉腰之

<table>
<tr><td align="center">圖 39</td><td align="center">圖 40</td></tr>
</table>

圖 39　　　　　　　　　　　　　圖 40

勢，右臂屈肘，帶動右掌由前上向裡、向下弧形移向左上腹前側，掌心向下，指尖向左（北）；同時，左臂外旋，左掌隨轉腰漸漸翻轉，掌心向上，開始向左後側上方運轉（圖40）。

②上動不停。右腳提起，向前（東）方邁出一步，先以腳跟著地；上體右轉，右腳隨著重心前移而全腳踏實，右腿前弓，左腿蹬伸，成右弓步；同時，右掌向右、向下弧形摟過右膝膝面，放在右胯的前側方，掌心向下，坐腕翹指，指尖向前；左掌經左後側上方回環內收，貼近左耳，呈側立掌，指尖向上，掌心朝裡，正對左耳部，繼而從左耳旁向前（東）方伸臂推出，邊推邊臂內旋，使掌心變為斜向前方，指尖向上，高與眉齊。定勢時，眼向前平視，眼神透過左手指尖關注前方（圖41、圖42、圖43）。

（3）左摟膝拗步

①接上式。身體漸漸向右轉，以右腳跟為軸碾地，使右腳尖外展45°；重心全部移向右腿，左腳跟提起；隨轉腰之勢，左臂屈肘，帶動左掌由前上向裡、向下弧形地移向右上

圖 41

圖 42

圖 43

圖 44

腹前側，掌心向下，指尖向右（南）；同時，右臂外旋，右掌隨轉腰漸漸翻轉，掌心向上，開始向右後側上方運轉（圖44）。

②上動不停。左腳提起，向前（東）方邁出一步，先以腳跟著地；上體左轉，左腳隨著重心前移而全腳踏實，左腿

圖 45　　　　　　　　　　　圖 46

前弓，右腿蹬伸，成左弓步；同時，左掌向左、向下弧形地
摟過左膝膝面，放在左胯的前側方，掌心向下，坐腕翹指，
指尖向前；右掌經右後側上方回環內收，貼近右耳，呈側立
掌，指尖向上，掌心朝裡，正對右耳部，繼而從右耳旁向前
（東）方伸臂推出，邊推邊臂內旋，使掌心變為斜向前方，
指尖向上，高與眉齊。定勢時，眼向前平視，眼神透過右手
指尖關注前方（圖 45、圖 46、圖 47、圖 48）。

【要點】

摟膝拗步的三個分式，（1）（3）都是左式，但其在轉
關變式相互銜接的過渡動作上不一樣，其餘相同；（2）右式
與（3）左式，除左、右動作方向相反外，其餘相同。因此，
三個分式的圖與文，可以相互參考。

練習時，邁步不可重滯，要輕靈而沉著，虛實分清，上
下相隨。一舉一動必須以腰為軸，帶動肢體上下。弓步的完
成，必須與兩手動作的到位協調一致。亦即手、腳要齊起齊
止，同時到達定點。切忌在下的前腳已經全掌踏實，而在上

圖 47

圖 48

的兩手尚未到達定點，形成「上動下不動」。而摟手與推掌
是一守一攻的聯合動作，務須做到「兩膊相繫」。摟手走的
是弧線，而推掌從耳旁推出，走的是一條直線。所以，推出
時手勢不可忽高忽低、忽左忽右、上下浮動，也不可由上向
下劈打。全式動作要求做得穩定沉著、圓滿協調、柔和輕
靈，而不可稍有滯頓、出現棱角或歪斜搖擺現象。定勢時，
要注意沉肩墜肘，其兩臂不可完全挺直，應留有餘地，使兩
肘微屈、兩臂微呈弓形。

第六式　手揮琵琶

【釋名】

左手在前，右手在後，猶如側身懷抱琵琶，故名。

①接上式。重心漸漸全部向前移於左腿；右腳稍提起，
直線向前跟步，踏上半隻腳掌的直距後，落下踏實，重心又
全部移向右腿；上體向右側轉約 45°，即側身後胸向東南斜
方；同時，左臂外旋，左掌隨轉腰之勢向前伸展；右臂屈

圖 49

圖 50

肘，帶動右掌隨轉腰朝裡回收（圖49、圖50）。

②上動不停。左腳稍提起，向前邁出一腳掌的距離後落下，以腳跟著地，腳尖微翹，左膝微屈，成左虛步；同時，隨著上體繼續微向右轉，兩臂繼續外旋，兩肘尖微微下沉，左掌心朝右（南）、偏向上，指尖高不過眉；右掌心朝左（北）、偏向下，右掌放在

圖 51

左肘內側，兩掌心前後遙遙相對。兩眼透過左手指尖向前平視（圖51）。

【要點】

由摟膝拗步過渡到本式時，重心的前移與後移，要注意做到虛領頂勁，上體自然正直，頭部與軀幹都不可俯仰、歪

斜、搖擺，也不可挺胸、腆肚或凸臀。左掌向前舉與右掌向後收撤回護中節，都應走弧線，兩臂必須圓撐而含有掤勁。肩和胯、肘和膝要上下相合，全身關節要節節鬆沉，使肢體有下沉的氣勢。

精神要提得起，不可有懶散或滯頓的現象。動作以腰為軸，周身一家，在一轉腰之間，一氣呵成地完成本式的動作。右掌內收撤回時，以屈肘帶動右掌，先向後、向下微沉，再向前與左肘彎相合，意念中含有一個無形的小圈，亦即太極拳推手、散手中的纏腕動作。在左掌斜形向上提起時，也要先微向身前收，再向前上舉合。上述兩掌的動作，必須與左腳的伸出、落下齊起齊止，同時到位。

第七式　倒攆猴

【釋名】

人與猿猴相搏的時候，我退步誘其深入，然後趁勢用掌襲擊其頭、面部，把它攆走，故名。

一名「倒捲肱」，那是指手臂經後側回環運轉呈倒捲的姿勢而言。

本式共有右、左、右、左、右5個分式，因此，全稱為「左右倒攆猴」。劃分左式或右式，是以向前撲擊攆猴的一手為準，而不是以退步的左右方向來劃分的。

（1）右倒攆猴

①接上式。左腳掌著地，上體向右轉，重心全部移向右腿，左腳跟提起；同時，右臂外旋，使右掌翻轉向上，隨腰向右轉之勢，右掌下落，經大、小腹前和右胯側方，再由下向右後側（西南）上方弧形地回環上舉；繼而右臂屈肘，右掌朝裡回收，指尖向上；左臂帶動左掌微下沉，指尖向前。

圖 52

圖 53

沈壽太極拳文集

眼隨轉體向右後側平視，眼神顧及右掌回環運轉（圖 52、圖 53、圖 54）。

②上動不停。上體向左轉；左腳提起，向左後側（偏西北）方退一步，先以腳尖踮地，漸漸地全腳踏實，重心後移至左腿；同時，以右腳跟為軸，右腳尖內扣，指向正前（東）方，成右虛步；左臂外旋，轉腕成仰掌，並以屈肘帶

圖 54

動左掌向裡、向下回收；右手成側立掌，掌心向右（北），指尖向上，經右耳旁向正前（東）方撲擊，兩掌在胸前交錯而過，右掌向前撲擊，以右臂伸展至右肘微屈為度，右掌心斜向前（向前偏左），指尖向上，高不過眉；左掌隨轉腰之勢向下沉落在左胯旁，掌心向上，指尖向前。眼向前平視，

圖 55

圖 56

圖 57

圖 58

眼神兼顧右掌向前撲擊，最後透過右手指尖關注前方（圖
55、圖 56、圖 57、圖 58）。

（2）左倒攆猴

①接上式。上體微向左轉，重心全部移向左腿；右腳稍
提起，開始向右後側（西偏南）方退步；左掌由左胯旁向左

圖59   圖60

沈壽太極拳文集

後側（西北）上方弧形地回環上舉；左臂屈肘，左掌朝裡回
收，成側立掌，掌心與左耳相對；繼而右臂微外旋和微屈肘
下沉，指尖轉而向前；眼向前平視，眼神顧及主要一手的動
作（圖59、圖60）。

②上動不停。上體向右轉；右腳向右後側（西偏南）方
落步，先以腳尖踮地，漸漸地全腳踏實，重心後移至右腿；
同時，以左腳跟為軸，左腳尖內扣，指向正前（東）方，成
左虛步；右臂外旋，轉腕成仰掌，並以屈肘帶動右掌向裡回
收；左掌經左耳旁向正前（東）方撲擊，兩掌一立、一仰，
在胸前交錯而過，左掌向前撲擊，以左臂伸展至左肘微屈為
度，左掌心斜向前（向前偏右），指尖向上，高不過眉；右
掌隨轉腰之勢向下沉落在右胯旁，掌心向上，指尖向前。眼
向前平視，眼神兼顧左掌向前撲擊，最後透過左手指尖關注
前方（圖61、圖62）。

（3）右倒攆猴

參看（1）右倒攆猴。見圖52～圖58。

圖 61

圖 62

（4）左倒攆猴

參看（2）左倒攆猴。見圖59～圖62。

（5）右倒攆猴

參看（1）右倒攆猴。見圖52～圖58。

【要點】

連續地退著走，這是倒攆猴最大的特點，它是楊式太極拳中惟一的連續退步的拳式。其他如「退步跨虎」式，就只退一步，而不是連續退步的。連續退步時，應注意重心穩定，以轉腰帶動提腳和退步。退步的步距闊而短，即：橫距闊，直距短。所以，連續做五次倒攆猴，其長度約相當於連續做三次摟膝拗步。退步時不可忽起忽伏，起伏度越小越好，要盡量使腰部運動保持在同一條水平線上。軀幹要自然正直，不可前俯後仰或歪斜搖擺。向前撲擊的一手，其手臂不可完全挺直，肩要鬆沉，肘宜微屈。向下、向後扳挽沉落的一手，須經胯旁，再向後側方上舉回環運轉。動作要協調，變換要輕靈而沉著。既要做到肩與胯、肘與膝、手與腳

的上下相合，避免出現「上下脫榫」的現象，又要做到「一動無有不動」，而不可有手動腳不動，或腳快手慢，或一手動、另一手不動等等上下不相隨、兩膊不相繫的不協調現象。

第八式　斜飛勢

【釋名】

兩臂一上一下地斜分，恰似雄鷹在碧空翱翔斜飛的雄姿，故名。

①接上式，重心全部移在左腿；右腿稍提起，右腳稍內收，上體微右轉，面向東北方；同時，左臂漸漸內旋，左掌自左下向右上畫弧，邊運轉邊旋腕，最後屈肘成俯掌，放在左上胸前，高不過肩，肘稍低於腕；右掌由前向下、向裡沉落，接著臂外旋，右掌由腹前右側繼續向左下方劃弧，並屈肘成仰掌，放在左掌之下，兩掌上下相合，如抱一圓球狀。眼向前平視，眼神顧及右掌沉落與左掌畫弧（圖63、圖63附圖）。

②上動不停。身體繼續向右轉；左腿坐實，右腳向右後（南）方撤一步，先以腳跟著地，隨著轉腰，重心漸漸移向右腿，右腳以腳跟為軸，腳尖外展，朝向正南方後全腳踏實；左腳以腳跟為軸，腳尖內扣90°，接著右腿前弓，左腿蹬伸，成右弓步；同時，隨轉腰之勢，右前臂稍上提，右掌大拇指連同右前臂的橈骨一側，向右後（南）上方挒出，掌心斜向上，高與額齊；左掌相應地向左下方弧形下採，掌心向下，指尖微翹，高與胯齊；眼向前平視，眼神顧及右掌挒出（圖64、圖65）。

【要點】

兩掌上下相合，做抱球狀時，可略呈開立虛步，即重心

圖 63

圖 63 附圖

圖 64

圖 65

全部移在左腿，兩腳左實右虛，橫距間隔約 30 公分。上下兩臂成弓形，須含有掤勁。當右腳向右後方撤步時，要妥善掌握身體平衡，避免顯得笨重、遲滯或速度過快。首先，要做到虛實分明、速度均勻，在坐實左腿後才能提起右腳；其次，要鬆腰落胯，右腳在右後方以腳跟著地時，先移動重

心，使胯根撐開，略呈馬步形，再轉腰使右腳漸漸踏實，同時左腳尖裡扣，右腿前弓，左腿蹬伸，由馬步形轉變為右弓步；再次，要注意上體不可前俯，越是前俯，重心越不穩定，動作也就難以做到輕靈而沉著了。

右臂向右後上方隨轉腰之勢捌出時，其勁起於腳，發於腿，主宰於腰，通於脊背，形於手指。勁力「由腳而腿、而腰，總須完整一氣」（清代武禹襄語）。而勁由脊背通達於指端，則是由肩催肘，由肘催手，節節貫串地達於手指的，即所謂「形於手指」。說明練習時，心、眼、身、手、步都必須協調一致，做到「一動無有不動，一靜無有不靜」；上下相隨，兩膊相繫，不先不後，一到俱到。

第九式　海底針

【釋名】

「海底」是武術穴位名稱，實即中醫經絡學說中的會陰穴。不過，武術的海底穴往往被借指為襠部。襠部是人體的要害部位之一，稱其為「海底」，就不像「指襠」「撩陰」等式名的直露。海底針的「針」，指的是使用指法，即用四駢指像鋼針一樣地插點敵方的襠部，故名。至於把這一拳式名稱歸於「模擬類」範圍，並把它形象地解釋為「如在探海底之針」，這是並無不可的。但如又能懂得「海底針」三字的本義，那就更為全面了。

①接上式。身體向左轉；以右腳跟為軸，右腳尖內扣45°；同時，右臂內旋，右掌隨屈肘向裡、向下沉落內收，並由仰掌變為俯掌，放在右脇外側；左掌與左腿只隨上體左轉而微動（圖66）。

②上動不停。身體繼續向左轉；右臂外旋，漸漸翻轉右

圖 66

圖 67

腕，使右掌向上、並稍向後提起，成側仰掌放在右胸外側；重心全部移在右腿，隨著腰向上起，帶動左腿稍提起，面部、身軀和左腳尖都轉向正前（東）方。眼向前平視（圖67）。

③上動不停。躬身折腰，全身向下沉落；右腿屈膝，帶動左腿向前下方微伸；左腳落地，僅以腳尖虛踮地面，成左

圖 68

虛步；右掌在向上、向後上提時，劃一無形的小圈，意含破解擒拿的纏腕動作，隨即右臂微內旋，右掌的四指併攏，成四駢指（拇指仍分開），隨躬身折腰向前（東）下方以指尖下插點擊，高度稍低於膝蓋；左掌隨折腰下按，放在左胯前側。眼向前平視，眼神兼顧右掌下插（圖68）。

海底針下插過膝即可，不必深插到腳背或地面。右掌轉腕向上，意含纏腕以化解敵力。腰的旋轉起伏，是全式動作的關鍵，也就是所謂「主宰於腰」。成左虛步時，左腳尖向前下踮地，主要依靠右腿屈膝下蹲，並與右掌下插齊起齊止。不論弓步、虛步，定勢時兩腳之間都應有橫距間隔，切不可使兩腳踩在同一條直線上。

躬身折腰時，上身前傾以 45°為宜。自頸椎而下經胸椎、腰椎至尾椎，須保持一條斜形的直線。充分注意虛領頂勁和氣沉丹田，切不可低頭、弓背、凸臀、貓腰。拳諺說：「低頭貓腰，傳授不高。」向前下伸展的右臂要略呈坡形，但肘部不可挺直，而以微屈為度；也不可太屈，太屈則下插乏勁，犯了「軟屈」的毛病。本式左掌和左臂雖然沒有明顯的動作，但仍應隨腰轉側、進退、起落。總之，要做到上下內外一氣貫通，「一動無有不動，一靜無有不靜」。

第二段

第十式　扇通背

【釋名】

兩臂似折扇打開，其勁發於脊背，故名。通背，氣通於背，勁由脊發也。見於別的太極拳譜則有閃通背、三甬背、扇通臂、山通臂等等異名，用詞不同，含義也隨之不同，如「通臂」，指的是全臂伸展，含有直臂出擊的意思。然而若從上述式名的讀音分析，都屬諧音罷了。

①接上式。頭向上頂起，帶動軀幹自然直起，上體微向右轉；兩臂隨伸腰向上提起，右臂內旋，翻掌使右掌向右、

向上舉起；左臂外旋，左掌由
左胯前側相應地向胸前上舉，
呈立掌放在右前臂內側，掌心
向右（南），指尖向上。眼向
前（東）方平視，眼神兼顧兩
手動作（圖69）。

圖69

②上動不停。重心全部移
在右腿；左腳提起，隨即向左
前方邁出，先以腳跟著地，漸
漸全腳踏實，腳尖指向前
（東）方，左腿前弓，右腿蹬
伸，成左弓步；同時，上體繼續向右轉；右臂也繼續內旋，
右掌弧形地向外、向上托架，放在右額側方；左掌先隨右前
臂稍向上舉，繼而伸臂向前扇擊，定勢時，左掌坐腕側立而
微探，指尖斜向上，高與眼齊。兩眼透過左手食指尖向前平
視（圖70、圖71）。

圖70

圖71

【要點】

由左虛步變左弓步時，步子的直距須加長，橫距也要增闊些。邁步要輕靈、穩健和從容沉著，避免身體搖晃或前俯後仰。兩掌動作和上、下肢動作都必須協調一致、一氣呵成。左掌扇擊，左臂以伸展至肘部微屈為度，其肘部較單鞭稍直些。右掌負有托架和護額的任務，因此，不可離右額太遠。右臂上提時，右掌先向外托，再微微內收上架，放在右額側方，這樣就自然地形成一條弧線。如一味外托，則因力臂伸展過長，托架的勁力反而不足了。托架時要做到沉肩墜肘，防止聳肩抬肘。

扇通背的身法、步型，與單鞭基本相同。此兩式在出擊時，都十分注重全身節節鬆沉的沉勁，以及勁由脊發地放勁，所以，要分外注意含胸拔背和立身中正的要求，避免犯上身前俯或挺胸腆肚等毛病。

第十一式　白蛇吐信

【釋名】

形容掌指的穿插動作，酷似蛇的吐舌，故名。本式由上式轉身180°接做白蛇吐信，因此，全稱「轉身白蛇吐信」。

據傳早期的楊式太極拳在「白蛇吐信」一式中，有明顯的應用四駢指的穿插動作，後來在傳授時，因同學間互戲曾發生過嚴重的誤傷，以致很早就把此式動作改成與「撇身捶」式相仿了。而「36式太極拳」在此基礎上增加了虛步穿掌動作，其意在模擬白蛇吐信而已。

①接上式。左腳尖微翹起，以左腳跟為軸碾地，使左腳尖盡量裡扣；隨之身體向右轉，由面向東先轉為面向南；同時，右臂隨著轉腰，臂外旋，右掌從右額前落下，漸漸地變

掌為拳，橫臂放在胸前，拳面向左（東），拳輪向前
（南），拳眼（虎口）向裡；左掌由左前（東）方弧形地向
上舉起，放在左額前側上方，掌心斜向前（南）上方，指尖
斜向右（西）上方；眼向前平視（圖72）。

②上動不停。身體繼續向右轉，重心全部移在左腿；左
腿坐實，右腳提起，向右前（西）側方邁出一步，先以腳跟
著地，繼而重心前移，全腳踏實，右腿前弓，左腿蹬伸，成
右弓步；同時，隨著轉腰之勢，右臂外旋，右拳以肘為軸，
向上經面部，再向右正前（西）方伸臂撇出，並變拳為掌，
然後右掌向右側弧形地內收下落，放在右胯旁，掌心向上，
指尖向前；左掌也隨轉腰，由左額前上方經面部落下，至胸
前時，左掌向下，右拳向上，左掌在外，右拳在裡，使左、
右兩腕交錯而過；當右拳撇出變掌時，左掌弧形地下落，放
在左肋旁；當右掌內收下落之同時，左掌又相應地從左肋旁
向前側（西偏南）方以掌根推出。眼向前（西）方平視，眼
神兼顧雙掌的交替動作（圖73、圖74、圖75）。

圖72

圖73

圖74　　　　　　　　　　　　　　　圖75

　　③上動不停。重心後移於左腿,右腳微提起,斂步回收約半直腳,並以腳尖虛點地面,成右虛步;上身稍向左側轉;同時,左臂屈肘,臂外旋,左掌漸漸翻轉,隨轉腰之勢弧形地向裡、向下回收;右手仰掌向上、向前,在胸前與正在回收的左掌相互交腕,右掌在上,越過左掌直向正前(西)方穿出,掌心向上,指尖向前,高與口齊,右臂伸展,右肘微屈;左掌內收,沉落在大腹(即上腹)前,放在右肘裡側之下,掌心斜向上、向裡,指尖向右。眼向前(西)方平視,眼神透過右手指尖關注前方(圖76、圖77)。

　　【要點】

　　此式須格外注意以腰為軸、上下相隨、兩膊相繫等要求,做到上下、左右、內外協調一致。

　　轉身成右弓步時,這是與「斜飛勢」「野馬分鬃」一樣的闊弓步,即兩腳橫距間隔要寬闊些,相對地,兩腳直距間隔就稍短些。

　　此式轉身後,從由拳變掌開始,直到完成右虛步穿掌為

圖76

圖77

止，在這一過程中，右掌實際應用的是四駢指的指法，所以，要注意四指併攏，而不可撐開、豁開或鬆懈。由於本式動作比較複雜，因此，更要注意立身中正安舒，兩腿虛實分清，下盤穩固，上體輕靈，兩手交腕動作緊湊而明晰。

第十二式　拍　腳

【釋名】

用左（或右）手拍左（或右）腳的腳背，故名。此式全稱為「左右拍腳」，但其實際上左右兩個分式的次序，卻是先右後左的。《楊式太極拳競賽套路（40式）》中第25式為「右拍腳」；而《四十八式太極拳》第15式為「拍腳伏虎」。後者是把「左右拍腳」與「左右伏虎」合成一式。

（1）右拍腳

①接上式。上體稍向左轉；隨著轉腰，兩臂內旋，漸漸由掌變拳，並行地向兩側分開，高不過肩；繼而兩臂外旋，以兩肘尖帶動兩拳向下、向裡畫弧，在大腹前兩腕相交，並

圖78

圖79

上提至胸前,右拳在外,左拳在
裡;同時,重心全部移在左腿;
右腿輕輕地微提起,向左腳後方
落步,成右倒插步;眼向前
(西)方平視(圖78、圖79、
圖80)。

②上動不停。重心全部移在
右腿,左膝稍提起,左腳尖下
垂,略呈獨立式;隨即左腳原地
落下(如圖80),重心移至左
腿;兩拳變掌,兩掌向前

圖80

(西)、後(東)分開,右掌在前,左掌在後;同時,右腿向
前(西)方踢起,並以右掌拍擊右腳背。眼向前(西)方平
視,眼神兼顧右掌拍腳(圖81、圖82、圖83、圖84)。

（2）左拍腳

①接上式。右腿落下,右腳內扣,身體向左轉;這時,

圖 81

圖 82

圖 83

圖 84

頭面、軀幹和右腳尖都向正南方，兩臂、兩掌自然地在兩側落下（圖 85）。

②上動不停。重心移向右腿，身體繼續向左轉；左腿輕輕地微提起，向右腳後方落步，成左倒插步；同時，兩掌變拳，兩臂外旋，兩拳向下、向裡畫弧，在大腹前兩腕相交，

圖 85

圖 86

並上提至胸前，左拳在外，右拳在裡。眼向前（東）方平視
（圖86）。

　　③上動不停。重心全部移在左腿，右膝稍提起，右腳尖
下垂，略呈獨立式（請參看「右拍腳」之圖81，姿勢相同，
方向相反）；隨即右腳原地落下（如圖86），兩拳變掌，兩
掌向前（東）、後（西）分開，左掌在前，右掌在後；同時
左腿向前（東）方踢起，並以左掌拍擊左腳背。眼向前
（東）方平視，眼神兼顧左掌拍腳（圖87、88）。

　　【要點】

　　拍腳之前，提膝略呈獨立式，然後原地蓋步落下，這一
動作，意含踩踏對方的前腳；同時，也有助於自己的起腿拍
擊。上下動作要協調一致，隨著腰的轉側起落，兩臂與兩腿
始終在運動，而不可稍有遲頓、斷續等現象。拍腳時，重心
要穩固，支撐腿的膝關節可微屈，但不可彎曲過度。拍腳的
高度可因人而異，不要強求一律。年邁或體弱的人，即使象
徵性地抬一下腿，也無不可。但凡能做到的，則宜盡力而為。

沈壽太極拳文集

圖 87 圖 88

倒插步又有叉步、交叉步、絞花步、偷步、透步等等異名，往往因拳種不同而名目也隨之不同，但動作卻是大同小異的。做倒插步時，腳應貼近地面移動，步履要輕靈而穩健，且使對方不易察覺，故有「偷步」之別名。

第十三式　高探馬

【釋名】

其姿勢如人高高地站在馬鐙上探路，故名。一說因其姿勢如高攀馬鞍探身跨馬而得名，雖也可通，卻不如前者更貼切些。

接上式。身體重心仍保持在右腿；左腿在身前（東）左側落下，以左腳尖點地，成左虛步；同時，身體稍向左轉，使面部和軀幹正對前（東）方；左臂外旋，隨轉腰之勢，屈肘帶動左掌弧形地向裡、向下回收，放在左上腹前，掌心向上，指尖斜向右前方；右掌隨轉腰之勢經右耳下方，向身前橫掌探出，掌心向下，指尖斜向左前方，高與眉齊。眼向前（東）

方平視，眼神先看左掌翻轉，再顧及右掌前探（圖89）。

圖89

【要點】

左拍腳與高探馬的重心都在右腿上，因此，要特別注意下盤的穩固。但穩固不等於緊張，相反地越緊張越不穩。而只有純任肢體節節鬆沉，在上做到頭部上頂，在下做到氣沉丹田，身體不前俯後仰，這樣自然能保持中定之勢。當左腳落下時，要轉腰使左胯根漸漸後收，來帶動左腳尖落地。

高探馬與白鶴亮翅一樣，都要有朝上的氣勢，有頂勁沖霄、肢體拔長和上下對拉的感覺。右掌探出前，與左掌在胸前交錯而過。右掌在上，左掌在下，上下須有中距間隔。右掌探出後，兩掌心前後上下遙遙相對。前探的一手是橫掌，而不採用直掌；必須注意坐腕，並防止聳肩抬肘等錯誤現象。定勢時，兩臂要程度不同地略呈弓形，左肘不可過屈，右肘不可過直。

第十四式 穿 掌

【釋名】

一掌在另一掌上穿出，故名。相對地說，就是一掌沿著另一掌和臂的下面向裡回抽，所以，其他拳種有稱穿掌為「抽掌」或「抽袖」的。太極拳穿掌應用的是四駢指指法。

①接上式。重心全部後移至右腿，左腳提起；同時，右臂外旋，右掌翻轉，漸漸變俯掌為仰掌，屈肘帶動右掌回抽，

掌心向上、向裡，指尖向左
（北）；左掌由左上腹前開始經
右掌之上向前（東）穿（圖
90）。

圖90

②上動不停。右腿稍屈膝下
蹲，左腿向前左側方邁出一步，
先以腳跟著地，漸漸全腳踏實，
腳尖指向正前（東）方，左腿前
弓，右腿蹬伸，成左弓步；同
時，上體微向右轉，左臂繼續伸
展，以肩催肘，以肘催手，推動
左掌繼續在右掌之上向前穿出，掌心向上，指尖向前，高與
口齊；當左前臂穿過右掌上側的時候，右臂內旋，右掌漸漸
翻轉，復變仰掌為俯掌，邊翻轉、邊繼續回抽至左腋前下
方。眼向前（東）方平視，眼神先顧及右掌回抽，繼而關顧
左掌向前穿出，並透過指尖關注前方（圖91、圖92）。

圖91

圖92

【要點】

由虛步變弓步時，兩腳的直距和橫幅都要增大些。邁步要輕靈而沉穩，上體不可向前撲出。上、下肢動作要相隨。兩掌一穿一收必須協調一致，形成聯合動作。身體重心降低時，右腿要相應地屈膝下蹲，做到「前腳伸，後腳蹲」「邁步如貓行」，從而避免落步重滯。左掌穿出時，左臂伸展至左肘微屈為度，既不可完全挺直，也不可屈度過大。右掌放在左腋前下方時，右臂要呈弧形地圓撐，右腋要含蓄地留有空隙，右臂不可貼住右肋，否則會使動作轉換遲滯不靈，既丟掉了圓活之趣，又失卻了蓄勁之勢。

第十五式　分　腳

【釋名】

兩腳先後向兩斜角以腳尖分踢，故名。一名「翅腳」，形容其起腿以腳尖踢出時，猶如飛禽的展翅。此式全稱為「左右分腳」，但實際上其左右兩個分式的次序，卻是先右後左的。

（1）右分腳

①接上式。身體重心漸漸地後移至右腿，上體微向左轉；左腳提起後收，以左腳尖點地，成左虛步；同時，左臂隨重心後移之勢，稍屈肘，帶動左掌向右、向裡、向胸前內收，左臂微內旋，使掌心斜向上，指尖向右前方；右掌隨收左腳和拔腰之勢，從左腋前下方向右平移至胸前，右腕略高於右肘；左右兩掌，左前右後，左仰右俯，遙相對應。眼向前（東）方平視，眼神兼顧左掌後收（圖93）。

②上動不停。身體重心全部放在右腿；左腳稍提起，上體微向左轉；同時，右手俯掌循圓周線路向左越過左肘上

圖 93

圖 94

方，再向前、向右地抹轉；左手仰掌相應地由前繼續向右、向裡，指尖經右肘下側內收（圖94）。

③上動不停。左腿向左前斜方（東北角）邁出一步，先以腳跟著地，漸漸地全腳踏實，腳尖指向東北角，左腿前弓，右腿蹬伸，成左弓步；隨即上體向右轉，面向右前斜方（東南方），右掌也隨轉體繼續抹轉至右前斜方，掌心斜向外下，指尖向東南上方，右臂伸展至肘部微屈為度，肘尖向下微沉；左掌相應地放在右胸前，指尖與右肘彎內側相對，掌心斜向裡上。眼向右前（東南）斜方平視，眼神顧及右掌抹轉與前探（圖95、圖95附圖）。

④上動不停。重心全部移向左腿，身體向左轉，面向左前斜方（東北角）；右腳隨著轉腰稍提起，腳尖下垂，腳跟接近左腳踝，右膝尖朝向右前斜方（東南角），與左腳尖形成90°夾角；同時，右臂漸漸外旋，右掌隨著轉腰自右向下、向裡、向左、向上，畫一個半月形（下弦月）的弧線，使左、右兩腕相交於胸前，右掌在外，左掌在裡，成高位丁虛

圖 95

圖 95 附圖

圖 96

圖 97

步十字手。眼向左前斜方（東北角）平視，眼神顧及右掌畫弧和兩腕交合（圖96）。

⑤上動不停。左腿站穩，右膝先向上提起，然後用右腳尖向右前斜方（東南角）踢出；同時，呈十字手的兩掌隨著右膝的上提，也相應地上提至頭面部，再向右前（東南）、

沈壽太極拳文集

圖 98

圖 99

左後（西北）分出，掌心斜向外，指尖向上，高與肩平。眼向右前斜方（東南角）平視，眼神兼顧右掌與右腳尖在同一瞬間分出（圖97）。

（2）左分腳

①接上式。右腳在右前斜方落地，先以腳跟著地，右腳尖指向東南角；右臂外旋，右掌翻轉，兩臂屈肘，兩掌內收於胸前，右仰掌在前，左俯掌在後，左掌稍高於右掌，兩掌心遙相對應。眼向前平視，眼神兼顧右掌內收（圖98）。

②上動不停。身體重心前移，上體微向右轉；右腳全腳踏實，右腿前弓，左腿蹬伸，成右弓步；同時，左手俯掌向右越過右肘上方，再向前、向左，循著圓周線抹轉約180°，至左前斜方，掌心斜向外下，指尖向東北上方，左臂伸展至肘部微屈為度，肘尖向下微沉；右掌相應地放在左胸前，指尖與左肘彎內側相對，掌心斜向裡上。眼向左前（東北）斜方平視，眼神顧及左掌抹轉與前探（圖99）。

③上動不停。重心全部移向右腿，身體向右轉，面向右

圖 100   圖 101

前斜方（東南角），左腳隨著轉腰稍提起，腳尖下垂，腳跟
接近右腳踝，左膝尖朝向左前斜方（東北角），與右腳尖形
成 90°夾角；同時，左臂漸漸外旋，左掌隨著轉腰自左向下、
向裡、向右、向上畫一個半月形（下弦月）的弧線，使左、
右兩腕相交於胸前，左掌在外，右掌在裡，成高位丁虛步十
字手。眼向右前斜方（東南角）平視，眼神顧及右掌畫弧和
兩腕交合（圖 100）。

　　④上動不停。右腿站穩，左膝先向上提起，然後用左腳
尖向左前斜方（東北角）踢出；同時，呈十字手的兩掌隨著
左膝的上提，也相應上提至頭、面部，再向左前（東北）、
右後（西南）分出，掌心斜向外，指尖向上，高與肩平。眼
向左前斜方（東北角）平視，眼神兼顧左掌與左腳尖在同一
瞬間分出（圖 101）。

　　【要點】

　　　分腳的抹轉，在武術術語上稱為「猿手」，大體上是兩
掌各抹前高後低的半個圓圈。抹圈動作須注意做到兩膊相

繫，兩掌心上下遙遙相對；兩臂須呈弧形，肘部稍低於腕部，動作要圓滿、均勻。

從步法上分析，以右分腳為例，成斜向的左弓步時，上體向右轉，就略呈橫襠步了。所以，實際上是應用了兩種步型。至於下接高位丁虛步十字手，這是「36 式太極拳」練法的一種。

楊式太極拳（85 式）一般不做高位丁虛步，即右腳尖雖下垂而不著地，直接向右前起腳踢出。但這也是「36 式太極拳」所沿用的另一種練法。當然，兩者只能擇一而從。一般地說，初學或年老體弱的人可採用前者，久練或年輕體健的人可採用後者，這可由各人自行選擇，不必強求一律。

起腳前，支撐重心一腿的膝節稍屈，站穩。將要起腳一腿的膝尖和腳尖，都應指向將要分踢出去的方向。接著先把膝上提到一定的高度，大腿至少呈水平，然後緩緩分踢。分踢時，腳面繃平，意注腳尖；支撐腿的膝關節須向上蹬伸一下，隨即屈膝蹲身。

分腳與分手必須上下相隨，協調一致。兩手分出後，兩臂仍須保持弧形，不可完全伸直或僵硬，但也不可屈肘過度。分出時的雙手，高不過頭。並要做到沉肩墜肘和坐腕。全式動作，身體不可前俯後仰，穩定重心的關鍵是「三要」：頭要頂，腰要鬆，氣要沉。尤其不可低頭哈腰、口腹閉氣或關節僵硬，否則就會發生站立不穩和「起強勁」等現象。

凡做起腳動作，在客觀上身體必須微微地偏向一側，這樣才能保持身體自然的平衡，這就叫「偏中求正」。當然也不可過偏，古人說「過猶不及」，說明不偏與過偏都會使重心不穩。

第十六式　栽　捶

【釋名】

朝向地面的方向打捶，就好像把植物栽入泥土中似的，故名。此式又名「上步栽捶」或「摟膝栽捶」。前者說明其步法是上了一步；後者表明其手法是左手摟膝、右手栽捶。

圖 102

①接上式。右腿屈膝下蹲，左腳收攏下落，上體微向右轉；同時，左臂屈肘，臂內旋，使左掌漸漸成俯掌，並向右胸前回收；右掌向右後側沉落，右臂外旋，右手變掌為拳，沉落在右胯旁（圖 102）。

②上動不停。身體稍向左轉；左腿向左前（東）方邁出一步，先以左腳跟著地，漸漸全腳踏實，腳尖指向前（東）方，左腿前弓，右腿蹬伸，成左弓步；同時，左掌經右胸前向左下方摟去，摟過左膝膝面，放在左胯前側，掌心向下，指尖向前（東）；右臂先外旋，右拳走弧線地稍向上提，成仰拳（虎口向右）；繼而右臂內旋，右拳自右腰側向前下方伸臂栽擊，以右臂伸展至右肘微屈為度，右拳的拳面斜向前下，拳眼（虎口）斜向前上，拳心向左（北）。眼向前（東）方平視，眼神兼顧右拳向前下方栽擊（圖 103、圖 103 附圖）。

【要點】

本式摟膝動作，與「左摟膝拗步」的左摟膝動作相同。當左腿落下、左腳前邁而左腳跟尚未著地時，要保持上體正

| 圖 103 | 圖 103 附圖 |

直。在左掌摟過左膝膝面時，左腳跟應已著地，而左弓步尚未形成。左弓步的成形，須與摟手、栽捶同時完成。要做到上下相隨，摟手、栽捶、弓步三者齊至。右拳下栽要隨腰胯沉落，這樣才能沉著而有力。向下栽捶的高低以過膝為度，不必太低。定勢時，右臂呈斜坡形，而自頭頂至後腿腳跟也略呈一條斜形直線。身體前傾以 35°～45°為宜，不可拱背、凸臀、低頭、哈腰；也不可抬頭觀天。

第十七式　二起腳

【釋名】

左腳向前上踢起後，右腳相繼踢起，連續二次起腳，故名。一作「翻身二起」，見楊澄甫著《太極拳使用法》第 15頁第 33式。即由栽捶翻身接做二起腳，故本式全稱應為「翻身二起腳」。而「36 式太極拳」把它分列為兩個分式：「翻身撇身捶」和「二起腳」。

圖 104　　　　　　　　　　圖 105

沈壽太極拳文集

（1）翻身撇身捶

①接上式。上體直起，向右轉腰，隨著轉腰，左腳尖內扣 135°後踏實；同時，右臂內旋，右拳隨著直腰、轉腰提起，並屈肘橫臂，把右拳放在左肋前，拳心向下，拳眼向裡；左掌自左下弧形地屈肘上舉在左額前上方，略呈亮掌勢，掌心向外偏上，指尖斜向上，面向正南方。眼向前平視，眼神兼顧右拳和左掌動作（圖 104）。

②上動不停。身體重心全部移在左腿，右腿稍提起，隨著向右（西）轉體，右腳跟在右前（西偏北）著地，腳尖指向西方；同時，左臂漸漸外旋，左掌自左額前上方，向右、向下，隨著轉體下按沉落在右前臂外側；右臂漸漸外旋，以右肘為軸，右拳也隨著轉體向上環轉，右拳與左掌在胸前交腕而過，右拳向右（正西）方撇擊而出，右臂伸展至右肘微屈為度；左掌在與右拳交腕後，繼續下按至左腰前外側。眼向前平視，眼神顧及右拳撇擊（圖 105）。

③上動不停。身體繼續向右轉，重心移向右腿；右腳全

腳踏實，右腿前弓，左腿蹬
伸，成右弓步；同時，隨著轉
體，右拳內收，放在右腰側
方，拳心向上，拳眼向右
（北）；左掌也隨著轉體，自
左腰前外側上提，經左胸前，
越過正在內收的右前臂裡側上
方，向前（西）方推擊而出。
眼向前平視，眼神兼顧收右
拳、推左掌的動作（圖106）。

圖 106

【要點】

　　身體翻轉時，以意領先，以腰為軸，帶動上下肢運動。
眼、身、手、步法在心意的支配下，務使動作與神態協調一
致。聯合動作要做得連貫而充分，不可中途滯頓或忽略而
成。撇拳時，以肘關節為軸，環轉前臂，而上臂只隨著轉體
略微移動。撇出的拳高不過頦。撇拳前，按掌與環拳須在同
時進行；撇拳後，收拳與推掌也須在同時進行。推掌時坐腕
舒指，掌指宜稍向前探伸，指尖高與口齊。撇身捶與白蛇吐
信一樣，其弓步兩腳之間橫距宜稍闊一些，更不可使兩腳踩
在同一條直線上。撇身捶在楊式太極拳中是一個基本拳式，
而在此作為分式，這僅僅是拳路結構安排上的需要，絕無貶
低之意。

（2）二起腳

　　①接上一分式。身體重心全部前移於右腿；左腿向前
（西）上踢起，左腳腳面繃平；同時，右臂內旋，右拳變
掌，掌心向下，向前上方以掌背揮出；左掌相應地以掌心拍
打右掌背。眼向前（西）方平視，眼神兼顧雙掌拍擊和左腳

圖 107

圖 108

踢起（圖107）。

②上動不停。左腳就地落下，身體重心全部移向左腿，右腿向前（西）方踢起，並以右掌拍擊右腳背；左掌置於身體左側偏後些，以稱其勢，左掌掌心向左（南），指尖向上。眼向前（西）方平視，眼神關顧右掌拍擊右腳背（圖108）。

【要點】

左腳踢起，實際上是一種誘敵避讓的向上擺踢動作，所以不須踢得太高。當對方向我右前避讓閃躲時，正好中了我第二次起腳——右踢腳。拍手背和拍腳背都不必太響，因為太極拳強調取法自然，動作柔和，因而它與長拳的二起腳——箭彈腿的具體要求是有所不同的。左腳上擺，這原本也是為右腳踢出起到一個助跳的作用，但如今太極拳不做騰空跳躍，所以，無論上擺或踢腳動作，都可做得從容不迫。同時，要注意立身中正安舒，動作連貫圓滿。

其實，第十二式「拍腳」，原本也是從「二起腳」衍化

派生的。因此，兩者在右拍腳中，有其相同的動作和一致的要求，請注意參閱。

第十八式　打虎勢

【釋名】

其姿勢如武松打虎，故名。從外形看，彷彿是雙拳環擊，但實際用法是下採上打。所以，凡左拳在上、出左弓步為左打虎勢；凡右拳在上、出右弓步為右打虎勢。

本式全稱為「左右打虎勢」，分為左、右兩個分式，但實際練習次序是先右後左的。

（1）右打虎勢

①接上式。右腿漸漸下落，左腿相應地稍屈膝下蹲，身體向右轉，面向右前斜方（西北角），右腳隨即向西北邁出一步，先以腳跟著地；同時，兩臂外旋，兩掌隨兩臂屈肘沉落，並開始變掌為拳；左拳在上而偏外，拳心朝裡，與左胸相對；右拳在下而偏內，拳心也朝裡，與右小腹相對（圖109）。

②上動不停。身體繼續向右轉，重心前移；右腳全腳踏實，右腿前弓，左腿蹬伸，成斜向的右弓步；同時，隨著向右轉體和上體前移，左拳內收和沉落在上腹前，拳心向裡，拳眼斜向上；右拳自下經右後、向上、向左、向前（西北）上方弧形地環擊，約畫了半個圓圈；畫圈時，右臂先外旋，後內旋，翻轉右腕使拳

圖 109

圖 110　　　　　　　　　　　圖 111

心向外，放在右額前上方，拳眼斜向左下，與在下面的左拳拳眼遙相對應。眼隨手轉，手眼相隨，眼神先顧及右拳環擊，繼而兩眼向前（西北）方平視（圖110）。

③上動不停。上體向左轉側約90°，成橫襠步，面部也由西北斜方轉向西南斜方；兩腳不動；兩拳隨上體左轉，由西北方平移至西南方（實際上是上體旋轉帶動兩臂移位所致）。眼向前（西南）方平視（圖111）。

【要點】

由「二起腳」收回右腳的同時，左腿要屈膝略微下蹲，然後隨轉身向西北角邁出右腳。這樣「以實腳送虛腳」，邁步就輕靈而沉著，不會有重滯不穩等弊病。

右打虎勢與左打虎勢各走兩個斜方，而不走正方向：右打虎勢由西北落腳，向左轉體至西南斜方；左打虎勢則由東南落腳，向右轉體至西南斜方。動作務須上下相隨，一氣貫串。兩臂回環畫弧時，弧線要走得圓活，不可出現棱角。定勢時，兩臂也要圓撐如弓，做到「掤勁不丟」，勁曲蓄而有餘。

圖 112

圖 113

　　兩手下採上打的握拳過程，要由虛到實，虛實分清。但虛不是空虛乏勁，實不是呆實握死。而要虛中有實，柔中寓剛；實中有虛，剛中寓柔。定勢時，在上面的一拳高舉於額角前上方，其拳輪稍高於頭頂。在下面的一拳放在上腹的上部外側，不可貼住或太貼近上腹，拳與身體要保持一定的距離，以免對方乘隙侵進。

　　（2）左打虎勢

　　①接上式。身體繼續向左轉，帶動右腳以腳跟為軸，腳尖盡量裡扣；同時，兩拳變掌，向西方伸臂探出，使右掌心斜向外、向下，左掌心斜向裡、向上。眼向前（西）方平視，眼神兼顧右掌探出（圖112）。

　　②上動不停。重心全部移向右腿；左腿屈膝提起，身體繼續向左轉；同時，兩掌向下沉落，右掌下按並沉落在右胯旁，左掌自右胸前向左下，用掌背向左膝膝面摟去。眼向左前斜方（東南角）平視，眼神顧及向左下反摟的左掌（圖113）。

③上動不停。身體繼續向左轉至面向左前斜方（東南角）；右腿稍屈膝下蹲，左腿向東南角邁出一步，先以腳跟著地，繼而全腳踏實，腳尖指向東南斜方，左腿前弓，右腿蹬伸，成斜向的左弓步；同時，左掌在反摟過膝面後，左臂內旋，變左掌為左拳，自下經左後、向上、向右、向前（東南）上方弧形地環擊，約

圖114

畫了半個圓圈，放在左額前上方，拳眼斜向右下；右臂外旋，右掌弧形向裡上提，在小腹前變右掌為右拳，繼續上提至上腹前，拳心向裡，拳眼斜向上，與在上面的左拳拳眼遙相對應。眼神先顧及左拳環擊，繼而兩眼向前（東南）方平視（圖114、圖115）。

④上動不停。上體向右轉側約90°，成橫襠步，面部也由東南斜方轉向西南斜方；兩腳不動；兩拳隨上體右轉，從東南方移至西南方（實際上是上體旋轉帶動兩臂移位所致）。眼向前（西南）方平視（圖116）。

【要點】

從右打虎勢過渡到左打虎勢，在提起左腿之前，先要把右腳尖充分內扣。這樣提起左腿向左轉腰時，就顯得自然順達。

其餘要點，請參看右打虎勢。

圖 115

圖 116

第三段

第十九式　蹬　腳

【釋名】

用腳跟蹬人，故名。本式全稱應為「左右蹬腳」，而其內容依次包括：（1）右蹬腳；（2）左蹬腳；（3）右拗蹬腳；（4）左正蹬腳。（3）、（4）又名「十字腿」，是歷史上曾經有過的十字腿的兩種形式。傅鍾文老師生前說：「十字腿這個動作，原來的練法是單擺蓮。」單擺蓮形式的十字腿，與本式「（3）右拗蹬腳」相似，有所不同的是改蹬右腳為單擺右腳，並以左手拍擊外擺的右腳背。而楊澄甫先生晚年最後修訂定型的十字腿，則與右蹬腳基本相同。所謂「十字腿」，原來主要是指一腳蹬出時，全身肢體略呈十字形；若單就其腿法——腳的蹬出而言，則與「蹬腳」一式並無多大差別。因此，十字腿又有「十字蹬腳」的別名。

本式共有四個分式，包括三種類型。

圖117　　　　　　　　　　　圖118

（1）右蹬腳

①接上式。左腳尖裡扣 50°～60°，使兩腳尖都指向南偏西方；身體微向右轉，重心移在兩腿的中心；瞬間略成馬步；同時，左臂外旋，左拳沉落；右臂內旋，右拳上提，在頦部前方，兩拳拳面相對，拳眼朝裡，兩拳之間相距約半橫拳；隨即兩肘下沉，帶動兩拳向兩側、向下畫弧成拳眼向上，拳心向裡。眼向前（南偏西）方平視（圖117）。

②上動不停。身體重心移向左腿，右腿提起，右腳尖下垂，虛點在左腳內側的地面，成高位丁虛步；同時，兩拳變掌，繼續向下稍沉後，在上腹前合抱，再向上提至胸前，左掌在裡，右掌在外，兩腕相交，掌心向裡，指尖斜向上，成十字手形。眼隨兩手合抱轉向右前（西）方平視，眼神兼顧兩手合抱（圖118）。

③上動不停。身體重心全部移在左腿；右膝盡量上提，提起時右腳尖向上勾，然後用右腳跟向右前（西）方蹬出；同時，兩掌上提至頭、面部，隨即兩臂內旋，兩掌向右前、

圖119

圖120

左後分開。眼向前（西）方平視，眼神兼顧右掌分出和右腳蹬出（圖119）。

（2）左蹬腳

①接上式。右腿落下，身體向右轉，先以右腳跟在身前右側落地，右腳尖外展約45°；同時，兩臂屈肘，帶動兩掌內收和沉落。眼向前（西）方平視（圖120）。

圖121

②上動不停。身體繼續向右轉；右腳尖隨著轉體和身體重心前移，再外展30°後全腳踏實，重心全部移向右腿；左腿提起，左腳尖下垂，虛點在右腳內側的地面，成高位丁虛步；同時，兩掌繼續向下稍沉後，在上腹前合抱，再向上提至胸前，右掌在裡，左掌在外，兩腕相交，掌心向裡，指尖斜向上，成十字手形。眼向

左前（西）方平視，眼神兼顧兩手合抱（圖121）。

③上動不停。身體重心全部移在右腿；左膝盡量上提，提起時左腳尖向上勾，然後用左腳跟向左前（西）方蹬出；同時，兩掌上提至頭、面部，隨即兩臂內旋，兩掌向左前、右後分開。眼向前（西）方平視，眼神兼顧左掌分出和左腳蹬出（圖122）。

圖122

【要點】

右蹬腳與左蹬腳，除了轉關變勢的過渡動作以外，其餘動作相同，僅左右方向相反，故可相互參看其正面或背面的圖像。蹬腳的著力點在腳跟，所以，蹬出時要意注全腳掌，並偏重於腳跟。

右腳蹬出後，先收回右腳，略成提膝狀，以縮小肢體的半徑；然後左腿稍屈膝下蹲，帶動右腳在右前側方落地。這樣步履就穩健而輕靈。切莫在蹬出一腳未收回時，就向前大跨步似地落地。右腳跟落地後，右腳尖兩次外展，是為左蹬腳作好準備。由於這時向右後轉身的幅度較大，所以，一定要保持立身中正，不可前俯後仰。

高位丁虛步，簡稱「高丁步」，一名「曲步」。高丁步十字手，是蹬腳前的準備動作，此時其將蹬未蹬一腳的膝尖與腳尖的方向，都須與預定蹬出的方向一致，十字手形也順向虛腳一邊，這在術語上叫「高丁步順式十字手」。而第十五式分腳的準備動作，則為「高丁步拗式十字手」，因為其十字手形與虛腳是分置左、右兩個斜角的，而在起腳時虛腳

圖 123

圖 124

和前手方才向同一斜方由虛變實地分出。

　　傅鍾文老師生前說：「楊澄甫老師原來的分腳、蹬腳，都是提膝後迅速踢出，勁透腳尖或腳跟，踢出時都有風聲，後來他改為緩緩踢出或蹬出。」「36 式太極拳」快練時採用前者，慢練時沿用後者。而且，快練時直接提膝踢出或蹬出，也就不採用高位丁虛步來過渡了。

　　其餘要點，可參看第十五式分腳。

　　（3）右拗蹬腳

　　①接上式。左腳收回，在右腳左側方落地，腳尖內扣，指向東北斜方，身體向右後轉身約 135°，重心移向左腿。隨著轉體之勢，右腳以腳掌為軸，使右腳跟內扣約 90°；同時，兩臂隨轉體沉落於身側，兩掌高與肩平（圖 123）。

　　②上動不停。身體繼續向右轉至面向正東方；提起右腿，右腳尖漸漸向上勾；同時，兩臂外旋，在右胸前屈肘合抱，右掌在前、在外，左掌在裡、在右肘內側。眼向前（東）方平視，眼神兼顧兩手合抱（圖 124）。

③上動不停。右腿繼續上提，用右腳跟向前（東）方蹬出；同時，兩臂內旋，兩掌上提至頭、面部，即隨蹬腳向前後方分出，左掌在前，右掌在後，均成掌心向外、指尖向上的側立掌。眼向前（東）方平視，眼神兼顧左手的分出和右腳的蹬出（圖125）。

圖125

【要點】

右拗蹬腳時，直接提膝起腳，不用高丁步過渡。兩臂合抱時，左臂合得較攏，因為左掌要伸向右肘裡側，但左肘既要下沉又不可貼住左脇，兩腋要含虛，兩臂都要圓撐，要曲蓄而仍有寬鬆感，而不可有逼窄感，否則就是收臂合抱過於緊迫所致。

由於右拗蹬腳是右腳和左手伸向前方，而右手伸向後側，這樣就自然地出現了麻花形的擰腰身法，這對腰部鍛鍊有著良好的作用。雖然套路中只安排了右式，但單練時可左、右式併練。俗話說：「人老先老腿。」太極拳作為養生保健的運動良方，對於腿法歷來是分外重視的。

（4）左正蹬腳

①接上式。右腿收回，右腳在右前方落地，腳尖稍外展20°～30°，身體微向左轉，正對前（東）方，重心前移至右腿；同時，兩臂外旋，兩肘尖帶動兩掌弧形地沉落在胸前，兩掌交腕合抱，左掌在裡，右掌在外，掌心向裡，指尖斜向上。眼向前（東）方平視，眼神兼顧兩手合抱（圖126）。

②上動不停。身體重心全部移於右腿；左腿提膝至大腿

沈壽太極拳文集

圖 126

圖 127

呈水平後，即用左腳跟向前（東）方蹬出；同時，在胸前合抱的雙掌，隨左腿提膝之勢稍向上提起，至下頦前方，即漸漸變掌為拳，並向左右兩側（左北、右南）方分擊。眼向前（東）方平視，眼神顧及左腳前蹬（圖127）。

【要點】

以上四式共三種類型的蹬腳，若就其身法而言，（1）、（2）為側身蹬；（3）為擰身蹬；（4）為正身蹬。此三類各有特色，在技擊意義上是不可偏廢的；而用於養生練腿，在鍛鍊的功用上，也是各盡其妙的。

起腳時，首先，要注意虛領頂勁，把頭部頂起，以帶動全身肢體向上。其次，要注意支撐腿的穩固性。所謂「偏中求正」，實際上是取法於自然的平衡，以求得支撐腿的穩固性。例如：用右腳側蹬，上體自然會向左側方微偏；又如用左腳正蹬，上體自然會向右側方微偏，這說明：「偏中求正」是合乎自然規律的。相反地，在起腳時用主觀意識硬性地使自己的上體與支撐腿絲毫不傾斜，那就只有依靠腳的

「拿樁」，這時從外形上看，軀幹與支撐腿是筆直的，實際上其兩側的分量卻是輕重不勻的。這種不自然的做法，是太極拳所不足取的。

做第四分式「左正蹬腳」時，在兩掌變拳向兩側分擊前，兩肘尖先帶動兩拳向兩側分開和下沉；當兩拳斜向下落至兩腋前方時，才向兩側方分擊。在這全過程中，始終腕高於肘，並做到沉肩墜肘的要求。快練時，兩拳向兩側發勁，是十分得力的，而且也能增加鍛鍊的情趣。

以上四式蹬腳，不論是否帶發勁，其腳的蹬出與兩手的分開，必須協調一致，做到上下相隨，而不可出現快慢先後等現象。

第二十式　雙風貫耳

【釋名】

武術術式名稱，凡以單掌或單拳擊耳，稱為「單風貫耳」；而以雙掌或雙拳夾擊對方耳部，就稱為「雙風貫耳」。形容其勢猛手捷如旋風貫耳。楊式太極拳一作「雙峰貫耳」，形容雙拳夾擊的勁大無比，猶如落下兩座山峰摜擊勁敵的雙耳。

據吳圖南先生（1883～1989）生前說：「太極拳中之打虎勢與雙峰貫耳二勢，在舊太極拳中無此二目，為楊班侯先生所增加。」由此說明，傳統的楊式太極拳歷來也是有所創新和發展的。

①接上式。左腿在左前（東）方落下，先以左腳跟落地，隨著身體重心前移，左腳全腳踏實，腳尖向正前（東）方；同時，兩拳變掌，兩臂外旋，漸漸屈攏兩肘，帶動兩掌稍向下、向裡、再向上、向身前畫弧線並漸漸合攏，兩掌緣

圖 128　　　　　　　　　圖 129

之間相距一橫拳半，掌心朝裡，指尖向上，高與頦齊。兩眼透過兩手指尖向前（東）方平視（圖 128）。

　　②上動不停。身體向右轉向右前斜方，面向東南角，重心全部移於左腿；右腿屈膝提起，成獨立步；同時，兩手仰掌，向右腿的膝蓋前兩側下落。眼向右前斜方（東南角）平視，眼神兼顧兩掌下落（圖 129）。

　　③上動不停。待兩手仰掌反摟過膝面時，左腿隨之屈膝稍下蹲，身體重心前移；右腿向前（東南）方邁出一步，先以右腳跟著地，繼而全腳踏實，右腿前弓，左腿蹬伸，成斜向的右弓步；同時，兩掌在反摟過膝面後，繼續向後收至兩胯側，兩臂內旋，兩腕翻轉，變掌為拳，兩拳弧形地向兩側、向前、向上環擊，兩拳高與頭齊。眼向前（東南）方平視，眼神兼顧擊出的兩拳（圖 130）。

　　【要點】

　　轉體、落掌與提膝獨立，三者必須齊起齊止，以腰為軸地帶動上、下肢聯合動作。兩手仰掌向下經右膝兩側時，要

圖130　　　　　　　　　　圖131

以兩肘尖下沉和後收來帶動兩掌的下落，雙掌反摟膝有護膝的作用，能破解對方勾拿或侵襲我的膝節，所以，動作不可流於飄浮。兩拳自兩胯側向前上環擊時，各畫半個圓圈，畫圈的大小要適中，做到開展與緊湊相結合。定勢時，兩拳成鉗狀，兩拳眼相對而斜向下方，兩拳之間相距約一橫拳半。兩肩要鬆沉，兩肘不可揚起。出拳與弓步要上下相隨，同時到達定點。

第二十一式　十字手

【釋名】

兩手斜十字交叉，在胸前掤住或掤擊敵手，故名。「十字手」作為太極拳的一個基本拳式，其下盤是成開立步的。而作為一種手法，它在整個套路中所在多有出現。在「分腳」「蹬腳」「如封似閉」「玉女穿梭」等式中，都有十字手法，還可包括以雙拳交叉的「拍腳」和「七星勢」。但上述6個拳式中的十字手法，首先是與其他腿法或手法聯合組

圖 132　　　　　　　　　圖 133

成一個拳式的，並非單用；其次是步型不同，單用的「十字
手」式其下盤是成開立步的，而上述採用十字手法的 6 式都
不是成開立步的。這說明，一個基本拳式與一種基本手法，
兩者並非同一個概念，這是不可不加以明辨的。

①接上式。右腳以腳跟為軸，腳尖外展 45°後踏實，使腳
尖指向正前（南）方；身體向右轉正，面向正前（南）方，
身體重心全部移在右腿；左腿稍提起，左腳貼近地面，隨轉
腰之勢前移至與右腳平行的內側方，先以腳尖點地；同時，
兩臂外旋，屈肘下落，帶動兩拳變掌並向兩側、向下、向裡
沉落，掌心朝裡，指尖斜向下（圖 131）。

②上動不停。左腳全腳踏實，兩腳寬與兩肩關節齊，腳
尖朝前（南）方，成開立步；同時，兩掌在上腹前合抱和交
腕，漸漸上提至胸前，再微微向前上以合力掤出，左掌在
裡，右掌在外，指尖斜向上，兩掌高不過肩。眼向前（南）
方平視，眼神兼顧兩掌合抱、上提和掤出（圖 132、圖
133）。

兩拳變掌，向兩側畫弧線，與身體向右轉、重心前移和左腳邁向右腳的左側是在同一時間進行的，不可有先後、停頓、斷續等現象。兩掌開合須呈環形，向左右兩側各畫半個圓圈後，再漸漸向上錯開和合攏。畫圈時，兩掌不宜開得太大，其最大距離以不大於 90°角為宜。兩掌向下沉落，則不可低於胯部。立身要自然正直，不可前俯後仰、點頭哈腰。

兩手在交腕合抱的前後，先護腹和護胸，再向前、向上掤出。掤出時上體微前傾，但以不失卻中定之勢為度。整個十字手動作要做到全身鬆沉，沉肩墜肘，上下相隨。定勢成開立步時，身體重心在兩腿之間的正中，但這只是瞬息之間的相對平衡，不可像收勢那樣久駐。而且，要相連不斷地接做下一式，切不可有絲毫的滯頓。

第二十二式　抱虎歸山

【釋名】

敵從我身後突然襲擊，其勢如猛虎下山，我即轉身用右摟手、左單推（式同斜向的右摟膝拗步）對敵。如我未能因此破敵，而對方又用左拳襲擊我中路，我即以雙手在胸前合抱敵臂，做抱虎勢，並繼以捋、擠、按三式反擊，如同把老虎送回山去，故名「抱虎歸山」。

我們把這一式分解為五個分式，即：（1）斜摟膝拗步；（2）抱式；（3）捋式；（4）擠式；（5）按式。這也說明，「抱虎歸山」一式原本是由斜摟膝拗步與斜攬雀尾等兩式組合和衍化而成的。它的特點，一是斜向，二是把上步攬雀尾的上步掤式改為定步抱（虎）式。此外，別無不同之處。

圖 134

圖 135

（1）斜摟膝拗步

①接上式。身體重心移向左腿；以左腳跟為軸，左腳尖內扣約 90°，身體漸漸向右轉，右腿提起，向右後斜方（西北）邁出一步，面向西北角，右腳先以腳跟著地；同時，左掌由右腕內側向下經右掌下方，隨即向左前斜上方（東南）畫弧回環至左耳側方，成左側立掌；右臂內旋，右掌隨轉腰經左胸弧形地向下摟向右膝膝面（圖 134、圖 135）。

②上動不停。上體繼續向右轉；右腳全腳踏實，右腿前弓，左腿蹬伸，成斜向的右弓步；同時，左掌從左耳旁向前（西北）方伸臂推出，邊推邊臂內旋，使掌心變為斜向前（西北）方，指尖向上，高與眉齊；右掌向下弧形地摟過右膝膝面後，放在右胯的前側方，掌心向下，坐腕翹指，指尖向前。眼向前（西北）方平視，眼神透過左手指尖關注前方（圖 136、圖 136 附圖）。

圖 136　　　　　　　　　　圖 136 附圖

（2）抱　式

　　接上一分式。兩腳不動步，上體微向左轉；隨轉腰之
勢，左臂稍屈肘，帶動左掌由前上微向裡收，並變立掌為俯
掌；右掌也隨轉腰和漸漸屈肘之勢，保持俯掌弧形地向上，
經左掌虎口後，再伸臂向右前（西北）方，使右掌心斜向
外、向下；同時，左臂外旋，左掌轉腕，使左掌心斜向裡，
指尖向前，與右掌一前一後遙相對應。眼向前（西北）方平
視，眼神兼顧兩手成抱式（圖 137、圖 138）。

（3）挒　式

　　上一分式——抱式的定勢，就是挒式的開始。上動不
停。身體向左轉側，重心漸漸後移至左腿；腰胯部和兩肘尖
鬆沉，以兩臂微微屈肘帶動兩掌向左側挒去；最後坐實左
腿，成右虛步，上體轉向正西方，兩掌各放在左、右胸前。
眼向前平視，眼神兼顧兩掌向左側挒（圖 139）。

（4）擠　式

　　①接上一分式。身體微向右轉，面對右前（西北）方；

圖 137

圖 138

圖 139

圖 140

同時，左臂內旋，左掌翻轉略呈俯掌，指尖微微上翹；右臂
外旋，右掌邊翻轉、邊向裡、向下微沉，掌心斜向裡，兩掌
前後斜形相對。眼向前（西北）平視，眼神顧及前面一手
（圖140；其側面圖可參看圖18）。

　②上動不停。身體重心前移；右腿前弓，左腿蹬伸，成

圖 141　　　　　　　　　　圖 142

右弓步；同時，右前臂橫置於胸前，右肘略低於腕；左掌相
應地在右前臂內側，跟從向前；繼而左掌根向前貼近右腕脈
門，含蓄地貼住後，兩臂橫撐，兩掌向前（西北）方擠出，
高與肩、鎖關節相平。眼向前平視，眼神關顧擠手（圖
141；其側面圖可參看圖 19、圖 20）。

　（5）按　式

　①接上一分式。右臂內旋，使兩掌心都向下，左掌根向
前，由貼著右腕脈門擦過右手背，略呈雙掌交叉後，即向兩
側平行分開，兩掌比肩稍窄；身體重心漸漸後移（圖 142；
其側面圖可參看圖 21）。

　②上動不停。身體重心繼續後移，直到坐實左腿，成右
虛步；同時，兩掌坐腕，兩肘漸漸屈攏並下沉，帶動兩掌並
行地向裡、向下抹回；在抹回的過程中，雙手由俯掌漸漸地
變為手指斜向上的立掌，兩掌心相互對應，微偏向前（西
北）方。眼向前方平視，眼神兼顧雙掌抹回（圖 143；其側
面圖可參看圖 22）。

圖 143

圖 144

③上動不停。以腰為軸，身體重心前移；右腿前弓，左腿蹬伸，成右弓步；同時，兩掌從胸前向前、稍向上按出，高不過口；邊按，兩臂邊內旋，通過轉腕旋臂，使兩掌心由斜形相對漸漸轉向朝前而微側；定勢時，兩掌相距的寬度不變，腕根坐落，十指向上，虎口撐開，雙手拇指往後側上翹。眼向前（西北）方平視，眼神兼顧雙掌按出（圖 144；其側面圖可參看圖 25）。

【要點】

「抱虎歸山」的特點，一是面向西北斜方；二是在成右弓步後，不再提腳動步，身體重心只在兩腳定步的條件下前後移動，即在弓步與坐虛步兩者之間多次互變：「弓→坐→弓→坐→弓」；三是做好將式前的抱式，因為這是全套中獨特的一個分式，它既不同「攬雀尾」中的掤式，也不同於「提手上勢」中的抱式。

初學此式時，最易犯「迭步」的毛病，也就是錯誤地把兩腳踏在同一條斜向的直線上，以致兩側底盤過窄，身體重

心不穩。這種毛病往往與轉身後成斜向右弓步的角度太小或太大有一定的關係。所以，初學時就要注意角度不可偏正或偏斜，必須對準 45°斜角。同時，要使兩腳之間有橫距間隔。有的人在做正方向的動作時，早已克服了犯「迭步」的毛病，但一旦做斜方向的動作時，又會重犯，這是需要多加注意的。

抱式動作須呈弧形，當兩掌相對應時，意念中含有一「抱」；繼而右臂前伸，就與掯式相銜接了。其餘要點，可參看摟膝拗步和攬雀尾式的有關敘述。

第二十三式　肘底看捶

【釋名】

右手握拳，看守在左臂的肘底，以靜待動，觀察敵方的變化，隨機應變，乘隙出擊，故名。

①接上式。以右腳跟為軸，右腳尖微翹，盡量裡扣後踏實，帶動全身向左轉側；同時，兩臂微內旋，使掌心斜向下，兩掌高與肩齊，兩肘稍屈，肘尖沉落，兩掌隨轉腰之勢，自西北向東南斜方抹轉半個橢圓形。眼隨轉體向前平視，眼神兼顧兩掌抹轉（圖145）。

②上體漸漸向右轉，帶動兩掌向裡經胸前向右側抹回，也就是雙掌自東南回收、經胸前向西南抹轉半個線路較短的橢圓形，兩掌放右胸前，面向西南。眼向前平視，眼神兼顧兩掌抹轉（圖146）。

③上動不停。身體重心全部移向右腿；左腳提起，身體漸漸向左轉至正東方，約轉體 135°，左腳向前（東）方邁出，先以腳跟著地；同時，兩臂外旋，左掌翻轉，掌心朝裡，右掌隨右臂伸展成掌心斜向外，兩掌都隨轉體平移畫弧

圖 145

圖 146

圖 147

圖 148

線約 180°（圖 147、圖 148）。

　　④上動不停。身體重心前移，左腳全腳踏實；右腳提起，自左腳後方向右側（南）方稍平移後落下，先以腳尖點地，隨著身體重心移回右腿，全腳踏實；左腳微提起，稍移向左前，即以腳跟著地，成川虛步；同時，左掌隨轉體自左

向下、向裡，經右前臂內側向前上方穿出，掌心向右，指尖
高與眉齊；右掌向左、向下、向裡，當左掌經右前臂內側向
前上方將要穿出時，右手俯掌沿左掌及左前臂尺骨下側裡扣
下蓋，虎口朝裡，邊裡扣、邊變掌為拳；最後，右臂外旋，
變橫拳為立拳，拳眼與左肘尖上下斜相對應。眼向前平視，
眼神透過指尖關注前（東）方
（圖149、圖150、圖151）。

【要點】

「肘底看捶」走的三角步，
初學時首先要把這一獨特的步法
弄懂練熟。承接上一式，其左腳
尖原來指向西方，現在要轉換為
指向東方，這是三角步的第一
角；右腳原來在西北角，現在要
轉移到西南角，這是三角步的第
二、第三角。兩腳移動，基本上

圖149

圖150

圖151

沈壽太極拳文集

就在這三個角落。走步一經熟練，其他動作問題也就可迎刃而解了（詳見肘底看捶三角步法示意圖）。

肘底看捶三角步法示意圖

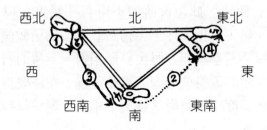

說明：

1.此示意圖的方向與拳式動作圖照的方向是一致的，即：前南、後北、左東、右西。

2.------→ 虛線代表左腳；
　　──→ 實線代表右腳。

3.未動步前，斜向西北方的右弓步，其在前的右腳爲「1」，在後的左腳爲「0」。（此序號見示意圖中「腳印」之內，下同。）

4.動步後的三角步動作：

①1→2　右腳跟碾地，右腳尖內扣。

②0→3　左腳掉轉腳頭，由南向東邁步落下（其腳尖原朝西方，向東邁步落下時，變爲指向東而稍偏南）。

③2→4　右腳提起，由西北向南落步（落步後，腳尖指向東南方）。

④3→5　左腳微提起，向左前稍移後落下，用左腳跟著地，其腳尖微上翹並朝向正東方。

以上三角步法動作，務須注意以腰爲軸，上下相隨，周身一家，一氣呵成。

　　就上肢而言，無論過渡動作和定勢動作，兩臂都要保持一定的弧度，腋下可容一橫拳，不可夾緊；但兩肘也不可抬

起。背不可拱起，臀不可凸出。全式動作要以腰為軸，帶動全身，做到「一動無有不動，一靜無有不靜」。全身上下相隨，周身協調如一家，運動綿綿不斷、滔滔不絕。動作圓活、輕靈、渾厚、飽滿，不可有斷續、棱角或滯頓等現象。兩腳隨重心轉移，此起彼落，不可有「雙重」現象。定勢時，眼尖、鼻尖、指尖「三尖相照」；胸部稍微側向右前斜方，但為保持右拳眼與左肘尖斜形相對，上體的斜度也不可太大；川字步的下盤要穩固，襠要圓撐，左膝要自然微屈，左腳上翹要適度；兩肘與兩膝上下相合，鬆肩墜肘，予人以氣勢騰然之感。

第二十四式　野馬分鬃

【釋名】

形容兩臂在行進中向左與向右交替地兩分，其神態猶如野馬在奔騰時，風吹馬鬃忽左忽右地向兩側斜分，故名「野馬分鬃」。

本式共有右、左、右、左、右5個分式，因此，全稱為「左右野馬分鬃」。與「摟膝拗步」相對地說，「野馬分鬃」是屬順步的拳式。凡左腳前邁和左手前分是一致的，或右腳前邁和右手前分是一致的，這樣由於上、下肢相順，身體就順向一側，所以在走架中稱為「順步」。

(1) 右分鬃

①接上式。身體向右後轉，左腳以腳跟為軸，腳尖盡量內扣後踏實；同時，隨著向右後轉體，變左立掌為俯掌，變右拳為仰掌，兩掌左上右下地合抱在胸腹前，略呈抱球狀。眼隨轉體向前平視，眼神顧及左掌（圖152）。

②上動不停。身體重心全部移向左腿，上體繼續向右

圖 152

圖 153

轉；右腿提起，右腳向右前
（西）方邁出一步，先以腳跟
著地，隨著重心前移，全腳踏
實，右腿前弓，左腿蹬伸，成
右弓步；同時，右掌隨著轉
體，用大拇指連同右前臂的橈
骨一側，向右前上方捌出，掌
心斜向上，高與眉齊；左掌
向左下方弧形下採，掌心向
下，指尖微翹，高與胯齊。
眼向前（西）方平視，眼神
顧及右掌捌出（圖153、圖154）。

圖 154

（2）左分鬃

①接上一分式。以右腳跟為軸，右腳尖外展約 45°後踏
實，身體漸漸向右轉，重心全部移在右腿，左腿向前提起，
左腳尖下垂，懸置於右踝內側方；同時，右臂內旋，右掌翻

圖 155　　　　　　　　　　圖 156

轉成俯掌，隨著向右轉體，屈肘內收，放在胸前；左臂外
旋，左掌翻轉成仰掌，隨轉體，屈肘向右弧形地抄起，放在
腹前，兩掌右上左下地合抱在胸腹前，略呈抱球狀。眼隨轉
體向前平視，眼神顧及右掌（圖 155、圖 156）。

　②上動不停。左腳向左前（西）方邁出一步，先以腳跟
著地，隨著重心前移，全腳踏實，左腿前弓，右腿蹬伸，成
左弓步；同時，左掌隨著轉體，用大拇指連同左前臂的橈骨
一側，向左前上方挒出，掌心斜向上，高與眉齊；右掌向右
下方弧形下採，掌心向下，指尖微翹，高與胯齊。眼向前
（西）方平視，眼神顧及左掌挒出（圖 157）。

　（3）右分鬃

　①接上一分式。以左腳跟為軸，左腳尖外展約 45°後踏
實，身體漸漸向左轉，重心全部移在左腿，右腿向前提起，
右腳尖下垂；同時，左臂內旋，左掌翻轉成俯掌，隨著向左
轉體屈肘內收，放在胸前；右臂外旋，右掌翻轉成仰掌，隨
轉體屈肘向左弧形地抄起，放在腹前，兩掌左上右下地合抱

圖157

圖158

在胸腹前，略呈抱球狀。眼隨轉體向前平視，眼神顧及左掌
（圖158）。

　　②上動不停。身體繼續微向左轉，右腳經左踝內側方
時，身體向右轉，右腳向右前（西）邁出一步，先以腳跟著
地，隨著重心前移，全腳踏實，右腿前弓，左腿蹬伸，成右
弓步；同時，右掌隨著向右轉
體，用大拇指連同右前臂的橈
骨一側，向右前上方挒出，掌
心斜向上，高與眉齊；左掌向
左下方弧形下採，掌心向下，
指尖微翹，高與胯齊。眼向前
（西）方平視，眼神顧及右掌
挒出（圖159）。

　　（4）左分鬃

　　動作參看（2）左分鬃
（圖155～圖157）。

圖159

（5）右分鬃

動作參看（3）右分鬃（圖158、圖159）

【要點】

「野馬分鬃」與「摟膝拗步」，在步法上走的都是「之」字步，但就弓步步型而言，野馬分鬃用的是闊而短的「闊弓步」，而摟膝拗步用的是橫距與直距都適中的「中弓步」。「闊弓步」在技擊上是用於封套對方前腳的一種弓步。

本式在兩手做抱球狀時，下面一手的掌心，應在上面一手的前臂之下，兩掌心上前下後地斜形相對；兩臂須屈肘成弧形，不可抬肘，並須含有掤意。這時，胸部基本上側向南方或北方。拗手與弓步要上下相隨，手的拗出與步的弓出，在動作節奏上必須協調一致。上拗與下採的兩手都要走弧線，開勁要前後上下對稱，做到「兩膊相繫」，兩掌前後呼應。拗出和下採的手臂都不可完全挺直，以伸展至肘部微屈為度。拗出一臂的肘尖下沉，與膝尖上下相對。

下採的一掌應撐開一點，不宜貼靠或離胯或太近。坐腕、虛掌、舒指，指尖朝向正前方。拗出一手的指尖，高與眉齊或額齊都可，但不可過頭頂。拗出時，全身隨腰軸轉動，上身要自然正直，切不可前俯後仰或雙肩搖晃。其勁起於腳，發於腿，主於腰，通於脊背，再由肩到肘、由肘到手而形於手指。如此完整一氣，節節貫串，其勁直透指端。整套太極拳的出手，都是以肩催肘、以肘催手的。

第二十五式　雲　手

【釋名】

兩手交替運轉，猶如天上的行雲，連綿不斷，故名「雲

手」。此式以左、右兩手在身前各畫一圈,作為一次,共做五次。

楊式太極拳老譜有全稱為「左右雲手」的(見楊澄甫著《太極拳使用法》第26式);「雲」字也有「抎」「紜」等異寫,但與本式「雲手」動作並無差異。而24式簡化太極拳稱為「左雲手」,那是指雲手運動的方向而言。48式太極拳既有「左雲手」,又有「右雲手」,這裡的「左」「右」也是指運動方向,即:凡向左橫行的為「左雲手」,向右橫行的為「右雲手」。這與上述「左右雲手」的概念是不盡相同的。36式太極拳繼承傳統楊式太極拳的雲手動作,只向左橫行,不向右橫行。

①接上式。以右腳跟為軸,右腳尖稍內扣,然後身體重心全部移至右腿,左腿微提起,上體向左轉,左腳隨轉體向後(北)平移至右腳同一條(西、東走向)的橫線上,先以左腳尖著地,繼而全腳踏實,重心也隨之微向左移動;同時,左臂外旋和屈肘,左掌翻轉,掌心斜朝裡,隨著轉腰之勢,自左下向右上畫弧;右臂內旋和微屈肘,右掌翻轉,掌心向下,自右上(西偏北)向下沉落和內收。眼隨轉體向前平視,眼神兼顧兩掌運轉(圖160)。

圖160

②上動不停。上體繼續向左轉,重心也漸漸向左移而居中,下盤襠部圓撐,坐腰落胯,略成大馬步;同時,左、右兩掌在右側(西)方交錯而

過，左掌斜向上抄起，經右腕內側向面部前畫弧時，高不過眉；相對地，右掌在右側經左掌背外側下按，至右胯前側時，右臂外旋，右掌翻轉，掌心斜朝裡時，指尖斜向下。眼向前平視，眼神兼顧兩手運轉，主要關注在上面的一手（圖 161）。

圖 161

③上動不停。上體繼續微向左轉，重心漸漸移向左腿；右腳跟先提起，再全腳提起，向左側（東）方橫行平移半步，先以右腳尖著地，繼而全腳踏實；上體隨之微向右轉回，面向正南方，重心漸漸居中，下盤襠部圓撐，坐腰落胯，兩膝微屈，略成小馬步；同時，左掌經面部後，左臂內旋，左肘尖下沉後收，帶動左掌成俯掌向左側（東）方下按；右臂屈肘，右掌自右向下，經襠部前向左上方抄起，左、右兩掌在左側（東）方交錯而過，右掌經左腕內側向面部前畫弧時，高不過眉；相對地，左掌經右掌背外側下按，至左胯前側時，左臂外旋，左掌翻轉，掌心斜朝裡，指尖斜向下。眼向前平視，眼神兼顧兩手運轉，主要關注在上面的一手（圖 162、圖 163、圖 164）。

以上動作①②③是雲手一次的全過程，即：以腰為軸，在上，兩手各畫立圓一圈；在下，走橫行馬步，由大馬步變為小馬步。這樣依次共做 5 次即可。但在銜接動作上，由於第一次雲手是由第二十四式「野馬分鬃」過渡而來，所以，第二至第五次雲手的過渡動作與第一次略有不同，現以動作

沈壽太極拳文集

圖 162

圖 163

圖 164

圖 165

④的圖文說明如下：

　　④上動不停。身體重心移向右腿，上體微向右轉；左腿
提起，左腳跟先離地。同時，左掌隨著轉腰之勢，自左下經
襠部前向右上抄起；右臂內旋，右掌翻轉，掌心向下，自右
上向右側（西）弧形地下按（圖165）。繼而全腳離地，上

體向左轉，左腳向左側（東）方橫行平移半步，先以左腳尖著地，繼而全腳踏實。下接動作②至④（圖 161～圖 165 即續做第二～第五次雲手）。

【要點】

雲手 5 次，雖然也可稱 5 個分式，但它是 5 個完全相同而重複的分式。連續地橫著走，這是雲手最大的特點，它是楊式太極拳中惟一的連續橫行的拳式。

當兩掌畫圓圈上下運轉時，無論是掌心向下、向裡或向上，畫圈都要自然、圓滿和勻稱，並須含有掤勁。兩臂不可完全伸直，尤其在俯掌下按時要分外注意。但屈肘時，也不可過度，一般以肘彎不小於 90°角最為相宜。因為伸臂太直和屈肘太過，這兩者都會失卻掤勁。古人說：「過猶不及。」惟有圓滿的動作，才能飽含渾厚的掤勁。當手向上運轉時，要有上抄的意思，並注意不可抬肘、揚肘。手掌經過面部前時，宜略呈斜形，指尖高與眉齊，而勿高過於眉。

雲手的兩掌運轉，是以「上不過眉，不下過膝」為原則的。過眉，指高於眉；過膝，指低於膝，這也就是為畫圈大體上規定了上限與下限。當在上一手運至與肩部相對時，其在下一手恰好與另一側的胯部相對。兩手勿離身體太遠，兩臂與胸部之間的空隙，是略呈半月形的，而不是正圓形。兩手交替運轉，以在上一手為主，在下一手相隨而動，不可散漫或僵滯。眼神隨上一手轉動，而不可亂看。

橫行走動時，以腰為軸，轉腰鬆胯地漸漸移動重心，而不可只是擺動兩臂，甚至搖晃兩肩，而沒有腰的轉動。《太極拳體用全訣》說：「雲手橫行連綿綿，妙用全在轉腰際。」如果腰不轉動，那掤手就顯得軟弱無力了。橫行時頭要頂、身要正、腰要鬆、襠要圓、胯要落。身體重心不可忽

高忽低，頭與腰都要呈水平狀地移動。

雲手的橫行馬步是大、小二字馬步連接而成的。二字馬步的兩腳尖應始終指向身體的正前（南）方。小馬步的兩腳橫距，約為大馬步的一半，而不可使兩腳橫距太小、甚至形成「靠步」。其實，橫行馬步是一種步法，而不是步型。它與武術中一般馬步最大的不同之處是，兩腳的動作像「翹翹板」一樣：腳提起時，腳跟要先離地；腳踏下時，腳尖要先著地；當一腳的腳跟一經踏實，另一腳的腳跟即已離地。就這樣此起彼伏，與玩翹翹板極為相似。

初學或表演時，雲手以按規定做 5 次為宜。熟練後，凡屬重複的分式，都可隨時間的多少、場地的寬窄、對自己運動量的要求，以及個人的興趣愛好，決定多做或少做幾次。雲手可按單數 3、5、7 或 9 次中自由選擇；但無論多做還是少做，在次數上都必須與前一式「野馬分鬃」的重複次數取得一致，否則套路來回往復線路的長短，就會被打亂。

第二十六式　單鞭下勢

【釋名】

單鞭：一手勾手，另一手拂面後向前揮出，因像跨馬揚鞭之勢，故名「單鞭」。

下勢：成仆步向下落身，故名「下勢」。

本套路把單鞭與下勢合而成為一個基本拳式，全稱「左右單鞭下勢」。它是由「左單鞭下勢」與「右單鞭下勢」這兩個分式組成的。

（1）左單鞭下勢

①接上式。重心全部移至右腿；左腿提起，身體向左轉，左腳稍內收，左腳尖微向下垂，左膝尖朝向左前（東）

方;同時，隨著向左轉體，左掌繼續弧形地向上抄起，右掌五指向下撮攏，變掌為勾手，勾尖向下；左、右兩腕在右上胸前（南）方相互交錯後，隨即左掌向左前（東）方運轉，右勾手向右後側（南偏西）弧形地平移。眼隨轉體向前環視，眼神兼顧兩手運轉，當左掌與右勾手向前後分開時，眼神兼顧前移的左掌（圖166）。

圖166

②上動不停。上體繼續向左轉至面向正東方；左腳向左前（東）方邁出一步，先以腳跟著地，隨著重心前移，左腳全腳踏實，左腿前弓，右腿蹬伸，成左弓步；同時，左掌向左前（東）方運轉至掌心向裡與面部遙遙相對時，左臂內旋，左掌翻轉使掌心朝外，斜向前（東）方，邊翻轉、邊伸臂推掌，宛如轉腕向前方揚鞭，又如拴門的動作；右勾手相應地繼續向右後平移，肘略低於肩和腕，腕部稍高於肩。眼向前平視，眼神關注左掌向前伸推（圖167、圖168）。

以上為左單鞭。

③上動不停。上體微向右轉，身體重心移向右腿；右腳尖向後外展踏實，右腿屈膝向下深蹲，成左仆步；同時，左臂隨著上體右轉和重心後移之勢，屈左肘，帶動左掌弧形地內收，並隨蹲身經胸、腹前降落至左大腿內側；右勾手保持原狀而隨身下落。眼向前平視，眼神顧及左掌內收和下落（圖169、圖170）。

④上動不停。上體漸漸向左轉，重心前移；左腳尖外

圖 167

圖 168

圖 169

圖 170

展；上體隨重心移向左腿而向上升起；右腳尖順勢裡扣，左腿前弓，右腿蹬伸，成左弓步；同時，隨上體左轉和升起，由左仆步變左弓步之際，右勾手變掌，弧形地下落在右胯旁，掌心斜向前，指尖向下；左掌向前穿經左腳內側後，即隨起身向前上撩掌，虎口向上，指尖向前，高與肩齊。眼向

圖171

圖172

前（東）方平視，眼神顧及左掌前撩（圖171）。

以上為左下勢。

（2）右單鞭下勢

①接上一分式。身體向右轉；左腳以腳跟為軸，左腳尖隨著向右轉腰之勢，盡量向裡扣，重心全部放在左腿；右腿提起，右腳稍內收，右腳尖微向下垂，右膝尖朝向右前（西）方；同時，隨著向右轉體，左臂內旋，屈左肘，變左掌為勾手，五指向下撮攏，勾尖向下，右掌自右胯旁弧形地向左、向上抄起；左、右兩腕在左上胸前（南）方相互交錯後，隨即右掌向右前（西）方運轉，左勾手向左後側（南偏東）弧形地平移。眼隨轉體向前環視，眼神兼顧兩手運轉，當右掌與左勾手向前後分開時，眼神關顧前移的右掌（圖172）。

②上動不停。上體繼續向右轉至面向正西方，右腳向右前（西）方邁出一步，先以腳跟著地，隨著重心前移，右腳全腳踏實，右腿前弓，左腿蹬伸，成右弓步；同時，右掌向

圖173

圖174

右前（西）方運轉至掌心向裡與面部遙遙相對時，右臂內旋，右掌翻轉使掌心朝外，斜向前（西）方，邊翻轉、邊伸臂推掌，宛如轉腕向前方揚鞭，又如拴門的動作；左勾手相應地繼續向左後平移，鬆肩垂肘，肘部略低於肩和腕，腕部稍高於肩。眼向前平視，眼神關注右掌向前伸推（圖173、圖174）。

以上為右單鞭。

③上動不停。上體微向左轉，重心移向左腿；左腳尖向後外展踏實，左腿屈膝向下深蹲，成右仆步；同時，右臂隨著上體左轉和重心後移之勢，屈右肘，帶動右掌弧形地內收，並隨蹲身經胸、腹前降落至右大腿內側，再向前穿向右腳內側；左勾手保持原狀而隨身下落。眼向前平視，眼神顧及右掌內收和下落（圖175、圖176）。

④上動不停。上體漸漸向右轉，重心前移；右腳尖外展，上體隨重心移向右腿而向上升起，左腳尖順勢裡扣，右腿前弓，左腿蹬伸，成右弓步；同時，隨上體右轉和升起，

圖 175

圖 176

由右仆步變為右弓步之際，左
勾手變掌，弧形地下落在左胯
旁，掌心斜向前，指尖向下；
右掌前穿經右腳內側後，即隨
起身向前上撩掌，虎口向上，
指尖向前，高與肩齊。眼向前
（西）方平視，眼神顧及右掌
前撩（圖177）。

　　以上為右下勢。

圖 177

【要點】

　　單鞭的前一手，在技擊上
應用的是「拴手」，即：以立掌經面部後，其轉腕向前推伸
的動作，就與拴門或拴馬椿的動作相似，故名「拴手」。它
與「摟膝拗步」的推擊，以及「攬雀尾」按式的推按，相互
間存在著微妙的不同。單鞭的弓步，其兩腳的直距宜長些，
而橫距宜窄些，可稱之為「窄弓步」。它在技擊上是屬於插

逼的一種步法，即：用我前腳較深地插入對方襠下的地面，突然逼近其軀幹，能更為得力地把對方擊出。單鞭成弓步時，在上的一手前推、一手後勾，與在下的一腿前弓、一腿後蹬，必須上下相隨，協調一致。定勢時，兩臂不可完全伸直，前手指尖高與眉齊，俗稱「齊眉掌」。勾手又名「吊手」。勾手須自然屈腕和撮攏五指，勾尖下垂，而不可上翹，這就有了「吊」的意思；但也不要過分用力內扣。頭要頂，身要正，腰要鬆，肩要沉，腕要柔，避免挺胸收腹或上體前傾；而胸部要對向側方，而不可朝向正前方。同時，要注意做到手與足、肘與膝、肩與胯的上下相合。前面膝尖不可超出腳尖。鼻尖、手尖、腳尖要三尖相對。後面勾手的勾尖，與後腳的腳尖上下垂直相對。

做下勢時，以腳跟為軸，先使後腳尖外展，同時隨身體重心後移與下落，使前腳尖相應地裡扣。前一手的內收與沉落須略呈弧形，但不做抓肩動作（即不向後面的一肩靠近）。這時尤須注意鬆腰落胯、沉肩墜肘，節節貫串地帶動肢體下落，並注意上身正直，不可前俯後仰、低頭、凸臀或挺胸。成仆步時，前膝不要用力挺直，而應保持自然微屈；後面深蹲的一腿，要防止腳跟離地拔起的錯誤現象。由下勢起身時，以腳跟為軸，先使前腳尖外展，同時隨身體重心前移與起身，使後腳尖相應地裡扣。不論在外展或裡扣時，腳掌都須接近地面，而不可把腳尖翹得太高。手掌的前穿要輕靈圓活，緊接的撩掌要沉著渾厚、內勁充盈和蓄而不發。

第二十七式　金雞獨立

【釋名】

一手上托，一手下按；一腳提起，一腳獨立。其姿勢很

圖 178 　　　　　　　　　　圖 179

沈壽太極拳文集

像金雞獨立，故名。

　　本式下分「右獨立」與「左獨立」兩個分式，所以全稱
應為「左右金雞獨立」。但其實際練習次序卻是先右後左
的；是以獨立一腿的左或右來劃分左獨立或右獨立的。

　　（1）右獨立

　　接上式。以右腳跟為軸，右腳尖微外展後踏實，身體漸
漸向右轉，重心漸漸全部前移於右腿，左腿屈膝提起，左腳
跟先離地，繼而全腳懸起，成右獨立步；同時，右臂漸漸內
旋，以屈肘帶動右掌向右側下方回收和摟、按，經弧形地
摟、按後，放置在右胯旁，掌心向下，指尖向前（西）方；
左臂微內旋，左掌隨著身體右轉和升起獨立之勢，由左胯旁
向前、向上弧形地挑托，最後屈左肘，成左側立掌放在面前，
指尖朝上，高與眉齊，掌心朝右（北）。眼神先兼顧兩掌一
摟、一托，最後透過左手指尖向前平視（圖178、圖179）。

　　（2）左獨立

　　接上一分式。右腿微屈膝，左腳稍向左前側方落步，先

圖180

圖181

以左腳跟著地，腳尖微外展後踏實，身體漸漸向左轉，重心漸漸全部移向左腿；右腿屈膝提起，右腳跟先離地，繼而全腳懸起，成左獨立步；同時，左臂漸漸內旋，以屈肘帶動左掌向左側下方回收和摟、按，經弧形地摟、按後，放置在左胯旁，掌心向下，指尖向前（西）方；右臂外旋，右掌隨著身體左轉和升起獨立之勢，由右胯旁向前、向上弧形地挑托，最後屈右肘，成右側立掌放在面前，指尖朝上，高與眉齊，掌心朝左（南）。眼神先兼顧兩掌一摟、一托，最後透過右手指尖向前平視（圖180、圖181、圖182）。

圖182

【要點】

由弓步起身，用在後一腿的腳掌蹬地緩緩而起。重心前

移要從容不迫、穩固矯健，不可左搖右擺或前俯後仰。上體保持自然正直。起身時，頭部先頂起；落身時，腰胯先鬆落。原在胯旁的一手向前上方弧形地挑托時，須與同側的一腿向前提膝的動作協調一致，做到齊起齊止。提膝動作，須與對側一腿的獨立動作，以及對側一手的向下摟、按動作協調一致。總之，是以腰為軸，做到上下相隨，兩膊相繫；兩腿交替，虛實分明。

當右獨立步變左獨立步時，是左腳向前落步；在落步的同時，右腿要相應地屈膝下蹲，使身體重心降低，這樣落步才能做到輕靈而沉著。定勢時，手與腳、肘與膝、肩與胯要上下相合。提膝的一腿，至少做到大腿呈水平。而其上舉的一臂要略呈圓弧形，下按的一臂也不可完全伸直。兩腋要含虛，兩臂都要富含掤撐之勁。並注意做到虛領頂勁、沉肩墜肘、坐腕舒指和氣沉丹田。

第四段

第二十八式　指襠捶

【釋名】

顧名思義，「指襠捶」是用捶（拳）對準敵方的襠部進行沖擊。此式手法上先有左摟膝的防守，然後沖右拳反擊。在步法上，用的是「進步」，即：先上一橫步，再上一直步。這兩步的直距，大約相當於一步半。因此，此式全稱可作「進步摟膝指襠捶」。拳式的簡稱與全稱，或簡或詳，各有利弊。在教學上，可因人、因時靈活地選擇應用。

①接上式。左腿稍屈膝下蹲，右腿向右前邁出和落下一橫步，先以右腳跟著地，隨著身體向右轉，右腳全腳踏實，

圖 183

圖 184

重心也漸漸移向右腿；左腿徐徐提起，左腳跟先離地，繼而全腳離地。同時，右臂微內旋，右掌隨著右腳落下成橫步時，沉落在身前由掌變拳，並隨著向右轉腰之勢，使右拳呈弧形地向右側下方回收；左臂漸漸屈肘，帶動左掌由左胯旁弧形地向上、向前、向右、向裡提起，至右上腹前側，掌心向下，指尖向右（北）。眼向前（西）方平視，眼神關顧兩手經過身前的動作（圖183、圖184）。

　　②上動不停。右腿稍屈膝下蹲，左腿向左前（西）方邁出一步，先以左腳跟著地，繼而全腳踏實；上體向左轉，面向正前（西）方，身體重心也前移至左腿；左腿前弓，右腿蹬伸，成左弓步；同時，左臂漸漸伸展，帶動左掌向前、向左、向下弧形地摟過左膝膝面，放在左胯的前側方，掌心向下，坐腕翹指，指尖向前；右臂先外旋，帶動右拳由右胯旁上提至右腰側時，畫一無形的小圈，使右拳由拳心向裡變為拳心向上，成腰拳狀；然後右臂漸漸內旋，右拳自右腰側隨著向左轉腰之勢，伸臂向前偏下沖拳，拳眼斜向上，拳心向

圖 185

圖 186

左（南），高與小腹平。眼向前
（西）方平視，眼神顧及左摟右
沖（圖185、圖186、圖187）。

【要點】

此式實由左摟膝與右沖拳組
合而成，也屬拗步，但不是右推
掌，而偏向前下方沖拳。根據
「指襠捶」這一術式名稱，顧名
思義，無疑右拳應指向襠部。而

圖 187

今右拳沖出後，高與小腹平齊，
說明這僅僅是意含「指襠」而已。

定勢時，左右兩臂均伸展至微屈肘為度，不可完全挺
直。上身前傾不可過度，武術上素有「肘不過膝」的說法。
以此式為例，即右拳打出後，右肘尖以不超越左弓步的左膝
尖為宜。反之，若上身前傾度與右臂伸展度都較大，相應
地，左弓步前後兩腿的跨度（指直距）也須加大，並降低架

勢和重心，以保持「肘不過膝」的要求。摟膝、沖拳、弓腿和坐腰的動作，務須上下協調一致，而不可相互脫節、各自為政。也不可歪斜搖擺、低頭哈腰、扭胯凸臀。

其餘要點，請參看第十六式「栽捶」。兩者主要的差別在於沖拳的目標與角度有所不同而已，因此，其動作圖照與要點，都可相互參考。

第二十九式　玉女穿梭

【釋名】

形容其左右穿手像織女穿梭一樣地輕巧而敏捷，故名「玉女穿梭」。

歌訣說：「玉女穿梭走四角。」此式可依四角的走向，劃分四個分式，即：

（1）以左弓步走向西南斜角的為「穿梭一」；

（2）以右弓步走向東南斜角的為「穿梭二」；

（3）以左弓步走向東北斜角的為「穿梭三」；

（4）以右弓步走向西北斜角的為「穿梭四」。

（1）穿梭一

①接上式。左腳以腳跟為軸，左腳尖稍外展；上體微向左轉，身體重心漸漸地全部前移至左腿；右腿屈膝提起，腳尖自然下垂；同時，隨著身體重心的前移，左掌由左胯旁向前上方提起；右臂屈肘，帶動右拳微內收，隨即變拳為掌，右臂外旋，右掌心斜向上，掌背越過左腕，使左右兩腕在左胸前相交，成為左右兩掌背斜形相對的「反十字手」。眼向左前斜方（西南角）平視，眼神兼顧兩手交腕（圖188）。

②上動不停。身體向右轉；右腳邁向右前方，落一短而闊（直距短、橫距闊）的橫步，先以右腳跟著地，腳尖外

圖 188　　　　　　　　　圖 189

展，指向右前方（西偏北），隨著重心移向右腿，右腳全腳踏實；接著，右腿微屈膝下蹲，左腿屈膝提起，上體微向左轉，左腿向左前斜方（西南角）邁出一步，先以左腳跟著地，隨著身體重心前移，左腳全腳踏實，左腿前弓，右腿蹬伸，成左弓步；同時，左掌護繞右臂，沿著右前臂弧形地向右、向下勒過右肘尖後，左臂內旋，左掌連同左前臂翻轉向前上方掤架，左掌心斜向上，放在左額前上方；右前臂隨著左掌在其下面穿勒時，先相應地稍向前上掤起，繼而使右肘尖向右、向後、向下弧形地沉落，帶動右掌下移至右腰側上方；隨著左掌向上掤架、左腿向前弓腿，右掌同時向前、向上，經左掌下方向前穿推而出。眼向前（西南斜方）平視，眼神兼顧左右手開合，最後，透過右手指尖關注前方（圖189、圖190、圖191）。

（2）穿梭二

①接上一分式。左腳以腳跟為軸，腳尖盡量內扣，身體向右後轉至面對正北方，重心仍在左腿；同時，隨著向右後

圖190

圖191

轉體之勢，兩臂外旋，兩肘尖下沉，帶動兩掌下落，交腕合抱於胸前，左掌在裡，右掌在外，兩掌心向裡，指尖斜向上，成十字手（圖192）。

②上動不停。重心全部移向左腿，身體繼續向右後轉向東南斜方；右腿提起，向東南斜方邁出一步，先以右腳跟著地，隨著身體重心前移，右腳全腳踏實，右腿前弓，左腿蹬伸，成右弓

圖192

步；同時，右掌護繞左臂，沿著左前臂弧形地向左、向下勒過左肘尖後，右臂內旋，右掌連同右前臂翻轉向東南角上方掤架，右掌心斜向上，放在右額前上方；左前臂隨著右掌在其下面穿勒時，先相應地稍向前上掤起，繼而使左肘尖向左、向後、向下弧形地沉落，帶動左掌下移至左腰側上方；

圖193

圖194

隨著右掌向上掤架，右腿向前弓腿；左掌同時向前、向上，經右掌下方向前穿推而出。眼向前（東南斜方）平視，眼神兼顧兩手開合，最後，透過左手指尖關注前方（圖193、圖194）。

（3）穿梭三

①接上一分式。身體重心漸漸地全部前移至右腿；左腿屈膝提起，腳尖自然下垂；上體微向左轉，面向東北斜方；同時，隨

圖195

著轉體，兩臂外旋，左臂屈肘，帶動左掌內收於胸前，右臂屈肘，帶動右掌徐徐下落；在右胸前，左右兩腕相交，右腕在上，左腕在下，成為左右兩掌背斜形相對的「反十字手」。眼向左前斜方（東北角）平視，眼神兼顧兩手交腕（圖195）。

②上動不停。上體繼續向左轉；右腿稍屈膝下蹲，左腿

圖 196

圖 197

向左前斜方（東北角）邁出一步，先以左腳跟著地，隨著身
體重心前移，左腳全腳踏實，左腿前弓，右腿蹬伸，成左弓
步；同時，左掌護繞右臂，沿著右前臂弧形地向右、向下勒
過右肘尖後，左臂內旋，左掌連同左前臂翻轉向前上方掤
架，左掌心斜向上，放在左額前上方；右前臂隨著左掌在其
下面穿勒時，先相應地稍向前上掤起，繼而使右肘尖向右、
向後、向下弧形地沉落，帶動右掌下移至右腰側上方；隨著
左掌向上掤架、左腿向前弓腿，右掌同時向前、向上，經左
掌下方向前穿推而出。眼向前（東北斜方）平視，眼神兼顧
兩手動作，最後，透過右手指尖關注前方（圖 196）。

　（4）穿梭四

　①接上一分式。左腳以腳跟為軸，腳尖盡量內扣，身體
向右後轉至面對正南方，而重心仍在左腿；同時，隨著向右
後轉體之勢，兩臂外旋，兩肘尖下沉，帶動兩掌下落，交腕
合抱於胸前，左掌在裡，右掌在外，兩掌心向裡，指尖斜向
上，成十字手（圖 197）。

圖 198　　　　　　　　　圖 199

②上動不停。重心全部移向左腿，身體繼續向右轉至面向西北斜方，右腿提起，向西北斜方邁出一步，先以右腳跟著地，隨著身體重心前移，右腳全腳踏實，右腿前弓，左腿蹬伸，成右弓步；同時，右掌護繞左臂，沿著左前臂弧形地向左、向下勒過左肘尖後，右臂內旋，右掌連同右前臂翻轉向西北角上方掤架，右掌心斜向上，放在右額前上方；左前臂隨著右掌在其下面穿勒時，先相應地稍向前上掤起，繼而使左肘尖向左、向後、向下弧形地沉落，帶動左掌下移至左腰側上方；隨著右掌向上掤架、右腿向前弓腿，左掌同時向前、向上，經右掌下方向前穿推而出。眼向前（西北斜方）平視，眼神兼顧兩手開合，最後，透過左手指尖關注前方（圖 198、圖 199）。

【要點】

此式動作方向的特點是走向四斜角，這是全套太極拳中惟一走向四角的術式，因此，走向的角度要明白無誤。定勢時，成斜向的左或右弓步，其前後兩足不可「迭步」，即兩

足不可踏在同一條直線上，而必須保持一定的橫距。在步法上，除「穿梭一」為進步外，其餘都是轉身後上步。轉身或邁步時，兩腿不可完全直立，兩膝要保持一定的屈度；上體要自然正直，起伏度要小。動作要相連不斷，速度均勻，上下相隨，兩膊相繫。總之，要顯示出輕靈、巧妙、敏捷、協調、沉穩和從容不迫的姿態。

呈正、反十字手時，兩手交腕相合於胸前，其手勢不宜太高。當一手向上架托時，要防止聳肩抬肘。其在後的一手前穿推掌時，指尖高不過口，並須從在上架托一手的虎口下向前穿出；穿出的幅度不宜太大，穿出後，上下兩手相距一橫拳左右。這時兩臂都略呈弧形，但兩肘的屈度都不可太大，以微屈為度。前穿時，肢體要專注一方，而不可歪斜搖擺，也不可呆板滯頓。架托、穿推、弓腿和坐腰動作須完整協調，一氣呵成。弓步的前足尖與前膝尖必須一致地指向斜方，角度明確而無偏差。

第三十式　七星勢

【釋名】

在上兩拳交腕成斜十字，在下成左右虛步或左右寸腿彈踢。這一姿勢，從側面觀看，其頭、手、肘、肩、胯、膝、腳七個出擊點的位置，與北斗七星相近似，因此，在武術上就通稱這類拳式為「七星勢」。（詳見七星勢示意圖及其說明）

本套路的「七星勢」共有左右兩個分式。

（1）七星勢一（左式）

①接上式。上體向左轉至面對正西方，身體重心全部後移至左腿；右腿稍提起，帶動右腳自西北斜方向左、微向裡回收，成右虛步，右腳尖指向正西方；同時，隨著上體向左

圖 200 　　　　　　　　　　　 圖 201

轉之勢，兩掌自然地沉落於身前兩側，高與腰平。眼向前
（西）方平視，眼神兼顧兩掌向下沉落（圖200）。

　②上動不停。右腳跟微內扣後全腳踏實，身體重心全部
移至右腿，右腿屈膝稍下蹲，左腿提起，貼近地面用左腳尖
向前踢出；同時，兩掌向前提起，並變掌為拳，左拳連同左
前臂向前上（西）方掤出，高與頦齊；右拳連掤帶打，斜向地
沖拳至左腕下，成左右兩腕相交，兩拳眼（虎口）斜向上方。
眼向前（西）方平視，兼顧兩拳成斜十字交合（圖201）。

　（2）七星勢二（右式）

　①接上一分式。右腿站穩，稍屈膝下蹲，左腿相應地向
後伸出，左腳尖在右腳後方著地，先以腳尖點地；身體隨即
轉向左後方，左腳跟內扣後踏實，身體重心自然地移向左
腿，右腳以腳跟為軸，隨著身體轉向左後之勢，順勢地使右
腳尖裡扣；重心再移回右腿，左腳以腳跟為軸，使腳尖外展
指向東（微偏北）方後踏實；在上述轉體同時，兩臂內旋，
兩肘尖下沉，帶動兩掌自然地沉落在上體兩側，高與腰平

圖 202

圖 203

（圖 202）。

　　②上動不停。身體重心漸漸地全部移向左腿；左腿屈膝稍下蹲，右腿提起，貼近地面用右腳尖向前踢出；同時，兩掌向前提起，並變掌為拳，左拳連同左前臂向前上（東）方掤出，高與頦齊；右拳連掤帶打，斜向地沖拳至左腕下，成左右兩腕相交，兩拳眼（虎口）斜向上方。眼向前（東）方平視，兼顧兩拳成斜十字交合（圖 203）。

　　【要點】

　　重心轉移時，下盤要穩定，不可有搖擺晃蕩等現象。尤其是向左後方轉身時，動作要輕靈、連貫而自然，顯得從容不迫。上身要始終保持正直，頭部要上頂，腰胯要鬆沉。頭頂、身正、襠落和兩腿虛實分明，這正是保持身體平衡的訣竅。

　　左右兩手經心口同時出拳，左拳連同左前臂以掤架為主，亦即以守為主；右拳在外形上雖與左拳動作無甚差別，卻是以斜向沖拳為主、掤架為輔，亦即以攻為主，這叫「似

掤如打、連架帶打」。所以，上述動作不可做成隨意的兩拳上揚，或者做成弧度很大的單純性上架的姿勢。兩拳腕部相交後，繼續略以合力前掤，拳高與頦齊。兩肩不可聳起或緊鎖，要注意鬆肩墜肘，兩臂呈弧形而富含掤勁。

「七星勢一」以左腳尖彈踢，故也可稱為「七星左式」；「七星勢二」以右腳尖彈踢，則可稱為「七星右式」。後者因向左後大轉身的動作獨具特色，因而又有「左轉七星」的別名。

所謂「寸腿彈踢」，那是指用腳彈踢高不盈尺，在技擊上主要是襲擊敵方的脛骨。所以，七星勢不可踢腿過高。至於定勢時兩拳交腕成斜十字，不論「七星勢一」或「七星勢二」，都是左拳在上、右拳在下的。

七星勢示意圖說明：

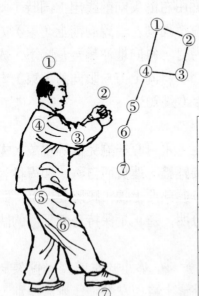

序號	北斗七星	七星勢
1	天樞	頭
2	天璇	手
3	天璣	肘
4	天權	肩
5	玉衡	胯
6	開陽	膝
7	搖光	腳

七星勢示意圖

沈壽太極拳文集

北斗七星是在北天排列成斗形的七顆亮星。武術套路中的「七星勢」，取其與北斗七星的某些相似之處而命名的，但並非絕對相同。現將北斗七顆星的名稱與「七星勢」七個出擊點的位置相互對照，並列表如上，以為參考。

第三十一式　退步跨虎

【釋名】

右腳往後撤退一步，左腳提起，虛點地面，兩手左下右上雙分，其整個姿勢很像退一步跨上虎背，故名「退步跨虎」。

①接上式。身體大幅度向右（南）側轉；右腳隨轉腰之勢，向右後（西偏南）方撤退一大步，重心開始移向右腿；同時，兩拳變掌，左臂內旋，左手成俯掌，隨著向右轉體，弧形地回收至右胸前；右臂外旋，右手成仰掌，弧形地沉落在右小腹前（圖204）。

②上動不停。上體向左轉回，由面向南仍轉變為面向東方，身體重心全部移至右腿；左腿稍提起，左腳微內收後以腳尖點地；右腿屈膝坐實，成左虛步；同時，左掌沿著右臂向左、向下撈，右臂內旋，並以屈肘帶動右掌相應地上提，兩掌開始在腹前向左右分開時，都成俯掌式；接著，左掌繼續向左、向下弧形撈按沉落，並放在左胯的前側方，掌心向下，坐腕翹指，指尖向前（東）方；右臂繼續內

圖204

圖 205　　　　　　　　　　　圖 205 附圖

旋，右掌翻轉，向右、向上舉起，成亮掌式，放在右額的前上方，掌心向前上，指尖斜向上。眼向前（東）方平視，眼神兼顧兩掌右上左下地雙分（圖205、圖205附圖）。

【要點】

退步時，步子宜稍大些，但須注意不可犯「疊步」的毛病。腰部先向右轉，然後轉正。左掌沿著右臂下摟，意含保護右臂，尤其是保護肘節（術語叫「護中節」）和腕節，以防對方擒拿。

當身體回轉向東方，兩手雙分時，要有向上伸拔的氣勢，並做到頭頂、襠落、身正、神聚等要求。由於「退步跨虎」定勢時的姿勢與「白鶴亮翅」完全相同，因此，其要點可參看第4式白鶴亮翅，此處不再贅述。

第三十二式　擺蓮腳

【釋名】

做360°大轉身後，即用腳的外緣擺踢敵人，因其利用轉

腰帶動一腿運用橫勁外擺，狀似風擺蓮花，故名「轉身擺蓮」「擺蓮腳」或「擺蓮腿」。這是武術腿法中的通用名稱。而且根據單手或雙手拍擊外擺的腳背，分別命名為「單擺蓮」和「雙擺蓮」。傳統楊式太極拳中「十字腿」一式，楊澄甫先生原來的練法就是單擺蓮，是後來改革成為蹬腳式的（見本章第十九式蹬腳之「釋名」。）；而「雙擺蓮」這一式，則是在大轉身後，以雙手相繼拍擊外擺一腿的腳背，故又名「轉身雙擺蓮」。

　　本套路除右腿擺蓮之外，還增添了左腿擺蓮，即由左右兩個分式組成，因而其全稱應為「轉身左右雙擺蓮」了。

（1）轉身右擺蓮

　　①接上式。上體先向右轉腰，再漸漸向左轉正；同時，左掌隨著腰部右轉，自左胯前側方弧形地向前、向上舉起，放在左額前方，掌心向前，指尖斜向上；右掌自右額前上方，先隨著向右轉腰之勢，弧形地向右、並稍向後沉落在右上腹的右側，再隨著腰部向左回轉，右掌向左、向前、稍向上，成橫掌放在胸前，掌心向前（東）方而偏下，指尖斜向左（北）偏上，與在上面的左掌上下斜形相對（左掌偏左）。眼隨轉腰向前平視，眼神兼顧兩手動作（圖206）。

圖206

　　②上動不停。身體微下沉，以右腳掌為軸，帶動左腳掌一起碾地，使身體向右後旋轉180°；同時，隨著向右後轉體之勢，左掌漸漸下落，右掌漸漸上提，兩

圖207

圖208

沈壽太極拳文集

掌心向前，十指相對，高與下頦
齊。眼隨轉體向前平視，眼神兼
顧兩手動作（圖207）。

③上動不停。身體繼續向右
轉，重心全部移至右腿；左腳掌
踩地，左腿提起，隨著轉體向後
旋擺，擺至西北角落，先以左腳
跟著地，然後左腳跟與右腳掌同
時碾地，左腳尖與右腳跟同時內
扣，重心移向左腿，左腿微屈膝
後坐，身體朝向東方；同時，兩

圖208附圖

掌隨著轉體呈圓周地擺動，當身體向東方時，右掌繼續向右
前（東南）斜方伸展，左掌放在右肘內側而稍低於右肘，兩
掌斜向前下方。眼隨轉體向前平視，眼神兼顧兩掌右移和指
向東南斜方（圖208、圖209及圖208附圖和圖209附圖）。

④上動不停。上體稍向左轉，重心全部移於左腿；右腿

圖 209

圖 209 附圖

圖 210

圖 211

稍屈膝，向左前提起，隨即上體向右轉腰，右腿自左前向右
上方弧形地外擺；同時，左右兩掌自右向左迎擊右腳背，先
左掌、後右掌，依次拍擊後，兩掌隨勢擺向左前斜方（東
北）。眼向前（東）方平視，眼神兼顧兩掌拍擊腳背（圖
210、圖211）。

圖 212

圖 213

（2）左擺蓮

①接上一分式。右腿收回，右腳在左腳右前側方落地；同時，兩掌從身體左前斜方，隨著上體向右轉腰之勢，先向右後下方揮擺沉落，再向上、向前提起，左前臂屈肘橫置於胸前，右臂向右側（南）方平舉，兩掌心都朝下，指尖向南。眼隨著轉體向前平視，眼神兼顧雙手揮擺和移位（圖212、圖213）。

上動不停。身體重心全部移於右腿；左腿稍屈膝向右前提起，隨即上體向左轉腰，左腿自右前向左上方弧形地外擺；同時，兩掌自右側略呈弧形地向上、向左，經口部前方朝左前斜方（東北）揮擺移動，高與肩平；繼而左右兩掌自左向右迎擊向左上方外擺的左腳背，先右掌、後左掌，依次拍擊後，兩掌即隨勢擺向右前斜方（東南）。眼向前（東）方平視，眼神兼顧兩掌拍擊腳背（圖214、圖215）。

【要點】

由「退步跨虎」式接做「擺蓮腳」的穿心掌時，左掌上

圖 214

圖 215

舉護額，而右掌在其下面不用完全穿出，只穿至左掌內下方，含有「穿心」的意思就可以了。這時上下兩手都略呈斜形，以利於做到肩肘鬆沉。

以右腳掌為軸向右後轉體時，要借助於左腳尖的暗踩地面所產生的反作用力，以及利用左腿隨轉腰向右後旋擺的動勢，從而做出平穩而圓活的旋轉。向右後旋擺的左腳須接近地面，而切勿離地過高。太極拳此式的轉身和左腳接近地面旋擺，是從北拳掃蹚腿發展演變而來的，轉身時含有「上括下掃」的技擊意義。為此，兩手十指要有意識地併攏些，而不可鬆弛，也不可用力撐開。轉身後左腳落地時，右腿要微微屈膝下蹲。最後形成右虛步，坐實左腿，再做右擺蓮動作。右擺蓮完成後，接做左擺蓮動作。

擺蓮腳用的是橫勁，應該充分運用轉腰的力量來帶動腿的外擺。外擺時，擺動一腿的膝部微屈，擺出的腳高不過肩。兩手相繼拍擊腳背，不必強調拍響，以取法乎鬆靜自然地輕拍為宜。這也是傳統楊式太極拳擺蓮腳的一個特點。

第三十三式　彎弓射虎

圖216

【釋名】

其姿勢像左手持弓、右手搭箭似的彎弓射虎，故名。彎弓，即挽弓、引弓。

①接上式。上體微向左轉；左腿落下，左腳在左前以腳跟著地，隨著身體重心前移而全腳踏實，左腳尖指向東北方；左腿微屈膝，右腿提起，上體向右拗轉；同時，在右前下方的兩掌漸漸變拳，並向右後側方上舉，兩拳拳眼（虎口）斜向上。眼向右側方平視，眼神兼顧兩拳上舉（圖216）。

②上動不停。上體漸漸向左回轉，右腿向右前方邁出一步，隨著身體重心前移，先以右腳跟著地，漸至全腳踏實，右腿前弓，左腿蹬伸，成右弓步，右腳尖指向正前（東）方；同時，兩拳繼續向右上方回環，右臂漸漸內旋，使右拳心翻轉朝外；繼而兩拳向上屈腕，右拳經右耳側、左拳經右胸前，隨著向左轉體，在右弓步變橫襠步的過程中，兩拳一齊向左前（東北）斜方擊出，擊出時漸漸由屈腕自然地還原為直腕；定勢時，右臂屈肘，右拳舉在右額前方，高與頭齊；左臂伸展至肘節微屈為度，左拳高與口齊。眼向左前（東北）斜方平視，眼神顧及左拳擊出，並透過左拳關注前方（圖217、圖217附圖）。

【要點】

左腳落地時，上體微向左轉。右腳提起時，上體盡量向

圖 217　　　　　　　　圖 217 附圖

右拗轉。右腿前邁成右弓步時，上體又向左回轉成橫襠步。以上腰的轉動，好似「一波三折」，要做得轉動靈活而自然。兩手隨腰而動，眼神隨手而轉。及至兩拳向東北斜方擊出，都要以腰為軸，並與步法、眼法貫串一氣、協調一致。

　　兩拳隨腰移動須走弧線，而兩拳一齊向東北斜方出擊時，走的卻是一條從西南到東北的斜直線。定勢時，左臂伸展，右臂屈肘圓撐，略成反手開弓姿態。兩拳出擊，拳面應朝向左前斜上方。右拳在右額前方，兼有護額作用，左拳高不宜過口鼻，但也不宜低於肩、胸。右臂尤須注意防止聳肩抬肘等毛病，上體則要避免向前撲出。

第三十四式　搬攔捶

【釋名】

　　「搬攔捶」是由搬、攔、捶這三個技擊動作組合而成的拳式，故名「搬攔捶」。全稱「進步搬攔捶」。「進步」二字，這裡是指右腿先向右側方邁出一短而闊的橫步、再以左

圖 218

圖 218 附圖

腿向前邁出一直步而言。

　　①接上式。上體微向左轉，左胯後抽，身體重心漸漸後移至左腿；同時，兩拳變掌，隨著向左轉體之勢，右臂外旋，掌心翻轉朝下，肘尖下沉，帶動右掌弧形地向右胸前方下落；左臂外旋，掌心翻轉，斜向右上，隨著身體重心後移，左肘尖下沉並後抽，帶動左掌相應地向右、向裡移置在心口前方，左掌心與右肘

圖 219

彎遙遙相對，兩臂和兩手合成向左後的将式。眼向前平視，眼神兼顧兩手向左後将（圖218、圖218附圖）。

　　②上動不停。身體重心漸漸地全部移向左腿；右腳提起收回至左腳內側；同時，右掌變拳，連同左掌繼續向左後收至左上腹外側，右拳在上，拳心向下、拳眼朝裡；左掌在下

圖 220　　　　　　　　　　圖 220 附圖

而偏後，掌心向上，與右拳拳心斜形相對應，起到以左掌護右拳和右腕的作用（圖219）。

③上動不停。上體微向右轉；右腳向右前邁出一短而闊的橫步，先以腳跟著地，隨即腳尖外展45°後踏實，身體重心漸漸地全部移向右腿；同時，隨著向右轉腰，右臂漸漸外旋，右拳自左向上、向前搬起，經胸前、頦下，右拳翻轉，使拳心漸漸向上，繼續呈弧形地搬向前側方；左掌始終護送右拳自左側搬向右側，開始時左掌在右拳之下側，相隨地弧形上提，至胸前、頦下時，拳心與掌心並行相對，中間間隔約一橫拳半；繼而右拳向右前側方沉落，同時，左臂內旋，左掌隨右拳弧形地沉落，在右拳之稍上以保護右腕，右拳心斜向左上，左掌心斜向右下，拳心與掌心呈斜形的上下相對。眼向前平視，眼神兼顧拳、掌自左至右的搬運動作（圖220、圖220附圖）。

④上動不停。上體繼續向右轉；右腿稍屈膝下蹲，左腿提起，左腳向左前邁出一直步，先以腳跟著地；同時，隨著

圖221　　　　　　　　　　圖222

向右轉體，右臂外旋，右拳自前向裡、向下回抽，使拳心變為向上，放右腰側方；左掌在右拳回抽的同時，以立掌的掌背向前攔出，掌心向右，指尖斜向上。眼向前（東）方平視，眼神關注左掌向前攔出（圖221、圖222）。

⑤上動不停。上體向左轉；左腳全腳踏實，左腿前弓，右腿蹬伸，成左弓步；同時，右臂內旋，右拳自右腰側方，向正前（東）方擊出，擊出後拳眼（虎口）向上，高與自己頭頸正下方的「天突」穴（在胸骨柄上方的凹陷中）相平，拳面向前而微偏上；在右拳打出的同時，左掌沿右前臂內側向裡回收，放在右前臂內側近肘彎處，坐腕立掌，掌心仍向右，指尖斜向上。眼向前（東）方平視，眼神顧及右拳打出，並透過右拳關注前方（圖223、圖223附圖）。

【要點】

上橫步前，右腳先提回，再在原地落橫步，右腳尖指向東南斜方，緩緩踏實，步子要闊而稍短，長度只相當於弓步的半步。然後再上直弓步。在連續邁步時，要求速度均勻，輕

圖 223

圖 223 附圖

靈而沉著，邁步如貓行。上體尤其不可歪斜搖擺或前俯後仰。

全式運動以腰為軸，手法與步法要上下相隨。右拳搬出時，不可離身體太遠，也不可太高，以高不過頦為宜，並要注意不可有抬肘聳肩的現象。搬式，這裡包括向上搬起和向下沉壓。

搬壓動作要有明顯的弧度而略呈拱形。攔手動作是用手背攔，而不是用手心攔。右拳回收時，收至右腰前側為度，而不可一個勁兒地往後收，否則會出現逼仄甚至自我困厄的弊病。

右拳打出時，隨著轉腰之勢，旋臂轉膀，透過右臂內旋，由仰拳漸漸打成立拳；並須經心口向前打出，這樣才算做到「行拳近身」和「拳從心發」。當然，也不是把拳貼著心口打出去，而是指近距離地經過心口。「拳從心發」的含義有二：一是指「先在心，後在身」，打出拳時先想後打，而不是「不想亂打」；二是近距離地經過心口部位，這樣發出去的拳就更有威力。

傳統楊式太極拳的拳型為「四平拳」，36 式太極拳沿襲繼承之。「四平拳」握拳雖有虛實之分，但拳面、拳背、拳眼、拳輪四面都應相對地保持平整，不可凸出任何一指而影響平整。至於拳心一面的凹陷與凸出拇指的第一節，這是自然生理現象，否則就不叫「拳心」了。

　　拳打出去時，漸漸由虛變實；至定勢時，拳應以自然握實為度，而不可過於用力握緊。

　　上述「四平拳」是指拳型，而不是指拳架。傳統楊式太極拳是以大架著稱的，其拳架也被後人稱為「四平架」，那是指心平、頂平、肩平、腿平四平。後來因提倡架式可高可低，可因人而異，這樣就更能適應大眾化的要求，使之老少壯弱咸宜。於是，就有人把「四平」改為心平、眼平、頂平、肩平，即不再強調大腿坐平了。

　　最後要說明的一點是：「搬攔捶」式開始時有一向左挒式，所以，嚴格地說，它是由挒、搬、攔、捶四個手法組合而成的。

第三十五式　如封似閉

【釋名】

　　如封，兩手呈斜十字交叉，如貼在門戶上的封條狀，以封住敵手的侵襲；似閉，兩掌前按反擊，好似一關閉門窗。兩者合而成式，稱為「如封似閉」。

　　①接上式。身體重心漸漸朝後移向右腿；右腿開始屈膝後坐，左腿由弓形變成坡形，但左膝仍留有微小的屈度；同時，右拳鬆開，變拳為掌，左臂外旋，左手成仰掌，穿過右肘之下，隨即沿著右前臂下側，向前方格出；在左掌前格的同時，右肘相應地帶動右掌向裡、向下抽回，一格一抽，合

圖 224　　　　　　　　　　圖 225

成一勁；此時，兩腕交錯，兩掌心朝裡，指尖斜朝上，兩手
呈斜十字狀，高與胸齊，這就是如封式。眼向前平視，眼神
兼顧兩掌的一格一抽（圖 224）。

　　②上動不停。身體重心繼續後移；右腿繼續屈膝坐實；
同時，沉肩垂肘，兩肘尖漸漸向裡沉落，帶動兩臂內旋和兩
掌向左右平分，分開後兩掌心相對，兩肘繼續屈攏並下沉，
帶動兩掌並行地向裡、向下抹回；抹回時，兩手由俯掌漸漸
變為指尖斜向上的立掌，兩掌坐腕，掌心相對而微偏向前
（東）方，指尖高與胸齊。眼向前方平視，眼神兼顧雙掌抹
回（圖 225）。

　　③上動不停。身體重心漸漸前移；左腿前弓，右腿蹬
伸，成左弓步；同時，兩掌從胸前向前、稍向上按出，高不
過口；邊按，兩臂邊內旋，通過轉腕旋臂，使兩掌心由斜形
相對，漸漸轉向朝前而微側；定勢時，兩掌相距的寬度不
變，腕根坐落，十指向上，虎口撐開，雙手拇指往後側上
翹。眼向前（東）方平視，眼神兼顧雙掌按出（圖 226）。

【要點】

練此式時，左手格出、右手抽回以及身體後坐，務須同時進行，做到以腰為軸，身、手上下協調一致。

右手回抽要注意做到沉肩墜肘，並有扳挽的意思，即：右手扳挽、左手格出，這樣才能順利破解對手對我的擒拿。

兩腕必須有明顯的斜十字形交叉的過程，形成「如封」

圖 226

的姿態。但這時身體不可過分後坐，因為接下來尚有兩手平分和抹回的動作。如一開始就坐實右腿，那在做兩手平分和抹回的動作時，就會產生「上動下不動」的錯誤現象，違背「上下相隨」的基本要領；在技擊應用上，也易被對方乘隙侵進，使你跌翻。

成「如封式」時，兩肩不可縮攏或聳起，兩肘應略微分開，但注意不可抬肘，要使肘尖向下而不可向兩側方支開。兩腋下須留有一橫拳的空隙，以保持兩臂的支撐力和抗壓力，並留有伸縮的餘地。

成「似閉式」時，先是兩手平分和抹回，然後向前按出。雙手抹回時，兩肘尖不可後撤到身體的後方，以免導致「自困自」的現象。雙手按出則與攬雀尾和抱虎歸山的按式是相同的，其有關要點可參看第二式攬雀尾的按式部分。

此外，練本式時尤須注意立身中正安舒：身體重心後移時，上體不可後仰，也不可只抽腰腹，形成凸臀地後坐，而使上體前俯。在身體重心前移時，上體也不可歪斜搖擺或前

俯後仰。總之，胸腹移動要齊進齊退，肩胯之間要上下相合，這樣才能做到立身中正安舒、下盤自然穩固。

第三十六式　收　勢

【釋名】

　　套路結束時的收拳還原姿勢。楊式太極拳譜原稱「合太極」（見楊澄甫著《太極拳使用法》《太極拳體用全書》以及許靇厚著《太極拳勢圖解》、陳微明著《太極拳術》等書），吳式太極拳也沿稱「合太極」（見徐致一著《太極拳淺說》《吳式太極拳》等書）。1963 年人民體育出版社出版的傅鍾文演述《楊式太極拳》一書始稱為「收勢」。

　　本套路在收勢中增加了「抱拳拱手」和退場動作，作為「收勢」的組成部分。「抱拳拱手」原是一種拳禮，本套路把它納入收勢，作為退場前的一種禮儀動作。但它與當今武術界通行的拳禮稍有不同之處是：以左手握拳，並以右手抱左拳。而不是以左手抱右拳。據傳這是古代內家拳的一種拳禮，它標誌著在技擊上以守為主、攻守兼備，在勁路上以柔為主、剛柔相濟的風格、特點。

　　由於本套路的「抱拳拱手」已成為套路中的拳式動作，因此，與當今通行的拳禮並無抵觸。

　　①接上式。身體漸漸向右轉向正南方；隨著向右轉腰之勢，左腳以腳跟為軸，腳尖內扣，也指向正前（南）方；同時，兩掌隨轉腰向前（南）上方畫弧，移至兩額前側方，稱之為「護額」，兩臂略呈環形，兩肘稍屈，兩掌心朝前，指尖斜向上方。眼向前平視，眼神兼顧兩掌向正前（南）方上抹畫弧（圖 227）。

　　②上動不停。身體重心全部移向左腿，先以右腳跟離

圖227

圖228

地，繼而全腳提起，向左、向裡收至與左腳平行時，先以腳尖點地，接著全腳踏實，兩腿起立，身體重心居中，成開立步；同時，兩掌自左右額前分開，向兩側畫一圓圈，當兩掌向下經小腹前尚未合抱時，左掌漸漸由掌變拳，右掌漸漸搭在左拳拳面上，成抱拳式向胸前提起，然後微微向前上拱手，高與肩齊，上體也微向前傾。眼向前（南）方平

圖229

視，眼神兼顧抱拳和拱手動作（圖228、圖229、圖230）。

③上動不停。上體恢復自然正直；左拳變掌，兩掌向前伸展並分開，成雙仰掌，兩掌相距與肩同寬，然後緩緩下落至兩胯前，指尖向前，掌心仍向上。眼向前平視，眼神兼顧兩掌前伸和下落動作（圖231）。

圖230

圖231

圖232

圖233

④上動不停。身體重心全部移至右腿，右腳不動，左腳輕輕提起，向後退一小步落下，先以腳尖點地，繼而全腳踏實，身體重心也隨之後移至左腿；同時，兩臂微微內旋，兩肘漸漸屈攏，兩掌向兩前側並向上舉起，高不過肩。眼向前平視，眼神兼顧兩掌向前側上方畫弧（圖232、圖233）。

圖 234　　　　　　　　　　圖 235

　　⑤上動不停。右腳輕輕提起，向後退一小步落下，先以腳尖點地，繼而全腳踏實，成開立步，兩腳與肩同寬，重心居中；同時，兩臂繼續內旋，兩掌翻轉，變仰掌為俯掌，並向身前收攏，兩掌相距與肩同寬；然後兩肘繼續屈攏，肘尖向下沉落，帶動兩掌漸漸下按至兩胯前；隨即兩腕鬆開，兩手自然下垂，輕輕放在大腿外側，身體正直，一切還原如初。眼向前（南）方平視，意氣歸於丹田（圖 234、圖 235）。

【要點】

　　收勢的退場動作與起勢的出場動作是前後相互對應的。而且，起點與終點應在同一地點，即：當一套拳練至收勢時，也就恰好回到開始起勢的原地。起勢與收勢面對的方向是一致的，起勢出場前與收勢退場後的站立位置也是相同的。本套路的構局原本是這麼設計的，如果學者因步距大小關係，在收勢時打不回原來的起點，那只須適當地對步距作些微小的調整即可辦到。若是個人獨練，而不是集體練習或

表演，那也可順其自然，不必勉強；好在其差距是不大的。

做「抱拳拱手」動作，開始抱拳時，左拳和右掌兩手的虎口朝裡；向前拱出時，兩臂外旋，使兩手的虎口朝上。

收勢至最後，兩臂下落，兩掌下按，隨即鬆開腕節，使兩手十指自然下垂。所謂「意氣歸於丹田」，也就是收其心意、氣息，做到平心靜氣，知止有定。這時最好凝神調息兩三遍，使氣血運行漸漸恢復原狀，方才結束和走動。結束後，可做些整理活動，適當活動肢體，而不要立即坐下。也可用散步代替整理活動。

對待收勢，應與對待其他各個拳式一樣，不可忽略而成、草草了結。拳諺說：「收勢草草了，不免受人笑。」這貽笑大方的正是缺乏練拳的嚴肅性。因為一套拳是一個整體，在終了時馬馬虎虎，那也就功虧一簣了。同時也說明，拳未打完，腦子裡雜念已經紛紛紜紜，正由於心猿意馬，才會草草了事。這樣就落一個虎頭蛇尾，肯定會影響練拳的效果，為此，古今拳家一般都很強調認真對待收勢的。

其餘有關要點，請參看起勢。

第七章
36式太極拳的五法

36式太極拳的五法，即心法、眼法、身法、手法和步法。拙作《拳法五要訣》說：

「一要心靜，二要眼明，三要身靈，四要手準，五要步穩。」由於太極拳注重用意，因此，把心法列為第一，眼法、身法、手法和步法都聽命於心。換句話說，五法是以心意為統帥的，因為大腦是人身的最高指揮部。武禹襄《十三勢行功要解》說：「心為令，氣為旗，神為主帥，腰為驅使，所謂『意氣君來骨肉臣』也。」這話就講得很明白了。

第一節　36式太極拳的心法

首先要心靜。蜀漢・諸葛亮（181～234）《誡子書》說：「夫學須靜也。」這說明無論學文、學武，讀書練拳，也無論修身養性，都離不開一個「靜」字。心靜，就是頭腦冷靜，提起精神，思想高度集中。這也是意志力的一種表現，是一個人在打拳時所應有的精神面貌和心理狀態。李亦畬《五字訣》說：「心不靜則不專，一舉手前後左右全無定向，故要心靜。」心靜則膽定而意專，所謂「泰山崩於前而色不變，麋鹿興於左而目不瞬」，形容的就是膽定而意專的人。這說明，凡是打太極拳，包括走架和推手、散手，都要求心靜。具體地說，必須頭腦冷靜，思想高度集中，始終保持鎮靜、沉著、從容不迫和泰然自若的神態。這不但對大腦

中樞神經系統起到良好的鍛鍊作用，也是對意志力的一種鍛鍊。這種心理意志鍛鍊，可使人們在不知不覺中練就堅韌不拔、當機立斷的頑強意志。從某種意義上說，這是比鍛鍊肢體更為重要的事情。

其次，要用意識引導行動。在太極拳學的理論上，談到的諸如「以意領先」「意在拳先」「先在心，後在身」等語，都是告誡打拳的人要像平日專心做事一樣，必須先想後做，邊想邊做，用意識支配和引導行動，而不是不想就做。否則成了盲目行動，打拳馬馬虎虎，丟三落四，像走過場，那肯定無法把拳練好的。拳諺說：「打拳走過場，肯定不久長。」又說：「練拳不專心，功夫不上身。」所以，在走架時必須先想後打，邊想邊打。這看起來極其簡單的要求，卻是走架心法的重要內容之一，切不可等閒視之。

第三，要做到意、氣、勁三者相合。凡何處著人，就著意於何處。這樣「意到則氣到，氣到則勁自到」，而毋須他求。相反地，若一味用力，那就會力滯於筋；一味尚氣，那也會氣塞於絡。這樣勁力僵滯而氣血不暢，意、氣、勁三者不合而形露於外，「牽一髮而動全身」，最易為人所乘，這是不符合太極拳要求的。所以，太極拳特別強調「用意不用力」「養氣而不尚氣」。

第二節　36式太極拳的眼法

太極拳要求心靜、眼明、身靈、手準、步穩，五者以心為統帥，而「眼為心靈的窗戶」。拳諺說：「拳藝以眼為尊。」又說：「眼為心之苗。」《拳法》說：「察機在目。」這些說法，都強調了眼法的重要性。

打拳要求思想集中，全神貫注；又要求全身協調，神態自然。所有這些，都可以從眼神中得到驗證。因此，練眼無疑是練拳的重要組成部分。初學太極拳的人，由於在搭架子時，眼神要經常關顧教練的動作，所以，往往不能使眼法與身、手、步法配合一致。常見的毛病是眼看地面，或顧東擊西、盼左打右，個別人更有抬頭望天的習慣，這顯然是不符合太極拳眼法要求的。

太極拳的眼法，在走架時，眼光一般向前平視，同時隨身法、手法和步法的變換，兼顧雙手，或顧盼兩手中主要一手的動作；而當手將到達定點時，眼神應領先到達定點。這就是所謂「眼隨手轉，手眼相隨」。但上述眼神先到，並非指在此刻不去關顧手的動作；而是必須兼顧，直至到達定點。否則就不是「手眼相隨」了。

第三節　36 式太極拳的身法

36 式太極拳的身法可歸納為：立、坐、進、退、回、轉、起、伏、翻、側、披、擰、蹲 13 法。現分述如下。

一、立　身

太極拳要求「立身中正」，這是廣義的「立身」，即泛指打拳時身軀自然正直。而這裡所述的立身，則是 13 種身法之一。如預備勢、起勢、十字手和收勢等，在定勢時都成開立步，其身法即為「立身」。立身應自然正直，不可弓背哈腰，膝彎不可挺得僵直，全身也不可僵硬，脊柱和各部關節都應節節鬆沉。

二、坐　身

坐身是與立身、起身相對而稱的身法，也叫坐腰。除開立步以外的各種步型，在定勢時一般都應坐身。坐身就像踞坐一樣，襠應圓撐，垂臀收胯，有沉著、穩定的氣勢，體現出內在定勁的充分蘊蓄。

三、進　身

凡動步，如上步、進步時身軀相應地向前推進，即為進身。而在原地墊步，或者由坐虛步變成弓箭步時的身軀向前，也屬進身，只是進身的幅度較小而已。進身應上下相隨，協調齊進，做到齊起齊止。拳諺說：「手到步要到，步到身要擁。」說的就是周身上下協調一致。以腰為軸，軀幹隨四肢動作有向前擁進之勢。

四、退　身

步退身也退，如倒攆猴、跨虎勢，以及收勢的退場動作等都是。此外，由弓步變虛步時的斂步動作，以及攬雀尾、如封似閉、抱虎歸山等式的原地定步進退，也都含有退的身法。

退身與進身的方向相反，要求基本相同。但退身尤須注意身法和步法的穩定，所謂「穩住陣腳」。退身的起伏度宜小，關鍵在於以腰為軸地旋轉退身，步呈弧線，腰呈水平。而切忌左搖右擺、大起大落。

五、回　身

身體向後側方回轉，走架中一般表現在轉關變勢的銜接

動作上。回身時上體應自然正直，充分利用腰部的彈性，並使動作輕靈而沉著。回身的幅度小於轉身，因此，實際應用在推手、散手方面，回身是多於轉身的。

六、轉　身

指 135°以上的轉身，如轉身蹬腳、轉身白蛇吐信、轉身擺蓮等式。轉身時，頭部要上頂，做到虛領頂勁，重心要居中；要充分利用手腳動作，以補旋轉平衡之勢，從而使人體縱軸旋轉潤活自然。

七、起　身

凡做起腳動作，或者由下勢起身等都是；白鶴亮翅、高探馬和退步跨虎的向上拔身，也屬起身範圍。起身要穩，動作要充分，切忌草率，尤須連貫一氣，節節貫串。

起身時，頭部先要向上頂起，做到「虛領頂勁」「頂頭懸」。如果頭部不能頂起，那就必然會出現弓背屈腰的不良姿勢，重心也會隨之不穩。

八、伏　身

也叫躬身。如栽捶和海底針的向前躬身。而下勢是先向下蹲身，再向前伏身。伏身要能不失中正之勢。也就是說，不論上身接近地面的幅度大小如何，從頭頂到尾閭都必須保持一條斜形的直線，而不可低頭弓背。

九、翻　身

指身體由前向後做 180°的翻轉，如栽捶後緊接二起腳的翻身撇身捶。這裡「翻身」包含了翻、轉雙重的意思，因

沈壽太極拳文集

此，其動作不可遲鈍，而必須一氣呵成，否則會給人以支離破碎的印象。

十、側　身

指用身軀做幅度較小的轉側（一般是 45°～90°）。側身大量存在於各個拳式的過渡動作中。側身時多數帶有一腳支撐重心的動作，因此，尤須注意虛領頂勁、尾閭中正和兩腳的虛實分明。從技擊角度上看，側身在防守上的應用是最為廣泛的。古人所謂「柔化自當知斜閃」，主要也是指側身閃避。此雖屬防守之法，卻也是為進攻而蓄勢、蓄勁所必需的一種身法。

十一、披　身

披，是打開的意思。披身，就是把身體大幅度地展開。如打虎勢，又名「披身伏虎」。披身時，下盤由弓箭步變成橫襠步，這時底盤的橫面較大，更須注意重心的穩定，而不可前俯後仰。在技術上，披身時要防人乘機進擊我內門。

十二、擰　身

即擰腰。使身體略呈螺旋狀（或稱「麻花形」），接著利用腰部的彈性，使身體轉向另一側。凡不會擰身的人，轉側時往往顯得滯遲不靈。若擰轉的幅度太小，由於作用力小，反作用力也必然不大；腰部擰轉太小，那麼形變就小，反彈力自然就大不了，這與擰毛巾的原理是差不多的。但擰身時必須注意鬆腰，並適當留有餘地，以避免出現僵硬不靈的弊病。

「蹬腳」一式中的「拗蹬腳」，亦即擰身蹬腳。

十三、蹲　身

除仆腿步蹲身外，主要是指略呈馬步形的半蹲，如雲手的橫行馬步、斜飛勢和玉女穿梭中大幅度轉身時的「活馬步」等等，都屬蹲身。蹲身時，有一個相對平衡的過程，要做到身法下落，氣勢下沉，從容不迫，輕靈圓活，自然大方，切不可慌張潦草或重滯不化。凡做活馬步，蹲身時兩膝要微微地外展，又要用意裡裹。襠部要圓撐，臀部要下垂，胯部要收落，腰部尤須鬆沉。

關於身法的基本要求，清代武禹襄有《身法八要》，即：「含胸，拔背；裹襠，護肫（沈壽按：肫，音 zhūn 諄，禽類的胃，這裡借指人的胃部）；提頂，吊襠；鬆肩，沉肘。」後來楊澄甫在《太極拳說十要》中對虛靈頂勁❶、含胸拔背、鬆腰、沉肩墜肘等身法的基本要求，又作了詳盡的闡釋。

上述要求，都是練習太極拳的人所應該遵循的。然而要做到身法自然，是必須經過一個較長時期刻苦鍛鍊的過程，而絕不是一朝一夕就能夠獲得的。拳諺說：「拳打千遍，身法自然。」這話是很有道理的，可以說是歷代實踐經驗的總結。

【註釋】：

❶　虛靈頂勁，即「虛領頂勁」，語本清代王宗岳《太極拳論》：「虛領頂勁，氣沉丹田，……」虛領改作「虛靈」，始見於由陳微明筆錄的《太極拳說十要》。

第四節　36 式太極拳的手法

太極拳兩手的動作都呈弧線運動，差不多每一最小的分解動作，都是用手在空中劃大小程度不同的半個圓圈，並由兩個小動作合成一圈：半圈是陰、是虛、是柔；半圈是陽、是實、是剛。這就是太極拳手法的特點。同時，要求「兩膊相繫」「上下相隨」使上肢與全身動作協調一致。由於動作處處都呈圓形，即所謂「一圈一太極」，因此，才以「太極」命名，稱之為「太極拳」。也有人把它稱作「圓運動」。從整個運動過程看，太極拳在外形上確實有點像「圓運動」，實際上其手法仍是方圓兼備的。所謂「曲以運化，直以發放」，這裡「曲」，就是指走弧線、呈圓形，是為了防守、運化和蓄勢、蓄勁；這裡「直」，就是指走直線，呈方形，是為了專注一方地進攻和發放。直曲、方圓正是拳術運動的一種規律，太極拳自然也不例外。

一、手　型

有掌、拳、鈎、指四種，實際應用以掌為主，以拳、鈎、指為輔。

1. 掌　型

用的是「八字瓦楞掌」（一作「八字瓦壟掌」）。其具體形狀是：拇指自然伸展，虎口鬆開，其餘四指自然併攏。掌心含空，指、掌關節放鬆，這叫做「展指虛掌」。

所謂「八字」，是指虎口鬆開略呈弧形，拇指與食指狀如「八字」；所謂「瓦楞掌」，則是指掌心含空，微呈凹

形，狀如瓦楞。

2. 拳 型

用的是「四平拳」，即：五指捲屈握攏，拳面、拳背、拳眼（即虎口）和拳輪四面都要平正，任何一指的骨節都不可凸出於拳面。握拳有虛實之分：虛握時，拇指指肚搭在食指近第一關節處；實握時，拇指指肚移至中指近第一關節處。沖拳時，拳與前臂須呈一條直線，不可屈腕。環拳時，應自然屈腕。

3. 鈎 型

用的是「鷹嘴鈎」，即：五指自然撮攏，向下屈腕，鈎尖內扣。初學的人鈎尖五指容易鬆懈，鈎型不易做得正確。可先令拇、食、中三指撮攏，然後使無名指與小指緊密附著。總之，鈎尖五指要撮攏，並向裡扣住，手背自然繃緊。太極拳只有「單鞭」一式是用鈎的，舊稱「捏指」（五指捏攏的意思），說明原來是歸在指法裡的。

4. 指 型

用的是「四駢指」。如「白蛇吐信」「海底針」「穿掌」等式都含有指法。所謂「四駢指」，即：拇指張開，其餘四指自然併攏伸直或挺伸，不可軟曲。因其外形與「八字瓦楞掌」略同，因此，往往被人忽略，誤以為太極拳是沒有指型、指法的。這是不可不鄭重說明的。

二、手 法

太極拳以「掤、捋、擠、按、採、挒、肘、靠」八種最

基本手法為主，合而稱之為「太極八法」。八法中以掤為首，即所有手法的運用，其兩臂都要含有圓撐的掤勁，僅僅是所含掤勁大小的程度不同而已。這在太極拳術語上叫作「掤勁不丟」。

太極八法以掤、捋、擠、按四法為正法，合稱為「四正法」或「四正手」，簡稱「四正」；以採、挒、肘、靠四法為奇法，習慣上合稱為「四隅法」或「四隅手」，簡稱「四隅」。綜上所述，太極八法以掤為首，以四正為主，以四隅為輔。它是太極拳所有拳式的基礎，這八法的勁別是各不相同的。36式太極拳與傳統楊式太極拳一樣，都把「攬雀尾」列為起勢後的第一式，其目的就在於把四正法當作全套太極拳的基礎功夫來進行練習，先打下四正基礎後，再學其他各種法式。現將太極八法分述如下：

1. 掤

手臂圓撐，以前臂自下向上、向前方掤出，著力點在前臂外側，在一轉腰之間完成掤式。《太極拳體用全書》說：「掤法向外，駕御敵人之按手，使不得按至胸、腹貼近，故曰『掤』。」又說：「必曰掤者，黏也，非抗也。手向外掤，意欲黏回，又不使己之掤手與胸部貼近；得化勁全賴轉腰，一轉腰則我之「勢已成矣！」

2. 捋

《太極拳體用全書》說：「捋者，連著彼之肘與腕，不抗不採，因彼伸臂襲我，我順其勢而取之，是收回意，謂之『捋』。」今假設對方用左手襲擊，我就用左手輕靈地黏住對方的左腕關節，側仰我左腕，並稍捲屈我手指，使之黏連

不脫；同時，用我右前臂的肘、腕之間的尺骨近腕部位，黏貼在對方左肘關節的上臂一側。我兩臂隨轉腰，並順其來勢向我左側捋去。從而使敵勁落空，這就是「引進落空」。

3. 擠

含有排擠的意思。即用我後手的掌根，合在前手的脈門上，向前用合力擠發。但動作仍應中正圓滿，沉肩墜肘，肘部略低於腕部，不可因此聳肩抬肘。

《太極拳體用全書》說：「擠者，正與捋勢相反，捋則誘彼敵之按勁，使其進而入我陷阱而取之，必勝矣。設我之動力，先為彼所覺，則彼進勁必中斷，而變為他勢；則我之捋勢失效，不可不反退為進，用前手側採其肘，提起後手，加在前手前臂內便乘勢擠出。則彼於倉猝變化之中，未有不失其機勢，而被我擠出矣。」擠的著力點在後手掌和前手前臂，而關鍵在於應用合力。

4. 按

兩手先向裡沉化，然後向前按出。按法以腰為主力，兩手只起黏接和支撐作用。猶如推按重物，非用腰腿勁無法得力。拳諺說：「按前有一化。」說明「化」是按的組成部分，因此，在身法上表現為先退後進。當沉化時，坐身要適度，化而即按，不可中斷。按出時，尤須注意虛領頂勁，立身中正，尾閭收住，上下相隨，身不前俯，手稍上起，專注一方，用腰勁帶動全身，做到「一動無有不動」。由於上下內外肢體動作和精氣神合而為一，從而表現為全身勁整，達到「按在腰攻」和「按推勁須整」的要求。

以上四正法中，掤、捋是橫勁，擠、按是直勁。

5. 採

形容其手法像採摘果實或花朵，實際上是拿的一種方法，用以箝制或牽引對方的關節部位，使其被控、引動或失重跌出。採以輕靈、鬆柔、敏捷和得實等技巧為尚，它突出地發展了武術擒拿中的輕巧拿法。太極拳架中用採法的地方也很多，如手揮琵琶的右手、野馬分鬃和斜飛勢的後一手，以及打虎勢在下面的一手，都含有採的意思。除打虎勢在定勢時以拳表示外，其餘一般以掌表示。凡以掌表示者，其掌指聯合關節應微微凸起，借以表示意含一採。但骨節凸起不可過分，意到即可。

6. 挒

一般與採法聯合應用，以取借力發人之效。「挒」是太極拳專用的術語字，最早有可能是同音的「捩」字的別寫。挒、捩都是扭轉、轉折的意思。現代力學告訴我們：凡是兩個平行的力，其大小相等、方向相反，這在力學上就叫做「力偶」。力偶能使物體旋轉，我們用拇、食兩指捻陀螺使之旋轉，使用的就是這種力。

太極拳的挒法也是符合力偶原理的。今以「野馬分鬃」為例，假定對方用右拳打來，我側身斜閃，用右手採執其右腕，同時換步把左足套在對方在前的右足外側或後側，用左臂從其右臂下向其胸部挒去，這時他的上體就會發生旋轉。原因是對方擊我之力來自其右方，而我挒擊著力於其左方。但如只是旋轉，並不能使之跌出。關鍵在於對方被挒時，右肩會不自覺地後抽，這樣就產生上體左右同時向後的合力；當其上體迅猛地向後運動，而其下肢卻被我絆住，於是上體

運動的慣性就使其向後側方仰身跌出。

「斜飛勢」的挒法與此略同，僅僅是挒擊時轉身的幅度較大，這是因為兩者原來站位的角度不相同的緣故。挒法的名目繁多，但其基本原理是相同的。楊澄甫先生在《太極拳體用全書》的「大捋四隅推手解」中談到：「甲……以掤勁化乙之按勁，走左肘，翻左腕，握乙之左腕是為採；右手不動即為切截，一變便為挒。挒者，即撇開乙之左肘，向乙領際以掌斜擊去。」這裡說的是，甲以左手採執乙的左腕，以右前臂近腕處切截乙的左上臂近肘處，然後突然一變為挒，即放棄切截，而用右掌向乙的頸部（右側）斜擊。

這一挒法，與上述野馬分鬃的動作也是基本相同的，其稍有不同之處在於，這裡不是用我右手從對方左臂下穿入，而是沿其左上臂之上，用我右手虎口一側的手背，向其頸部右側斜擊去。從技擊意義上說，此法側重於「擊」，而前法側重於「跌」。

7. 肘

拳訣說：「肘在屈使。」說明使用肘法時，都必須把肘關節屈成直角或銳角，但上臂與前臂不可貼緊。頂肘是肘法，而以前臂近肘部位沉壓或切截對方襲來的手臂，那也屬於肘法範圍。太極拳架中，如「撇身捶」式，橫拳當胸，在向右側撇出去之前，就在意念中含有一頂，這就是橫頂肘。

太極拳套路與散手的重要區別是，套路是經過昇華的，其所具有技擊意義的動作，有一些是含而不露的，僅僅包含在行功走架者的意念之中；而散手則是隨機應變、千變萬化的。即使是有規則的散手競賽，那只要在競賽規則允許的情況下，在技擊方面也可獲得最限度的發揮。

由此說明，套路中拳式動作的形式，在客觀上是受到規範化的嚴格限制的。這也就是太極拳在技擊意義上「重意不重形」這一說法的緣由了。

至於切截、沉化等肘法，表現在太極拳架中，例如：「搬攔捶」開始向左側捋時，以我左手採執對方左腕，並用右前臂尺骨黏接對方肘節近上臂處，繼輕捋後向外或向下切截，以防對方突然頂肘或用靠。再如：用我採執對方左腕的左手順勢擰腕，使其肘尖向上翻起，同時用我右前臂近肘部位向下切截沉壓，這種切截法也叫「撅臂法」。當然，在走架中都只是意含切截和撅臂而已。

此外，「白鶴亮翅」後，我右前臂當胸橫臂沉落，以及「扇通背」後，我右手握拳，右前臂當胸橫臂沉落，此時都可默想對方用手侵襲我頭面或心胸，而我隨勢用右前臂近肘部沉壓化解來手的侵襲，繼而用適當的招法反擊。以上說明，肘法並不限於「頂肘」一法。

8. 靠

拳諺有「遠拳、近肘、貼身靠」的說法，說明用靠必須貼近對方身體，而不能遠距離使用靠法，否則會失重自跌。散手中靠法名目繁多，如丁字靠、一字靠、雙分靠、背折靠、肩背靠、抬肘靠、七寸靠等等，不勝枚舉。四隅推手（即「大捋」）中用的是「丁字靠」，即對方撤步採捋我一臂，我即進步橫臂先擠後靠，靠時用我後一手托護在前一臂的肘彎處，這樣就形成一個丁字形；同時，兩人身形相接，也略呈丁字形，故名「丁字靠」。

丁字靠在太極拳走架中也有，「提手上勢」後，下接「白鶴亮翅」，右足先收回，再向前（南）邁出，並橫臂先

擠後靠。這時後一手雖不觸及前一臂的脈門和肘彎，僅僅在轉腰時，後一手的手心，與前一臂的脈門和肘彎相繼對應。正是這一瞬間，意含先擠後靠。

此外，如「栽捶」「指襠捶」和「海底針」等含有折腰動作的術式，也可在折腰時意念中含有一「靠」。拳諺說：「跌仆尚有七寸靠。」這裡就是假想，萬一在此類折腰拳式中，自己被對方牽引跌仆，那我就乘勢用肩部靠擊對方。這樣既能靠擊對方，又能平衡自己的失重。因這種靠法距離地面高不盈尺，故名「七寸靠」，又名「寸靠」。但意含一靠時，切勿歪著肩膀沖捶，否則就弄巧成拙了。

以上八法是太極拳的基礎，學者默識揣摩，不難隨著學練深入舉一反三，逐漸熟悉除了上述八法以外的各種手法。

第五節　36 式太極拳的步法

步法有廣義與狹義之分。廣義地說，凡拳架中一切走步和用腳的方法，統統稱為「步法」。即不論它是屬於定勢還是過渡中的步式，或者用腳進行攻防，都無例外地歸屬於「步法」範圍。這廣義的步法，也就包括步型、步法和腿法。而狹義的步法，則是指除步型和腿法以外的基本步法。

各種步法都要求做到：轉換進退虛實分明，走步動腿輕靈穩健。前進時，後腳蹬、前腳伸，「後腳送前腳」；後退時，後腳蹬、前腳退，「後腳帶前腳」。這就是「邁步如貓行」所必備的條件。同時，向前邁步時，腳跟要先著地；向後退步時，腳尖要先點地。然後使重心平穩地過渡，漸至全腳踏實。這樣步履才能輕靈穩健，而不會重滯突然。

《十三勢行功要解》說：「往復須有折疊，進退須有轉

換。」折疊，即折迭，指隨屈就伸。轉換，也即虛實變換。說明無論往復折迭和進退轉換，都要做到虛實分明，動作輕靈而沉著，這樣才能「因敵變化示神奇」。步法的兩腳距離（直距和橫幅）要適度，腰腿關節要鬆沉，腳掌或腳跟碾地要輕靈自然。

運用腿法，起腳時，一腿獨立，身體做到「偏中求正」，那重心就自然平穩，不失中定之勢。

一、步　型

步型，舊稱「襠步」「襠勢」「椿形」或「椿式」，一般是指下盤在定勢時足以成型的基本姿勢。其中半蹲式的襠步，通常用於襠功（一名「椿功」）的訓練。36式太極拳的步型有：

1. 開立步

兩腳左右平行開立，與肩同寬，兩腳尖指向正前方，兩腿自然直立。

2. 弓　步

又名「弓箭步」或「弓蹬步」。前腿屈膝半蹲如弓，後腿在後蹬伸似箭，故名。

3. 川虛步

一名「川字步」或「翹腳步」。側身蹲立，後腿屈膝稍下蹲；前腿微屈膝，前腳跟虛點地面，並使腳尖和腳掌微微翹起。

4. 丁虛步

簡稱作「虛步」，因它是各種虛步中最主要、最常用的一種。正身蹲立，後腿屈膝稍下蹲，前腿微屈膝，並以前腳掌虛點地面。

5. 坐虛步

偏於後坐，並以兩腳的全腳掌著地。例如：「抱虎歸山」中的按勢，在雙手按出之前，先內收、後化，成正身的坐虛步，再向前按出，變坐虛步為右弓步。對於坐虛步，原來大都把它作為步法看待，而不列為步型的；然而把它作為步型來規範，也有一定的道理。不過，若要標明「左、右」字樣時，那只能稱為「左坐右虛步」和「右坐左虛步」。前者可簡稱「右虛步」，似不宜稱為「左坐虛步」；後者可簡稱「左虛步」，也不宜稱為「右坐虛步」。這是因為坐虛步是虛步的一種，因此，其左右的標定，必須以成為「虛步」的一腳為準，才不至於使人混淆左右，弄得難以適從。

6. 高丁步

架式較高的丁步，並有「曲步」「點步」等別名。即一腿站立，另一腿屈膝緊靠支撐腿內側，以腳尖虛點地面。主要用於起腳前的準備動作。

7. 橫襠步

一名「側弓步」。由左（或右）弓步，下肢基本不動，上體向右（或左）側轉腰90°左右，即成「橫襠步」，因其襠部橫向而得名。

8. 仆　步

又名「仆腿步」，一腿全蹲，另一腿平鋪而接近地面。

9. 獨立步

單腿支撐獨立，另一腿屈膝提起，其大腿至少呈水平。

二、步　法

1. 上　步

前腳提起向前邁上一步；或者後腳提起，經前腳向前邁上一大步。就直距而言，後者為前者一倍。因此，有的稱前者為「邁上半步」，後者為「邁上一步」。

2. 進　步

兩腳連續向前邁上各一大步；或者右腳上一橫步（一名「擺步」），左腳接著經右腳向前邁出一直步。就直距而言，後一種進步，只相當於一步半。

3. 跟　步

後腳向前跟進一小步或一直腳。

4. 退　步

前腳提起，經後腳向後退一大步。

5. 撤　步

一腳向後撤一步。

6. 橫行馬步

一名「側行步」，兩腳平行地側向橫行，由大馬步和小馬步連綴而成，但又橫行不停歇，故俗稱「橫行馬步」。

7. 倒插步

一腳經支撐腿向後橫落。

8. 蓋　步

一腳提起，在支撐腿前橫落（36 式太極拳中，僅「拍腳」一式有蓋步動作）。

9. 墊　步

前腳稍向前移，狀如用前腳尖墊進。

10. 斂　步

前腳稍向後移，在弓步變虛步時，便出現斂步動作。

11. 碾　步

以腳跟為軸，使腳尖外展或內扣；或者以腳前掌為軸，使腳跟外展或內扣。

12. 扣　步

一腿站穩，另一腿在落地前，先將腳尖內扣，再以腳跟著地，隨即全腳踏實。此時，兩腳站立略呈「倒八字」形。但這只是一種過渡性的步法動作。在 36 式太極拳中，第 19 式蹬腳一式中的「右拗蹬腳」，向後轉身落腳時，可用扣步

這一步法。它與碾步不同之處是先扣腳尖、後落步，而不是在碾地的同時內扣腳尖。

三、腿　法

1. 拍　腳

一腿站穩，另一腿的腳面繃平，向上擺踢；同側一手的手掌，在頭面或胸前迎拍腳面。

2. 踩　腳

第 12 式「拍腳」一式中，在做倒插步後，即將前腳提起，略呈獨立步，隨即原地踩下，形如蓋步，而意含踩踏對方的腳面或脛骨。

3. 分　腳

一腿站穩，另一腿屈膝提起，腳面繃平，腳尖朝下；然後用腳尖向前踢出，狀若禽類展翅，故又名「翅腳」。

4. 二起腳

左腿的腳面繃平，向上擺踢，同時，右手掌背向前上方揮出，在頭面部前，左掌心迎拍右掌背；緊接著在左腳落地後，右腿的腳面繃平，向上擺踢，並以右掌迎拍右腳面。

上述左腿擺踢，原為誘敵和助跳，但如今習練太極拳的人，大都以養生保健為目的，且平均年齡偏大，所以，在做「二起」動作時，一般可不帶縱跳。

5. 蹬　腳

一腿站穩，另一腿屈膝提起，腳尖向上回勾，隨即向側方或前方蹬出。著力點在腳全掌，並偏於腳跟。36 式太極拳的各式蹬腳，包括側蹬、正蹬和拗蹬，側蹬（即「右蹬腳」與「左蹬腳」）腿法用的是橫勁，而正蹬與拗蹬都是直勁。

6. 撞　膝

一腿站穩，另一腿屈膝盡量上提，意含以膝尖頂撞敵人。而與此同時，一手向上托挑，另一手向下摟按，那都是為撞膝起到「開敵門戶」的作用。

7. 彈　踢

全名「寸腿彈踢」，又名「寸踢」。因其彈踢出腿高不盈尺，故名。一腿站穩，一腿接近地面用腳尖向前踢出。

8. 擺蓮腳

一腳站穩，另一腳的腳面繃平，腳尖內扣，用腳外緣在身前做扇形擺踢，兩手則依次迎拍擺踢的腳面。

以上 8 種腿法，可歸納為「拍、踩、翅、起、蹬、撞、彈、擺」8 個字，姑且名之為「八腿八字訣」。

記得前人也有《八腿》一首，也只 8 個字，即：「翅、蹬、起、擺、接、套、襯、踩」。其中有 5 個字與拙作相同，可說是大同小異了；而接、套、襯 3 個字，實為推手和散手中的步法名稱，故未予列入。

第八章
36式太極拳的教學口令

開始教學時，使用口令提示學員復習某式某手，或分段練習，或復習全套，往往能起到提綱挈領的作用，有事半功倍的良好效果。當然，這只對初學者在尚未熟習時有此需要，一經習練純熟，就不必再呼喊口令了。

教學口令，每句一般由一兩個字代表一個動作，或代表一組動作。例如：起勢中「起」是一個動作，即兩手前平舉；「落」是一個動作，即以肘尖下沉帶動兩掌向下按落；「出場」則是一組動作，即左右兩腳各跨上一小步，同時，兩手向兩側前方回環後，在身前平舉，直至向下按落為止。

呼喊口令的音調以柔緩為宜，單個動作的口令，有的尾音宜稍長些，以利與動作更加和諧。從而使初學者能獲得意美、音美和形美「三美」的感受。培養學者從愛好入門，漸至學而有恆、「練拳煉人」，終於獲益終身。

現將教學口令按拳式分列於後：

式　名	口　令
預備勢	預備。
第一段	
1. 起勢	起，落，出場。
2. 攬雀尾	藏，掤，捋，擠，化，按。
3. 提手上勢	架，開，合，提。
4. 白鶴亮翅	藏，擠（靠），分。
5. 摟膝拗步③	沉（臂），摟，推；摟，推；摟，推。

6. 手揮琵琶	纏（採），抱（捌）。
7. 倒攆猴⑤	（回）環，撲。（連做 5 次）
8. 斜飛勢	藏，採，開（捌）。
9. 海底針	纏，提，插（點）。
第二段	
10. 扇通背	托（架），扇。
11. 白蛇吐信	沉（臂），絞（腕），刺，收（掌），推（掌）；採，刺。
12. 拍　腳②	抱（十字拳），拍（腳）。（向西、向東各做 1 次）
13. 高探馬	採，探。
14. 穿　掌	採，穿（刺）。
15. 分　腳②	抹，合（十字手），分（分掌—分腳）。（左右各做 1 次）
16. 栽　捶	摟，栽。
17. 二起腳	橫（臂），護（額），絞（腕），撇（拳），收（拳），推（掌）；一擺，二起。
18. 打虎勢②	左採，右打；拂（面），反摟（膝），右採，左打。
第三段	
19. 蹬腳④	分拳，合（十字手），分掌——右蹬；合（十字手），分掌——左蹬；合（十字手），分掌——拗蹬；正合（十字手），分拳——正蹬。
20. 雙風貫耳	提膝——反摟，雙摜。
21. 十字手	開，合，前掤。
22. 抱虎歸山	摟，推；抱，捋，擠，化，按。
23. 肘底看捶	抹，收，黏轉，勒入，撲面，看捶。
24. 野馬分鬃⑤	藏，採，捌。（回身後連做 5 次。）
25. 雲　手⑤	撈，抄，掤，按。（這是單手畫一圈的口令，雙手連做 5 次。由於左右雙手運轉畫圈的線路是反向的，因此，口令只能以左或右手、即一手的動作

554

沈壽太極拳文集

	為準。詳請參看本章篇末的雲手劃圈示意圖）
26. 單鞭下勢②	（接上式——雲手，右手掤後變鈎，左手抄後變拴）右鈎，左拴；下，仆，撩；左鈎，右拴，下，仆，撩。
27. 金雞獨立②	右摟按，左托挑——右獨立；左摟按，右托挑——左獨立。
第四段	
28. 指襠捶	落橫步，握右拳；左摟膝，右沖捶。
29. 玉女穿梭④	合，架，穿。（向四角各做1次）
30. 七星勢②	開，（合）架，（寸）踢；開，架，踢。（向西、向東各做1次）
31. 退步跨虎	退，摟，分。
32. 擺蓮腳②	架，穿，括，掃；右擺；左擺。
33. 彎弓射虎	彎臂，沖拳。
34. 搬攔捶	挒，搬，攔，捶。
35. 如封似閉	如封，似閉。
36. 收勢	抹，護（額），開，抱拳，前拱，落掌，退場。

　　以上教學口令以手法為主，兼及其他。教練員首先要把口令與自己動作結合起來，給學員作出示範，然後再用口令指導學員練習。

　　但是，在初次應用某一式口令時，最好把口令的技擊意義，結合動作內容一併解釋清楚。這不僅對較快地學會拳式動作能起到良好的作用，而且能激發和提高學員的學習興趣，促進大家對太極拳學練的積極性和持久性。

　　教學口令的靈活性較大，其字句的設定可繁可簡。而重要的是發令聲音的節奏，務須與拳式動作的節奏協調一致，而且，要具有抑揚頓挫的韻味，令人有諄諄善誘的感受。這說明教學口令是具有藝術性的，不可等閒視之。

上述口令中括號內的字句，可只作解說，而不用於發令。口令中有連接號（「─」）的，表示上、下肢在同一時間內進行的技術動作，一般是含有腿法的動作。學員在分不清左右手足動作時，口令上可增加「左右」，並在熟練後省略之。在部分拳式或整個套路較熟練時，口令可改用數碼（即1、2、3……）代替字句。

對自學者來說，學習「教學口令」這一章同樣是有用的。因為它便於記憶拳式動作，能起到提示作用，並給予你

雲手畫圈示意圖

一、左手運轉  二、右手運轉

說明：

1.此示意圖的方向與拳式動作圖照的方向是一致的，即：前南、後北、左東、右西。

2. ┈┈► 虛線代表左手；━━► 實線代表右手。（下同）

3.假定以身軀為「鐘面」，面向南，則左手為順時針運轉；右手為逆時針運轉。（見上圖）

4.雙手是反向運行的，即：左手向上運轉時，右手向下，並在上體右側交錯而過；右手向上運轉時，左手向下，並左上體左側交錯而過。（見下圖）

較深刻印象，使你久久難以忘懷。這樣就能學得快些、學得好些，把動作和姿勢做得更正確些。

三、雙手運轉

第九章
36式太極拳的教法練法

這裡說的是筆者從事 36 式太極拳教學與自練實踐的一些體會，以及練習 36 式太極拳的一些注意事項。

第一節　36式太極拳的教法

一、樹立信心，培養意志

教 36 式太極拳與教傳統太極拳術一樣，都應先介紹一下打太極拳的好處，啟發和誘導初學者練習太極拳的情趣，幫助他們樹立學會、學好太極拳的自信心，從而增進他們的耐心和恆心。這可說是對初學者意志力的一種培養。如果缺乏頑強的、堅韌不拔的意志，那往往會在學練中知難而退，導致「教、學兩空」，即：不是學習中輟，便是學會後又丟了拳。

開學伊始，也要與初學者談一談拳德、拳風問題，拳諺說：「拳以德立。」要告誡大家崇德謹己，力學向前。

二、深入淺出，精講多練

授拳自以精講多練為好，對初學者講得多了、講得深了，極易引起「消化不良」，是徒勞無功的。因此，講授要深入淺出，並由先易後難地逐步加深；每次不必講得太多，總以簡潔明瞭最為相宜。

至於多練，那是學會正確的動作姿勢的關鍵。不經過反覆練習，就無法使記憶加深和鞏固，這樣即使很聰明的人也是難以學會的。而要練得正確和合乎要領，那更是非勤學苦練不可的。

三、教練教練，又教又練

常言道：「教練教練，又教又練。」老師練、學生看，這是「身教」之一法；而老師帶著學生一起練，那也是身教。只是帶練時，要事先叮囑學生邊練邊看，透過自己對照老師的動作姿勢，自覺地去發現和改正自己的錯誤動作和姿勢。身教無疑地比言教更為重要，因為這是具體的形象教學。所以，要讓學生學會觀察動作姿勢，並讓學生從多個角度來觀察老師的動作姿勢。

四、及時糾錯，事半功倍

至於「手把手」的教學，那只能是偶而為之。因為「手把手」不如「自己看」。看準了，來對照自己，動作姿勢就容易做到正確，而且改正錯誤也比較及時。

但是老師也要多看學生的動作姿勢，及時指出和糾正其錯誤。反之，如糾錯不夠及時，那一旦其錯誤的動作姿勢形成習慣，再要糾正就事倍功半了。

拳諺說：「學拳容易改拳難。」這句話正是歷代拳家的經驗之談。

五、兩類學員，分別對待

教36式太極拳時，對學過與沒有學過傳統楊式太極拳的學員要分別對待。對前者，如仍在堅持練習傳統的楊式太極

拳，且已有一年以上的拳齡，那就只要把 36 式太極拳套路中不同於傳統楊式太極拳部分交待清楚，特別對轉關變勢的銜接動作要反覆提醒。此外，只須逐式教上一兩遍，就能跟著教練練習全套了。這樣學會全套 36 式太極拳，大約只需一個月時間。至於鞏固所需時間，那就因各人鍛鍊勤奮程度的不同而不同，是無法一概而論的。

對於從未學過太極拳的人，或雖學練過，但學的不是傳統的楊式太極拳，那最好從頭學起。學會一式，再求二式；學會一段，再求二段；直至學完全套。

其所需的學習時間，與學習老趙的楊式太極拳應該是相同的，因為兩者基本拳式的數量是不相上下的。而且寧肯學得慢一些，但求學得好些。這樣，學會一套 36 式太極拳，大概需要 2～3 個月時間。一般每隔一天，教 1～2 式。待全套教完後，再從頭至尾復教一遍。當然，復教著重解決各個拳式中的難點，而不必像初教時那樣全面地教。這樣既能解決問題，又能節省時間。

在學習套路期間，每隔一天，可由學員自己復習，也可由教練帶練。帶練則以跟練為主，避免多講。這正如拳諺所說「閑話少說，多練拳踢腿」。

六、未習拳，先學步

教每一個拳式的動作姿勢，在做示範的時候，可以先教步法，再教手法，然後把全身上下動作結合起來一齊教。

拳諺說：「未習拳，先學步。」又說：「打拳容易走步難。」因此，學習套路時，也要把學步放在前面。為了使學員較快地掌握和熟練步型和步法，也可根據學習進度，分別安排摟膝拗步、野馬分鬃、倒攆猴和雲手等式連續性進步、

退步和側行步的單練。對於一些難度較大的步法，如肘底看捶的三角步、玉女穿梭的走四角，都可先把步法教會，然後再教手法及其他各法。

七、基本要領，分次學習

對於基本要領，如《太極拳說十要》，可以每隔幾天講解「一要」；再如《太極拳七字要訣》（靜、鬆、穩、勻、緩、合、連），也可在幾天內反覆強調要訣的某一個字。這樣比起一次性「滿堂灌輸」教學法，在實效上要好得多了。反之，猶如囫圇吞棗，難免影響消化吸收，那就成了「欲速則不達」了。

不過，分次教學不等於把各個基本要領割裂開來，而且，一定要講清楚各個基本要領之間的密切關係。

例如：《太極拳說十要》要求做到「動中求靜」，又要求「分虛實」，如虛實不能分清，「則邁步重滯，自立不穩」，又如何能做到動中求靜呢？再如：「虛靈頂勁」和「含胸拔背」有向上頂拔之意，而「鬆腰」和「沉肩墜肘」則要求關節節節向下鬆沉，這裡就存在著對立的統一和相反相成的密切關係了。

第二節　36式太極拳的練法

本節所說的「練法」，是指學會了36式太極拳套路後的練法。

一、完成套路，可快可慢

36式太極拳最顯著的特點，是靈活性較大。除了集體練

習或集體表演，不得不強調動作架式和完成套路時間的整齊劃一，如個人獨練，或者是少數人合練，一般就可隨心所欲地因人因時而異。在完成套路速度方面，大體上可分為下列三種：

1. 慢速度——8～9 分鐘；
2. 中速度——5～6 分鐘；
3. 快速度——1～2 分鐘。

才學會並獨自練習套路時，可先採取中速度。同時，逐漸向「慢中求功」的慢速度方向發展。待習練純熟以後，再兼練快速度的「快太極」。

在練習慢速度時，要防止斷續和不勻。一套拳務求一氣呵成，如中間發生繼續，那就蛻變成若干套「短拳」了。

在練習快速度時，同樣需要一氣呵成，特別要防止動作不到位。由於「慢中求功」和「快中求功」都較一般速度的難度要大，所以，求慢和求快，都要循序漸進，其功夫要靠逐日積累，所謂「功成自然成」，而不可能是一蹴可幾的。

二、勻速為主，發勁為輔

上述慢、中、快三種節奏，一般採取勻速練習，但在習練純熟之後，也可輔以發勁。發勁是別有情趣的，它是對爆發力的具體應用。爆發力的實質是「即時功率」，也就是人體肌肉在最短時間內釋放出最大的收縮力量的一種能力。而肌肉的收縮又源於肌肉的放鬆能力，凡肌肉放鬆與收縮這一弛一張的張弛差越大，則爆發力也相應地越大。

太極拳注重放鬆訓練，但如不同時練習發勁，那仍難練出較好的爆發力來。而太極拳推手競賽是講究應用爆發力的，所以，凡參加推手運動的青壯年人，在走架行功時，自

以「勻速為主，發勁為輔」地進行練習為好。

至於其他年齡段的太極拳愛好者，則可據情自定，僅僅作為鍛鍊的一種方法方式而已。由於練法多樣，就更能增進人們的鍛鍊興趣。但年老體弱的人，限於體力，就不必勉強去練習發勁了。

走架時帶發勁，勢必出現快慢相間的節奏。拳訣說：「式式有招，招招有勁。」但由於各個基本拳式的攻防作用不同，其勁別也隨之不同，所以，並非每一拳式都適宜於發勁。凡發勁順暢俐索的就可以發，反之就蓄而不發，或意含發放。而對連續做幾個分式的拳式，如野馬分鬃式的發勁是很得力的，但可選擇其中二三個分式來發勁，以使發勁有所間歇。此外，起腳運用腿法的發勁也很得力，而且對鍛鍊腿腳有良好的作用，學者不妨一試。

三、練習架式，可高可低

36 式太極拳的架式可高可低，而我們鼓勵體質較好的青少年人在練習這套拳時儘可能把架式放低一些。而對中老年人或體質較差的人，那可聽憑各人自行選擇決定採取較高還是稍低的架式。一般地說，在初學時，可把架式打得稍高些，待日後身體轉弱為強時，再逐步放低架式。

至於老年人步履的日漸縮小，這是腿腳生理功能衰退的一種現象。尤其是膝關節功能過早地衰退，往往與關節勞損、骨質增生等原因有關。這時如把練拳架式調整得稍高些，既有利於膝關節的減負，也有利於堅持經年不輟的練拳。

但是，不論採取高、中、低架式，其上肢動作和姿勢都應保持舒展大方的獨特風格，切不可隨著架式調高而使上肢

動作和姿勢縮小變形。

若遇集體表演，則可按年齡段分組；或者按照架式高低分成 2～3 組。

四、練習場所，室外為主

平日練習場所，自以室外空氣清新的綠化地帶最為相宜，但也要注意選擇其中乾燥、平坦的場地，尋覓相對寧靜的環境，切忌在潮濕的、凹凸不平的，或噪音大、廢氣重的場所練拳。

由於 36 式太極拳的來回線路較短，所需的場地不大，因此，在雨雪天或刮風的日子裡，可在室內練習。

這一套路格局的設計，原本就包含了「室外室內兩相宜」的要求，所以，可以因人、因時、因地制宜。凡能在室外練習，當然最好；如一時沒法在室外練習，或者找不到合適的室外場地，那也可暫且在室內練習。

由於在一般情況下，室內空氣不如室外潔淨，因此，練習場所自應以室外為主、室內為輔。這樣對於日常練拳的風雨無阻，就有了充分的保證，不會因南方的雨季或北方的大風雪等等原因耽誤了練拳。

五、起勢方向，東南西北

練拳起勢的方向，一般受拳場地形的限制。今人行功走架，通常的做法是：白天朝南向陽起勢，夜晚向北朝北斗起勢。倘若只有朝東和向西這兩個方向可做起勢，那就是白天向東，夜晚朝西。以上做法，並無不妥。

而筆者在獨自練習時，不論是練氣功站樁、練導引功或練拳起勢，一般都是按四時四方的朝向練習的。茲列表並說

明如下：

朝　向	季　節	時　辰	時　間	鐘　點	四　氣
東	春	卯	早晨	5：00～7：00	朝霞
南	夏	午	正午	11：00～13：00	正陽
西	秋	酉	黃昏	17：00～19：00	淪陰
北	冬	子	夜半	23：00～1：00	沆瀣

即：早晨練拳朝東起勢，中午朝南起勢，傍晚朝西起勢，夜間朝北起勢。從與季節相適合來說，應是春天早晨多練，夏天中午多練（選擇有樹陰、大牆或涼亭等既遮陽又較涼爽的地方去練），秋天傍晚多練，冬天夜間多練（可先小睡，在夜半起床練完後，稍息再睡）。

上述練法可隨各人習慣，以及工作、生活等具體條件而定，不必執一。

這「子午卯酉行功說」是先秦流傳下來的關於傳統行功時刻和方向的一種主張，如《楚辭·遠遊》：「餐六氣而飲沆瀣兮，漱正陽而含朝霞。」《莊子·逍遙遊》有「御六氣之辨」句，李頤註：「平且朝霞，日午正陽，日入飛泉，夜半沆瀣，併天地二氣為六氣也。」《陵陽子明經》說得更為詳細：「春食朝霞——朝霞者，日始欲出赤黃氣也。秋食淪陰——淪陰者，日沒以後赤黃氣也。冬飲沆瀣——沆瀣者，北方夜半氣也。夏食正陽——正陽者，南方日中氣也。併天地玄黃之氣，是為六氣也。」說明這也就是先秦流行的氣功——「食六氣」的基本理論。而食六氣也叫「餐六氣」或「服六天氣法」。表列「四氣」名目中「淪陰」的別名叫「飛泉」。

或問：若採用這種方式練拳，那在子、午、卯、酉四時辰以外，應如何選定起勢的方向。答：凡接近子、午、卯、酉中的哪一個時辰，就依這個時辰的方向為準。更簡單而合乎自然的方法是：白天朝向太陽，夜間朝向北斗。

六、練習時間，可多可少

習練拳術，貴在堅持。若能天天堅持練習，即使只練一兩遍，日積月累，雖少猶多；反之，若一曝十寒，那即使狂熱於一時，無疑是雖多猶少的。

現代人們的生活節奏較快，從養生保健的角度看，不論分散或集中練習，只要每天練滿一小時就可以了。而每周休息 1～2 天，也無不可。但要避免間歇日子太多，間歇日子一多，易忘也易丟拳。這是不可不注意的。

至於太極拳訓練，包括為參加表演或競技的訓練時間，那又當別論了。

36 式太極拳慢速地連續練習三遍，才相當於練習傳統楊式太極拳一遍。因此，練習時，可據情連續地多練習幾遍。也可既練傳統楊式太極拳，又練 36 式太極拳。但為防止兩種套路的串錯，可將 36 式太極拳的速度調整得比傳統楊式太極拳的速度稍微快一些。這樣習慣以後，就不會發生串錯的情況了。

此外，在練拳前後，可練習一下氣功站樁、導引功或自我按摩功，以作為練拳前的準備活動，以及練拳後的整理活動。也可單練 36 式中的某一拳式，即重複練習某一拳式若干遍；或者把幾個拳式任意串連在一起練習。這樣使練習的方法方式增多了，也能增進練習者濃郁的興趣。

七、四季五字，默念延壽

太極拳素有採用從古代吐納術（即今所稱的「氣功療法」）中移植過來的「五氣」或「六氣呼吸法」。這也就是太極拳結合吐納術，用於養生保健和療病祛疾。這一做法是由來已久了，如清代楊氏傳鈔老譜中就有《太極四時五氣解圖》一篇（見清‧王宗岳等著《太極拳譜》，大展出版社）；而明代傅仁宇《審視瑤函》一書所輯《五臟所司兼五行所屬》，其中也有關於「五氣」的圖解（見《審視瑤函》卷首第 7 頁，上海人民出版社 1977 年新 1 版）。現將此兩圖一併轉載於後，以供參考：

1. 太極四時五氣解圖

夏火呵南
春木噓東　　西呬金秋
北吹水冬
吸　呼
中央土

2. 五臟所司兼五行所屬圖（局部）

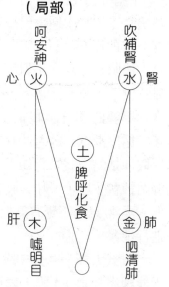

呵安神　　吹補腎
心 火　　水 腎
土 脾呼化食
肝 木噓明目　　金 肺
呬清肺

【註釋】：

原圖文中「呵安神」「吹補腎」6 字，由下向上倒著寫；「心」「肝」2 字，向左側橫著寫；「肺」「腎」2 字，向右側橫著寫。

現據上述兩圖，結合《黃帝內經素問·陰陽應象大論》等有關篇章，扼要地歸納如下：

五時	五行	五字	五位	五辰	五臟	五效	備註
春	木	噓	東	平旦	肝	明目	
夏	火	呵	南	日中	心	安神	
長夏	土	呼	中	日西	脾	化食	長夏，指農曆六月
秋	金	呬	西	日入	肺	清肺	
冬	水	吹	北	夜半	腎	補腎	

四季五字法，一名「四時五氣吐納法」或「五時五氣吐納法」。凡練太極拳已很純熟，動作與呼吸配合自然，並具有一定的拳齡，才能結合走架試用五氣吐納法。具體方法是：按照時令默念相對應的一個字音，吸氣時舌舐上顎，呼氣時放下舌頭，默念字音。

學練四季五字吐納法有一個適應的過程，必須由少而多，循序漸進。練習時呼吸自然，切忌憋氣。初學時，可先採取靜站的方式進行練習，開始每天只在練拳之前以預備勢靜站練習8息（一呼一吸為「一息」），以後逐漸遞增至40息。至40息而不覺有氣促的現象時，方可結合太極拳的動作進行練習。

36式太極拳共分4段，也可採取逐段遞增的辦法，至每天能練完一套（4段）就可以了，而不宜貪多。換句話說，無論每天練幾套36式太極拳，其中採用四季五字吐納法默念字音的，一般只練一套，其餘以採用自然呼吸法為好。

至於是否採用四季五字吐納法，可由各人自擇，不可強求一律，可視各人效果和需要而定。

　　此外，《審視瑤函》一書中另有《動功六字延壽訣》一首，可供參考，茲特錄於後，並略作校註：

　　　　春噓明目本持肝❶，夏至呵心火自閑。

　　　　秋呬定知金肺潤❷，冬吹惟要坎中安❸。

　　　　三焦嘻卻除煩熱❹，四季長呼脾化餐❺。

　　　　切忌出聲聞口耳❻，其功尤甚保神丹❼。

【註釋】：

❶　本持肝，一作「木扶肝」。

❷　金肺潤，一作「金潤肺」。

❸　惟要坎中安，一作「惟覺腎中安」。腎屬水、屬坎，故《審視瑤函》所輯原文無誤。

❹　嘻卻除煩熱，一作「嘻出除煩惱」。

❺　長呼，一作「常呼」，長、常字義可通。

❻　切忌出聲聞口耳，後三字一作「聞口鼻」。全句似應釋義為：吐納時切忌發出聲音，勿被自己的耳朵聽到口鼻呼吸的聲響。

❼　尤甚，一作「尤勝」。

以上文字出入，多半因輾轉傳鈔和後人潤改所致。

附錄
楊式太極拳理論經典著作（兩篇）

關於楊式太極拳理論的經典著作，自從 20 世紀 20 年代迄今，八十餘年來出版的各種有關楊式太極拳著作中，常見輯錄的古典理論文章有：王宗岳《太極拳論》（一作《太極拳經》）、《十三勢歌》《打手歌》《太極拳釋名》，武禹襄《十三勢說略》（一作武禹襄《太極拳論》）、《十三勢行功心解》等篇，以及清代楊氏傳鈔老譜的有關各篇文章。

上述篇章，在筆者搜集、整理、點校、考釋《太極拳譜》一書時，都已收羅無遺❶。惟獨楊澄甫先生生前口述的兩篇重要理論文章，即《太極拳之練習談》與《太極拳說十要》，因涉及上述《太極拳譜》一書收編年代的限制而未能收入，曾引為憾事。

其實這兩篇文章，在 20 世紀的楊式太極拳愛好者中間傳播甚廣，而且一直被視為有關楊式太極拳要領的經典性著述。為此，本書鄭重地輯錄這兩篇文章，以供讀者學習和研究參考。

太極拳之練習談

楊澄甫 口述　　張鴻逵 筆錄

中國之拳術，雖派別繁多，要知皆寓有哲理之技術，歷來古人窮畢生之精力，而不能盡其玄妙者，在在皆是。雖然（如此），學者若費一日之功力，即得有一日之成效，日積月累，水到渠成。

太極拳，乃柔中寓剛、綿裡藏針之藝術，於技術上、生理上、力學上，有相當之哲理存焉。故研究此道者，須經過一定之程序與相當之時日。雖然良師之指導、好友之切磋，固不可少，而最緊要者，是在逐日自身之鍛鍊。否則談論終日，思慕經年，一朝交手，空洞無物，依然是門外漢者，未有逐日功夫也。古人所謂「終思無益，不如學也」。若能晨昏無間，寒暑不易，一經動念，即舉摹煉，無論老幼男女，及其成功則一也。

近來研究太極拳者，由北而南，同志日增，不禁為武術前途喜。然同志中，專心苦練、誠心向學、將來不可限量者，固不乏人。但普通不免入於兩途：一則天才既具，年力又強，舉一反三，穎悟出群，惜乎稍有小成，便是滿足，遽而中輟，未能大受；其次，急求速效，忽略而成，未經一載，拳、劍、刀、槍皆已學全，雖能依樣葫蘆，而實際未得此中三昧，一經考究其方向動作，上下內外，皆未合度，如欲改正，則式式皆須修改，且朝經改正，而夕已忘卻。故常聞人曰：「習拳容易改拳難。」此語之來，皆由速成而致此。如此輩者，以訛傳訛，必致自誤誤人，最為技術前途憂者也。

太極拳開始，先練拳架。所謂拳架者，即照拳譜上各式名稱，一式一式由師指授，學者悉心靜氣，默記揣摹而照行之，謂之「練架子」。此時學者應注意內外上下：屬於內者，即所謂「用意不用力」，下則「氣沉丹田」，上則「虛靈頂勁」；屬於外者，周身輕靈、節節貫串，由腳而腿而腰，沉肩屈肘等是也。初學之時，先此數句，朝夕揣摹而體會之。一式一手，總須仔細推求，舉動練習，務求正確。習練既純，再求二式。於是，逐漸而至於習完。如是則毋事改

正，日久亦不致更變要領也。

習練運行時，周身骨節均須鬆開自然。其一，口腹不可閉氣；其二，四肢腰腿不可起強勁。此二句，學內家拳者，類能道之。但一舉動、一轉身，或踢腿擺腰，其氣喘矣，其身搖矣，其病皆由閉氣與起強勁也。

一、摹練時頭部不可偏側與俯仰，所謂要「頂頭懸」，若有物頂於頭上之意，切忌硬直，所謂「懸」字意義也。目光雖然向前平視，有時當隨身法而轉移。其視線雖屬空虛，亦為變化中一緊要之動作，而補身法、手法之不足也。其口似開非開、似閉非閉，口呼鼻吸，任其自然。如舌下生津，當隨時咽入，勿吐棄之。

二、身軀宜中正而不倚，脊梁與尾閭，宜垂直而不偏；但遇開合變化時，有含胸拔背、沉肩轉腰之活用。初學時即須注意，否則日久難改，必流於板滯，功夫雖深，難以得益致用矣。

三、兩臂骨節均須鬆開，肩應下垂，肘應下屈，掌宜微伸，手尖微屈；以意運臂，以氣貫指，日積月累，內勁通靈，其玄妙自生矣。

四、兩腿宜分虛實，起落猶似貓行。體重移於左者，則左實，而右腳謂之虛；若移於右者，則右實，而左腳謂之虛。所謂虛者，非空，其勢仍未斷，而留有伸縮變化之餘意存焉。所謂實者，確實而已，非用勁過分、用力過猛之謂。故腿屈至垂直為準，逾此謂之「過勁」，身軀前撲，即失中正姿勢。

五、腳掌應分踢腿（譜上「左右分腳」，或寫「左右翅腳」）與蹬腳二式。踢腿時則注意腳尖，蹬腳時則注意全掌。意到而氣到，氣到而勁自到。但腿節均須鬆開平穩出

之。此時最易起強勁,身軀波折而不穩,發腿亦無力矣。

太極拳之程序:先練拳架(屬於徒手),如太極拳、太極長拳;其次,單手推挽、原地推手、活步推手、大挒、散手;再次,則器械,如太極劍、太極刀、太極槍(十三槍)等是也。練習時間:每日起床後兩遍。若晨起無暇,則睡前兩遍。一日之中,應練七八次,至少晨昏各一遍。但醉後、飽食後,皆宜避忌。

練習地點:以庭園與廳堂能通空氣、多光線者皆為相宜。但忌直射之烈風,與有陰濕霉氣之場所耳,因身體一經運動,呼吸定然深長,故烈風與霉氣,如深入腹中,有害於肺臟,易致疾病也。

練習之服裝:以寬大之中服短裝與闊頭之布鞋為相宜。習練經時,如遇出訏,切忌脫衣裸體,或行冷水揩抹,否則未有不罹疾病也。

太極拳說十要

楊澄甫　口授　陳微明　筆錄

一、虛靈頂勁

頂勁者,頭容正直,神貫於頂也。不可用力,用力則項強,氣血不能流通,須有虛靈自然之意。非有虛靈頂勁,則精神不能提起也。

二、含胸拔背

含胸者,胸略內涵,使氣沉於丹田也。胸忌挺出,挺出則氣擁胸際,上重下輕,腳跟易於浮起。拔背者,氣貼於背也。能含胸,則自能拔背;能拔背,則能力由脊發,所向無

敵也。

三、鬆　腰

腰為一身之主宰，能鬆腰，然後兩足有力，下盤穩固；虛實變化皆由腰轉動，故曰：「命意源頭在腰隙」，有不得力，必於腰腿求之也。

四、分虛實

太極拳術以分虛實為第一義，如全身皆坐在右腿，則右腿為實，左腿為虛；全身皆坐在左腿，則左腿為實，右腿為虛。虛實能分，而後轉動輕靈，毫不費力；如不能分，則邁步重滯，自立不穩，而易為人所牽動。

五、沉肩墜肘

沉肩者，肩鬆開下垂也。若不能鬆垂，兩肩端起，則氣亦隨之而上，全身皆不得力矣。墜肘者，肘往下鬆墜之意。肘若懸起，則肩不能沉，放人不遠，近於外家之斷勁矣！

六、用意不用力

太極拳論云：此全是用意不用力。練太極拳全身鬆開，不使有分毫之拙勁，以留滯於筋骨血脈之間以自縛束，然後能輕靈變化，圓轉自如。或疑不用力何以能長力？蓋人身之有經絡，如地之有溝洫，溝洫不塞而水行，經絡不閉則氣通。如渾身僵勁充滿經絡，氣血停滯，轉動不靈，牽一髮而全身動矣。若不用力而用意，意之所至，氣即至焉，如是氣血流注，日日貫輸，周流全身，無時停滯。久久練習，則得真正內勁，即太極拳拳論中所云：「極柔軟，然後能極堅

剛」也。太極拳功夫純熟之人，臂膊如綿裹鐵，分量極沉；練外家拳者，用力則顯有力，不用力時，則甚輕浮，可見其力乃外勁浮面之勁也。不用意而用力，最易引動，故不足尚也！

七、上下相隨

上下相隨者，即太極拳論中所云：「其根在腳，發於腿，主宰於腰，形於手指，由腳而腿而腰，總須完整一氣」也。手動、腰動、足動、眼神也隨之動，如是方可謂之上下相隨，有一不動，即散亂矣！

八、內外相合

太極拳所練在神，故云：「神為主帥，身為軀使」。精神能提得起，自然舉動輕靈。架子不外虛實開合。所謂開者，不但手足開，心意亦與之俱開；所謂合者，不但手足合，心意亦與之俱合，能內外合為一氣，則渾然無間矣。

九、相連不斷

外家拳術，其勁乃後天之拙勁，故有起有止，有續有斷，舊力已盡，新力未生，此時最易為人所乘。太極拳用意不用力，自始至終，綿綿不斷，周而復始，循環無窮。原論所謂「如長江大河，滔滔不絕」，又曰「運勁如抽絲」，皆言其貫串一氣也。

十、動中求靜

外家拳術，以跳躍為能，用盡氣力，故練習之後，無不喘氣者。太極拳以靜禦動，雖動猶靜，故練架子愈慢愈好。

慢則呼吸深長，氣沉丹田，自無血脈僨張之弊。學者細心體
會，庶可得其意焉！

【註釋】：

❶　見《中華武術文庫》古籍部，〔清〕王宗岳等著、沈壽點
校考釋、中國武術協會審定《太極拳譜》一書，1991 年 10 月人民體
育出版社第 1 版。（繁體字版：大展出版社）

❷　沈壽註：本文輯自人民體育出版社 1963 年第 1 版《楊式太
極拳》一書第 1～4 頁，原係「楊澄甫口述、張鴻逵筆錄」。輯入
時，曾據多種文本作了校勘和修正，並在標點方面稍有潤改。（繁
體字版：《楊式太極拳 85 式》大展出版社）

後　記

　　36 式太極拳，是為了適應廣大群眾的不同需要而編訂的。它的基本特點是：以楊澄甫先生晚年定型而留傳至今的楊式太極拳架式為基礎，保存其所有的基本拳式，但減去重複的術式，即：做到 36 式，式式不同。同時，充實了一些傳統的、難度稍大的腿法。從而使在楊式太極拳的歷史上曾經存在過的五種腿法（拍腳、分腳、二起腳、蹬腳和擺蓮腳）包羅齊全。

　　此外，36 式太極拳十分重視拳式的技擊意義，在教學時就講清動作、姿勢與技擊要求的關係。在鍛鍊全套所需的時間上，那是可快可慢的，或者採取慢練與快打相結合的方式。如慢練每套需 8～9 分鐘，而快練只需 1～2 分鐘。但不論慢練或快打，一般練習時，其動作節奏是勻速的。然而，如在走架時兼練發勁，那動作節奏就自然形成快慢相間的了。基於上述種種原因，36 式太極拳是既適合於青壯年人和少年兒童的學練，也適合於一些鍛鍊有素的中年人和老年人學練。

　　36 式太極拳原名「楊式簡化太極拳」，始編於 1962 年，最後定譜於 2002 年，歷時長達 40 年整，從 20 世紀中葉跨入 21 世紀。其間，曾做了多次的修訂。在 1987 年為寧波市退休教育工作者協會開辦首期太極拳培訓班時，筆者就曾為學員們編訂和印發了《楊式簡化太極拳圖譜》。後來又在習練和傳授的過程中，做了改進，使之逐步完善，並定為今名。至

於撰寫成書稿，則始 2000 年 9 月人民體育出版社的約稿，迄今也已有三年多的時間了。說明一書之成，誠不易也！對古稀老人來說，更是如此。又因限於個人學力，不足和謬誤之處，尚希海內外廣大讀者和太極拳家不吝指正。

《36 式太極拳詳解》一書中，共有拳照 308 幅。其中 36 式太極拳照 242 幅，是鄭小鋒先生於 2001 年初春為我所攝，後又由我弟子錢海補攝了 6 幅；85 式太極拳照 60 幅，則係陳冠榕先生在 20 世紀 70 年代為我所攝。

最後，值得一提的是，2001 年盛夏，在 38～39℃ 酷熱的日子裡，我旅美的女弟子吳雅紅趁回鄉探親之便，協助我一起校讀了《36 式太極拳詳解》書稿的第六章「36 式太極拳動作圖解」，從而訂正了不少差誤，加快了寫作的進度。

對於以上熱心人士，謹此一併致謝。

沈壽　於浙江寧波

沈壽太極拳文集

卷 四

太極拳推手問題

（修訂本）

目　錄

沈壽太極拳文集

沈壽太極拳文集

沈壽太極拳文集

沈壽太極拳文集

第一章
太極拳推手常識

1. 什麼是太極拳的推手運動？

太極拳運動的具體內容，除了拳架套路以外，尚有基本功、推手、散手和器械。若就其組成內容來與其他歷史悠久的傳統拳派作比較的話，太極拳多了一項介於基本功與散手之間的推手的運動。

太極拳的推手運動，是太極拳各學派在繼承我國古代民間武術對練實踐經驗的基礎上，創新發展而成的一種獨具特色的拳術競技運動。它是由兩人按照拳架中的基本招法進行對練，但只限於採用武術採拿、擲打和摔跌中的一部分無傷害性的技擊方法，而不是踢、打、摔、拿、跌等全部方法。例如：腳踢、拳打、摔角、反關節擒拿和地躺法等技擊方法都不列入推手範圍，尤其嚴禁採用挫筋、折骨、點穴、抓閉等毒手；攻守一般限於中路，並且反對採用斷勁和彈擊等技法。從而才有可能在完全不用護具和沒有地面防護設備的情況下，不致發生任何傷害性事故。

雖然它只採用部分技擊方法，但卻能有效地訓練周身觸覺和感知靈敏等身體機能。由於這一對練運動在形式上給人以推按為主的印象，所以被稱為「推手運動」。它既是一項興趣盎然和能促進團結友愛的競技比賽項目，又是一種暢通氣血的健身運動，因此，它歷來是深受廣大群眾喜愛的。

2. 開展推手運動有些什麼好處？

推手運動與打太極拳一樣，不受年齡、性別、體質、季節、服裝、器械等條件的限制。推手運動除了具備太極拳所有的強身、防病、延年和醫療價值以外，還能有效地檢驗走架姿勢和動作方法的正確性，其運動強度一般比走架要大。

由於走架是獨自一人練習，而推手是對抗性的運動，所以它不但頗有隨機應變地運用技擊方法的情趣，而且若能堅持練習推手，對於培養頑強的意志和堅毅的精神，增強耐久、柔韌、靈敏等身體素質，以及提高應變和自衛能力，都會有一定的作用。

此外，開展太極拳推手運動，還能增進友誼，在相互幫助和切磋中共同提高拳藝水準，並能活躍職工的文娛生活。所以，這無疑是一項值得提倡的民族體育項目。

3. 是不是人人都可以練習推手？

一般地說，推手是不分男女老少人人都可以練習的。如：年老體弱的人，可以把推手運動作為舒筋活絡、暢通氣血和強健腰腿的一種健身方法。中國醫學認為，「腰為腎之府」「腎主腰腳」「腎為先天之本」。而一個人的衰老，往往首先是從腰腿開始的。年紀雖輕，但腎氣不足，也多半有腰腿乏力的症象。《黃帝內經·素問》又說，「腎主骨」「腎主髓海」。因此，透過練習推手，不僅能有效地鍛鍊腰腿，而且對於強壯筋骨、醫治腎氣虧損，以及增強記憶力、預防早衰等等，都有一定的功效。

一般健康的人，還可以根據自己的愛好和拳藝程度，參加民間友誼性的推手競技活動。一方面可以借此增加運動強

度和運動量，提高鍛鍊的效果和興趣；另一方面，也能使業餘生活豐富多彩。由於推手的運動量和強度是可以因人而異的，它對各人體質等條件的要求，並不強求一致，因之，它的適應性是相當廣泛的。

不過，對一些傳染病患者，如傳染性肝炎、開放性肺結核、結膜炎（紅眼病），以及傷風感冒等患者，在痊癒之前，應該自覺地暫不參加推手活動，以免傳染別人。切莫因一時的興趣而不顧他人。至於一些心臟病、高血壓等患者，也不宜做競技性的推手運動，以免在較劇烈的運動中發生意外。但如能量力而為地推推手、活活勁，並不去追求技擊，而以活動腰部和四肢關節為主，那對於這些疾病患者也會有良好的輔助醫療作用。

總之，只要能因人、因時制宜，運動適度，堅持經常，這樣地開展推手運動，就必定能使更多的人獲益。

4.為什麼說冬季是開展推手運動的大好季節？

我國幅員遼闊，各地的氣候差距很大，從而使某些運動項目帶有明顯的季節性色彩。由於推手的運動量和強度可以因時調節，因此，它的季節性並不十分突出。然而太極拳是一種主張「慢中求功」的柔性拳術，它的運動量和強度雖然也可因人、因時加以調節，但如在嚴寒的冬季，從一開始就在室外按照「練拳如練功」的緩慢速度來打太極拳，那時手腳就會受凍；而且由於運動量小，體溫上升的速度不快，打起拳來僵手僵腳，還會影響到運動效果和鍛鍊興趣。因此，在寒冬，人們特別喜愛在打太極拳之前先練推手。

由於推手的運動強度較大，能促使人體新陳代謝漸趨旺盛，從而使體溫升高的速度加快些。一般推手10分鐘以後，

就會感到渾身暖和舒適，肌筋關節也隨之變得柔韌靈活了，手指和足趾都不覺得受凍了，卻又能保持不出大汗。推手以後，儘管氣溫仍舊很低，但自己已能舒舒服服地在這種室外的寒冷環境中打太極拳了。這對防禦傷風感冒、氣管炎等冬季常見的疾病是大有好處的，也可說是打太極的人堅持「冬練三九」的一種訣竅。所以拳友們常說：「冬天，是練習推手的大好季節。」

5. 太極拳推手運動有哪些內容？

太極拳流派繁多，各個學派的推手內容多少不一，方法也有所不同。但大都具有各學派自己的獨特風格，並與各自的拳架姿勢是相互統一的。

傳統的推手有：單手推挽（即單推手）、原地推手、活步推步和四隅推手四大項目。

其中單手推挽又可分為平圓、立圓、亂環（黏手）。單手推挽通常只練定步，即原地單推手，但也可做活步單推手。這是初學入門練習的一種基礎推手法。

原地雙推手則從雙手平圓推手入手練習，即俗稱「雙推磨」（是因形得名的），由此逐步進階到以原地四正推手為主，其間要經過按化、捋化、按捋、捋擠和壓腕、按肘等多種雙手推法的專項練習，這樣才能使四正推手具備深厚的基礎功夫。

活步推手也以四正活步推手為主，分為合步、套步與爛踩花三種。前兩種的步法、步數都有明確規定。爛踩花顧名思義，就像「踏青」一樣，是隨意而行的。雖然其步法、步數不受限制，但進退也必須是因敵變化的。四正套步推手又可分為「順套」與「拗套」兩種，拗套也叫「斜套步」或稱

為「斜步反套」。

四隅推手，一名「大捋」，原來只有「四捋四靠」一種，近人又創造了「八捋八靠」一種。新創的大捋與太極拳法並無不合，這樣也就成了傳統與新創的兩種大捋。此外，尚有「八法推手」，即把四正、四隅推手合在一起，這也是近人本著「推陳出新」「百花齊放」的精神創造發展的。

至於「黏手」（也叫「亂環」）雖屬傳統的對練方法，卻是介於推手與散手之間的一種練法。因此，有的人把它歸入散手，有的人仍把它列為推手。但總之它是比「大捋」的要求更高一層的推手方法，在方法上既近乎散手，又要求黏連不脫和不尚發大勁的。黏手在民間傳授不廣，但卻是少數拳齡較長的中老年拳友所格外喜愛的。

6. 練太極拳多久方能學習推手？

一般地說，在學習拳架的同時，就可以學習單手推挽。至於其他各式推手，則應在拳架和單手推挽純熟以後再去學習，免得顧此失彼，貪多嚼不爛。

7. 學習推手的基本程序是怎樣的？

俗話道：「各師父各傳授。」因而學習各種推手的基本程序，也是因師承而大有差異的，而且上述各種推手並非所有學派都具備。因之只能就大體而言，其基本程序是：從單推手到雙推手，由定步推手到活步推手，自四正推手到四隅推手，最後，在手法上能做「亂環」，在步法上能做「爛踩花」，而且達到習練純熟，這時才能從推手逐步進入全面練習散手的階段。

8. 爲什麼學習推手要循序漸進？

《老子》說：「合抱之木，生於毫末；九層之臺，起於累土；千里之行，始於足下。」說明不論學習什麼學問或技藝，都應從點滴做起，循序漸進，先打好基礎，再求進一步的發展。學習太極拳推手當然也不例外。可是有的人愛走「捷徑」，不從單手推挽學起，而直接從四正推手開始。結果往往練習多年，依然分不清掤、捋、擠、按四手；不是「四手不全」，便是「四手不正」。

本來學習推手，在姿勢正確以後，首先從「聽勁」和「換勁」入手，關鍵在於引活勁路，懂得沾、黏、連、隨，不犯頂、抗、瘟（原作「匾」，一作「扁」）、丟，熟習柔化斜閃，然後再試勁發放。而今有些年輕人，往往一學推手便熱衷於發勁，與人推手時，拙力僵勁充滿經絡，全憑蠻力硬推硬拉，這樣最易發生誤傷，更談不上提高太極拳推手的技藝水準了。

因為太極拳推手純是一門技巧之學，如能單憑力量勝人，那又何來「耄耋能禦眾之形」和「四兩撥千斤」之巧呢？所以前輩太極拳名家對推手教學，歷來強調循序漸進，反對囫圇吞棗。他們常常把學習推手比作兒童學習書法，認為應該從描紅、印格開始，由簡到繁，從易入難，漸至臨摹碑帖和白手作書；並在學好楷書以後，再學行書、草書。這樣基礎打得牢固，日後造詣也就漸趨精深，由熟習推手招法而逐漸進入「懂勁」階段，由懂勁而進一步達到得心應手、運用自如的「神明」階段，所謂「三年小成，十年大成」，是完全能夠實現的。

反之，即使推手十幾年甚至幾十年，仍是一雙「硬

手」，始終化不掉僵勁，或者依然分不清四手和屢犯「雙重」毛病。所以，循序漸進地學習推手，這是初學推手的人所必須注意的關鍵問題。

9. 推手運動中會不會發生誤傷？

有些人很想參加推手運動，但又覺得這麼推來推去一定很容易發生誤傷，以致產生了顧慮而不敢參加。其實，推手運動中發生誤傷的可能性，遠比摔跤、足球等體育競技性運動要小得多了，而且是完全可以避免的。然而任何體育競技要避免誤傷事故，首先要從思想上端正對待體育鍛鍊和競技的態度，太極拳推手也不例外。

如果沒有良好的拳德、拳風，不問情況一味逞能，甚至蓄意傷人，那實際上就不是什麼「誤傷」了。

所以，首先要有團結友愛之心，把練習或競技的對手當作相互幫助、共同提高的好友，這樣才能從根本上避免誤傷事故。尤其對於舊時代有關比武的故事傳說，應該歷史地分析批判對待，而不應生搬硬套到今天的體育競技中來。

其次，要遵守推手運動規則，我們各地民間歷來都有一些約定俗成的口頭性規則，如：不准使用踢法、打擊、撞膝、頂肘、抓閉以及反關節等有傷害性的技擊方法，也不准使用摔跤運動中的一些摔法等等。凡屬縣、市以上體委或武協正式舉辦的推手競賽，一般都應遵照國家體委審定的《太極拳推手暫行競賽規則》辦。近代太極拳不斷向養生保健和醫療體育的方向發展，因此，推手練習或競技一般也是十分講究「安全第一」的。

再次，在推手技術上要注意不犯「雙重」的毛病，先要由柔入手，即學會掌握防守的柔化技術，然後再去學習進攻

的發放技術。而且應該把對練與競技明顯地區別開來，對練發放通常應是熟識的同學或拳友，而且事先應有口頭協議。否則輕易發放，即使不傷人，也會傷害感情，甚至引起糾紛。同時，也要學會一些自我保護措施，以及不斷提高自己的應變能力。凡能確實做到以上幾點，那麼太極拳推手一般是不易發生誤傷的。

10. 我國民間友誼推手有哪些約定俗成的規則？

太極拳在國內外流傳極為廣泛，加上太極拳流派繁多，因此，各地民間推手運動的規則也不盡相同，即使同一地方，由於師承不同，約定俗成的規則也隨之不同。歸納起來有這麼幾條「君子協定」：

（1）以「發展體育運動，增強人民體質」，娛樂身心，增進友誼，以及提高推手運動水準為目的。在推手時，本著相互愛護、相互幫助、共同提高的精神，注重拳德、拳風，決不做任何有害於健康或有損於友誼的事。切實做到勝不驕、敗不餒，不逞強、不凌人，謙遜謹慎，以團結為重。

（2）與初學的新同學，或者未曾在一起學習過推手的拳友推手時，一概不發勁。與老同學練習推手時，發勁必須黏而後發，「點到為止」，而不使對方發生跌撲，並杜絕一切誤傷事故。

（3）嚴禁應用任何帶有傷害性的手法，不得有任何粗暴動作或行為。例如：採拿不宜過重，不准用指甲抓掐，不准抓人衣服，不準發冷彈勁（一作「冷斷勁」）等等。偶有不慎，應立即主動道歉。比試性推手結束時，應相互握手為禮。

11. 為什麼由推手可以檢驗走架姿勢的正確性？

由於走架是個體運動，因此，當走架違反要領或動作姿勢不正確時，往往不易為本人所察覺，必須請老師、同學和拳友指點，才有可能得到糾正。

而推手是兩人對抗性的運動，當自己在推手中違反要領或動作姿勢不正確時，就立刻會有使不上勁或重心不穩等感覺。特別對太極拳理論和技擊意義的領會，如對楊澄甫《太極拳說十要》的精義何在，太極拳走架的一手一式為什麼要這樣做，如何掌握好走架時勁路的剛柔虛實，如何克服偏剛和偏柔等現象，從技擊角度看打太極拳時的眼法應如何處理等等，諸如此類問題，如只練走架或只從書本上獲得一點本本知識，則終究是理解不深的，不可避免地會產生一些誤解。由推手結合走架實踐，應較易理解，能較快糾正差誤，得其要領。不僅如此，而且在推手技藝達到一定程度以後，對於古今太極拳專著中有關論說的正誤，也會具有相當的鑒別能力。

實踐是檢驗理論的惟一標準，古人也說：「盡信書則不如無書。」拳法歷來強調「心傳口授」，這雖與古今拳家的文化程度有關，但主要也還是重視實踐的一種反映。

12. 走架與推手兩者的關係如何？

前人對於太極拳走架與推手的關係，一般認為：走架是「體」，是基礎，而推手是「用」，是應用。雖然兩者都體現著太極拳的技擊意義，但前者是經過提煉昇華的，走架不僅限於個人練習，而且在一定程度上還受到套路格局的限制。推手則是對抗性的運動，它雖然難以全面發揮太極拳所

包含的全部技擊內容，但畢竟具備了因敵變化的實際內容。如果只會走架不會推手，那要把太極拳這一古老的搏鬥技藝當作自衛防身的一種手段，就變成了一句空話；相反地，如果只學推手，不練走架，那像高樓大廈沒有基礎一樣，房子肯定是不牢固的。所以說，太極拳走架與推手是基礎與應用的關係。

也有人認為：「走架是知己功夫，推手是知人功夫。」這雖是借用《孫子兵法》「知己知彼，百戰不殆」這句名言來說明走架與推手的關係，但這樣解釋終究是比較牽強的。雖然只練走架是無法「知人」的，但「知己」的功夫也一定是有限的；而推手雖能「知人」，卻也包含了知己的功夫。然而要達到清·王宗岳《太極拳論》所說「人不知我，我獨知人」的造詣，那對走架和推手兩者的勤苦練習，無疑是缺一不可的。

13. 什麼叫打手、搚手？

「打手」一詞，作為太極拳術語，源出清·王宗岳《打手歌》。這是一首七言拳術歌訣，共六句四十二個字：「掤、搌、擠、按須認真，上下相隨人難進。任他巨力來打吾，牽動四兩撥千斤。引進落空合即出，沾連黏隨不丟頂。」由此說明，在清代乾隆年間，太極拳推手也叫「打手」，並含有短打、散打的意思。

古老的陳式太極拳，原把推手叫作「搚手」（搚，音kā，又音jié，）。《說文》：「刮也，一曰撻也。」撻、鞭撻之「撻」，即打也。所以，搚手即「打手」的意思。楊式太極拳可能因襲宋代「雙推手」的名稱，方始改稱為「推手」。由於楊式太極拳經過楊氏三代及其學生廣為傳播，在

國內外流傳日益廣泛，而其推手各式名目又不斷增多和創新發展，因此，「推手」一詞就成為太極拳各派共同使用的統一名稱了。

14. 什麼叫散手？

武術術語在各地各拳派中並不是完全統一的。在太極拳各學派中，「散手」一詞通常有四種不同的含義：（1）指散打，即不受套路限制的徒手短打；（2）指對練套路；（3）把套路中各個基本拳式拆開來進行單練，有稱為「練散手」；（4）對學習推手後，在勁路上剛多柔少，並缺少沾黏勁的，也叫「散手」。

如何劃分推手與散手的界限，則有兩種說法：一種是凡超出了平推四手的原則，即稱為散手；另一種則是只要符合推手的基本原則，都屬於推手範圍，並不限於平推四手。看來前者是狹義的推手，後者則是廣義的推手。

由於持前一主張者的術語中有「推手」與「推散手」之分，那麼把這兩者加在一起，就等於持後一種主張者所說的「推手」了。實際上，推手是太極拳學派用於演練技擊的一種方法，是帶有學派性質的一家之法，若與他派拳家比試，也不可能要求人家先跟你平推兩三圈，那就只能隨機應變地應用散手了，那才是真正的散手對打了。由於「散手」有幾種不同概念，因此，武術界也把上述第一種散手稱為「散打」。

15. 什麼叫黏手？

黏手，又名「亂環」，是一種近似散手的推手，比四正、四隅推手為難。因為四正、四隅推手都由若干式配套成

龍，有一定的程序，而黏手不拘於何式。但在千變萬化之中，不可違反沾、黏、連、隨的要點。全身上下以「黏」為主，可以隨感隨化，隨化隨發。但一般不發大勁，通常以點動對方的重心為止，以使運動能繼續為原則。

由於這種練習方法突出表現在雙方上肢或身軀的黏依不脫，所以叫做「黏手」。黏手的動作必須圓活，任何手法都呈大小、角度、方向和路線不同的環形，紛亂之中無不是環，所以又名「亂環」。

學習黏手，必須待四正、四隅等各種定、活步推手熟練以後。如果缺乏推手基礎，直接學習黏手，則不只招法很空，或有招無勁，而且關節僵硬，往往只會搭著人家腕部劃圈，做一些毫無攻守內容的盲目運動。能黏腕雖也必要，但如只會黏腕，兩人相距很遠，如何運用各種招法呢？這不符合「拳打攏」的要求。所以黏手必須黏人中節（肘、膝）、根節（肩、髖），直至全身上下處處能黏。因此，全身關節必須鬆沉，否則動作僵硬，感知不靈，黏勁就差。拳諺說：「關節不鬆，處處被動。」這是很有道理的。而在整個黏手運動過程中，意識與動作都不離攻守的技擊意義。《孫子兵法‧勢篇》說：「紛紛紜紜，鬥亂而不可亂；渾渾沌沌，形圓而不可敗也。」亂環就是這樣，在外觀紛亂的手法中，無不是具有攻守意義的動作，而這些攻守動作，似乎是形成了一種條件反射，是隨機應變的，好像不是刻意去支配動作的，僅僅運用「形圓」的陰陽辯證原理，來使自己不斷地化逆處順，達到自立於不敗之地。這是借用兵法來作為「亂環」的注腳，亦可說是「拳兵相通」的一例了。

所謂「鬥亂而不可亂」，亦即「形亂而實不亂」。如心意、手法或陣腳等都不可亂。心意一亂，指揮失度；手法一

亂，盲目運動；陣腳一亂，更易失重，那就必敗無疑了。又由於動作圓活而呈環形，才能取得「形圓而不可敗」的效果。反之，若動作帶有棱角，那行動就滯澀不靈。同時，由於外形不圓，內勁勢必相應地出現缺陷、凹凸、繼續等情況，這樣就會被對方乘隙而進。

清代武禹襄（1812～1880）《十三總勢說略》：「勿使有缺陷處，勿使有凹凸處，勿使有斷續處。」這話也有強調動作要「貫串一氣」「轉接要一線串成」之意。因此，在外形上也就出現「太極圖」式的各種環形了。亂環的環，先練大，後練小，然後使大小結合，隨意運用。這點也與太極拳「先求開展，後求緊湊」的練習程序是相一致的。

練黏手至功夫精深時，其感知與應變能力極高，能隨化隨發，使化發合一；有時外形似無環，而意中始終有環，這是注重意識鍛鍊的結果。即使意、氣、勁三者合一，「始而意動，既而勁動」，使中樞神經系統指揮自如，全身傳導反應靈敏，這樣就逐漸形成了條件反射。至其有環、無環，也重在用意。環小則外形不顯，故似無環；如環大而節節間斷，則外形為環，實際無環。

關於環之形圓，那不是專指正圓形，而泛指各種各色一氣貫串的弧線，且純是因敵變化，隨意而動的。正因為如此，亂環功夫的深淺，往往因師承和實踐等原因，致使各人功夫差距很大。《亂環訣》也說「亂環術法最難通」，說明要精通亂環，是非下苦功不可的。

16. 什麼叫出手？

推手運動發勁的別名就叫「出手」。由於推手是運動而不是打架，所以與俗稱打架中的「出手打人」等話不可混

同。此外，武術術語中也泛指伸出一手或雙手的動作為「出手」。因此，「出手」一語有狹義與泛義之別。

17. 什麼叫接手？

凡與人交手時，同對方的第一手相接稱為「接手」。由於開局的第一手對全局勝敗有較大的影響，就像下棋開局一樣，凡能順利地得先得勢，挫其銳氣，無疑為全局創造了良好的開端。所以，拳術競技對接手素來是很重視的。

若以太極拳推手或散手進行比試，則接手務須反應敏捷，知機識勢，隨機應變，緩急相宜，力求接手便能得機得勢，以先聲奪人，予對手以心理威懾，因此，接手技術十分重要，就像球類運動所重視的發球、接發球等技術一樣。然而當今民間友誼推手比賽，大都是先搭好手推幾圈「四正」，然後才開始進攻，這樣就難以發揮接手技術。

18. 什麼叫搭手？

凡與人友誼推手時，兩人的手從容相接，像搭橋一樣，故名「搭手」。陳式太極拳也稱作「靠手」。其他拳派尚有「相手」「操手」「合手」「對手」等名稱，通常都指友誼對練。相手更含有相互學習、共同研究的意思。有的人認為這是日本語，實際上這是我國古代的口語，是隨著中國武術傳入日本而成為日語所吸收的外來語的。現在民間太極拳推手中最通用的是「搭手」。

19. 什麼叫交手、比手？

交手，一作較手，又作校手，音義均無不同，都含有競技比武的意思。而在太極拳術語中，往往稱交手為「比

手」，其含義與搭手有明顯的區別。簡言之，前者是比試高低的競技，後者是不計勝負的練習。

20. 什麼叫先手、後手？

先手和後手都是武術運動中的通用術語。凡兩人對練，以先攻者為「先手」或稱為「上手」；以先守者為「後手」，或稱為「下手」。

21. 什麼叫高手、低手？

對拳藝高深的人尊稱為「高手」，拳藝低淺的人自稱為「低手」。但「低手」也常常是拳家的一種謙稱。此外，如名手、能手、好手、妙手等說法，都含有贊美的意思，但這些都不是武術界的專用語，而屬一般口語。

22. 什麼叫硬手、軟手？

太極拳推手對內勁的要求是外柔內剛，剛柔相濟。由於剛外有柔，所以，內含堅剛而不感其硬；由於柔中寓剛，所以，外形柔順而不覺其軟。

初學太極拳而尚未換勁的人，往往在推手時表現為純剛乏柔者，這叫「硬手」。

已開始換勁的人，為了極力避免偏剛，加上內勁也不可能一下子鍛鍊出來，所以往往失之過軟，形成純柔乏剛，軟而不韌，這叫「軟手」。

陳品三（1849～1929）《總論拳手歌》說：「純陰無陽是軟手，純陽無陰是硬手。」總之，不論硬手、軟手都屬病手，惟有柔韌寓剛而不萎軟，堅剛有柔而不僵硬，即外形柔順而富有內在力量，那才符合太極拳內勁的基本要求，稱得

上是個老手了。

23. 什麼叫「四手」？

在太極拳術語中，「手」與「式」常常是通用的。「四手」，是指掤、捋、擠、按四式連綴起來的四正推手，或者指採、挒、肘、靠四式連綴而成的四隅推手。但由於四正推手流傳得比較廣泛，所以，人們談到的「四手」，多數是指四正推手。

24. 什麼叫補手？

補手，並不是專指某一種手法，而是「補上一種手法」的意思。與人比手時，凡一著一勁不足以制敵時，我隨即補上一兩手，這就叫補手，又名「補勁」或「補著（招）」。凡是急著前去，思想上都得有補手後繼的準備，否則不但會坐失取勝的良機，而且會在遇到搶攻或反擊時措手不及。

25. 什麼叫誘手？

誘手即假動作，也稱「假手」。它不是某一個手法的專稱，而是假動作這一類手法的統稱。《孫子兵法‧計篇》說：「兵者，詭道也。故能而示之不能，用而示之不用；近而示之遠，遠而示之近；利而誘之，亂而取之，實而備之，強而避之，怒而撓之，卑而驕之，佚而勞之，親而離之。攻其無備，出其不意。此兵家之勝，不可先傳也。」這段話的主要精神是「攻其無備，出其不意」，但要達到這一目的，設法造成敵方的錯覺就成為重要手段之一。

常言道「拳兵同源」。在拳法上運用聲東擊西、上驚下取等等誘手來迷惑對手，同樣是為了「攻其無備，出其不

意」。明・戚繼光（1528～1587）《拳經捷要篇》記有「呂拳」名目，呂音訛，又音猷，《說文》徐諧註：「呂者，誘禽鳥也。」說明這套拳集誘手之大成，而後人有誤解呂拳為化拳者，那是「秀才識半邊，讀了別字」。

這套古拳雖已失摶，但現存拳術中都不乏誘手的拳式，而在太極拳推手、散手等競技中的具體運用，那就更為廣泛了。凡功深者與人比手，能引之則來，揮之則去，其中無不含有誘手的成分。

26. 什麼叫順手、拗手？

順手和拗手都有兩種不同的定義，一種指使用手法的順當與拗逆，這與民間口語的概念是一致的。另一種屬拳術專用術語，即：凡用我右（或左）手與對方左（或右）手相接，稱為「順手」，順手因雙方上身同偏於一側，而大多數人左右兩手或兩腿的力量與靈敏性都有一定的差別，因此順手所造成的形勢與力量，雙方是不盡相同的；拗手是各出左手或右手，由於雙方相接的兩手來自相對的兩個側方，身法也相拗而對，故稱為拗手，也叫「合手」。

27. 什麼叫「四手不全」？

「四手」的解釋已見前文。所謂「四手不全」通常是指四正推手中缺少一式或兩式，最常見的是缺少擠式、捋式或掤式。有的則是推手動作含糊不清，馬馬虎虎地走過場；或者本來就不明白該怎樣推手，這樣就不可能做到四式分明。這叫做「四手不分」「四手不清」或「四手不明」。

總之，不論四正或四隅推手，都必須做到姿勢正確，動作清楚，內容齊全，並符合推手的基本要領。

28. 什麼叫「著」？

著，讀作招，即招法，也叫手法。「著」與「招」二字在拳術術語中是同音義的異體字，是通用的。《太極拳論》中有「由著熟而漸悟懂勁」一語。著熟，即熟習著法。有的人解作「著手與熟練」，不太貼切。

推手時如用某一式技擊方法與人對待，就稱為用某著、某招或某手。拳家隨意出一手，就可形成一個著法，但多數著法是由兩手或幾手合成的。因此，在拳著中有時把「著」與「手」當作同義詞應用，其實有時卻是母子關係，這是需要據文句加以辨析的。

29. 太極拳的招法可分為哪幾類？

太極拳各式應敵攻守的招法，可分為發放、打擊、蹬踢、擒拿、點穴、挫骨六類，也就包括了我國拳術中踢、打、摔、拿、跌五種基本方法。但推手運動是只准使用其中一部分可以避免發生任何誤傷事故的技擊方法，而不是全部的技擊方法。同時，推手運動在民間太極拳各學派的傳習中，歷來有約定俗成的禁例和自我防護法，以防止和避免發生誤傷。然而對於不懂規則或缺乏體育道德的人，是不能隨便與之推手的。

拳法對練發生嚴重誤傷的個別事例，往往發生在沒有功夫而手腳不知輕重的青年人中，一方不知自我防護，另一方一知半解又好逞能。如歷史上有隨意以「白蛇吐信」的技擊著法戲弄對方，而致使對方失明的；也有以「前掏襠推胸」使對方仰跌造成嚴重腦震蕩而致死的。實際上當事人都沒有認真學過拳術。相對地說，這種情況在當今武術界反而是絕

無僅有的。但在拳術教學包括推手教學中，為了有備無患，卻是不能不諄諄告誡的。

30. 什麼叫「以招還招」？

對方用什麼招法，我也使用什麼招法對付，這叫「以招還招」，也就是俗話說的「吃啥還啥」「吃啥吐啥」，或者是叫「以其人之道，還治其人之身」。一般地說，對方在競技中使用的招法都是他比較拿手的東西，如你能「以招還招」地制勝於他，自能在心理上取得懾服對方的優勢。但也須靈活運用，以「攻其無備，出其不意」，注意「有備則制人，無備則制於人」的道理。

由於「以招還招」只是戰術之一法，如反覆應用，一旦被對方摸熟而有充分準備，結果就會自取被動的。

31. 絕招是破不了的招法嗎？

所謂「絕招」，只是經過個人長期實踐鍛鍊而易於制勝於人的招法，決不是破不了的。天下沒有破不了的招法。世界上任何事物都是相生相剋的，即所謂「一物降一物」。拳術也不可能超越唯物辯證法的規律。所謂「一招鮮，吃遍天」，那只是由於種種原因暫時沒有遇到敵手而已。所以，絕招實際上是不絕的。招法翻新，只是為了使對手難於適應罷了。推手中的某些技法，在對方一時難以適應時，可以成為「絕招」；但一經適應，也就不絕了。

由此說明，「絕招」僅僅是相對的說法而已。明乎此，才有信心去戰勝任何競技的對手，而不會因聽得「絕招」二字就「退避三舍」了。

32. 什麼叫「有人若無人，無人若有人」？

　　這是一句拳諺，也有叫做「有人如無人，無人人打影」的，含義相同。「有人若無人」，一是指在與人比手時，在戰略上要藐視對手，目中好像無人；即使受人圍攻，也能如「入百萬陣中，視同無人」。二是指在走架時，不受周圍事物、聲色的干擾，能專心致志；即使在萬人圍觀的表演場上，也能平心靜氣，旁若無人。

　　「無人若有人」則是專指單練走架時，把拳式動作與攻防的技擊意義結合起來，就像軍事演習必須有假想的敵人一樣，從而做到心意、精神、氣志、勁力能與動作姿勢緊密結合，所以，也叫「無人人打影」。

　　這也是太極拳用意之一法，但非粗知一手一式的技擊意義是難以做到這一點的。所以，這種用意法是最適宜於兼習推手、散手的人加以採用的。

33. 在推手運動中小個子能推倒大個子嗎？

　　太極拳推手是一種鬥意志、鬥智謀、鬥技術、鬥巧勁的搏鬥性的藝術，只要意志頑強、頭腦冷靜、方法正確、招法熟練、用勁恰當、訓練有素，個子小、力氣小甚至身體弱的人也能把個子大、力氣大、身體強壯的人推倒的。其原因是太極拳推手是技巧之學，並非純以實力取勝於人的。

　　這就像摔跤、柔道運動中小個子能摔倒大個子的道理一樣。摔跤運動按體重劃分等級，而民間原有的推手運動是不分體重等級的。體重在推手運動中雖有一定的作用，但不是主要的。即使大個子和訓練水準相接近的小個子推手，大小子雖有身體重、手臂長、步幅大的長處，但相對地動度大、

耗能多、目標大，靈活性也要差一些。大個子的長處固然是小個子所不及的，而大個子的短處，往往恰好是小個子所具備的長處。

當然這不是說小個子在推手運動中絕對比大個子更有利，而是說關鍵就在於如何揚長避短和以長補短。不論個子大小，要具備戰勝對方的本領，都是從不斷的鍛鍊實踐中得來的。所謂「實踐出真功」，這話是一點兒不假的。

34. 什麼叫「柔化自當知斜閃」？

這句拳訣源於《拳經捷要篇》：「而其柔也，知當斜閃。」我們知道，人體正面兩肩相距的寬度，通常大於上身側面寬度的一倍左右。比如，把人體比作一扇20公分厚、40公分寬的門，以脊柱比作安裝在中間的門軸，若對方用肢體向這扇門撞過來（即向我發動進攻），如門關著不動，那麼撞在門板上，就會把門板撞壞，撞在門軸上，則會把門軸撞坍。現在就隨來勢緩急相應地把門打開，讓對方走路。換句話說，也就是側身坐腰用柔化的辦法把對方引進，使他的來勁落空。

斜閃，即側身閃展。有的人不知斜閃，當對方進攻時只會坐腰後化，這就像始終把門關著，那麼，被對方撞在門軸上，怎能不被撞壞或撞倒呢？當然也可用硬功頂住，以取大力頂小力之效，但那不合太極拳法，也不與一般拳法的柔化之法相合。而且要有穩固的底盤和強大的支撐力才能頂住，對方如習太極，可以用引動之法使你重心不穩，所謂「引則動，動則隙，隙則擊」；對方如習硬功，也可以剛勁破陣。當然後者不是太極所主。因此說「柔化自當知斜閃」這句話是拳法防守要訣，不可等閑視之。

同時，這也不只是消極防守。凡攻我左門時，我左避右趨，左化右發；攻我右門時，我右避左趨，右化左發。所謂「閃展」，就只在一轉腰之間，化發皆成。只是不可讓對方得我的中軸。反過來說，當我進攻時，發勁，必須放在門軸上，如對方門軸移動，我也必須做出相應的移動，而不可離開門軸猛烈地去推門板。因為猛推門板，如遇對方突然開門，我就撲了個空，會因此引起自身的重心不穩，甚至向前跌仆。這撲空，也叫「落空」。

相對地說，只有推門軸才能「落實」，才能把門推倒。至於初學的人，牽其一髮而全身皆動，這不僅是由於腰軸之法不明，而主要因全身關節節節不鬆所致。其原理就像一座人物瓷像，你不論推動它何處，無不全座動搖。由此觀之，關節未能鬆沉，是無從掌握柔化斜閃之法的。

35. 什麼是「自退法」？

自退法是用於應變的防護措施，也屬騰挪之一法，它與摔跤或地躺拳的練習自跌法屬於同一類型。但地躺拳或柔道的「地上法」，其自跌不只是一種防護或防守之法。

推手自退法的具體方法是：當對方發勁時，由於自己處於背境，用身法實在無法化解時，就隨對方發勁自動後退；退卻時把身體放輕，順著來勁後退，而仍保持肩髖相合，上下相隨。退出圈子後，可用腳掌震地一兩下，以剎住身體向後運動的慣性。若遇被推打將跌仆時，也可用與此相類似的跳動和震腳等方法，使自己轉危為安，即拳訣所說「被打欲跌須雀躍」。這些方法，雖然是作為初學者的一種消極的防護措施，有時卻也有著獨特的作用，如：對方愛用蠻力推人，你就不妨故意先讓他推幾下。

但應用自退法時，須以著力部位黏住對方的來勁，使自己身體騰空後再用沉勁來加重對方的負荷。這樣讓他推幾下後，他就滿頭大汗，血氣上湧，而你始終以逸待勞，留有後勁；同時伺對方漸漸露出破綻，再趁勢借力，一舉反攻到底。

然而作為競技方法，則須視比賽規則、具體情況而定，此法作為戰術，一般只應用於以跌仆計勝負為限。至於用作初學者的自我保護，那也只是出於不得已而用之。《太極圈歌》說：

> 「退圈容易進圈難，不離腰頂後與前。
> 　所難中土不離位，退易進難仔細研。
> 　此為動功非站定，以身進退並比肩。
> 　能如水磨動急緩，雲龍風虎象周旋。
> 　要用天盤從此覓，久而久之出天然。」

以上第三句「中土不離位」即「中定」之義。太極以五步合五行，即：進火、退水、顧木、盼金、中土。第八句「象周旋」一作「相周旋」。

這首七言十句歌訣，原載於楊澄甫（1883～1936）家藏《太極拳譜》，從「退圈容易進圈難」等句說明，要謹守中定之勢，與對方周旋，就像「天盤」的轉動一樣，而不可輕易退圈，否則技藝是不容易提高的。

36. 被人推倒時應該怎樣防護自己？

推手運動一般都不使用如同摔跤防護用的墊子，因此在練習時也應相互保護。但萬一失重跌倒，只要屈膝、低頭、

收腹，把身體團成橢圓形，同時閉氣鼓勁，就能起到自我保護的作用。凡仰跌時，敏捷地屈膝，使臀部先著地，前仆時，側身滾地。這樣在團身的條件下使臀部、背部在滾動中相應著地，就延長了身體與地面接觸一瞬間的時間，就能使物體相撞時衝擊力大大減少，從而避免跌傷。

跌倒時應避免用手或肘去極力支撐地面，因為支撐時形成棱角，這時衝擊力就會集中在這有棱角的部位，而不會分散到身體各部分去。所以常人由高處跌下，因為不會保護自己，往往因用手、肘支撐地面而造成橈骨小頭或尺骨鷹嘴等部位骨折。有的人因不會團身，身體僵直跌下，造成腰部跌傷，甚至因後腦著地而引起嚴重的腦震盪。至於跌倒時閉氣鼓勁，那是為了使內臟器官產生一定壓力，以避免和減輕震盪，這樣就不會因劇烈震盪了內臟而發生胸悶、岔氣等現象。最後還可借助團身滾動的慣性，一躍而起。

類似的技法極多，不只是武術運動員須有此種鍛鍊實踐，其他如體操、球類、田徑運動員也有豐富的經驗，只是方法不盡相同而已。如排球的救球手、足球的守門員跌撲都頻繁，且無地面防護設備，如一跌就骨折，那就沒人敢參加這項運動了。所以，在推手運動中也應該懂得如何進行自我保護，當然也需要雙方的相互愛護。

如對練時，發勁要看對象，要有分寸，而不可有任何逞能的行為。在正式按照規則競賽以外的場合，凡與不熟識的拳手做友誼推手時，一般都不發勁；要試勁也應事先打個招呼。此外，推手的場地要選擇平坦的地方，並注意清除瓦礫、碎磚等障礙物。

37. 如何區分人體的上、中、下三路？

肩、鎖關節連線以上（不包括肩、鎖部位），即頸項與頭、面部為上路；肩、鎖關節連線以下，至肚臍一周以上為中路；肚臍以下為下路。下路又可分為三路：（1）以小腹及襠部為下上路；（2）以膝部為下中路；（3）以膝以下為下下路。推手運動雖以中路攻守為主，但在實際攻守中仍應警惕對方襲擊我的上路或下路，因此，推手中不可養成低頭晃腦或腆肚扭臀等毛病。

38. 什麼叫側翼？

人體兩側稱為側翼，由上而下，如兩側肩、兩腋、兩脇、兩側腰以及兩髖骨皆是。主要以身軀為準。而頭部與手足雖有正、側之分，但不稱為「翼」。

拳訣說：「側翼搶攻，一臂雙功。」又說：「跟身到腋是良方。」都說明側翼是防守薄弱之處，而攻人側翼正是取勝的重要方法。

39. 什麼叫吃裡、吃外？

直接觸及對方胸、腹等部使用招法，叫做「吃裡」，即攻其內門；在對方護衛自身的雙臂外部用招，叫做「吃外」，即攻其外門。

40. 什麼叫圈內、圈外？

圈，是指兩人推手相接的一個圓周，大體上以連肩直臂的長度為內圈的直徑，凡雙方的手能觸及對方的胸、腹等部，稱為在「圈內」；超出這個範圍，就叫做「圈外」。

進入圈內，就是指進入能發揮「火力」的範圍以內；跳出圈外，就是脫離這個範圍，以致雙方一時都沒法用招，就像處在火力圈以外一樣，相互都起不到殺傷作用。當然，器械的圈也隨器械的長短而相應增大，但這裡只是指太極拳推手而言。

41. 爲什麼有的人推手常常會被對方逼出？

若兩人推手的功夫都較好，那就像兩只輪盤或圓球，相互滾抵，雖有一定的摩擦力，但不產生反響。隨著各種招法的應用，更有圓活之趣。但如一方功夫較差，立身不正，或動作僵硬，帶有不相適應的棱角，那就會像有棱角的物體碰上滾輪，必然會因摩擦力增大而被其抵出。推手中被人逼出，其毛病大多在於立身不正，腰腿不靈，動作有棱。

太極拳推手強調不可有缺陷、凹凸、斷續之處，其道理也在於此。

42. 推手功夫較深時能達到什麼程度？

推手功夫較深時，練成上肢和腰腿協調一致，做到全身上下都能沾、黏、連、隨。具體表現為：身形和順，關節鬆沉，上下相隨，屈伸自如；周身毫無拙勁，不生棱角，不斷不結；能不拘何式，隨來隨化，能攻能守，見隙即進，得實即發。如人們曾評說楊澄甫的推手是：動之至微，化之至順，引之至長，發之至驟。但其關鍵仍不外乎分清虛實剛柔，做到剛柔相濟，能知機識勢，因敵變化，使我處於順勢，使人陷於背境。總的來說，還是離不開沾、黏、連、隨這四字的要點。

第二章
太極拳推手要領

43. 太極拳推手與走架的要領是否一致？

太極拳的基本要領不外乎「七字」「十要」。「七字」是「靜、鬆、穩、勻、緩、合、連」。「十要」是：（1）虛領頂勁；（2）含胸拔背；（3）鬆腰落臗；（4）虛實分明；（5）沉肩墜肘；（6）用意不用力；（7）上下相隨；（8）內外相合；（9）相連不斷；（10）動中求靜。

「七字」與「十要」的要求是完全一致的，僅僅是說法不同而已。不論太極拳推手或走架，都必須符合這些基本要領。但由於推手是兩人對抗性的運動，因此，推手除了掌握上述基本要領之外，還必須嚴格掌握沾、黏、連、隨的要點和化、引、拿、發的原則，以及不犯頂、抗、瘟、丟的毛病。凡是不經過親身的推手實踐，顯然是無法掌握和深刻體會這些推手要領的。同時，由於走架是推手的基礎功夫，因而如果「七字」「十要」都未能掌握好，那麼，要想掌握好推手要領，更是戛戛乎其難了。

44. 太極拳推手有哪些基本特點？

在講解推手要領的具體內容之前，是應該首先熟悉一下推手的基本特點。其特點大體上可歸納為以下四點：

（1）以柔克剛，剛柔相濟；

（2）以靜禦動，動中處靜；

（3）順勢借力，以小勝大；

（4）以迂為直，後發先至。

以上既是太極拳推手的基本特點，也是太極拳的戰略思想。例如，在摔跤運動中的柔攻、柔守，或在排球運動中的「軟攻」，都只是個戰術問題，但在太極拳推手運動中，是把以柔克剛、順勢借力等等都提高到戰略問題上來看待的。再如，長拳講究主動搏擊，擅長於強攻之法，而通常只把「後發先至」當作一種戰術。

但太極拳恰恰相反，是把「以迂為直、後發先至」也當作一種戰略來看待的。正因為如此，太極拳推手、散手的風格與特點，同外功拳的對練、競技都有著明顯的差別。雖然兩者所使用的拳術術語有很大一部分是相同的，但它們在戰略、戰術上所處的地位卻不盡相同，從而也就決定了勁路剛柔和技擊方法上的種種差異。

以上四大特點是一個整體，歸結為一句話便是：在戰略上要達到「以弱勝強」的目的。因此，太極拳雖然也不排斥力量方面的鍛鍊，但其重點卻是明顯地致力於技巧之學。

45. 如何理解太極拳推手的勁路剛柔？

太極拳在勁路上以柔為主，柔中寓剛。楊澄甫先生說：「太極拳乃柔中寓剛、綿裡藏針之藝術。」所謂「以柔為主」，就是經常使肌筋骨節處於極度放鬆的狀態；所謂「柔中寓剛」，就是使骨骼保持相對的穩定性，就像棉花裡藏著一枚鋼針。加上推手的走化技巧，這樣在不發勁時外感就柔韌如綿；在發勁時，由於發勁前的極度放鬆和發勁時短暫的極度收縮，其一瞬間的張弛差就相對地大於一般拳術，爆發力也相對增大。

然而放鬆訓練、加大張弛差以及爆發力的訓練，都不是一蹴可幾的。而且周身的張弛虛實全在用意，不在用力，即《太極拳說十要》所說的「用意不用力」。這樣經過長期的意識鍛鍊，才能形成條件反射。若是一味用力，則張弛的速度就相對地變換較慢，且會出現遲滯的現象，所以《拳法・精氣篇》說：「意莫在氣，在氣必遏；亦不在力，在力則澀。」這就是說，既不可尚氣，也不可尚力。因此，「用意不用力」之說，不只是指「不用拙力」而言。

清代楊福魁（1799～1872）從河南溫縣陳長興（1771～1853）學會了老架太極拳，返回河北永年縣原籍傳習時，鄉里的人就因太極拳能避制蠻力，稱它為「沾綿拳」「軟拳」或「化拳」。由此說明，以柔克剛是太極拳技擊的傳統特點，所以今人也往往把太極拳稱為「柔性拳術」。

46. 在推手中如何做到以靜禦動？

拳諺說：「沉著為拳藝之本。」一個人在練習推手中掌握了技術以後，在推手競技中能否得到充分發揮，還是個較複雜的問題，臨陣忘記拳法的事情是常見的。臨場穩定固然與競技經驗有關，但主要還是意志、心理等素質問題。

推手競技時不夠沉著、鎮靜，可由種種原因引起，除缺乏臨陣經驗以外，怯敵、焦躁、被激怒、求速勝、受干擾、輕敵大意等等不一而足。

總之，心意一趨紊亂，氣血便易上浮，動作姿勢也就隨之紊亂，這時就只能應付招架，而難以充分發揮應有的技術了。所以，太極拳特別強調一個「靜」字。

心靜才能體鬆、氣沉、神凝，所謂「泰山崩於前而色不變，麋鹿興於左而目不瞬」「泰山倒吾側，東海傾吾右，心

君本泰然，處之若平素」，這無疑都是意志力的一種表現。但這種意志力是由長期心理意志訓練來實現的，如平素強調練習推手時務須做到「有人若無人」，這就像古代猛將置身百萬軍中如入無人之境。換言之，只有志堅膽大，才能排除一切干擾，發揮自己最大限度的拳藝水準。雖然拳諺也說「藝高人膽大」，然而意志訓練卻具有相對的獨立性，惟有把意志訓練作為拳藝訓練的一個組成部分，才能真正做到「藝高人膽大」。反之，平素藝高，臨陣膽怯，這也不是絕無僅有的事情。為此，太極拳不論走架、推手，平日就要講究心意寧靜、肢體鬆沉。凡能頭腦冷靜，遇事就不致驚慌失措；而肢體放鬆，則感覺自然靈敏。這樣方能以我之靜，禦人之動，在對方的活動中找尋機勢，乘隙進攻、搶攻或反攻，從而也就比較容易得手了。

拳諺說：「腦居靜為貴。」具體表現在推手的外觀中是不慌不忙，從容不迫，緩急相宜，緩而不滯，快而不亂；遇虛當守，得實即發。特別在心理上要做到：對方煩躁我不煩躁，對方慍怒我不發怒，對方拼剛我獨守柔，以及在運動中靜觀其變等等，諸如此類，都屬於以靜禦動的範圍。由此說明，「動、靜」二字不只是指肢體的運動狀態與靜止狀態。

推手競技訓練，固然也有習靜之法，但與養生氣功的入靜是大不相同的。然而不論心理上的冷靜與焦躁、身形上的安詳與慌亂、攻守上的沉著與盲動等等，其內外必然相通，所以把「以靜禦動，動中處靜」作為要領來訓練的訣竅，就在於「先在心，後在身」。經過身心結合和因敵變化的長期訓練及競技實踐，方能逐漸達到「隨意而動」和「熟則心能忘手，手能忘心」的境界。

但這「心手兩忘」，乃是造詣之精深，而非初學入門之

法。初學者越級追求，那就不免要弄巧成拙的。其實也不只太極拳強調一個「靜」字，其他拳、械也莫不如此。如戚繼光在《紀效新書》中談到楊家槍法說：「又莫貴乎靜。靜則心不妄動，而處之裕如，變幻莫測，神化無窮。」這也可說是武藝的共同要求了。

47. 順勢借力的方法是怎樣的？

要以小勝大，以弱勝強，就必須懂得順勢借力的方法。順勢借力換一句拳諺來說，也就是「四兩撥千斤」。《少林拳術秘訣》一書中所記的《趨避歌訣》說：「勢猛君休懼，四兩撥千斤。」王宗岳《太極拳論》說：「察『四兩撥千斤』之句，顯非力勝。」這是我國古典拳論中有關「四兩撥千斤」較早的記載。

其方法應用是，隨著對方的來勢，接定對方的勁路加以引導，引出對方實勁，或引到對方重心偏移的瞬間，就隨機發放。但還涉及機勢並得、勁路虛實、落點正確等等問題。例如，對方推我，我不向前頂抗，而是採引對方的腕、肘關節，順勢引進或側身柔化，向後側採去，如對方重心偏移，我就採發，借其推我之力，使其向前跌仆；如他在受採時向後抽身，由攻轉守以穩定重心，那我就順其抽身之勢，借其後退之力，插步用擠或按手發放。

又如，對方猛力拉我，我不向後掙扎，而是順勢向前，用前臂向其胸前「去，或用一手合在另一手脈門上向其胸前擠去，或用肩部向其胸部靠去，或用開勁向其腋下挒去。

以上種種方法都必須是順勢、順勁的，同時必須上下相隨，才能借到對方的力而還擊其身。這既是太極拳的基本戰術，又是體現太極拳戰略原則的技法。所以，太極拳推手就

不准有絲毫拙勁蠻力，否則整個戰略、戰術原則都會受到破壞。從這一要求來說，太極拳推手確是易學難精的。

48. 什麼叫順勢、背勢？

這裡的順勢、背勢，主要是從姿勢的順逆、向背、安危來進行分析。順勢表現為勁路相順，重心穩定，處身安全和得勢；背勢相對地表現為勁路相逆、重心不穩、身處困境和不得勢。但背勢的概念比較單純，而順勢若不與背勢相對而稱時，尚有兩種不同的概念：

一即順人之勢，而這與「背、順」也有一定關係，若自己處於背境就難以發揮順勢借力的作用，所以必須力求轉背為順。另一種概念只是兩人的步式或手式的相順或相合，通常也可寫作「順勢、合勢」。

49. 太極拳推手為什麼不主張使用大力？

第一，用力大，能量消耗也大，體力隨之減弱，不利於打持久戰。

第二，作用力大，反作用力也大，易失去穩定性，而在我順人背的條件下，不用大力已足以制勝，那又何須徒耗力氣呢？

第三，用力大，慣性也大，容易被人順勢借力。

第四，用力大，肌筋骨節相對緊張的時間較長，這時人體感覺、觸覺的靈敏度也相應減弱，這樣就容易被對方乘隙搶攻、反攻得逞。

第五，客觀上存在著能用小力勝大力的技巧和戰術，即所謂「四兩撥千斤」的順勢借力方法，所以才不主張憑大力去戰勝對方。

50. 什麼叫「以迂為直，後發先至」？

《孫子兵法·軍爭篇》說：「軍爭之難者，以迂為直，以患為利。故迂其途，而誘之以利，後人發，先人至，此知迂直之計者也。」這是指兩軍爭奪制勝條件的一種計謀。「以迂為直」是說如何由迂遠的途徑，達到近直的目的，化不利為有利。「後人發，先人至」，則是指比敵人後出動，而又比敵人先到達必爭之地。太極拳以此借喻自己走弧線的動作線路，同樣地能達到近直的目的。

從表面現象上看，走弧線似乎比走直線要慢，但事實不盡然。由於推手、散手是徒手搏鬥藝術，拳諺說：「拳打攏，棍打開。」棍的應用，主要有賴棍的頂端一尺發揮「火力」作用，如對方持短器進全棍三分之一以內，這條棍就像單刀只剩下刀把一樣了，所以說「棍打開」。

拳則不然，兩人離得遠，就無搏鬥可言了，所以說「拳打攏」。實際上這是指徒手搏鬥而說的。徒手搏鬥必須進身，近身時相距不滿一直臂，始能發揮「火力」作用。但這時手足的伸展餘地很小，並有「遠拳、近肘、貼身靠」之分，如果手臂直進直出，不但欲速不達，而且隨著對方近身閃展騰挪，也難以順利地發揮威力。

相反地倒是走弧線有利於因敵變化，動作敏捷，有助於在近身的條件下發揮威力，這與人體關節的生理結構有著密切關係。因為臂關節轉動的速率快於伸展，並且變化多樣，適應範圍廣泛；而手臂伸展越遠，力臂越長，力量越小；加上走弧線更能發揮離心力和螺旋勁的作用，這也能使小力變為大力，以補充實力的不足。

特別是小個子要想戰勝大個子，就非有貼近對方身體的

進身功夫不可。越是近身，則直進直出的拳法越難以發揮威力，這時直沖拳就像長棍一樣難以施展了。

那麼，為什麼要「後人發」呢？因為要借力麼蚵讓對方先發，就有利於我借力以制人；對方不發的話，我就誘之以利，黏連不脫地靜觀其變，以靜待動，引其先發。

51. 太極拳推手是不是反對「先發制人」？

先發制人作為一種戰術，只要符合推手的以小勝大的原則，且又是機勢雙得，即可先發制人。拳訣說：「得實不發藝難精。」而相傳「不主動搏人，非困厄不發」，主要是指道德作風而言，與現在作為體育項目有規則的推手或散手競技運動是有所不同的。

52. 什麼叫「彼不動，己不動；彼微動，己先動」？

這是武禹襄《〈太極拳論〉解》一文中的話。武禹襄的外甥李亦畬（1832～1892）在《五字訣》中說：「彼有力，我亦有力，我力在先；彼無力，我亦無力，我意仍在先。」又在《走架打手行工要言》中說：「人一挨我，我不動彼絲毫，趁勢而入，接定彼動，彼自跌出。」這都可作為「彼不動，己不動；彼微動，己先動」這段話的注解。譯其大意，即：對方不發勁（「彼不動」），我也不發勁。若對方剛勁將出，我微感其有發勁的徵候（勁路由柔變剛），立即順其勁先發制人。所以，「彼不動，己不動；彼微動，己先動」包含了「後發先至」和「先發制人」這兩種意思在內。

動，動手，即指發勁，而不是泛指「運動」，也不是一般口語的「動」。若說他不動，我也不動，那就變成靜功了。

卷四 太極拳推手問答

53. 什麼叫「不占人先，不落人後」？

這是後人對「彼不動，己不動；彼微動，己先動」這一句話的扼要性注釋，就是說為了「洽乎謙遜之道」和能順勢借力，所以「不占人先」；為了「得實即發」，自應「不落人後」。這似乎也是合乎「有理、有利、有節」的原則的。

54. 什麼叫「遇虛當守，得實即發」？

得實，是得到對方的呆實之處，這時即可發勁，所以說「得實即發」。遲了可不行，火候已過，發也無效，所謂「遲疑必失機」。得實，也就是「得機」。但如只得機不得勢的話，發勁效力有限。

所以，一要使自己處於順勢，使對方陷於背境；二要對準其襠口，得其重心垂線和底盤窄面；三要不犯「雙重」，方能以小力使其失重跌出。

遇虛，是遇到對方柔韌而含虛之處，這時表明對方蓄勢充分，我就應注意戒備和防守，所以說「遇虛當守」。這「虛」不是指空虛、空隙，而是指柔韌而無呆實，虛柔而有準備。這時，如我盲目冒攻，那就有被引進落空和借力發放的危險。因此，拳法才有「避虛擊實」之說。但如對方虛而不能變化，那時也可發勁，因為「虛極實生」「初實可摧」，也就應「得實即發」了。

55.「正中」「圓滿」在推手運動中有什麼意義？

推手與走架一樣，都要求立身中正安舒，不偏不倚；動作圓滿靈活，不棱不澀。因為只有立身正中，重心才能穩定；只有動作圓活飽滿，轉換才能順暢。

推手的人就像安有軸的輪盤，以腰脊為軸，以兩手為輪，只有輪軸正中，旋轉才能穩定；只有輪盤圓滿；旋轉方能順暢。但遇開合變化時，身法也須有含胸拔背、沉肩轉腰和吞吐閃展等活用，而不可流於呆板。圓滿也不是指只求開展，不要緊湊，而務須是結合為用的。這些都是初學推手的人所尤須注意的。

56. 什麼是推手的「四要」？

推手運動所必須遵循的四個要點是：沾、黏、連、隨。這四個字源出王宗岳《打手歌》：「沾連黏隨不丟頂。」

現在分別解釋如下：

（1）沾（音 zhān），是提上拔高的意思，也是形容順勢提手就像沾了水一樣的濕而不脫，以及形容其動作的輕巧靈活。李亦畬《撒放秘訣》說：「擎起彼勁借彼力。」此處：「擎」字，即指「沾」而言。

（2）黏，是如膠似漆的意思。《沾黏連隨解》說：「留戀譴綣謂之黏。」即不管對方的勁路和動作如何變化，我的手臂就像膠漆一樣地黏住對方，與之周旋，迫使對方無法用招，或用而無效。《拳法・剛柔篇》說：「克敵制勝，全在用黏。」黏是太極拳推手「聽勁」的最重要條件之一，不黏就無法聽勁。但黏得太緊，就會犯「頂」的毛病；黏得太鬆，又會犯「丟」的毛病。怎樣才能黏得恰到好處，而使兩勁相接相順，對方微動，我即先動，這全靠自己在推手中長期地去體會和實踐了。

（3）連，是順從不離的意思。把自己的勁與對方的勁有意識地連接起來，使兩勁之間沒有絲毫的間斷，隨著對方運動而運動，借此在運動中去感知對方勁的剛柔、虛實、大

小、方向等種種變化，以便因敵變化，並在對方失誤與露出破綻時及時進攻，或者在對方實勁將出時搶攻。由此說明，捨己從人、相接相連，在太極拳推手、散手中都是十分重要的。

（4）隨，是彼走此應的意思。即人去我隨，自己在外形上從不主動，不論對方如何設法逃脫，我始終捨己從人地順著對方的勁跟隨而去。這樣雖然在形式上使自己處於被動的地位，然而在實質上卻取得了攻守的主動權，有利於量敵而進，得勢而合，伺機取勝。

57. 沾、黏、連、隨四字以何為主？

沾、黏、連、隨四個字，是相輔相成的一個整體，是從四種不同角度來解釋推手的要點。這四個字是以「黏」字為中心的，因為沒有黏字，就談不到沾、連、隨了。所以說「克敵制勝，全在用黏」「不諳柔化，何來用黏？」這說明要以柔克剛的話，在技術上就離不開「黏」字。從而證明：「黏」字是太極拳推手技術的主要特點了。

58. 推手「四病」的範圍指哪些？

推手運動易犯的四種毛病是：頂、抗、瘪、丟。四病是違反推手四要的，所以又名「四不要」或「四忌」。這四個字也是從「沾連黏隨不丟頂」句的「丟、頂」兩字發展而來的，現分別解釋如下：

（1）頂，是出頭頂牛的意思。凡用拙力硬頂對方來勁，使兩力發生抵觸，其兩力相頂的夾角在 $90°\sim135°$ 以下，稱為「頂」。當然，實際推手中並沒有計算得那麼準確，只感到一方有出頭頂碰就稱之為「頂」。

（2）抗，是用力抵抗的意思。《頂匾丟抗解》說：「抗者太過之謂。」凡用拙力與對方來勁對抗，其兩力相抗的夾角大抵上在 135°～180°，稱為「抗」。頂是頂頂碰碰，大多出於勁的不圓不勻和「聽勁」不靈敏；抗則近乎用硬功來抵抗，或希圖用大力在攻守中取勝。所以，兩者是有明顯區別的。

（3）癟，舊作「匾」，又作「扁」。「匾」「扁」二字音同；癟音憋 biē。但作為太極拳的術語字，其音義皆同，仍應讀作「扁」（biǎn），是應之不及而形同皮球泄氣一樣地癟掉了的意思。凡推手時反應遲鈍，腰硬手軟，不能保持「掤勁不丟」，就往往在對方突然進攻時應之不及，而被人用剛勁壓扁，使自己的手臂把身體困住，這就叫做「癟」。有的人在推手或走架時，不能做到「肘不貼脅」「腋下含空」，其兩臂內側常常貼及腋脅或胸部，這也稱為「癟」。犯有這種毛病的人是容易被人逼成背勢的。

（4）丟，是離開、丟掉的意思。凡黏不住、跟不上對方肢體的運動，失卻了黏勁，甚或丟開了應該黏住對方的肢體部位，都稱為「丟」。這違反了順從不離、黏依不脫的要求，既不能及時感知對方勁路的變化，又給了對方以騰手進擊的機會，那是最易被人在我勁斷之時乘虛而入的。

59. 易犯頂、抗毛病的原因何在？怎樣避免？

頂和抗都屬於「雙重」的毛病，犯有這種毛病的人，最易被人順勢借力發放。發生頂抗的原因，是推手時由於全身關節肌筋僵硬，沒有換勁和不得要領所致。人體是多關節的，若以腰為軸地運動，則周身靈活，勁路柔韌而多變，那就不至於像鑄成一塊鐵板一樣去與人頂抗。

太極拳技擊乃是以柔克剛之學，而「鐵板」之弊，尤在牽一髮而全身皆動，因此，雖身強力壯，一犯頂抗，就不免「發人不遠，自跌路遙」了。如初學推手時不注意克服這些毛病，則日久習慣成自然，就難以運化。《十三總勢說略》說：「有不得機得勢處，身便散亂，必至偏倚，其病必於腰腿求之。」因此，凡出現了頂抗，治病追根，對症下藥，那就必須「於腰腿求之」了。

60. 什麼叫頂勁？

語出《太極拳論》「虛領頂勁」。虛領，頸項部的肌筋骨節要放鬆；頂勁，頭部正直而自然地向上頂起。也有人把「虛領」二字解作「虛虛領起，如拎物狀」。楊澄甫《太極拳說十要》則說：「頂勁者，頭容正直，神貫於頂也。不可用力，用力則項強，氣血不能流通，須有虛靈自然之意。非有虛靈頂勁，則精神不能提起也。」以上三種解釋在詞義或用字上是有出入的，但作為基本要求的精神及其做法的效果，卻是殊途同歸的。所謂「頂勁」，即指「虛領頂勁」。太極拳家常說「頂勁不可丟」，亦即指此而言，而不是指犯雙重毛病之頂人的勁。

61. 推手的策略很像大禹治水嗎？

推手利用相順力量，順勢借力，確實很像大禹治水，以疏導為主。但也不是只疏不堵，而是以疏為主，以堵為輔，即所謂「以柔克剛，以剛制柔」。遇大勁則疏，使洪水順流而瀉；遇小勁則堵，或築堤固防，或以我大流吞沒其小流。疏不是癟、丟，堵不是頂、抗，且必須力爭使自己處於順勢，而陷敵於背境。這樣疏、堵結合因水形制流，自能得心

應手，運用自在。

這裡關鍵在一個「順」字。然而順背相生，勢無常順，人無常寧，因此，能刻刻心懷轉背為順、安居若危者，才能自立於不敗之地。反之，如自處於背境而不求勢順，只是一味想出頭，或是驚慌失措，那就一定會犯頂、抗、瘇、丟等雙重毛病，導致失利。故疏堵雖有常法與變法，但道理是一貫的。得其理法者，疏堵兩便；不得理、不得法者，疏也不是，堵也不是。所以，學拳不光是學個架式，我國拳理之深邃，一生難窮其奧妙，絕非一年半載可得。而且這些道理只有在勤苦實踐中才能深刻體會的。

62. 什麼叫雙重？

「雙重」語出於《太極拳論》：「偏沉則隨，雙重則滯。每見數年純功，不能運化者，率皆自為人制，雙重之病未悟耳！」其意是：對方用勁，我相應地把自己的勁偏沉於一端（不與對方的實力相頂相抗），這樣就能保持勁路的相隨而暢通。反之，如我也以重力相抵抗，那便形成雙重，這時勁路發生重滯而停頓了。推手運動中，兩力相頂、相抗，或者與此方向相反而原理相同的硬拖、硬拉，即兩個重力相抵或相爭，都叫做「雙重」。雙重是太極拳推手之大忌，要想學好推手，就必須克服雙重的毛病。否則即使練一輩子推手，仍不免會受人所制。

63. 為什麼推手不能犯雙重的毛病？

因為雙重的後果，必然是以大力勝小力，造成「有力打無力」的結果。這與太極拳「順人之勢，借人之力」「以小勝大，以弱勝強」等原則是相違背的。如果太極拳推手是以

大力勝人的話，那與其他拳派的技法就毫無區別了。

從力學原理上來說，凡是用力作用於物體，必須使物體受力才能起到推動物體的作用；反之，凡是不能使物體受力，那就成了真正不得力的「無用功」了。因此，儘管對方用大力來推我，我只要順從不離而又不與對方頂抗，那就無損於我的一根毫毛，這就是拳訣所說的「山重難壓我」。如果我用力頂抗，那就犯了雙重。

在雙重情況下，如果形勢相當，實力相等，那麼兩力相撞的結果，不是遲滯地相持不下，便是兩敗俱傷；否則，必然勢順力大者勝。然而不論誰勝誰負，這都屬於「消耗戰」的範圍。如熟悉太極拳技法，當對方犯雙重時，我就乘機順勢借力發放，這樣藝高者往往「出手見紅」，百發百中。

所謂「雙重則滯」，滯是滯頓、重滯的意思，表現為雙方勁的通路受阻。如果把來勁比作流水，而今我採用疏導的辦法，把它引向我身側，這樣激流就衝擊不到我的身上來了；同時我利用物體運動的重心、慣性和合力等原理，順著來勁的去向加大他的力，促使其在上下不能相隨的情況下，導致重心越出支撐面而失重傾跌。這種「運動戰」顯然比消耗戰強多了，但技術要求也較高，最重要的是「動急則急應，動緩則緩隨」，而絕不可犯有雙重。只要不犯雙重，且能上下相隨，那即使不發勁，也能自立於不敗之地。

64. 為什麼推手也不可犯拖、拉的毛病？

人們習慣把推手運動中愛用蠻力推或拉的人稱為「推土機」「拖拉機」或「坦克」，這說明太極拳推手是不能硬推、硬拉的。頂、抗是兩力相抵，而拖、拉是兩力相爭，方向雖然恰恰相反，但拼力氣的道理卻是相同的，所以，同屬

雙重範圍。

「拉」的用勁類似拔河運動的拉繩，其兩力相爭的夾角在 135°～180°；「拖」的爭力小於「拉」，其夾角在 90°～135°，這就與拖地板有點兒類似之處。總而言之，拖、拉是指對方不動或後掙的情況下，你偏偏往前硬拖硬拉，因此就不免像拔河運動一樣會出現相持不下的現象；而當一方突然鬆手時，另一方就會向後跌出。

太極拳推手就利用這類物理現象，遇到對方拖拉時，不但不後掙，相反隨從地前趨加力，這樣就能輕易地使對方跌出。至於太極拳推手、散手中所用採拿之法，是必須符合「順人之勢」的原則的，所以與拖、拉迥然不同。初學的人看到老手一採便能使人失重的現象，誤以為這是靠硬拉見效的，這純屬誤會。

65. 什麼叫單輕、單重？

《十八在訣》說：「滯在雙重，通在單輕。」說明雙重因兩力相抵而使勁的通路發生壅塞滯頓現象，單輕則使勁的通路順暢地通行無阻。單，指單方面；輕，輕靈柔順，不與對方來勁頂抗；通，勁的通暢。所以，「通在單輕」，亦即「偏沉則隨」的一種義同詞異的說法。與此相對，就產生「單重」一詞。

《孫子兵法·虛實篇》說：「兵之形，避實而擊虛。」《五字訣》說「左重則左虛」，便是單輕以避其實；「而右已去」，那就是單重以擊其虛了。所以單輕、單重通常是結合為用的。但廣義地說，凡是不犯雙重的柔化，便稱單輕；凡是不犯雙重剛發，便稱單重。

66. 什麼是推手的「四則」？

推手運動攻守的四種帶有原則性的技法，即化、引、拿、發，簡稱為「四則」。化和發是攻守運動中的一對矛盾，是對立的統一。化主守，勁主柔而形圓；發主攻，勁主剛而形方。這對立又統一的兩者，既是相反相成地結合為用的，又是兩者互寓並因敵變化的。而在化、發之時，不可忽略引、拿二字。引屬化，化中有引；拿屬發，發前有拿。

所以，一般由守轉攻，也就是按照化、引、拿、發的基本程序進行的。由於這四者是通常適用的原則，因此，簡稱為「四則」。

67. 什麼叫化勁？

化勁，即化解敵力的勁，也叫「柔化勁」。它是由練習沾、黏、連、隨而產生的一種蓄而不發的勁。它與發勁是相對而稱的，就化勁而言，它又可分為黏勁和走勁兩種：黏勁主進，是陰中之陽，柔中之剛，虛中之實；走勁主退，是陰中之陰，柔中之柔，虛中之虛。

《太極拳論》說：「黏即是走，走即是黏。」「走」是為了化敵，「黏」是為了制敵，兩者是交替為用的。如在練習推手時不帶發勁，那實際上也就是「化勁運動」，或稱之為「黏走運動」。今以平圓推手，試作化勁運動的示意圖如右：

太極拳是十分重視化勁的，

註：圖中的黏勁與走勁的示意，以「乙」為主。

因此才有「重化不重發」的說法，但這只是相對的說法罷了。由於發勁須有得機得勢等一定的條件，所以即使推手競技，也是化多於發。何況近百年來，太極拳不斷向醫療保健方向發展，隨著太極拳運動的蓬勃發展，推手也隨之有所推廣普及，但人們多數以活絡肢體、暢通氣血和提高興趣為主，對於推手技擊很少深究，所以，大都是只化不發地劃劃圓圈。此外，也有「能化必能發，能發未必能化」的說法，這也是相對地說明化難於發，當然也不能說完全不練發勁也能發勁精到的。拳訣說的「得實不發藝難精」，已足以說明這一問題了。然而練化勁比練發勁更要難一些，這是事實。因此，太極拳家常說：久練推手而不懂化勁，那是不能算「懂勁」的。

68. 什麼叫黏勁？怎樣黏化？

黏，是如膠似漆地黏住對方的勁，並有攆逼和隨從的意思。黏勁，也叫沾黏勁或黏化勁，是化勁的一種，主前進，其特點是如膠似漆，不丟不離。推手時，不但兩手能黏，而且肢體著力處都能黏住對方的勁，並隨著對方勁的緩急而緩急。即所謂「捨己從人」「動急則急應，動緩則緩隨」。能黏住對方的勁，自然能感覺到對方勁路的種種變化，從而收到我順人背和以黏制敵的效果。但也只有鬆開全身關節，不用絲毫拙力、心靜、神凝、氣斂、身靈、步穩、勁整，能動中處靜，才能黏連不斷，緩急相宜。

《孫子兵法‧形篇》說：「善守者，藏於九地之下；善攻者，動於九天之上。故能自保而全勝也。」說明防守和進攻都要使人莫測高深。

太極拳推手，招招有勁，勁就相當於作戰的兵力。化勁

主守，黏化勁是守中寓進，近乎暗進。若是不斷頂撞對方，無異於處處暴露兵力，形成「人獨知我，我不知人」的盲動狀態。如是遇到對方發動攻勢，自己因半勁已出，兵力分散，便會出現進不足以搶攻、反攻，退不足以防守自保的局面。推手雖然也可用黏逼或引勁以試探對方的反應敏感程度，但仍不離一個「化」字，這與頂撞、拖拉是大不相同的。此外，黏勁更有「似鬆非鬆，將展未展」的特性，這即是剛柔互寓所產生的柔韌性的一種具體表現，也富寓留有餘地以利於靈活變化的哲理，是值得在鍛鍊實踐中加深體會的。

69. 什麼叫走勁？怎樣走化？

走，是走避敵鋒的意思，與軍事術語中「走」的含義基本上是相同的。走勁，也叫走化勁，意即走避以化解敵力，是化勁的一種，主退守。其特點是走避重力，不與之頂抗，不犯雙重，並伺機引發。《孫子兵法‧軍爭篇》說：「故善兵者，避其銳氣，擊其惰歸，此治氣者也。」推手時對方攻來，氣足勁強，我為避其銳氣，就用「走勁」，在外形上雖表現為「敵進我退」，而其目的卻是為了伺機「擊其惰歸」。《孫子兵法‧虛實篇》說：「故兵無常勢，水無常形；能因敵變化而取勝者，謂之神。」又說：「故五行無常勝，四時無常位，日有短長，月有死生。」這都說明作戰的目的在於取勝，而取勝之道在於能因敵變化。

推手也如此，必須能打、能走，必須處理好化、引、拿、發四者的辯證關係。只發不化、只黏不走，都違背了對立統一的辯證關係，無異於自取失敗，「自為人制」。所以必須因敵成勢，該打就打，該黏就黏，該走就走。對方打來，我順應其來力的方向而走，使來力落空，既泄其勁，又

伺其隙，這就是走化勁的功用。

因為攻人就賴能得力，像切菜用的砧板，打鐵用的鐵砧，都是為了使操作能得力而設。儘管對方氣壯勁足，但如能用走化勁黏依不脫地走化，使對方「摸得著，打不到，離不開，走不了」，這時即使來勢凶猛，卻依然無法發揮其力的作用；而我卻以逸待勞，靜待其變。由於發放而不能得力，最容易露出破綻，這樣走勁就成為我反攻的前奏。

但走要走得恰到好處，一要走得及時，二要走得圓活，三要轉背為順，而不可走向「自困自」的地步。

初學推手的人往往在遇到對方進攻時，非大力不走；或者一遇重力，馬上脫離對方肢體，甚至退出圈外，這都不符合走化勁的要求。推手藝高者都是順著對方來勁而走，由於觸覺靈敏，神經傳導反應迅捷，能稍觸即知，所以才有「一羽不能加，蠅蟲不能落」的形容。

其次是腰腿有深功，腰如軸立，「能如水磨動急緩」。即不管對方如何推挽，我就像一盤水磨一樣，以腰為軸，以氣為輪，與人比肩周旋不息，始終保持黏走相生。這說明太極拳推手不論化、引、拿、發，都賴腰腿功夫，而不是只靠兩手靈巧。

初學的人腰腿無功，往往在走時手快腰慢，手軟腰硬，結果是不癟即丟，或自陷於困境，被人逼出；黏時又往往是手硬腰軟，結果也容易被人得實或引進落空。所以，太極拳推手既重視「聽勁」功夫，也重視腰腿功夫。「拳無功，一場空」，這句拳諺對任何一門拳術來說都是適用的。

70. 什麼叫引勁？怎樣引化？

引，是引出敵力，並含有牽引、引誘和誘敵深入的意

思。引勁，也叫引化勁，也是化勁的一種。表現在化勁（包括黏與走）的過程中，把對方的勁引入有利於自己的軌道。例如：

（1）對方個子大、步法穩，有「穩如泰山」之勢，這時我如盲目進攻，不但攻不動，反而會受制於人。《孫子兵法・計篇》說：「兵者，詭道也。」《虛實篇》說「安能動之」。拳法競技也如此，如聲東擊西、上驚下取，便是人們所熟悉的誘手；推手則廣泛應用「化中有引」之法。拳諺說：「動則生隙，隙則可擊。」因此，要在黏走之中設法引動「穩如泰山」的對方，使其勁路發生偏向，從而將其重心引到支撐面的邊緣，這時順勢用很小的勁，就可以把大個子擊出。

（2）《撒放秘訣》說：「擎起彼勁借彼力（原註：中有靈字），引到身前勁始蓄（原註：中有斂字）。」兩人搭手，要「擎起彼勁」是不能用硬擎的辦法的，當對手手臂離身較近，其蓄勁就充分，我一硬擎，反被對方順勢借力。因此，只能使用引化的辦法，把對方的手臂引向自己一側，力臂一長，力量就小，這時用小力就可擎起，這全賴化中有引。引到我身前時，我蓄勁漸足，在得機得勢的情況下便可發放。擎中有靈字，是指身手輕靈，手腳相隨；引中有斂字，是指在引的同時蓄氣蓄勁，斂氣凝神。這也是引化勁的具體運用。總之，要把對方引向背境，尤以能引動其腳跟，則發放萬無一失。

（3）《打手歌》說：「引進落空合即出。」這也是指設法引其勁力落空，然後發擊。如對方用按手從正面進攻，我用挒手順其勁引進，轉腰坐身，把來勁引向一側，並用轉腕、旋膀和採引之法，暗暗地引導和加大來勁的速率，使其

落空，這就是「引進落空」的典型例子。但引進時也要防對方順勢以肘、肩侵我內門。

（4）我在黏隨或走化的時候，用佯攻、佯抗等法引出對方的反作用力，隨即轉手往相反方向發放。

綜上所述，引化勁的用法極多，如應用於散手，則包括引高打低，引直打橫，引左打右，虛引實擊等等，也可用引勁使人氣血上浮或腳跟離地。而目的仍不外乎誘人入轂，為出奇制勝創造必備的條件。

如果把引勁從化勁中區分出來，那一般是先化後引、邊化邊引。同時要與蓄勁配合一氣，即所謂「引到身前勁始蓄」。這樣引之至長，蓄之既久，發放就更有力量了。練習推手應該是有化就有引，做到每化必引。

71. 什麼叫拿勁？怎樣拿勁？

拿，是拿準敵勁的意思。結合上一題引勁來說，就是把對方的實勁引出後拿住它。從拳法淵源關係上說，它是由擒拿法的節、拿、抓、閉發展而來的。

拿勁是發勁的必要條件，就像要拋擲一件東西一樣，不拿沒法拋擲，所以說「發前必拿」，但拿的技巧是很有講究的。如今推手中一般只用無傷害性的節、拿兩種，而不准用抓筋、抓把和閉穴的。

節，節制，通常也叫「節拿」。即用我肢體中可以發擊的任何部位，在黏的基礎上，控制住對方肢體較為得力的發落點，就稱為「節」。

拿，拿節，一般是拿住對方的關節部位。但太極拳推手的拿法是以「採拿」為主的。

採，如採花，不可採得太重，太重了，花易捏碎；又不

可採得太輕，太輕了，花朵採摘不下來。換句話說，落手重，對方立即感知；落手輕，不起作用。所以採要順勢而採，先虛後實，瞬間即發。所謂「拿前不知覺，知時已發出」。採拿以拇、食、中三指為主，其餘兩指為輔。五指捲曲成套鉤狀，就像套住一個果子一動即摘下一樣。因此，採都採在關節部位，原則上不採關節以外的部位。

而用手節拿則不然，主要是用手掌或手臂，如四正推手按式，用一手的掌心按在對方的尺骨鷹嘴（即肘尖）上，另一手的掌心則按在對方的腕節。這也都在關節部位，但都不是用手指去節拿。如果出了四正，推成散手時，那只要發落點對，人體上任何部位都可落手，這就不限於節拿關節部位了。較常用的如心窩、肩部三角肌下緣凹陷處、背部天宗穴、兩脇、兩側腰、小腹部等等，這些部位都不是關節部位。這說明節、採是有明顯的區別的，節的應用範圍遠比採要廣泛得多。

但就「節拿」的外形而言，似乎是「節而不拿」的，以致一般人誤以為太極拳推手只有一種拿法——採。

凡用拿勁，要權衡對方輕重高低和得力部位，拿準焦點；也須估算距離和提前量。因為人體在運動之中，就像打活靶一樣，只有估準了才能中靶。同時也不可遠距離拿人，拳諺說：「拿人不過膝，過膝不拿人。」這是因為距離一遠，不但發放無效，反而會使自己被人牽著走。用拿勁全在意氣和依靠熟練，形成一種條件反射後，則不拿自拿。但易被對方滑脫的部位是不拿的。拳訣說：「拿人如入筍，一對準，二落實，三吃牢。」這樣不發則已，發無不中。

過去民間推手，凡高手拿人，一般都是拿而不發的。一經拿定，對方就自覺重心不穩；勝負已見，就不必非使對方

跌仆不可了。這就是所謂「點到為止」，也是出於愛護對手的一種體育風格。拿勁屬發，是陽中之陰。如用採發放，那就包括拿勁和發勁，而不只是一種勁別了。

72. 什麼叫發勁？怎樣發勁？

發，是發出的意思。發勁，就是發力。推手時，發勁必須順著對方勁的運動方向發出去，而不可逆著對方的勁，以致出現兩力相抵等情況。發勁時如感到自己用勁不大，勁路順暢，這說明勁透出去了。反之，如感到用勁很大，而受到的阻力也大，這說明自己在逆勁發放，結果就出現「力大勁小」的現象。

發勁與化勁不同，化勁呈圓周運動，而發勁既要利用慣性離心力，把化勁的位能轉化為發勁的動能，又要順著圓周切線，專注一方，呈直線地爆發出剛勁。發放後，勁路由剛復柔，也就立時轉變為化勁，仍循圓周繼續運動。所以說，化勁形圓，發勁形方。因此，才有「方圓結合，方在圓中」之說。現用圖例表示如下：

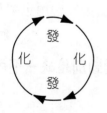

註：方在圓中

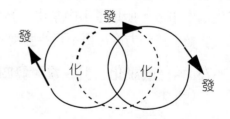

註：沿切線發出，循圓周歸來

以上圖例說明，發勁必須專注一方，全身勁整，而不可轉彎抹角。否則勁就散漫，顯得軟弱無力了。當然，勁有長

短，但發勁是以短勁為上的。蓄勢宜長，發勁宜短。發勁節長勢弱，勁易斷而形易露，所以發勁不論長短，與化勁相比要短得多了。這樣從外形看，似乎發勁也呈圓周的，而實際上卻是呈直線的。

發勁須具有爆發力，爆發力也叫「快速力量」，說明速度能增大力量。因此，小個子也靠爆發力彌補體重不足。由於人體的爆發力源於腳的蹬地所產生的反作用力，因此，才有「勁起於腳，發於腿，主宰於腰」之說。《撒放秘訣》強調：「放時腰腳認端的（原註：中有整字）。」就是說發勁時全身勁力要完整一氣，不可散亂。

但爆發力的大小也決定於人體肌筋骨節的張弛差，所以肢體放鬆與蓄勁是一致的。有的人發勁輕浮，大都是動手不動腰，或者是肌肉僵硬，缺乏張弛差所致。

此外，發勁還要注意角度，例如：用按手時，兩手宜呈斜形向上而起，這樣才能拔起對方的足跟。至於發勁的勁別，可分為長勁、短勁（短勁包括截勁、寸勁、分勁等等）、提勁、沉勁、旋勁、鑽勁、崩勁、抖勁、彈勁、開勁、合勁、冷勁、斷勁等等。其中鑽勁、冷勁、斷勁都容易發生傷害事故，所以推手中禁用。其他各勁的應用也須有分寸，要適當控制力度，更不可恃強凌弱。

73. 爲什麼說化、引、拿、發四種勁別是缺一不可的？

以上化、引、拿、發四種勁別是一個整體，這從一個完整的先守後攻或守中寓攻的動作之中都可以具體地反映出來的。所謂「能化能發」，也就把引、拿包括在化、發之中了。不諳引、拿，推手水準就大受限制，化、發的失誤率也

高；善化不善發，或善發不善化，則在好手雲集的競技場上，也會明顯地暴露出自己的弱點而受制於人。

尤其是善發不善化的，雖可用以攻為守的策略先發制人，但很難在幾個回合中不被人識破弱點和借力發放。而善化不善發的，雖然略勝一籌，往往能以化勁使人失誤。然而《孫子兵法·形篇》說：「不可勝者，守也；可勝者，攻也。守則不足，攻則有餘。」單純地採取以守為攻的策略，其取勝的條件終究會感到不足的。當然，如果撇開了技擊意義來談推手，那怎麼畫圈圈都是無所謂的了。

74. 什麼叫「以走制敵」？

對方用主力向我進攻，我若處於不利條件下，一時難以借力發放，那就以退為進，以迂為直，用柔韌的走勁，順手牽引對方的剛勁向我身側引化，使對方的力無法打到我的身上。這是以柔克剛的一種防守方法。但拳法與兵法一樣，要取勝的話，必須把進攻放在第一位，防守放在第二位。反之，一味消極防禦，處於挨打的不利局面，終究會有失誤的時刻。因此，運用走勁必須存有使對方受我制約的動機和方法，而不能只是作為一種單一的消極防禦來對待的。以「走」達到「制」，這是走與制的因果關係。

太極拳推手的攻守，以環為形象來作比喻，環的半圈為守，半圈為攻。就像兩軍環山作戰一樣，你打我走；走了半圈以後，就用我的前軍去打對方的後軍，這下半圈就成了我打人走了。如果對方不走的話，這時我處於順勢，而對方處於背境，他越是硬抗，就越是無法擺脫困境，從而導致完全失敗。這就是「以走制敵」的方法。

「以走制敵」是以走達到制勝的目的，而黏勁是制敵的

勁別，使對方受制以後，拿住對方的實勁才能發放。發勁就是打的方法，打是循環形的切線把對方打出圈外去，這樣才算取得一次勝利。說明「制敵」僅僅是中期目的，最終目的還在於取勝。

75. 什麼叫內勁？

「內勁」一詞，作為武術通用術語，一般是指內在的勁力。儘管各拳派行氣貫勁的訓練方法不盡相同，對「內勁」一詞的解釋也有某些不同說法，但用詞則一致。由於太極拳主張鍛鍊外柔內剛的勁，而這種勁具有「形不外露、功蘊於內」的特點，所以才把它叫做內勁。

內勁是內氣所在，俗話也把氣與力連在一起稱勁為「力氣」或「氣力」。太極拳重視鍛鍊內氣，這也與「內勁」一詞的含義有關。

76. 什麼叫太極勁？

為了區別其他拳派所說的內勁，太極拳也稱太極內勁為「太極勁」。從理論上說，太極勁的運行路線是呈圓周運動的，而不是直進直出的。發勁時雖從圓周的切線呈直線地發出去，但發勁與化勁相比，其運行的線路短得多了。《孫子兵法·勢篇》說：「是故善戰者，其勢險，其節短。勢如彉弩，節如發機。」太極拳推手以化勁求勢、蓄勢，所以「勢如彉弩」，因其勁的運行線路較長，從而化勁的走與黏就形成了一個環形。當發勁呈直線出環後，迅速又落入另一個環中，亦即在發勁後重又轉入化勁。這樣任何一條直線就都成為圓周中很短的一截了，而且仔細分析這些直線也確是帶有微小的弧形。

換句話說，不論直線、弧線都在圓周運動的範圍以內，如環之無端，周而復始，進而去爭取達到「形圓而不可敗」的目的。由於形圓如環與「太極圖」中的太極圈相合，所以就把由這種形式練出來的內勁叫做「太極勁」。

77. 怎樣鍛鍊內勁？

鍛鍊內勁，主要依靠推手時遵守沾、黏、連、隨的要點，和走架時注意做到「用意不用力」和「運勁」（即「行氣貫勁」）等要求。其鍛鍊步驟是：「由鬆入手，化僵為柔，積柔成剛，兼備剛柔」，亦即所謂「極柔軟，然後極堅剛」。這樣練習既久，內勁自會日漸增大，功深時，臂膊如綿裹鐵，外柔內剛。

《太極拳說十要》說：「太極功夫純熟之人，臂膊如綿裹鐵，分量極沉。」當然，這是經過長期鍛鍊才能獲得的。同時，也要適當練習一些能夠增強體能、特別是力量和耐力的基本功，除了傳統的站樁、抖杆子、擰杆子外，還可利用其他各種器械來進行輔助練習。

78. 內勁是否神秘？

有些人否認內勁的客觀存在，認為這是神秘之說。其實並不神秘，更不是神乎其技的玄虛之說。「內勁」一詞在傳統太極拳學派的術語中，它只是指久練太極拳走架和推手達到一定造詣的人，其內在的勁力明顯地有別於常人。這是經過長期太極拳走架和推手鍛鍊以後，逐漸形成了一種獨特的動力定型，從而也就產生了與之相適應的內在勁力，故名為「內勁」。

太極拳走架和推手都主張外形尚圓、勁不外露，其內勁

的特點是：「外柔內剛，柔中寓剛；不僵不滯，屈伸圓活；勁不上浮，形不外露；神凝氣沉，功蘊於內；忽隱忽現，變幻莫測。」常人用力時顯得有力，不用力時卻往往顯得輕浮，有力或無力都十分明顯地反映於外形上。

在太極拳術語中就相對稱這種力為「外勁」，並稱其顯得輕浮的力為「浮勁」。換句話說，浮勁實際上是外勁在無力時的一種表現。外勁易犯頂抗，浮動易瘓丟，前者易被人順勢借力，後者易被人進逼入侵，所以，都是太極拳推手所不取的。拳諺說：「行家一搭手，就知有沒有。」這是指久練推手的人能透過推手憑經驗測知對方內勁的大小，從而能大體上知道對方推手功夫的深淺了。

有的人說：「我練太極拳多年，也會推手，就不知有什麼內勁？」其實，這就像常人能穩定重心卻不知有重心之力學原理一樣，是不足為怪的。術語，即學術用語，學術有學派之分，淺嘗輒止而不明一家術語的定義，輕易地斥之為神秘主義，那豈不冤哉枉也！相反地如把太極內勁加以神化，那當然也是錯誤的。

79. 爲什麼說「勁走圓，力走直」？

由於「太極勁」是呈圓周運動的，所以說「勁走圓」。而常人根據平時一般勞動所需的力，大多是間斷的直力，而很少使用環形的力，所以說「力走直」。

由於常人習慣於使用直力，因此在初學太極拳時，於動作上大都犯有棱角的毛病，而推手時不是被人逼出就是被人困住。這也是由於不習慣做力的圓周運動的緣故。因此，要掌握推手的運動規律，首先要重視「換勁」。

80. 什麼叫換勁？怎樣換勁？

換勁，就是把日常習慣用的直力，換成能適應太極拳推手運動的圓活的勁。具體方法也只有由走架和推手的反覆鍛鍊實踐，才能把原來僵硬呆直的拙力換成適合於順勢借力、剛柔相濟的內勁。這在太極拳術語中就叫作「換勁」。

換勁的主要方法是：在走架時，認真做到「用意不用力」「一動無有不動」「相連不斷」，一舉一動處處都要略呈弧線，逐步形成勁的圓周運動。

在推手時，要認真「聽勁」，自覺地去做到沾、黏、連、隨這「四要」，主觀上不犯頂、抗、瘂、丟這「四病」，這樣練習日久，自能引活勁路，化盡拙力僵勁，把拙力換成內勁，進而在勁的運行中逐漸做到「柔中寓剛、剛柔相濟」和沒有絲毫凸凹、斷續等毛病。

81. 爲什麼說「呆力越大，巧勁越小」？

太極拳推手是一門技巧性學問。呆力是直進直出的，由於肌筋的極度收縮，或時刻處於半收縮狀態，顯得又僵又硬，隨之觸覺的靈敏度也大為降低。這種力在直線運動時，來勢凶猛；但如要求做圓周的變化，減速率就大，且多有棱角、滯頓、斷續等現象，這在推手中就易為人所乘。由於呆力多呈直線運動，因此，呆力越大，直線運動的慣性也就越大，這樣可變而圓活的巧勁就越小。

由於巧勁呈圓周運動，不僅在做圓周運動時比呆力靈活得多，而且在需要發勁做直線發放時，也能利用慣性離心力，由圓變直，從切線發出勁去，這樣用力雖小，而其實際作用力加上順勢借力的合力，就大大超過了由直到直的呆

力。這也是因為在由圓到直的速度過程中，其連續性螺旋運動的線路要比由直到直的斷勁長得多了，是符合「蓄之既久，其發必速」的原理的。

又由於運用巧勁在做圓周運動時，全身肌筋骨節節節放鬆，只在發勁瞬息突然收縮一下，其張弛差大於呆力，因而其爆發力也大於呆力。鑒於上述種種原因，在實際推手發勁時，用呆力發人不遠，而自跌路遠；太極拳高手用巧勁可把人發放出一丈以外，這是用呆力所沒法辦到的。所以拳諺說：「呆力越大，巧勁越小。」

82. 什麼叫聽勁？怎麼聽法？

聽勁是太極拳推手專用術語。在推手運動中，雙方憑皮膚的觸覺（即神經末梢的知覺）來感知對方來勁的各種變化，稱為「聽勁」。借喻於人們像用聽力來辨別聲波、音頻的變化一樣地來辨別對方勁路的千變萬化。聽勁除了必須符合太極拳「靜、鬆、穩、勻、緩、合、連」七字要訣以外，還必須嚴格遵守沾、黏、連、隨這推手「四要」。其關鍵在於心靜、氣斂、腰鬆、步穩，渾身肌筋關節鬆沉，而不可留有絲毫拙勁呆力，這樣才能通過逐步鍛鍊，使全身感覺日趨敏銳，達到微感即知的地步。

反之，如練習聽勁時心緒散亂，氣血上浮，肌筋僵硬，反應遲鈍，那就聽不真切，聽不快，聽不好，甚至聽而不知。不知，則化、引、拿、發全失章法，成了盲目的攻守運動，那就談不上「懂勁」了。

用現代體育的話來說，聽勁大體上相當於放鬆訓練和感覺訓練的綜合性訓練方法，它對提高太極拳推手的應變能力有決定性意義，所以，練習推手是不能忽視聽勁訓練的。

83. 聽勁聽些什麼內容？其目的何在？

概括起來主要是聽準對方勁的三個要素的變化情況：一是著力點，二是勁的大小、剛柔、虛實，三是勁的方向和路線。初學時，兩人搭手用單手或雙手推挽，動作宜慢不宜快，勁的變化由單一而複雜，就在這實際推手運動中，相互測試感知和提高反應能力。

聽勁的作用和目的，在於能根據對方勁路的千變萬化，隨機應變，避實擊虛，克敵制勝。常言道：「情況明，決心大。」由於太極內勁不露外形，用的都是忽隱忽現的暗勁，其勁的內在變化憑兩眼測知就遲了一步，為了能在對方未動之前就探明情況，必須練習好聽勁的基本功夫。拳諺說「敏鈍決勝敗」，又說「拳打不知」。而太極拳推手離開了聽勁功夫，就談不上「靈敏」兩字，那就只好等人打我不知了。

84. 什麼叫餵勁？

老師與學生一起練習推手，誘導學生在練習中熟習各種勁別及其攻守應用方法，俗稱「餵勁」，像家長給嬰兒餵食一樣。這在太極拳推手教學中是極為重要的。「講解千遍，不如推手一遍」，這雖是藝術誇張性的說法，但事實證明，照著書本自學推手是事倍功半的。因此，對於老師的餵勁和口授心傳，都是值得珍視和反覆思考領會的。

85. 什麼是問勁、答勁？

問勁，也叫「試勁」，即用發勁或引勁等方法去測驗對方的反應能力和拳藝水準。答勁，是用化勁等來答覆（即化解）對方的發勁，或順應對方的引勁，不作出錯誤的反應。

以上不是指口頭問答，而是指練習推時時相互試探測驗對方的防守能力。問勁又作「問徑」，但其含義與引勁相近，即：凡在推手中一時不明對方勁的趨向，便佯攻詐誘，從而引出對方的勁來，使之能較明顯地感覺出對方的勁路與勁別，以利於測知其企圖。就像不識路的人向人問路一樣，故名「問徑」。

86. 什麼叫懂勁？

懂勁，就是懂得太極拳技擊的力學原理及勁在運動中的辯證規律。楊澄甫先生說：「太極拳，乃柔中寓剛，綿裡藏針之藝術，於技術上、生理上、力學上，有相當之哲理存焉。」在我國古代，雖然還沒有單獨建立起物理力學這一門科學，但太極拳卻也不能不符合力學原理。

所謂「懂勁」，在客觀上也就是要求懂得力學原理在太極拳中的實際運用。然而在古代，這種樸素的力學原理一般是由老師口授心傳，並依靠自己結合親身的刻苦實踐和默識揣摩得來的。迄至現代，早已有了物理力學這門學科，而且人體運動力學這一分支學科也日臻完善。因此，在太極拳推手教學中也可聯繫實際具體運用。

同時，懂勁又包含著要懂得勁在運動中的辯證規律。世界上任何事物都是一分為二的，例如：推手運動中的黏和走，就是勁的一分為二，黏勁主前進制敵，走勁主後退化敵，這就是矛盾的兩個方面。它們各以它的對立著的方面為自己存在的前提，一面相互對立，一面又相互聯結，兩者相反相成，並在一定的條件下向著各自的對立面轉化。因此在黏的時候要想到走，在走的時候要考慮黏；在剛中要寓柔，在柔中要有剛。既要認識到轉化的必然性，又能主動地掌握

和利用這種轉化的規律，使之達到克敵制勝的目的。這就是《太極拳論》所說的「黏即是走，走即是黏。陽不離陰，陰不離陽，陰陽相濟，方為懂勁」。當然，太極拳推手的矛盾運動不僅僅是黏走和剛柔等問題。

「陰陽」是我國古代哲學樸素辯證法中的矛盾符號，而矛盾是無時不存在、無物不有的。總的來說，也就是運用哲學中辯證法來指導太極拳推手、散手等攻守運動，特別要重視軍事哲學思想對拳學的指導意義。這樣用哲學、力學來幫助全面地認識和掌握推手中勁的運動規律，就稱之為「懂勁」。當然，不只是在口頭上、理論上懂，還必須理論聯繫實際，能在實際運動中做到。

所以要想懂勁，師傳和身體力行依然是頭等重要的，因為「本本」上的理論再精湛，如不能運化到推手實踐中去，那還是一紙空文。《太極拳論》說：「然非用力之久，不能豁然貫通焉！」王宗岳在兩百多年前所說的這句話，在今天來說，仍然具有深刻的現實意義。

87. 怎樣才能達到懂勁的地步？

常言道：「實踐出真知，苦練獲深功。」要真正達到懂勁的地步，除了良師的指授、益友的切磋之外，最重要的還是個人的勤學苦練。《太極拳論》說：「由著熟而漸悟懂勁，由懂勁而階及神明。」說明首先要熟習著法，達到熟能生巧以後，才能漸漸明白勁的各種運動規律。懂得了勁的各種運動規律以後，才能愈練愈精，從而達到運用自如的地步。這說明「著熟──懂勁──神明」是三個階段，懂勁還只能說是中級階段，按照傳統太極拳推手的一般鍛鍊方法，首先是遵循沾、黏、連、隨等要點，熟悉著法並用聽勁來作

為懂勁的入門。然後在黏走之中逐漸學習知機識勢，不犯雙重的毛病和攻守時能夠掌握順勢借力等等力學原理及其方法。這樣練習純熟以後，不論對方肢體的哪一部位，一經與我肢體著力，我就能立即感覺到對方勁路的來龍去脈、輕重虛實、剛柔順逆、直橫方圓、高低左右、長短隱現等等變化。也就是全面地掌握了對方勁力運動的各種要素，既能黏著對方肢體使之不易逃脫，又能在得機得勢的條件下順人之勢，借人之力，並還力於人，使自己在「被動運動」中始終居於主動地位，這就算懂勁了。

太極拳推手競技的取勝之道，不外乎：善於化勁而不犯雙重，才能自立於不敗之地；在不犯雙重的條件下，善於順勢借力、伺隙而發，就能取勝。所以，要達到懂勁地步，自然也離不開把「善化善發」當作造詣精深的目標了。

第三章
太極拳推手八法

88. 什麼是太極拳的八法？

太極拳學派是把掤、捋、擠、按、採、挒、肘、靠八種最基本的手法，稱之為「太極八法」。它是太極拳所有拳式的基礎，這八法的勁別是各不相同的。太極拳以八法為基礎是有其實際意義的，因為前人的技擊實踐證明，拳不在多，而在於習練純熟。在實際競技中，能常用的基本手法並不太多，若能純熟，則八法也已用之不窮了。

太極八法以掤、捋、擠、按四法為正法，合稱為「四正法」或「四正手」，簡稱為「四正」；以採、挒、肘、靠四法為奇法，習慣上合稱為「四隅法」或「四隅手」，簡稱為「四隅」。八法以掤為首，以四正為主，以四隅為輔。

楊式太極拳把「攬雀尾」列為起勢後的第一式，目的就在於把四正當做全套太極拳的基礎功夫來進行練習，先打下四正基礎後，再學其他各種法式。太極拳推手的主要內容就是由四正、四隅這八法組成的，而練習推手的目的就在於熟練這八種勁別及其方法的具體運用。早年拙作拳訣中，有一首《八法訣》概念八法之精要，現摘錄於後，僅供參考：

「八法須認真，四正為根本。

一臂莫單行，上下緊相跟。

掤撐圓而沉，捋抱順且韌。

649

卷四　太極拳推手問答

擠排化在先，按推勁要整。

採拿宜拔根，挒驚務相稱。

肘屈勿輕使，靠崩必貼身。

稱美雖經年，功夫終難深。

不若朝暮練，日久知屈伸。」

上述歌訣中「一臂莫單行，上下緊相跟」句，實即「兩膊相繫，上下相隨」的另一種說法，兩者義無不同。戚繼光《拳經・捷要篇》說：「上下周全，無有不勝。」這也足以證明，古今拳術對這一基本要求歷來是分外重視的。

89. 四隅推手是否只包括採、挒、肘、靠四法？

四隅推手又名「大捋」，其演練內容是以採、挒、肘、靠四法為主，同時也包括了掤、捋、擠、按、閃和切截、沉化等法。從外形觀察，由於傳統大捋是以重複做四遍為一圈，而其中以捋、靠兩法各四個動作最為分明，因而又有「四捋四靠」之別名。

大捋中挒、肘兩法，如採取實挒、實頂，就極易誤傷，故只能把實用動作留在意念之中，而並不出手。閃法實即摑面法，俗稱「打巴掌」，是為反向轉圈而編列的；切截沉化源於反關節擒拿，凡對方用靠，我一手採執彼腕，用我另一手的前臂像用刀切物一樣截住對方上臂的近肘部位，並向下沉化，以破解對方的用靠，這就是切截、沉化；在此基礎上，只須把採腕的一手擰轉一下，便可變為擰臂法，它是為禦靠和轉按而設的。由於閃、擰兩法也難在練習中實閃、實擰，所以也只能是象徵性地做到適可而止。擠法則與靠法相連，應敵變化時近身可擠、貼身可靠。但作為推手套路，卻

又沒法子既擠又靠。

倘若把上述意念性與象徵性的各法計算在外，則表現較明晰的為掤、捋、按、採、靠五法。因而在外觀上四隅推手的動作是極為樸實簡捷的，似乎並不比動步四正推手複雜；但若從內含的技擊意義上分析，它所包容的著法竟有十法之多，這就遠比四正推手要難學得多了。而且一旦習練純熟，還可在大捋套路的基礎上隨意變著，那就接近散手了。

由此觀之，說明大捋實際上是一種「八法推手」，即已統括收編了太極八法，而不止是採、挒、肘、靠四法。基於這一事實，要學習大捋是必須先打好四正推手基礎的。一些求學大捋之人，往往急於求成，並以學習動作外形為滿足，以致意氣與勁別、勁別與著法之間都不相合，徒具外形動作，事後又因找不到共同切磋經常鑽練的對手，結果多半落一個「教、學兩空」，丟掉為止。這是有待改進的。

90. 太極拳推手有無大捋與小捋之分？

「大捋」乃是四隅推手的別名，由於四隅推手中斜撤步採捋的動作幅度較大，故因形而加名為「大捋」。相對地說，定步或動步四正推手中的捋式都是「小捋」，但習慣上是不用「小捋」這一名稱的，因為武術術語是受「約定俗成」這一無形的法則之制約，生造術語如不能為群眾所普遍接受時，就成了使人聽不懂的「外國話」了。因此，使用術語是既要合理，又要合乎這一無形之法則，否則就行而不遠了。

91. 為什麼說「八法以掤為首」？

從字面上說，八法把掤法列為第一法，從實質上說，掤

勁不只是一個掤式所獨有的，而是所有太極八法甚至太極拳的任何一手，都須或多或少地含有掤勁。因為太極拳是一門柔性拳術，其勁路雖以柔為主，但也要求做到剛柔相濟，所謂「太極拳乃柔中寓剛，綿裡藏針之藝術」。這所藏之「針」，便是掤勁。反之，如丟了掤勁，那就成了沒有骨力的「軟手」，雖能不犯「頂、抗」之病，但「瘪、丟」之病不斷，依然難成好手。

初學推手者以「硬手」最為多見，所以教學上分外強調「以鬆柔入手」。但如一旦練不出柔中之剛而丟了掤勁，儘管外形柔順有餘，而缺乏內在力量，形成柔中乏剛，那又怎能談得上「剛柔相濟」呢？拳諺說：「人無剛骨，安身不牢；拳無剛柔，出手無效。」有的人認為太極拳只要柔，不要剛，這是一種誤解。僅僅是太極拳在處理剛柔問題的方法上與其他拳術有所不同而已。太極拳諺說：「運化要柔，落點要剛。」這是相對地指化勁和發勁來說的。

然而不論化勁和發勁，都不可丟掉最基本的掤勁，這是指普遍意義的柔中寓剛和綿裡藏針。總之，無論攻守化發，都不可丟棄這枚「鋼針」的。因此，在太極拳術語中才有「掤勁不丟」的說法。從這裡也不難看出，把「掤」列為八法之首，這不是偶然的，而是有其一定道理的。

92. 推手時如何做到「掤勁不丟」？

「掤勁不丟」，就是指不管運用哪一種手法，都應使手臂在外形上保持掤式那種圓撐的姿勢。換句話說，在任何情況下，兩肘關節都呈一定曲度，既要合乎「勁曲蓄而有餘」的原理，又須內含一定程度的掤勁，就像堅韌的強弓或藤棍那樣富有彈性，而不可有純柔無剛或純剛乏柔的現象。所謂

「柔中寓剛」者，柔不等於軟曲，剛不等於僵硬。

　　以全套太極拳來分析，從表面現象上看，「撇身捶」的折疊手法，與「野馬分鬃」的前面一臂的大幅度伸展，兩者一屈一伸、一蓄一發，顯然是兩種具有代表性的對立姿勢。然而就內含的勁力來說，兩者同樣地不可失去掤勁。屈，不可絕對地屈死；伸，不可絕對地伸挺，在思想上更須寓有「隨屈就伸」「無往不復」的攻守意識。

　　從勁路上分析，蓄勢運化時，必須柔中寓剛；發勁攻擊時，必須剛中有柔。太極拳雖以主柔聞名，但剛性不可不要，而掤勁不丟正是為了保持剛性。要在太極拳推手中做到掤勁不丟的原因，不外乎下列三點：

　　（1）從外形上說，保持程度不同的圓撐，即所謂「掤要撐」。掤能圓撐，則手臂的抗壓力相對地較強；再貫以掤勁，並做到「一動無有不動」，就不易被對方用剛勁壓扁了。這就像建築物的拱形頂一樣，其抗壓力遠比平頂、三角頂為強。

　　（2）從動作上說，屈伸、開合都要留有餘地，這樣往復變換就快，有利於做到「動急則急應，動緩則緩隨」。這種「曲中求直，直中寓曲」的做法，也符合「陰不離陽，陽不離陰」的哲理。若能如此，那才能使掤勁內外的要求，在運動中得以貫徹。

　　（3）從勁力上說，要練出掤勁必須去僵化滯，變硬為柔，積柔成剛。這好比把生鐵煉成鋼材那樣，有一個鍛鍊操作和變化的過程，有了掤勁，也就是使任何拳式至少都能保持最低限度的剛性，這種剛性是柔化防守中所必需的。至於剛發，那也只是在此基礎上，運用與各種著法相適應的勁別來增大其剛性，但也不是因此全然不要柔性。換言之，柔化

時柔中寓剛，剛發時剛中有柔。掤勁雖然屬剛，但這種剛性卻是柔化與剛發兩者必備之剛。若只有掤的外形，而沒有掤勁，那就徒具形式了。這就像皮球雖是圓形的，但沒有充氣，一壓就扁。所以必須把氣打足，做到內外一致。

93. 如何理解「掤」字的含義？

掤（péng 朋），從手、從雙月。恰似「雲手」的雙掤，而接手時雙方各出一手相承，也宛如兩個新月。說明「掤」字兼具形聲和會意兩義。然則掤字原係借用古字來作為太極拳專用的術語字的。掤，古讀作冰，是指圓形的箭筒蓋。《左傳・昭二十五年》註：「箭筒蓋可以取飲。」說明就其形象來說，似也可有借喻之處。此外，「與捧音義相近似，故也有人猜度「會否由捧字衍化而來」？但看來兩者的含義是昭然有別的。

94. 為什麼說「掤要圓撐」？

凡做掤式，手臂屈肘一般略大於直角，這時手臂就呈半月形圓撐的姿勢。從力學原理上說，拱形的抗壓能力強於其他形狀。所以，掤式的手臂要掤得圓滿，而不可屈成銳角。撐的意義不僅僅是指要向外、向上掤撐，更重要的是肩部腋下要含虛，像裝有彈簧一樣，使手臂猶如受到彈簧的支撐而富有彈性。同時，要以腰為軸，做到「一動無有不動」，而不可只動手不動腰。這樣既能隨人而動，不犯頂抗毛病，又能始終保持柔韌如弓的掤勁，不致被人壓扁。

太極拳家常說：「一身備五弓。」這是把身軀的脊椎和四肢比作一張弓，而四肢這四張小弓是由軀幹大弓的握把部位——腰軸來加以統馭的。以手臂來說，把它作為一張弓

時，就像在根節（肩部）與梢節（腕部）之間繫上一根無形的弓弦一樣。蓄勢時，把弦拉緊，手臂屈肘略呈拉弓時的弓形，這時彷彿含有向外的掙力；發勁時，把弦一放，手臂就會自然地產生彈勁向外抖發。

當然，必須經過反覆鍛鍊實踐，始能獲得敏捷而富有內在力量的反射作用。但這種「勁的練習，仍離不開腰腿的支撐、五弓的協調一致地行動，以及以意領先和力由脊發等等基本要求，而切忌只在手臂上用功夫。否則徒具一臂之力，其勁必然板滯遲重或飄浮不沉。基於上述，才有「掤要撐」「臂由腰撐」「掤要圓撐」「掤撐圓而沉」等一系列的說法，從這裡就不難理解「撐」字的真義了。

95. 攬雀尾的掤式有哪些用法？

傳統楊式太極拳的攬雀尾，由掤、捋、擠、按四個分式組成。在走架中原本只有左掤式而沒有右掤式，今人所稱的「右掤式」，實是在做完左掤式之後過渡到左捋式的過渡動作。楊澄甫《太極拳體用全書》談到對「掤式」的用法時說：「設敵人對面用左手擊我胸部，我將右足即向右側分開坐實，隨起左足往前踏出一步，屈膝坐實，後腿伸直，遂為左實右虛（步）；同時，將左手提起至胸前，手心向內，肘尖略垂，即以我之腕貼在彼之肘、腕中間，用橫勁向前往上掤去，不可露呆板平直之象，則彼之力既為我移動，彼之部位亦自不穩矣。」

簡言之，這是單臂用橫勁掤擊敵前臂之式。凡對方以一手或雙手擊我中路或上路時，都可應用，但用的是橫勁，而非直勁。再如：對方以右手擊我中路，我以右手採接，並以我左前臂隨上步之勢黏附對方胸、脅等部，用橫勁向前往上

掤去；同時用我左足套住對方右（前）足外側；為他抽身撤步設下障礙。當我蓄勢時，先採引彼右手向我身右側，待其抽身，立即借力發勁，如此方能得機得勢。以上二法，一取守勢，一為攻勢，但兩者與傳統楊式太極拳架中攬雀尾左掤式姿勢是完全一致的。至於其他變法，那只要符合掤法的基本要求，根據隨機應變、靈活運用的原則，其式樣是難以說盡的，所以，拳架與推手中的掤法並無矛盾。拳諺說「常法有跡可尋，變法神妙莫測」，就是這個道理。

太極拳既強調「著著有勁，勁勁成著」，更有「重勁不重著」的相對說法，說明不合勁別或不具有內勁的著法，都只是「空著」而已。與此相反的是，只須合乎勁別，能應用得效，那麼，在外形上有所差別是未嘗不可的。然而初學還是應當從熟習常法著手，常法不明，拳架就走樣了；心中沒譜，越級去追求「神妙莫測」的變法，豈可得乎?!

96. 掤法在推手中如何應用？

《太極拳體用全書》的「推手」一章中說：「掤法向外，駕御敵人之按手，使不得按至胸腹貼近，故曰掤。」又說：「掤之方式……最忌板滯，又忌遲重。板者，不知自己之運動；滯者，不知敵人之取捨。既不知己，又不知彼，則不成其為推手矣。遲重者，必以力禦人，便成死手，非太極拳家之所取也。必曰掤者，黏也，非抗也。手向外掤，意欲黏回，又不使己之掤手與胸部貼近，得化勁全賴轉腰，一轉腰則我之掤勢已成矣。」這不論對四正或四隅推手的掤法，都是適用的。

凡對方按來，我既不可頂、抗，也不可瘟、丟。頂、抗便成「死手」，易被人引動借力，或以大力取勝於你；瘟、

丟便成「軟手」，易被人壓扁，得實發放。由於掤法最忌板滯遲重，所以關鍵就在腰腿能否敏活相隨。

有的人說：「掤式在走架中用的是橫勁，而推手中用的是直勁。」這話是不貼切的，而且多半是從看圖譜時造成的錯覺。凡用掤法與人對峙，掤式之成，全在一轉腰之間，即左掤向左轉腰，右掤向右轉腰。所以，不論走架或推手，用的都是橫勁。而正面迎敵之圖式，僅僅是掤勁的開始，而非「掤勢已成矣」。

97. 什麼叫掤化？

凡以掤式作為防守之法，必須具備化勁，這也叫「掤化勁」。掤法雖有向外、向上托起之義，但不論攻守，都不是「逆著對方的勁承而向上」，而必須與來勁互呈角度和走弧線（包括轉腕旋膀所形成的微小弧線），借以達到順勁相承，使彼力落不到我的身上。

98. 什麼叫「掤挒相通」？

挒（lǔ），此處不讀作 luō。此字寫法原作「擬」，是在70年代初才用「挒」字來替代舊有的這個術語字的。

在太極拳推手中，不論四正或四隅推手，無不是先「後挒的，這兩式相接而合用，就叫「掤挒相通」。那為什麼要這樣安排呢？

首先是因為挒手向裡，掤手向外，兩者的方向相反，所以先掤後挒就形成一個「折疊」，有利於引出對方的反作用力。其次，凡對方的來力越大，運動慣性也越大，我挒之就越能得力。但如在挒前不用掤法，就易被對方直搗內門。為此，挒法往往與掤法結合應用。

99. 怎樣使用捋法？

《太極拳體用全書》說：「捋者，連著彼之肘與腕，不抗不採，因彼伸臂襲我，我順其勢而取之，是收回意，謂之『捋』。」又說：「其方式，即捋法轉腰加上一手連著彼之肘節間。」這是指四正推手而說的。文中所說的「捋法」，與走架中攬雀尾的捋式是一致的。而「一手連著彼之肘節間」一語，結合推手圖像和拳架及其「動作說明」，實指「將我右肘、腕間，側貼彼肘節上；側仰左腕，以腕背黏彼之腕背臂上，向左外側……此時敵如進攻，我即內向胸前左側捋來，則彼之根力拔起，身亦隨之傾斜矣。」由於走架只有向左捋式，故解說以此為準，而推手是可左可右的。

以上兩段文字對照之下，說明前文「一手」實是指「一臂」，也即以我右前臂的肘、腕之間的尺骨近腕部位黏貼在對方左肘關節的上臂一側。至於我近身的左手，則側仰左腕，稍捲曲手指，輕靈地用腕背黏住對方的左腕關節。練習四正推手時，原則上不用明顯採執的手法，採僅用於四隅推手或散手。

用捋法既不可向外撥去，也不可直向胸前引進。外撥易犯頂、抗的毛病，直向胸前引進則勢必被對方侵入內門。所以，必須隨轉腰之勢，「內向胸前一側捋來」；並在一轉腰之際，使對方進攻的手臂在我胸前平行而過，使之落空，這就叫「引進落空」。此時便可乘對方身軀傾斜之際，繼之以擠、按等手法，合而發放。

從勁別的橫、直來分析，捋勁也屬橫勁，而不是用直勁，僅僅與掤法的方向相反而已。捋法不僅適用於破按，也常用於破掤、擠等法。當對方捋我時，我也可掉手反捋，即

「以招還招」。從防守角度看，用将很重要的一點是，近身一手「肘不貼脅」「腕不貼胸」「掤勁不丟」。

100. 什麼叫「将在尺中」？

拳訣有「将在掌中」與「将在尺中」兩種說法，前者泛指手掌中的觸覺要靈敏，始能隨将進著；後者是指傳統太極拳的以尺骨将人。用尺骨将人有什麼好處呢？凡能用尺骨将人，則隨功夫加深，其前臂部位的觸覺靈敏度就能相對提高，在推手、散手時，既有利於近身用招，又能騰出手部備用。同時，在由将化擠發勁時，也特別沉著有勁；若要轉換為其他手法，如由将變閃、變肘（沉肘、撅肘、頂肘等）、變採、變按等等，可變的路數很多。反之，如用手心黏住對方肘節，移位時易被對方察覺。

但初學推手的人，如不是從一開始就用尺骨将人，那麼用手掌将人的習慣形成以後，再改進就非常困難，這也屬於拳諺所說的「學拳容易改拳難」了。

101. 爲什麼說「将要柔順」？

将法是用摩擦力把對方來勁引向我身軀外側使之落空。将勁借力得手時，可使對方向前傾側，甚至跌仆。在四正法中，掤、擠、按發勁時，一般都使人向後傾跌，惟有将勁能引人前仆，而且也最難以掌握。

應用将勁猶如用尺數紙，全憑適度的摩擦力。将得太重，被對方很快察覺而變化走脫；将得太輕，不起作用，且易被對方侵襲內門。用尺數紙也與此近似，太重了把紙劃破；太輕了黏不起、數不清。但總的來說，将勁是引化勁的一種形式，須「順其勢而取之」，自以柔順為宜。

102. 為什麼說「挒抱順且韌」？

挒法的外形像抱，「抱虎歸山」的「抱」，便是與此相合的。順，即柔順，順勢借力。韌，即韌性，說明內含堅剛，做到「掤勁不丟」。在太極拳推手中，任何手法都是式式貫串、相連不斷的。即使發放後使雙方一時脫離接觸，也要做到「勁斷意不斷，意斷神猶連」。挒法自然也不例外。

103. 使用挒法時必須注意些什麼？

拳法應用，在外形上不外乎一開一合，一往一來。而開合往來是必須以腰為軸、以腿腳為根的，即所謂「其根在腳，發於腿，主宰於腰，形於手指」。同時，往復是循環不已的。所以，《十三總勢說略》說：「如意要向上，即寓下意。若將物掀起而加以挫之之力，斯其根自斷，乃壞之速而無疑。」這句話是說：我們要向外、向上拋擲一件東西，若先使之向裡、向下，然後再向外、向上拋出，這樣一挫一掀，其所發揮作用力就遠比只向外、向上拋擲要大得多了。

這一基本原理具體應用到挒法上，若挒前先用外「誘出對方的力，然後向內、向一側挒法，就易於得力。而當我使用挒法時，既已挒來，便須揮之使去。因為「引進落空」，也未必一定能使對方跌仆。但一經引到身前，我勁已經蓄足，就可趁勢用擠、按等法向外發放。倘能如此連續往復，那就無往不利了。

這一點是符合事物運動對立面相互轉化規律的，拳法應用不可能是只向上、不向下，或只向裡、不向外的。一往一復，一上一下，若能順應其勢，刻刻在意，意在著先，那就能逐步掌握其運動規律，而不至於被動地、孤立地看一著棋

走一著棋。就以上基本原理來說，是普遍適用於各種拳法的，並不限於挒法，也不只限於太極拳。

再者，用挒法是必須坐腰落胯，側身閃展柔化。其身法要和順，步法要穩固。其中順式挒較拗式挒更能得勢得力，因為拗式挒法限於擰腰的身法，其轉腰幅度受到限制而小於順式。所以，如是練習，則應順、拗式都練；若逢比手，則以多取順式挒為好，尤其是撤步順式挒，那是十分得力的招式。至於挒法的轉腰幅度，那須隨來勁的具體情況而定，務須轉到恰如其分，既不可手動腰不動，也不是轉腰的幅度越大越好。但在初學練習時，是應該「先求開展，後求緊湊」的。

104. 什麼叫「擠靠破挒」？

《太極拳體用全書》說：「被挒者須本捨己從人，亦須知有捨人從己之處。被挒覺其手加重，便可乘之以靠；或覺其挒勁忽有斷續，則急捨其一邊，而襲以擠可也。」這就叫「擠靠破挒」，是破挒的常用方法。

105. 為什麼說「挒擠相通」？

凡用挒法不能得手，遇對方在中途向後抽身，或對方順我挒勢用擠、靠向我襲來時，我都可乘其進退之勢，化開後使兩手相合，補以擠手，或「以擠還擠」，或「以擠破靠」。由於這種方法比較得力順手，所以說「挒擠相通」。但對方攻我時，我不可逆勁反攻，只須與來勁略成直角錯開，即獲順勁。

此外，還有「提擠相通」等許多相類的說法，其原理與方法大同小異，可以觸類旁通，舉一反三。

106. 爲什麼說「擠要橫排」？

擠，含有排擠的意思。即用後手的掌根合在前手的脈門上，向前用合力擠發。擠時兩臂要略呈橫形，但動作仍應中正圓滿，沉肩垂肘，肘部略低於腕部，而不可因此聳肩抬肘。排，是指兩前臂一前一後像排隊一樣排在一起的意思。橫排的氣勢和勁力雄渾，而且借助肘勁，容易得勢得力。反之，如兩手太出，呈銳角形地向前擠去，由於可著力的作用面較小，既容易被對方化解，也容易被對方乘機引跌。所以說「擠要橫排」。

107. 爲什麼說「擠排化在先」？

這話與「捋擠相通」的原理是相似的。捋是引化勁的一種形式，捋向內，擠向外，意欲向外發勁，若先寓向內之意，把敵臂引到身前，此時我蓄勁充分，且已窺測機勢，迅即反退爲進，則擠去所向披靡，猶如順水推舟，頗有順勢借力之妙。

《太極拳體用全書》也說：「擠者，正與捋勢相反，捋則誘彼敵之按勁，使其進而入我陷阱而取之，必勝矣。設我之動力，先爲彼所覺，則彼進勁必中斷，而變爲他勢；則我之捋勢失效，不可不反退爲進，用前手側採其肘，提起後手，加在前手前臂內便乘勢擠出。則彼於倉猝變化之中，未有不失其機勢，而被我擠出矣。」

文中「採」指節拿而言，即節制地黏貼，而不是用手實採或實拿。當然，捋化只是引化勁的一種，其他如掤化、採化、沉化、空勁等等都可化解人之力。只要在引化以後繼之以擠法，在運用得宜的情況下，就能變小力爲大力，使人無

沈壽太極拳文集

法穩住陣腳,而被驀然拔根擠出。

108. 什麼叫「輕擠得虛實」?

擠法從手法的長短規律來說,是介於按法與肘法之間的。由擠法出手可以化為掤、按等法,由擠法收臂側身則又可變出肘、靠等法。凡我與對方近身相接,如對方不露虛實,我就可用輕擠試探,用假手逼迫其暴露虛實,進而因敵變化,使用相應的著法取勝。

由於用擠法試探時,進可以打,退也可以打;伸手可攻,貼身也可攻。這樣既有利於探明虛實,又有利於隨機應變和得實發放,這就叫「輕擠得虛實」。輕擠是與重擠、實擠相對而說的,實指引誘性的假擠。常言道:「情況明,決心大。」虛實情況不明時,自然不可輕用實著。《五字經訣》所謂「擠他虛實現」,道理相同,都含有引逗的意思。

109. 使用擠法時必須注意些什麼?

用擠必須近身,才能充分發揮兩手、兩肘合力和腰、腿、背、臂之勁。發勁時不論使用長勁、短勁,都應貫以沉勁。正面地發勁時插步宜深,上下相隨,在前足踏實的同時,已經使對方擠彈而出。凡向外發勁總須手稍向上起,方能有拔人根基之效。

落點要對準對方襠口和中軸一線的得力之處,如心窩、兩臂三角肌下凹陷處、背側天宗穴等等。應估量對方可能轉側的方向,如對方企圖向右轉時,我落點就須中間偏左,這樣擠勁一發就恰好落在對方的中軸上;反之,我的落點在正中或偏右,那麼隨著他的轉側,不但擠勁落空,而且正中他的下懷,使自己陷入背境。

由於擠、靠兩法的重力較大，須預防對方放空勁。為此，自身重心要穩，務須「手到足亦到」，而不可手快足慢、身體傾側、兩肩歪斜或上身過出。發放擠勁，通常也應以「肘不過膝」為度。「化而後發」，那是太極拳法的基本原則，由於擠勁偏於短勁，所以如發前無化，就無從顯出擠勁的威力。此外，擠勁以兩手合力攻人，意寓衛護自己。尤應防備對方用採、按等法搶攻我褪口外側的肘節。例如：我用右弓步擠式，對方只須用右手輕採帶化我左肘，便可使我上體發生傾斜。所以，攻中必須寓有守意。

110. 四正推手時如何用擠法？

四正推手時，人将我擠，如不發勁，就把我後一手斜形地在前一臂近肘彎處折住對方的将勁，隨即從我臂上擦出，掤接其按勁。如須發勁，則必須把後一手合在前一臂的脈門處擠發。但即使不發擠勁，後一手也應從接近脈門處移向肘彎，其外形雖有差別，而寓意並無二致。這一點與大将在意念中含有擠發，有其相似之處。

111. 什麼叫「按在腰攻」？

按法包括雙按與單按，即用兩手或一手沉化後向前按出。按法以腰為主力，兩手只起支撐作用。猶如推重物，非用腰腿勁無法得力。推按時要注意虛領頂勁，立身正中，尾閭收住，上下相隨，身不前俯，手稍上起，專注一方，用腰勁帶動全身；做到「一動無有不動」，上下內外、精、氣、神合而為一，從而表現為全身勁整。所以說「按推勁須整」「按在腰攻」。

但整個太極拳的發放，關鍵都在腰脊進退、起落、旋

轉，其中使用「腰攻」的，不只限於按法。清代李亦畬《撒放秘訣》說：「放時腰腿認端的」，說的就是全身勁整。若只用上肢按人而不用腰攻，那就成了垂柳拂面，縱然有風力可借，也只能揮灰拂塵，又何能把人按出。

112. 爲什麼說「按前有一化」？

四正推手通行的次序是掤、捋、按、擠（活用變化者除外），若按動作分析，則在使用按法之前有一個向內、向下沉化的動作，然後轉腕向外、向前上按出。故前人也有把它說成掤、捋、化、按、擠五法，使之與五行相合來進行解釋的。按前有一化，是按法的組成部分，亦即含有「意欲向外、向上，必先向裡、向下」的意思。

雖然在此前的捋法已具有收回之意，而此時的身軀已經側向一邊，故只能取其側翼；但為了化解對方的擠勁，又必須使自己轉斜為正地帶化，並順其來勢須由帶到沉地化開其擠、掤相連的兩勁，然後始能轉腕擠出。倘若在按前無一化，那就會與對方的掤勁相頂抗了。但這些細小動作，是最容易被人忽視的。

113. 怎樣破雙按？

破雙按的著法很多，如四正推手中以掤禦按、以捋破按，便是最常用的著法。但有的人往往因掤勁不足或捋手太慢，被對方按手得逞。有的則因用捋不知轉腰，或因向內捋得太深，以致被人正面突破。

再如，對方突然用雙按發冷勁進攻，我若用掤、捋應之難及，便可隨閃展用「順牽羊」（即「雙採」）破敵；或者斜撤步採其一腕，隨即上一套步，用「野馬分鬃」挒發。若

對方用蠻力困我上臂向前按逼，我只需用右手隨向左轉腰之勢，採執其右臂的肩窩或肘彎（即用我右手對其右臂，但也可用左手對其左臂）向左側捯出，便可使對方失重。但採捯時勁須向上，並得其底盤窄面。這俗稱「拔根法」，實是「提手」的一種變法。

倘如對方用長勁按來，我也可「開手破按」，即用我兩手撥開來手，隨即向其前胸按發，但發勁務須與其欲抽身合成一拍。也可用「提手上勢」的合勁破雙按，即先用合勁合住對方雙臂的肘節，順勢托起後，使之上、下錯開，然後上步翻掌擠發。如此等等破法不一而足，惟在應用得宜罷了。

114.「採」字的含義是什麼？

採，是形容手法像採摘果實或花朵，不要太輕，也不要太重，其技法又如採茶或捕雀、捉蟬，是以技巧為尚的。太極拳推手和散手，突出地發展了武術擒拿中輕巧的拿法，並別立「採法」一詞。這一採字，實際上正是為了表示獨具特色的太極拿法。

115. 爲什麼說「採前要輕，採時要實」？

採，是拿的一種方法，也屬用手箝制或牽引人之一法。在方法上它與其他拳術擒拿的不同之處，主要表現在輕靈鬆柔，而不用大力箝制等手段。在目的上，則以採發引跌為主，而且往往是與其他手法相輔而行的。採前要輕，是指未採發之前的動作要輕，如同「無形」；一重即被對方感知化脫，那就勞而無功了。

《八要訣》說「採要實」，亦即「採時要實」之意。如不採實，那就達不到發放、箝制或牽引的目的，所以必須先

輕後實。輕，輕靈、輕巧，而不是指輕浮。實，實在、落實，而不是指呆實、重滯。因為輕浮必無黏住，呆實脫手必遲。這兩者都是採法之大忌。

116. 什麼叫「拘意莫鬆」？

拘意，指與人搭手後，務須在思想上時刻保持拿住對方得力部位的意圖。前文談到過拿法有「節拿」與「採拿」之分，但無論節拿、採拿，都必須著手於對方肢體能得力的部位。在整個攻守化發的過程中，若要使自己在精神上保持充分的警惕性，一刻也不能鬆懈大意，則反映在外形上，必須相應地始終保持「似採非採，似拿非拿」的拘拿之意。

拳諺說：「拘意一鬆，必露破綻。」說明「拘意莫鬆」是技擊用意法的組成部分，是一種積極的戰略防禦觀點。能做到這一點，則進可以攻，退可以守，不致因對方突然發起進攻而張皇失措；且能隨機出手成勢，使發落之點無不得力。常言道：「意不占先，著著皆空。」說明技擊用意在推手、散手中是十分重要的。這無疑是屬於心理訓練一類的東西了。

117. 為什麼說「採拿宜拔根」？

採法是推手中常用的手法之一，但如要使人傾跌，那就必須拔起對方的落腳。太極拳推手的採拔之法，在方法上與魯智深的「倒拔楊柳」是大不相同的。它是悉依太極順勢借力之法去採拔對方的根基。

例如：大捋時的撤步捋，就含有採腕拔根的意思。如改以一手採腕，另一手採執其肘節或腋窩，借對方前按之力，隨我撤步轉腰之勢，輕靈地向上、向側引動其腳跟，並伺機

採發或補以其他手法，就能使對方跌出。凡我採其活節時，順勢稍向上而起，這就意味著拔根。

拔根之法很多，然而都不是用大力硬拔，讀者可在練習中悉心體會。但「友誼拆拳手宜輕」，一來做到以不使對方跌仆為度（正式比賽除外），二來初學練習時手重，必然會養成使用大力的習慣，那與太極拳的技巧之學就背道而馳了。故用大力拔根的方法，是太極拳推手所不取的。

118. 怎樣使用採法？

採，在推手中一般是指用手採執對方的腕、肘、肩等活節；散手也可採執對方膝、踝等活節。在太極拳的術語中，採與拿的概念並不是完全相同的。採法雖然是武術擒拿術中的一法，但因太極拳把它列為八法之一，經過長期的實踐和發展，使它與一般拳術的擒拿法從風格到方法都有所區別了。採的應用範圍極廣，但仍不外乎採人活節。

在基本手法上可分為單採、雙採，而單採一般是與其他手法相輔應用的。如採挒、採捌、採推、採閃等等應用都較普遍，但大挒推手中的「閃」，只是象徵性的，而不是閃及對方面部的。當採法與其他手法結合應用時，有的運勁方向是一致的，如採挒即是如此。若用「野馬分鬃」，則其一採、一挒的運勁方向恰恰是相反的，這裡採是為了引出對方的反作用力，或者採出其身體前傾的失重感，當對方慌忙抽身時，我就借其抽身之力迅速套步捌發。所以，同樣使用採法，其勁的大小，手法的主輔，都必須是因敵變化的。

但使用採勁也憑腰腿旋轉、進退、起落之勁發放，僅僅是「形於手指」罷了。「採人如摘子」，這話既說明不可久久採住不放，也說明要輕巧敏快，一採即須得效。所以要採

得不僵不滯，勁力恰到好處。

此外，使用單採以試探虛實，然後伺機補手，這也是常用的方法。至於雙採務須並行地向一側發放，而不可採執其兩手或兩臂分向兩側發放，否則就會使對方撞入自己內門，或者是反而穩定了對方的重心。

在散手中，有時採人猶如用繩子拉倒木樁一樣，對方前傾，我便由上而下地採其上肢；對方後仰，我便由下而上地採其下肢，目的都在於使其失重傾跌。

119. 使用採法發放必須注意些什麼？

採法有兩種基本用途：一是箝制，二是發放。用採發勁，不論其發向何方，都帶有拋擲之勢，一般採取先陽（向外）、後陰（向裡）或先陰、後陽，目的在於引出反作用力，然後借力向一側發放。這時要注意勁力順暢、動作圓轉，蓄勢與發力必須完整一氣。這樣借助離心力或反作用力，就能化小力為大力。再如：意欲向我右側採發時，先採之向左；反之亦然。若向裡用採被人感知而受阻，可迅捷地轉化為向前擠、按。但在轉採為擠、按時，勁不可中斷，勁斷易犯雙重。總之，採的發放，不發則已，一發務求成功。箝制的目的不同，其中制而不發，則可向任何方向牽引，意在防禦對方，並使自己轉背為順，或通過採引逼出其實勁，然後乘機應用各種足以制勝的勁別和手法發放。

初學者切忌雙採其兩手垂直地向地面猛力抖發，因為這樣極易使被採者受傷，即使久練者也不可輕用。

120. 如何破採？

太極拳推手、散手常用的破採之法，大體上可歸納為以

下幾種：

（1）纏繞反採：對方想採執我肢體某一活節，我利用上肢（或下肢）的旋轉纏繞、斜閃、柔化等方法解脫，並反採對方，或借力發放。

（2）格出、勒入：在對方已採而未採實之前，我可用順勢格出或勒入手法開扣脫銬。所謂「順勢」，是必須從對方用採的一手腕根部位入手格、勒，而不可從對方手背的虎口上硬格硬勒。因為這虎口就像個「馬蹄扣」一樣，從腕根一側入手，就能輕巧地使之開扣；反之，從手背的虎口一側施加壓力，那就相反地使之越扣越緊了。

所謂「格出、勒入」，是以我開扣一手出入的方向來區分的。格、勒兩者除出入方向相反之外，其基本方法並無不同。這是一種以我雙手破對方單手的方法，在開扣時要兩手同時平行而逆向用勁，而不只是一手用勁，並且要依靠腰腿之勁。開扣一般以拳眼、拳輪、掌背虎口或掌緣小魚際等處著力。如「肘底看捶」「如封似閉」「穿掌」等式，都含有這一類的解脫法。

（3）轉腕翻掌：一名「腕中翻」。這裡不是專指一式，而泛指這一類的解脫法。如我腕部被採，我即將被採之腕，向其拇指一側擰裹或鑽翻。因為任何人用手擒拿對方，其四指聯合力量無不大於拇指，說明拇指一側是個薄弱環節。即使其拇指粗大，握力非凡，但終究不會比腕節更粗大些。所以，用轉腕壓指的手法即可迫使鬆扣；同時可借猛然脫扣的餘勁，順勢進行反擊。

（4）以攻破拿：拳諺說：「巧拿不如痴打。」雖然推手不准用拳打膝撞，但也可代以其他手法。例如：對方用右手採執我右腕，我即轉腕仰掌收手，向右側撤右步墜身下沉，

並扳挽牽引其右手；同時出左手推擊其右肘的鷹嘴骨（即肘尖）。這是「倒攆猴」的活用，只要全身上下動作協調一致，在一轉腰之際出擊，一般是無不應聲脫銬的。而且只要用勁輕重相宜，就不至於發生損傷事故。

但如對方大力箝制不放，這時更可反採切截沉壓其右臂（撅臂法）。此法已包含在大将之中，但切忌猛撅，以免發生傷筋、脫臼等傷害性事故。此外，用挒法破擒拿也是比較得力的。

121. 太極拳架中有沒有採法？

有的人以為太極拳架中沒有採法，這是一種誤解。太極拳架中如攬雀尾左掤式的右手、野馬分鬃與斜飛勢的在後一手、手揮琵琶的右手、扇通背的在上托架一手，以及打虎勢的在下一手，都意含採法。除打虎勢在定勢時以拳表示外，其餘都以掌表示。若是聯繫技擊來用意，那麼，上述一掌在過渡中或定勢時，其掌指聯合關節應微微向上突起，以有別於一般的俯掌式。

122. 怎樣使用挒法？

挒（liè），是太極拳專用的術語字，最早有可能是同音的「捩」字的別寫。挒、捩都是扭轉、轉折的意思。現代力學告訴我們：凡是兩個平行的力，其大小相等、方向相反，這在力學上就叫做「力偶」。

力偶能使物體旋轉。我們用拇、食兩指捻陀螺使之旋轉，使用的就是這種力。太極拳的挒法也是符合力偶原理的，同時也兼具利用合力與慣性等原理。

例如：對方用右拳打來，我側身斜閃，用右手採執其右

腕，同時換步把左足套在對方在前的右足外側或後側，用左臂從其右臂下向其胸部捌去，這時就使他的上體發生旋轉。原因是對方擊我之力來自其右方，而我捌擊著力於其左方。但如只是旋轉並不能使之跌倒，只因對方被捌時右肩不自覺地後抽，這樣就產生上體左右同時向後的合力；當其上體迅猛向後運動時，而下肢卻被我絆住，於是，一剎間上體運動的慣性就造成對方在我左腿上仰身跌出。這就是「野馬分鬃」的正捌法。

捌法的名目繁多，如正捌、反捌、橫捌、採捌、拐捌、掏捌、閃捌等等不一而足，但其基本原理是相同的。

123. 使用捌法要注意哪幾點？

使用捌法要注意下列幾點：

（1）兩端用力必須大小相等、方向相反，並發生於同時。兩端用力必須相互錯開，否則形成兩力相抵，反使對方穩定了重心。

（2）既可在其身上兩端用力，也可只用一端之力，而借用其自己發出的另一端之力。但必須符合上述第1點條件。

（3）出手要上下相隨，手到步到，並以腰為軸，使全身勁力完整一氣。一般用套步或斜步反套等法封鎖對方後退之路。

（4）動作要敏捷，「捌驚務相稱」。如野馬分鬃的一採、一捌，既引出反作用力加速其上體抽身，又使其突然失重跌出，達到動若驚雷、使人不及掩耳的地步，若動作不驚險，那對方只須跨出被我所套的一足，便使我難以得手了。

（5）發勁一定要得著其底盤的窄面。當其跌出時，要預防其抓把不放。這時要特別注意自己下盤穩固。

124. 四隅推手中的挒法何在？

關於四隅推手中的挒法，即《太極拳體用全書》所說：「甲……以掤勁化乙之按勁，走左肘，翻左腕，握乙之左腕是為採，右手不動即為切截，一變便為挒。挒者，即撇開乙之左肘，向乙領際以掌斜擊去。」

這一挒法與野馬分鬃動作也是一致的，不過這裡不是用我右手從對方左臂下穿入，而是沿其左上臂之上，用我右手虎口一側的手背，向其頸部右側斜擊去。由此說明，楊式太極拳架式中野馬分鬃、斜飛勢的前手，都應是側仰掌，而不是全仰掌，即所謂「以掌斜擊」。但這一挒法在四隅推手練習時並不真做，只在意念之中有此一挒。

125. 什麼叫「肘在屈使」？爲什麼又說「肘屈勿輕使」？

拳為長手，肘為短手（或稱「二門手」）。《十八在訣》說：「肘在屈使。」說明使用肘法時，都必須把肘關節屈成直角或銳角，但上臂、前臂不可貼緊。用肘極易傷人，所以《八法訣》說：「肘屈勿輕使。」同時由於肘法雖凶猛卻易破，用得不好反而受制於人，這也是「勿輕使」的原因之一。

126. 怎樣使用肘法？

一般地說，當對方逼迫較近，而我的拳勢已被封閉時，或者當我一臂的肩、腕兩節被採執，且因對方猛採而使我肘部接近其胸、肋部時，這時正是進步順勢折肘的良機所在。但在發肘勁之時，如我的上臂或前臂已橫貼其胸，則肘勁已

被閉塞，發也無效。

肘勁短促而凶狠，頂肘時使用肘尖，有直頂、橫頂之分，也可按上、下、左、右等方向劃分。由於頂肘是毒著，而推手是不使用護具的，所以嚴禁使用頂肘法。

在與陌生人推手時，尤其是初學推手的青年人，更應預防其自覺或不自覺地頂肘傷人。明‧俞大猷說：「視不能如能。」說明古往今來學武術易傷人的，往往是只得皮毛的「不能」者，對此不可不戒。

127. 太極拳架中有沒有肘法？

太極拳架中，如「撇身捶」式，在橫拳當胸向右側撇出之前，就在意念中含有一頂，此即為橫頂肘。但在動作上並不明顯地表現出向右側頂肘，因為頂肘時極易傷人，所以對一般初學的青少年通常是不作講解的。

在撇身捶式中，也含有破「採肘法」，即：若我在做橫頂肘時，對方以一手採執我肘節，我迅即以肘為軸，以拳為輪，把拳向對方的頭面或心窩部掄撇。這是一種攻守兼備之法，即既攻人頭面，又對敵手所用的掣肘法使之不解而自解，與「巧拿不如痴打」之說切合。

128. 四隅推手中的肘法何在？

四隅推手中的肘法，是在意念中或在變化時有肘的動作，例如，當對方左掤以右前臂切截我左肘時，我即將左肘折疊於對方的右前臂上，用肘尖向對方胸部頂去，此即為肘法的動作。此外，還有用肘切截沉化或以肘截肘等法。用肘沉化防守，在太極拳推手、黏手、散手中應用廣泛。常用有兩法：

（1）一手採腕，另一手用前臂近肘部向外切截住對方上臂的近肘部位。這主要是為了防止對方用肘、靠或其他手法侵入我內門。推手中，這種手法的輕重要運用得當。

（2）用我採執對方腕部的一手扭腕，使其肘尖向上翻起，然後用另一手依第1法向下切截沉壓。此為撅臂法，真用時勁大可使對方肘關節脫臼，力小也會造成傷筋等損害。所以此法在推手中也只能是象徵性的，而不可真用實撅。

129.怎樣破解肘法？

破頂肘大多用柔化避讓的掣肘法，同時用一手占其背把，借力發放。掣肘時要防其乘機撤拳，但如雙方以散手對待，在正式競賽和有護具的情況下，則掣肘同時便可起腳攻脅（即應用「擺蓮」等式）。因為除向下頂肘以外，其他各種頂肘法的脇部必露空隙。

遇反關節撅臂時，則切忌挺伸著肘關節進行硬抗，只須撤步轉身反採、反捋或者用我兩手平行而反向的兩力，開脫其採、撅兩手中的一手，同時順勢借力反攻。這些都是比較常用的破撅法。

130.什麼叫「靠在肩胸」？

太極八法中的靠法，是以肩部靠人胸部為主，所以才有「靠在肩胸」的說法。

131.怎樣使用靠法？

靠法名目繁多，有丁字靠、一字靠、雙分靠、背折靠、肩背靠、七寸靠等等，不勝枚舉。若以各派武術的靠法來分析，則肩、膊、胯、臀、背等各部都可靠人，而太極拳推手

用靠則以肩、膊為主。

用靠勁須在與對方身體貼近之際，用崩炸勁靠去，就像爆破山嶺一樣，大有崩塌之勢。凡以肩對胸之靠法，其發落點（即發勁著力點）應在正胸，而不可偏於其適於轉向的一側，否則極易落空。用靠以順步較為得勢。

在步法上不論採取插逼或封套，步要深入，立身務須正中，做到肩胯相合，上下相隨，兩肩平沉，而切忌斜著肩膀遠距離撞去。否則不是失重自跌，便是衝撞傷人。

在推手中發靠勁，距離要適中，既不可遠，也不可待貼住身體方始發勁。否則勁路被閉塞，發放效果不大，反易受人所制。因之，「貼身靠」是指「貼近身體用靠」，而不是指「貼住身體始用靠」。當然也不準用斷勁撞擊。

練習時用肩側的三角肌部位平正地靠發，一般是比較安全的。若是斜著肩膀靠發，便以肩節骨骼的堅硬部位頂人，自然容易發生傷害事故。靠勁在太極八法中大於其他各勁。雖然因其作用面較大，相對地壓強較小，卻又因其接觸對方身體後做功的時間相對地較長，因而顯得勁力雄厚，頗有推山入海之勢。

132. 四隅推手中是怎樣用靠法的？

四隅推手中用的是「丁字靠」，即對方撤步採挒我一臂，我即進步橫臂先擠後靠。靠時用我後一手托護在前一臂的肘彎處，這樣就形成一個丁字形；同時，兩人身形相接，也略呈丁字形。

後手的托護既為保護前一臂的中節（即肘節），防止對方撅臂或掣肘，又得以在發放時，有助於增強肩臂的靠勢。此外，也兼具穩定自己重心的平衡作用。

第四章
太極拳推手力學

133. 練推手爲什麼要學點力學知識？

太極拳推手運動是武術對抗性競技和健身項目之一，它體現著古老的搏鬥技藝。學習推手的人若能懂得一點人體運動力學原理，這對於解決在推手中如何合理地使用力量、如何避免做「吃力不討好」的無用功，以及如何進行攻守才能合乎力學原理等等問題，肯定是大有裨益的。

時代賦予我們的責任是：中華傳統武術要衝出亞洲和推向世界，就必須沿著科學化的道路向前邁進，而決不是倒退地走向古代，這才稱得上在繼承傳統的基礎上有所創新，有所發展。運用現代力學科學來解釋武術運動，正是武術科學化的重要內容之一。力學是許多科學技術的基礎學科，如土木工程、橋梁、機械，以至宇宙航行等等自然科學，無不是以力學爲基礎的。

武術運動，尤其是武術競技，自始至終地貫串著力的運用，太極拳推手自不例外。因此，懂得人體運動力學的基本原理，無疑是十分必要的。由於人體運動同其他任何物體運動一樣，都受著物理力學定律的支配和制約，凡是違背力學定律的任何動作，不論在走架或推手時，都會遭到無情的失敗。我們在教學中所說的動作姿勢不正確或攻守失誤，其中有很大一部分就是因為學員或運動員違反了力學定律所致。《太極拳論》說：「由著熟而漸悟懂勁，由懂勁而階及神

明。」懂勁，就是指懂得勁的規律。

在我國古代，雖然沒有單獨建立起物理力學這一學科，但太極拳如不符合力學原理，那不但在與人對打或推手時必敗無疑，而且連走架也會站不穩腳跟的。因此，所謂「懂勁」，在客觀上也就是懂得力學原理在太極拳中的實際運用。

134. 重心原理在推手中的重要意義何在？

拳諺說：「重心不明、立腳不穩。」「自立不穩、如何發人？」所以傳統教學中練步、站樁的第一課，首先是要求初學者在動態或靜態的情況下，以正確的下肢動作、姿勢，把重心自然地放在最適當的位置上，做到「動步不搖擺」「站樁不拿樁」。這樣從整肅儀態、搭好下盤架子入手，方能進階到「學步法」「練氣功」。

這就像泥瓦工砌牆前，首先要打好地基。砌牆時還要吊上一根鉛重垂直線，或者隨時用儀器觀察一下牆頭砌得直不直。否則高牆傾側，一旦重心越出底盤，牆頭尚未砌成就倒塌了。再如初學騎自行車，凡是跌跤的，多半與重心把握不住有關。太極拳推手是兩人對抗性競技項目，在攻守之中，重心升降起落、推移變位都關係到身軀的穩定與否，關係到攻守的得力與否。因此，重心原理在推手中的重要意義就不言而喻了。

135. 人體的重心在哪裡？

人體的重心，就是人體重力的作用點。凡是均勻的直棒，重心在軸線的中點；均勻的球體，重心在球心。偏偏人體是不太均勻的，就一般而言，人體處於直立的靜止狀態，

其重心在臍下1~2市寸的腰腹之間。這一說法，與武術傳統說法中稱重心在臍下二寸的丹田部位，兩者基本上是一致的。但後者所說的「二寸」是「同身寸」，即：將本人食指、中指併攏、伸展，以此兩指第二關節的寬度作為二寸。由於各人軀幹和手指的長短寬窄不同，因此，折合市寸的話，也正好是臍下的1~2市寸之間。

明代名醫李時珍在《奇經八脈考》一書中也說：「石門即丹田，一名命門，在臍下二寸。」但如作具體分析，男女重心高低也不盡相同。如：男子肩膊寬、骨盆小；女子肩膊窄、骨盆大，所以，女子的重心普遍低於男子。同是男子，練拳、站樁的人，氣能下行，上輕下重；高血壓或神經衰弱等患者，頭重腳輕，因此，後者的重心顯然較前者為高。

這一點涉及到各人內在氣血分布和運行等因素的影響，這就不能單純地從外形來作出判斷了。

而且，以上只是指人體垂臂直立這一靜態中的重心，而不是指人體運動中的重心，人在打拳或推手的時候，重心的位置是不斷地在變化著的。如做白鶴亮翅式時，重心就高於預備勢；金雞獨立式的重心不但較高，而且偏向於一邊。一般地說，凡人的上、下肢向上運動，人體的重心就隨之上升；上、下肢向前或向後運動，人體的重心就前移或後移；人體前屈或側彎，人體的重心除了做相應移動之外，有時還會超出體外。因此，太極拳是不主張前俯後仰和左搖右擺的，推手也有此要求。

人的肢體運動之所以會引起人體重心位置的變動，這是因為人體的任何局部都受到地球引力的作用。換句話說，人體的重心實際上是人體各個環節重力的合力作用點，或稱之為「人體總重心」。只要臂、腿等任何一個環節的重心發生

變化，都會影響到總重心的變化。

從這個意義上說，在推手運動中穩定重心，不僅有賴腰腿的功夫和身法靈活變換，而且與上肢的屈伸開合也有著密切的關係。所有這些，都是值得深入探究的。

136. 什麼叫重垂線？

重垂線也叫重心垂直線或鉛直線，是從上到下垂直地通過物體（包括人體）重心的一條無形的線。「重垂線」，也就是「重心垂直線」的簡稱。

但不管物體怎樣運動，也不論其姿態如何，重垂線是始終與地面成 90°直角的。「鉛直線」一詞，源於建築行業用線縛住鉛陀螺來測定準確的重心垂直線，故名。換言之，鉛直線是重垂線的俗名。

137. 什麼叫重力？

在地球表面上，物體之所以有重量，都是因為地球有吸引力的緣故。這種因地心引力使物體產生重量的力，也就稱之為「重力」。例如，宇宙航行中宇航員及有關物體的失重現象，都是由於失去了地球引力。推手運動必須充分利用重力的特性及其規律，人體的重力既分散於肢體各部，又綜合到全身一點。拳諺說：「合下全身千斤力。」這也包含了利用全身總的重力作用。

太極拳推手特別強調「以腰為軸」「周身一家」「全身勁整」，就是為了利用人體的總重力；相對地說，如只用一臂的力與人對峙，而不在同時運用腰腿的勁，那就只利用了一臂的重力作用。局部重力自然抵不上「總重力」。但若就其變化而言，那麼，重力的分合在推手運動中是各有用處

的。前輩武術家常把人體氣血以水銀作比喻，把水銀裝在玻璃管裡，隨著玻璃管位置的變動和水銀的流向，其各部重力也隨之發生變化。

太極拳推手隨機應變地調節自身的重力作用，使之可升可降，可輕可沉，變化萬端，其原理與此確有某些相通之處，值得學者在實踐中悉心體會。

138. 什麼叫底盤？

底盤就是支撐物體的底基，也叫做「底基」或「底面積」。例如，鐘座就是鐘的底盤。拳諺說：「坐如鐘。」就是因為座鐘的底面積較大，形成上小下大，頭輕腳重，給人以穩定感和莊重的印象。因此，才以「鐘」來作蹲坐勢的比喻。也就是說，習拳者必須像座鐘一樣，在坐或蹲坐時要保持兩腳齊整地踏實，身法端正，胸虛腹實，穩如泰山。

當我們在推手運動中，不論步法如何變化，凡以兩腳站立時，其兩腳外緣的聯線範圍以內的面積，就構成了人體的底盤。如只以一腳立地（如獨立步或起腳），獨立一腳的底部，就成了人體的底盤。

139. 爲什麼重垂線須保持在底盤範圍以內？

在推手運動中，人體的重垂線如能保持在底盤範圍內，那麼，人體就處於相對的穩定狀態。反之，如重垂線超出底盤，在沒有依托等條件的情況下，又無法使其重新納入底盤，那時人體就會發生傾跌現象。

我們不妨拿一盒火柴來做試驗：把火柴盒直立地放在桌面上，它的底部長方形面積就是底盤，它的重心在正中間，貫串於這個重心垂向地面的垂直線，就是重垂線。如果重垂

線與桌面的接觸點是保持在底盤的中心，那麼這盒火柴就很穩定。如果你伸出一個指頭輕輕地在火柴盒上部推動，漸漸使之傾斜，這時火柴盒的重垂線就隨之偏向底盤的一側。但只要重垂線仍在底盤範圍以內，那還不至於傾倒；一旦重垂線越出底盤，火柴盒就跌倒了。

由於直立的火柴盒底盤較小，重心較高，以致其穩定性較平放的火柴盒差得多。如果你把火柴盒平放在桌面上，往往不是用指頭推移就能使它翻身的，而必須用手指的彈勁彈擊，才能使它翻過身來。從這一點就足以說明，底盤越大，穩定性越好。「穩如泰山」這句話，就說明「泰山」的底盤很大。然而人是兩足動物，不管你怎麼大步站立，底盤總有窄的一面，於是，怎樣把重垂線保持在底盤之內，就成了推手運動中的一項深邃的學問了。

既要把對方的重垂線擊出底盤，又要使自己重心相對地經常穩定在底盤之內，惟有如此，才能使對方傾跌，而不使自己傾跌。這是一個原則。然而實際情況卻要複雜得多了，因為當重垂線越出底盤時，人體還可以依靠技巧，使之重新納入底盤。拳家常說「動步相隨」「步隨身換」。這就是提示人們在推手運動中要隨時調整底盤，使自己保持相對的穩定狀態。此外，騰空技術、樁步技術以及聯合底盤（即依托技術）等等，都足以使重垂線雖越出底盤，而又能很快恢復到底盤範圍以內。例如「被打欲跌須雀躍」這句拳訣，就說明在失重欲跌時，可以運用「雀躍」的技巧，使自己恢復重心的穩定。

以上說明，「身法要正」是一個原則，但不一定把重垂線始終保持在底盤的正中央。在推手中即使重垂線越出底盤，那也不是非跌仆不可的。拳諺說：「拳架要正，運用要

活。」這是很有道理的。

140. 什麼叫「聯合底盤」？

舉例來說，一張方桌四隻腳，擺在地上很穩定，當你把方桌桌面從正中線鋸開，這時成了兩個各有半張桌面、兩隻腳的廢物了，讓它們單獨站立時，由於它們的重垂線都越出底盤，自然沒法站住。但如果把它們按方桌原來樣子搭在一起，雖不膠合，卻仍能站得住。這就是所謂「聯合底盤」。

結合推手運動來說，如我受對方進攻，當自己失卻重心的時候，我就用依托技術往對方身上靠去，這樣不但能穩定住自己的重心，而且只要應用得法，還能轉敗為勝。太極拳推手的這種技術，與摔跤抓把是不一樣的，即使借採法依托，也只在一剎那間，而不允許硬拿強抓或抱住對方。

141. 什麼叫「得橫」？

得橫，就是得著對方底盤的橫面。任何人在推手運動中擺開步式站立時，他的底盤總是有較寬和較窄的一面。你不妨站著試一試，如果你擺出一個底盤呈四方形的開立步，那種近似立正的步型，在推手運動中一般是用不上的。所以，從原則上說，實際應用於推手中的任何步法所形成的底盤，都有其較窄的一面。當底盤的窄面受到攻擊時，人體的重垂線就容易越出底盤而發生傾跌。

現在再用火柴盒來舉例：把一盒火柴豎在桌面上，你如果用手指輕輕地推它底盤較寬一面的中部，就不容易推倒；如果你推它底盤較窄的一面的同一部位，就一碰即倒。這較窄的一面，就是「橫面」，簡稱為「橫」。得橫，就是要善於進攻對方底盤的橫面。橫面，有左右或前後兩面，據情攻

擊其中一面或兩面，這樣一般遠較攻擊底盤較寬的直面容易取勝。但如攻擊兩面，由於在推手運動中不允許用拳、掌夾擊傷人，因此，只能是兩手相繼連續用推按等法，或引左擊右，或引前擊後，使之失重。若用兩手同時得其前後兩個橫面，那必須錯開位置，亦即應用挒法。如不錯開位置，那就反而幫助對方穩定了重心。

142. 爲什麼說「得橫即得勢」？爲什麼要「機勢並得」？

因爲底盤橫面是個薄弱環節，如弓步的左右兩面較窄，馬步的前後兩面較窄，說明底盤橫面不但伸縮餘地相對較小，而且不像底盤直面那樣能充分發揮後腿的支撐力量。推手時一般以底盤直面與人對待，不讓對方得著橫面。就形勢而言，凡能「得橫」，也就有利於我發動攻勢。所以，「得橫」也就是得其有利於自己的形勢。

民間推手，也有以開立步與人對待的，由於這是一種動靜未分的步式，靈活性較好，雖然以橫面待人，但由於隨機動步卻又不易使人得實。若以大架與之對待，那就必須由插步進逼，逼出對方動靜既分後步式的橫面，再乘勢進著。大架推手底盤的直、橫面雖很明晰，但如做定步推手，仍可依靠身法吞吐、轉側以及各種手法進行攻守，使對方難以得實。總之，即使得橫，但如不能得實，依舊是空。如做活步推手，那更有騰挪之法，使對方難以得實得橫。由此說明，得橫只是得其形勢而已。

得實即得機，得橫即得勢。雖能得其橫面。但如得不到可以得力的發落點，依舊沒法取勝。所以，必須做到機勢並得，這樣發必應弦。反之，在不得機勢的情況下，就不妄發

擊，而只能透過引動、變化，以等待和創造機勢的到來，然後戰而勝之。

143. 什麼叫作用點、著力點、發落點？

作用點就是力點，這是現代力學通用名詞。著力點和發落點都是力點的俗名，是太極拳推手的術語。但著力點與發落點稍有區別：著力點通常是泛指不論何處凡與人肢體相接觸而可以著力的部位；發落點則是專指發勁時的力點。

144. 推手的發落點以什麼部位最為相宜？

發勁的部位要審時度勢量敵而定，但一般總以著力於人體重心以上部位的凹陷處和關節及其鄰近部位最為相宜。如乳根連線、心窩、腋窩、三角肌下、肘和腕關節、肩胛骨陷中（天宗穴）、算盤珠下（大椎穴）、兩脇、腰脊等部，以及重心附近的兩胯骨和小腹等部，都是較常用的發落點。不過，其中有的是基本的，只需取其一個或一對部位就能很得力地發放出去；有的則屬於輔助性的，必須與其他部位結合為用才能得力。

例如：人體重心所在的小腹部位，就屬於輔助性的，必須用兩手上下分撐胸、腹，才有可能得力發放；如只推按對方小腹，用處就不太大。若把人體想像成一個圓柱體，那麼發落點務須對準中軸的上部。

一般地說，離重心太近，就不易把對方擊倒。如拳擊運動主要依靠打擊對方離重心遠的頭部，才有可能把對方擊倒（因受傷而跌倒者除外）。如發落點離重心太近，外力與受力者重心這兩者無法形成力偶，人體就不易發生跌仆。

再如：硬氣功表演用手掌推斷石碑或用頭部撞斷石碑，

也都是推擊或撞擊在離石碑支點較遠的上部。然而太極拳推手禁推頭、面部，所以正中以心窩及男子胸脯最為相宜；側翼以腋窩、三角肌下等最為相宜。

以上只是指通過推手使對方失重而言，而不是指對敵實戰中用於擊傷之法。這兩者是不可混為一談的。

145. 在推手時，如何去認識人體襠口與底盤、中軸的關係？

在推手教學中，往往強調認定對方的「襠口」，作為發動攻勢的趨向。因為「襠口」既在中軸一線，又在底盤的橫面。這就像一條長板凳，板凳下面的空隙就像人體擺定馬步姿勢時的襠部，而「襠口」在其正中，從這一點推動板凳，就最容易使其跌翻。

如為了模擬人體，再在長板凳上安裝一段圓木來代表頭部和身軀，那麼，以推這段木頭中軸的上部較為省力。而這個部位，又必須在襠口之上；反之，如你從長板凳左右的一側推木頭的中軸，由於長板凳的另一側有兩腳的支撐力，如今正對其支撐部位的方向推去，那就吃力不討巧了。由此說明，我國武術並非不講究物理力學，僅僅是與現代力學用語和說法有所不同，而其基本原理卻是一致的。

146. 為什麼要「側入、豎擊」？

「側入」含有兩種意思：一是「跟身到腋」，攻人側翼；二是凡對方以底盤直面與我對峙時，由於其襠口略呈斜向，所以我也相應側入，占據最有利的出擊形勢。

豎擊，即出擊時由下而上略呈斜線，與我後腿蹬伸之力形成斜形直線，即所謂「勁起於腳，發於腿，主宰於腰，形

於手指」。如此「周身一家」，勁力完整，發勁時猶如立木可頂千斤，同時也有利於拔起對方腳跟，使對方跌翻。

147. 攻守中如何利用重心高低？

重心高低，各有利弊。重心低，穩定性較好，既有利於防守時的封閉，又有利於進攻時的「豎擊」。但不利的一面是身法較低，一旦自己被外力把重心擊出底盤時，可挽救跌仆的時間較短。

例如，你豎立長短不同而直徑相等的兩根竹竿，當它們在同一時間開始倒下來，長竹竿就比短竹竿倒地為慢。重心高，靈活性較好，防守時的身法柔順，進攻時也能由身法下降的位能轉化為動能。

一般地說，重心高明顯地有利於蓄勢防守和伺機變化。拳訣說：「人高我高，我攻在先；人低我低，我攻在後。」這是結合借力來說的。其大意是，在推手中對方身法升高，我就借其上升之力向前豎擊。若對方身法下降，意欲向我發動進攻，我也相應地下降。一來準備借力，所以讓他先攻，而我採取「後發先至」；二來兩人身法相當或我落得比他更低，就能有效地抑制他豎擊的企圖。

總而言之，兩人推手競技時變化萬端，重心要根據情況起落變化，而不可固定於一線或一點。但起伏變化的幅度也不宜太大，動幅大，耗能多，破綻也多些。對此，也只能說是「運用之妙，存乎一心」了。

148. 物體有幾種基本平衡狀態？在推手運動中 是否都能應用？

物體有三種基本平衡狀態，即穩定平衡、不穩定平衡和

隨遇平衡。在力學上通常是用狀似驅蛔蟲寶塔糖式的錐形體來表示的。

（1）穩定平衡：把錐形體像塔一樣地放置正直，其圓形底面積平穩地放在桌面上，尖端朝上，這時重心較低而處於正中，上輕下重，穩定性極佳，故名「穩定平衡」。

（2）不穩定平衡：把錐形體顛倒過來，使之尖端朝下，底座朝上。這時除了應用力偶原理，像捻陀螺一樣使它旋轉起來，才能達到短暫性平衡，此外別無它法。它的重心很高，頭重腳輕，加上底盤只占立錐之地，以致只能有不穩定的、極短暫的平衡，故名「不穩定平衡」。

（3）隨遇平衡：把錐形體橫倒放置，重心雖偏於原來的底座一邊，但不管它如何滾動，重垂線都不會越出體外，故名「隨遇平衡」。有「隨遇而安」的意思。凡球形體或橫放圓木棒，也都有與之相類似的特性。

在推手過程中，三種平衡狀態都能應用，惟隨遇平衡狀態只有在發生跌仆，用團身滾翻來防護自己的時候才會出現。而在推手時兩腳隨機變換虛實，做到動步相隨，這雖在形式上與隨遇平衡的物體是有所不同的，但卻有著相類似的實際效果。

149. 在推手中應該怎樣去保持肢體的平衡？

人體運動與靜物平衡有所區別，因為人體運動中可以由調整肢體各部分的活動來維持平衡狀態，即使有時重垂線超出底盤，也有挽回使之重新納入底盤的餘地。通常採用平衡的方法有下列幾種：

（1）穩定平衡。不論定步或動步，只要做到上下相隨，全身肢體協調一致地保持相對的穩定，都屬此類。

（2）不穩定平衡。凡出現不穩定平衡狀態，除了運用動步相隨以外，還可以運用旋轉、彈跳、竄蹦等各種方法，使一腳或全身騰空，並爭取在落地時，使自己的重垂線重新納入底盤範圍。

（3）撞碰平衡。在自己出現不平衡狀態時，運用「掤、捋、擠、按、採、挒、肘、靠」太極八法，透過適度發勁，從而因「撞碰」對方而產生反作用力，既能把對方發放出去，使自己轉背為順、轉敗為勝，又可使自己的重垂線重新納入底盤。不過這裡「撞碰」不是指「撞膝」或「衝撞」，而是借用物體由撞碰來維持平衡這一基本原理，去達到積極的技擊效果和恢復自身平衡的目的。就像一個陀螺原來已快要跌倒了，但運用與另一個陀螺的撞碰，竟使另一個原來旋轉穩定的陀螺先行跌倒，而自己倒反而繼續穩定了一陣。再如，當你面對牆壁站立，中間相隔半公尺左右的距離，然後你直身向牆壁方向倒下，等到快觸及牆壁時，迅即用手推按牆壁，借反作用力使自己恢復到穩定的直立狀態。撞碰平衡的原理，與此大同小異。

（4）依托平衡。用單向依托或雙向依托構成聯合底盤，來取得暫時平衡。但由於推手運動是不准摟抱或抓人的，因此，對依托平衡的應用範圍遠不如摔跤來得廣泛，而且必須是應用得宜的。

以上應以第一種方法為主，第二至第四種方法為輔。而實際上第三、四種方法也屬「不穩定平衡」，它與第二種一樣，是處在不穩定狀態中轉背為順的具體方法。從原則上說，推手中的平衡是以相對的、積極的平衡為主，而把重心置於底盤正中的那種平衡是不可能保持經常的。

150. 什麼叫氣沉丹田？

「氣沉丹田」是古代武術術語，一般泛指採用腹式呼吸能使內氣下行沉於丹田部位而不至於飄浮於胸部。具體地說，當人們在吸入外氣時，內氣就收斂入脊骨，即所謂「氣貼脊背」；當人們在呼氣時，內氣就沉於丹田，即所謂「氣沉丹田」。但若以內氣流行於四梢（即四肢）來解析，則仍以丹田為中心，當人在吸入外氣時，四梢的部分內氣收回至丹田；當人在呼氣時，丹田的部分內氣又貫達四梢或向外發放。這是傳統武術的習慣說法，在目前恐怕還很難用現代科學來進行解釋。至於要做到氣沉丹田，那還必須由武術站樁和走架中的養氣、練氣，逐漸來加厚其功底的。

沈壽太極拳文集

151. 氣沉丹田能使人降低重心嗎？

《十三勢行功心解》說：「以心行氣，務令沉著，乃能收斂入骨；以氣運身，務令順遂，乃能便利從心。」我們知道，久練深呼吸的人，肺活量就大，橫膈膜升降幅度也大。但練腹式呼吸的人，因不主張胸廓大幅度地忽開忽合，因此，相對地說，其橫膈膜升降幅度比練胸式深呼吸的人就更要大一些，這樣胸廓動度小，就更有利於下盤穩固。

至於呼吸量大和內氣流行能順遂暢活，則內氣的分合自然能「便利從心」，由於內氣沉於丹田的分量大，當胸部的外氣一經呼出，重心就自然會相對地降低些。因此，不但久練太極拳的人在練拳入靜時會有「吸浮呼沉」的沉浮感，即使一般人在齊頸深的水中進行深呼吸時，也會有明顯的沉浮感，僅僅是久練腹式呼吸的人，這種沉浮感更加明顯而已。這說明呼吸出入與重心高低的關係原本就是存在的。

152. 如何在推手中合理用力？

一個健康正常的青壯年人，一般應能背負與自己體重相等的重物，而背負重物已比手提的力氣要大一兩倍了。但現代訓練有素的世界著名舉重運動員，卻能用雙手舉起相當於本人體重一倍以上重量的槓鈴，這除了力氣大小的因素之外，還存在一個合理用力的技巧問題。

如果兩個力氣大小相同的人做力量型的對抗性競技比賽，那麼合理用力的問題就成為決定勝負的重要關鍵了。由於各項體育運動的動力定型不盡相同，因此，合理用力的要求也隨之不同。

仔細分析舉重運動中以上下升降為主的動力定型，與武術運動中常用的直力、橫力、環力是很不相同的。而太極拳推手慣用的圓活之力，與其他拳術訓練所形成的動力定型，在風格特點上也都有很大的差別。但若從生理上說，則他們用力的張弛、勞逸等基本原理卻是大體相同的。因此，要想在推手中合理用力，同樣地必須首先懂得如何才能省力的問題。現針對如何在推手中講究合理用力和省力問題，提出如下三個基本要求。

第一，張弛交替，勞逸結合。

「張弛交替」原本是運動普遍規律，但這裡是專指不要連續用力。凡是連續用力的時間越短，則能產生的力氣就越大；反之，如連續用力的時間越長，那力氣就漸漸變小了。因為人的某一部分肌肉或關節如果不停地工作，這樣就會使中樞神經和外周神經系統首先產生疲勞。這時人體有關部分的能量就會因耗能過多而供應不足，酸性等廢物也來不及運走，於是肌肉收縮漸漸乏力，關節轉動也變得不太潤活了，

人的力量也就越來越小了。所以俗話說：「遠路無輕擔。」
這就說明連續用力容易使人疲勞。

有的人把長拳套路中連續快速運拳的方式照搬到武術散
手對抗性競賽中去，結果就是初局聲勢大，中局聲勢小，末
局最糟糕。其主要癥結就是不善於在攻守中注意省力和「休
息」。從整體來說是這樣，從局部來說也是這樣。

能雙手交替應用，比單手連續用力就強得多，若能使全
身各部分，凡可以應用於攻守的都隨機應變地、交替地投入
攻守中去，這樣由於身體各個局部能獲得交替休息，相對地
疲勞就到來得遲一些。

從這個意義上說，推手的技法越多，特別是肢體各部能
交替地投入攻守，這樣持久性就好。這就像一個部門十個
人，若是工作分配能使大家勞逸均勻、適度，那十個人的健
康就都很好。若勞逸不均，只由一人勞動，讓九人休息，那
累死了這一個人就沒人能幹活了。

反過來說，損害了局部也就損害了整體。所以，每一局
部都不可過分長久地連續用力，而必須張弛交替。

第二，以逸待勞，不妄發擊。

太極拳主張「用意不用力」和「順勢借力」。「不用
力」是相對的說法，但不僅僅是不用拙力，而且要盡量少消
耗力氣。如果兩人原來力量相當，推手中一方的力氣消耗得
多，另一方消耗得少，後者的實力就強於前者了。

所以，在推手競技過程中，一般總是張少弛多，在外形
動作上表現為纏綿舒張，柔和輕靈；在推手技術上也表現為
「捨己從人」，不妄發勁。這樣就為蓄勁省力創造了條件。
由於蓄勁有餘，在得機得勢的時刻，就能迅速集中力量在瞬
間借力發放。不發則已，發則必中。

第三，充分利用人體重力和位能作用。

推手中人體不斷升降、旋轉，兩手不斷劃圈，其間，就有可能利用人體的重力和位能作用，來輔助人體主動產生的生理的力。例如，你用雙手的力去按壓對方，倘能把身法降低，這與單純用兩手之力的效果就大不相同了，這在術語上叫「沉勁」。實際上是利用了人體下沉的重力，把位能轉化為動能。

打太極拳時，手在上提時多少要用點力，但當手從上面往下落時，就可以完全不用力，這也是利用了位能轉化而成的動能，實際上也就是利用了手臂部位的重力。類似的原理在推手中也同樣能得到廣泛應用的。

如何合理用力和節省力氣，是「以小打大」「以弱勝強」的關鍵問題，所以，太極拳推手是最講究合理用力和積蓄後勁的。

153.什麼叫順勁、逆勁？

順勁，就是順著對方的勁路運動；逆勁，則是逆著對方的勁路運動。要做到順勢借力，就必須懂得順勁和逆勁的道理。力學原理中合力定律告訴我們：凡兩力相合時，其夾角越小，合力越大；夾角越大，合力越小，這是可以用力的平行四邊形合成法則來檢驗的。

一般地說，凡兩力相順，從直線相順直到成直角為止，都屬順勁；直角以上漸漸出現逆勁，直到180°兩力直線相抵為止，都屬逆勁。順勁中夾角小、借力多的，稱為「全順」；接近直角而借力較少的，稱為「半順」。而逆勁就是犯了雙重。凡逆勁不太嚴重的兩力相抵，稱為「頂」；與此方向相反的兩個相爭，就稱為「拖」；如逆勁嚴重的就形成

了兩力對抗，稱為「抗」；與此方向相反的兩力相爭，就稱為「拉」。實際推手中只要力求順勁就可以了，不一定也不可能都取得「全順」的。

154. 什麼叫背勁？

背勁有兩種不同的詞義：一指發自背、臂的勁；一指處於背勢時發出的逆勁。凡處於背勢之際，易犯逆勁相頂抗等毛病，所以，逆勁也往往被稱作「背勁」。

155. 爲什麼順勁與逆勁以 90°直角爲分界線？

兩個力的大小相等，互爲 120°角時，其合力才與原力相等，方始無力可借。因此，從理論上說，凡兩力的夾角在120°以下的，都能產生借力的作用。

但實際情況是：兩力互成 90°以上至 120°時，已經開始出現兩力輕微相頂的情況，而且可借到的力也越來越有限了。而勁的順逆是根據兩力有無抵觸來區分的，過去民間推手全憑實踐經驗，通常是把直角列爲順勁，稍大於直角及迄至120°，就都列入逆勁的範圍中去了。

156. 拳擊與推按的力量哪一種大？如何合理運用短勁和長勁？

對於拳擊與推按兩者力量的大小問題，也許你會毫不遲疑地回答：「當然是拳擊的力量大。」那麼人家會反問你：「你用雙手能推動一輛吉普車，但你爲什麼不用兩個拳頭去擊動吉普車呢？」

事情是這樣的，在同一瞬間，用掌推按的力量確實不如拳擊的力量大，但由於推按總的時間長於拳擊，因此，在力

的總量上是推掌大於拳擊。換句話說，物體力量等於力與時間的乘積，以致能用掌推得倒極重的物體，若用拳打，一般是打不倒的。

這原本是兩種不同的做功方式，在實際生活中是各有用處的。如工業中的沖床與刨床兩者是沒法相互代替的。在拳術運動中也如此，從技擊意義上說，拳擊主要在於擊中對方的要害，推按則以使對方跌仆為主。

在推手運動中雖禁止使用拳擊的方法，但同樣用掌發勁，也有長勁與短勁之別。短勁在某種意義上說，與拳擊略有相似之處，它雖是黏人後發勁，但發力猛而力的總量較小；長勁黏著對方推發，延長了力的作用時間，發力雖不如短勁猛烈，但力的總量很大，有排山入海之勢。在應用上，這兩種勁別必須隨機運用，因敵制宜。

一般地說，短勁以猛對快，凡對方動作迅捷，目標較小，焦點變化快，且已出現失重的趨勢，那就適宜多用短勁發放。長勁以韌對緩，凡對方身體較重，目標較大而動作沉著穩定，焦點出現較慢，那就適宜用長勁進逼後發放。但如發現其重垂線已偏於底盤邊緣時，也可改用短勁突發。

相反地，對身輕而重心尚穩的人，也應先使用長勁進逼。短勁發放，就像用彈弓打飛禽，發機短而快；長勁發放，則像要推倒較大的物體，必須持續用力，方能使之失重，這樣發勁就宜長而韌。

但太極拳推手一般講究先用引勁誘使對方出現接近失重的傾向，然後以短勁發放，以收取「四兩撥千斤」之效。由於短勁發的至驟，可不露外形；而長勁節長形露，易遭反擊，因而太極拳推手雖然主張長、短勁相互為用，卻不贊成多用長勁。

157. 太極拳推手發勁是否應用爆發力？

爆發力實質是「即時功率」，也就是人體肌肉在最短時間裡釋放出最大的收縮力量的一種能力。各種體育競技運動，大都是講究應用爆發力的（棋類、橋牌等競技項目除外），太極拳推手的發勁也不例外。

爆發力是由於肌肉的突然收縮而產生的力，而肌肉的收縮又源於肌肉的放鬆能力，凡肌肉放鬆與收縮這一弛一張的張弛差越大，則爆發力也相應地越大。

太極拳特別注重放鬆訓練，但如不同時練習發勁，仍難練出較好的爆發力來。這裡放鬆與收縮是對立的統一體，在蓄勢、蓄勁時，肌肉必須盡情放鬆，同時大腦也不可緊張，這樣才能在瞬間使肌肉驟然收縮。越放鬆，收縮越快。不夠放鬆，或連續收縮次數太多，速度就慢，爆發力也就不充分了。所以太極拳推手往往採取蓄而不發，發則必中，速戰速決，而不是連續發勁。否則體力消耗大，既削弱了自己的爆發力量，又容易被對方借力反擊。

但凡是急著發放，必須有補手的準備，因此，也不排斥必要時的連續發勁。

158. 動作均勻和相連不斷在推手中有什麼積極作用？

汽車在起動階段，比起汽車在行駛的過程中要費時間，而且耗油多。一個跑步運動員在起跑的頭幾步，也不及行進後的跑速。這是為什麼呢？因為物體有保持自己靜止或運動狀態的特性，這在力學術語上叫作「慣性」。任何物體運動都是受慣性支配的。

當物體由靜止狀態轉入運動狀態，或由運動狀態轉化為靜止狀態，都需要有一個轉變的過程。因此在起動或制動時，都要比中途運動更為費力，這樣起動的速度，自然也比不上中途行進時的速度了。

　　在運動過程中，如果速率變化過多，那就像汽車司機不斷地用變速器調整速率一樣，變速、減速調節的次數越多，耗能也越多，而且還會影響到行車的穩定性，當然也會因此增加司機的疲勞程度。

　　根據以上原理，說明太極拳從起勢到收勢，保持連綿不斷、節節貫串的勻速運動，避免了中途的變速、減速和制動，這樣就有利於養蓄勁力，做持久運動。

　　在推手運動中，固然不可能達到像走架時的那種勻速動作，而且由於技擊上的需要，必須做到「動急則急應，動緩則緩隨」，但是掌握動作相對的勻速和相連不斷，那還是有可能的。即使因發勁等原因造成動作和勁路的中斷，也要求做到「勁斷意不斷，意斷神猶連」。

　　推手時做到相對的動作均勻和相連不斷的好處是：第一，消耗體能少；第二，反應靈敏；第三，蓄勁充分。而這三條正是太極拳推手競技所十分需要的。

159. 在推手中怎樣利用運動的慣性？

　　當我們站立在正在行駛的公共汽車裡，如果駕駛員突然來個急剎車，而我們在意識上又毫無準備的話，這時上體就會向前晃動，甚至發生跌仆。這正是物體運動慣性的一種表現。在此瞬間，我們必須相應地屈膝蹲身，降低重心，並向前動步，才能保持身體的平衡（這裡是指在不勾攀或依托其他物體的情況下）。

這類運動慣性問題，在推手中也是經常會遇到的。例如：當對方全身向前運動時，我只要運用任何可行的方法，使他的下肢突然「急剎車」，並加大他上體向前或向後運動的慣性，這時對方如不相應地動步相隨，就會失去重心，向前或向後跌出。若不准用套腿、黏腿等方法來阻擾對方的下肢活動，那也可以運用各種手法增加對方肢體某一局部的運動慣性，運用得宜時，同樣也能引起對方失卻重心。

160. 在推手中怎樣利用靜止的慣性？

靜止慣性，也屬於運動慣性的一種。有動有靜，無動無靜，動靜互變才構成了對立的統一運動。而這兩者在運動過程中是由比較而產生的。在推手中，如果出現了稍微的停滯狀態，那也還是一種靜止狀態。靜止有靜止的慣性，由靜止狀態再轉入運動狀態，就需有一個重新發動的過程。這一過程雖然是極為短暫的，但比起處於運動狀態中的速率增減過程，卻要來得長些，具體表現為運動的斷續。武禹襄《十三總勢說略》說：「勿使有缺陷處，勿使有凹凸處，勿使有斷續處。」又說：「虛實宜分清楚：一處自有一處虛實，處處總此一虛實。周身節節貫串，勿令絲毫間斷耳！」由此說明，若動作出現斷續，那便是一種破綻。

抓住對方露出斷續現象的這一時機，結合形勢的向背，就可隨機乘隙發勁，使對方轉換不及而陷於失敗。

161. 關節鬆沉在推手中有什麼重要意義？

從生理上說，關節節節鬆沉，能保持全身肢體動作輕靈圓活而沉著穩定。從心理上說，鬆和靜的關係極為密切：大腦不寧靜，固然會影響到肢體關節的鬆沉，但如肢體不放

鬆，反過來也會嚴重影響到大腦的安靜。例如，夜間入睡，若肢體關節不放鬆，渾身緊張，就會影響入睡。

推手運動也如此，關節不鬆沉，渾身就緊張，不但動作遲滯，而且由於影響到大腦的寧靜，更會造成全身肢體難以協調一致，出現各種指揮失誤的現象。

太極拳推手主張「動中處靜，以靜禦動」，如果大腦不寧靜，那就無法做到「以靜禦動」。同時，惟有肌筋關節能夠鬆沉，氣血才能下行，重心才能穩固。

從力學上說，由於物體長時間停留所給予地面的壓力，比短時間的壓力要大得多，利用這一原理，當我們與對方推手時，如能使自己的關節節節鬆沉，把自重力（即自身自然的重量）吃在對方的臂膀或肢體的其他局部上，儘管我只使關節鬆沉而絲毫不用力氣，這樣也會消耗對方很大的體力。

可是初學推手的人，往往是小關節易鬆沉，而腰、肩、胯等大關節不易鬆沉。這樣就形成勁浮而氣勢也不沉；臂膊輕浮，分量不沉，就不能充分發揮「自重力」的應有作用。由此說明，體重是個自然條件，而能否在推手中發揮自重力的作用卻是個技術問題。要掌握好這個技術，首先要做到關節節節鬆沉。

162. 在推手中怎樣應用彈力原理？

彈力是常見的力，當外力作用在物體上，使其發生形變時所產生的力，就叫做「彈力」。我們仔細觀察彈簧，就能明白：凡物體形變越大，彈力也越大；形變越小，彈力也越小；形變消失，彈力也隨之消失。但物體形變是有一定限度的，而彈力的方向總是跟形變物體恢復原狀的趨勢是一致的。太極拳推手「隨曲就伸」「曲中求直」「蓄勁如開弓，

發勁如放箭」等等理論，都與彈力原理是相吻合的。因此，在推手實踐中，若能悉心體驗彈簧和弓箭的形象與使用，經常使自己的兩肋保持一定曲度，使全身每一關節都能像彈簧或弓箭那樣保持彈性和發揮彈力作用，那麼，當我引人近身，得機得勢時，就可隨時用彈勁發放。

太極拳家常說「一身備五弓」，也就是以脊柱為大弓，外加上下四肢四張弓。有了這五張弓，在腰脊大弓的帶動下，做到「一動無有不動」，就可左右開弓，使人防不勝防。推手禁用斷勁彈擊，而彈勁不等於「斷勁彈擊」。因其形象如發彈弓，故名。

發彈勁時，只要黏人而發，就不屬「斷勁彈擊」。但發放前不可黏得太實，要先把黏勁鬆開些，然後突然發放，這樣才能充分發揮彈勁。

163. 在推手中怎樣應用摩擦力原理？

摩擦力是一種阻礙物體運動的力。摩擦力分為動摩擦力與靜摩擦力兩種。動摩擦力也叫「滑動摩擦力」，其力的大小，與垂直的正壓力成正比。推手運動中的捋法，就是動摩擦力的具體運用。推手中沾、黏、連、隨，其雙方運動著的肢體之間，也都存在發生和應用摩擦力的現象。

如何自覺地去利用摩擦力，這對於能否提高推手水準是不無關係的。掌握應用摩擦力，必須注意適度問題，如：推手的捋法，凡給予對方壓力太大，就形成硬撥或遲鈍現象；反之，壓力太小，又會像膠輪打滑那樣，因缺少摩擦力而被對方順勢攻入。

這正是動摩擦力在推手中的典型例子，但推手中應用動摩擦力並不限於捋式。凡是肢體相接，都可以利用動摩擦力

使對方產生不自覺的加速運動，甚至因之發生傾跌現象。

推手時兩腳踏實地面成弓步勢站立，當對方推按而我仍能保持靜止不動。這說明我的兩腳與地面之間存在著摩擦力，這種摩擦力就叫作「靜摩擦力」。靜摩擦力總是與推力的大小相等而方向相反。但靜摩擦力的最大值，只等於使物體運動所需的最小推力。換句話說，靜摩擦力是有一定限度的，當推力超過了這個限度時，就能把物體推動。

我們懂得了這個原理，就明白了推手中穩定重心，兩腳踏實和充分利用靜摩擦力的重要性。同時，也可變換用力的方向，去突破對方兩足對靜摩擦力的應用。

總之，只要審機度勢，攻其「襠口」，那不論用橫力、直力，都可超過對方腳下的靜摩擦力，而使其立足不穩。所以，太極拳推手強調「視靜猶動，視動猶靜」，把動靜看成能相互轉化的，並使動靜結合為用，而不主張單純用「拿椿」之法來穩定重心。

此外，太極拳推手的黏勁，可說是對摩擦力最廣泛的應用形式。學者可在推手實踐中善自揣摩，日久必有所得。

164. 在推手中怎樣應用螺旋原理？

太極拳出手強調轉腕旋膀，勁走螺旋。旋轉能夠使物體運動保持良好的穩定性，同時還能夠產生遠比直線運動力量大得多的螺旋力。例如，步槍槍膛有了來福線以後，彈丸脫離槍口時，圍繞彈軸旋轉的速度是每秒鐘三千多轉，只有這樣高速度的旋轉，彈丸飛行才能保持良好的穩定性，而且能達到一千二百公尺以上的射程。

人體運動當然不可能有這樣高速度的旋轉，但利用螺旋力的原理卻是相同的。由於螺旋力的線路遠較直進直出的用

力線路為長，因之小小螺旋「千斤頂」，就能把一輛汽車頂起來。在推手中就是要充分利用人體關節的圓轉性能，不論直橫出手，無不轉腕旋膀，並利用兩臂回環和肢體轉圈產生的螺旋力來發勁。

所謂「初學知畫圈，再學明纏繞」，其中都少不了一個螺旋原理。

古人利用「太極圖」來說明太極拳動作的走弧線，其實質也不過是強調對螺旋原理的具體應用。因運用螺旋原理可增大力量，因此，在推手時從化勁、蓄勁到發勁的過程中，一般都是走程度不同的螺旋線或弧線的，然而在最後把勁發出時，卻是從圓形的切線中呈直線地發放出去的，而且必須「專注一方」和做到周身勁整。既不可轉彎抹角，更不可勁力渙散。

這說明直、弧（或說「方、圓」）兩者是結合應用的。因為發勁在落點時必須有強大的支撐力，如「以肩對腕」「以胯對腳」，都是為了使手、足以肩、胯為後盾，並以腰軸為主宰。若發勁始終保持走弧線到底，這樣圓形的弧線因得不到有力的後撐，發勁也就達不到應有的效果了。

165. 為什麼推手發勁不可剛硬乏柔？

運化要柔，柔中仍當寓剛；落點要剛，剛中也須寓柔，這才符合「陰不離陽，陽不離陰」的原則。在南方，石匠劈山開石，用來敲打岩石的大鐵錘一般都是軟柄的，而不用硬柄的；這是因為軟柄的大鐵錘敲打到石面上，反震力較小，不會震傷虎口；而且錘頭敲下去停留在石面上的時間也較長，因而作用力的時間也相應加長，這就比較容易把岩石擊裂或擊開。

根據「力的總量＝力×時間」的公式，採用硬柄鐵錘擊石時，由於反震速度快，力的作用時間相對地比軟柄鐵錘要短得多，所以不易把岩石擊開，反而容易震傷虎口。

　　今假設發出同樣的力，而軟柄鐵錘的作用時間比硬柄鐵錘的作用時間長一倍，那麼，前者力的總量也就比後者大一倍。人們由此獲得啟示是，凡在推手發勁時，如果手和臂膊像硬柄鐵錘一樣，則作用力時間短，受到反震力大。

　　反之，若臂膊似棉裹鐵，外柔內剛，雖剛勁突發，卻像軟柄鐵錘一樣，不離其柔，那麼作用力時間延長，反震力小；加上渾身彈勁大，就能獲得近似發射彈丸的效果，把對方發放出去，而不只是猛然又極度短促地衝擊一下。發勁剛硬乏柔的弊病是：

　　第一，肌肉收縮過早，爆發力受到削弱。

　　第二，肌肉收縮過度，放鬆必遲。且因勁已使到極點，受到反擊時應變能力明顯降低。若再要發勁，還必須重新蓄勁，這樣就最易在舊勁已盡、新勁未發之際為人所乘。

　　第三，反震力大，對穩定自己的重心不利。

　　第四，消耗力氣大，也容易發生誤傷。

　　改正的方法：發勁須留有餘地，保持剛中有柔，以獲取近似軟柄大鐵錘發擊的效果。

166. 在推手中怎樣利用離心力原理？

　　快速旋轉的物體會產生向圓周外側的牽引力，這就是離心力。凡是投擲鐵餅或鏈球的轉身，投擲手榴彈的轉肩，身體或肩關節旋轉越快，所持器物的分量就會越來越重。這在擲鏈球時表現得最為明顯。

　　結合到太極拳推手，凡劃幾圈後順勢發勁，與不劃圈就

發勁，其出手初速的大小就大不相同，前者著人的力量要大得多。但它的要求是：必須順著同一方向劃圈，而不可先順後逆或先逆後順地劃圈，也不可有絲毫斷續，否則離心力就得不到積累。

167. 在推手中怎樣應用勁力的剛柔？

勁力的剛柔，是對立統一的矛盾運動。剛和柔是相互依存的，又是相互矛盾的，是在一定條件下向對立面轉化的。在推手運動中，內在勁力運行的方法、路子，通常叫作「勁路」。勁路的剛柔是不斷變化的，但這種千變萬化卻又遵循著一定的規律，它既不會超越事物對立統一規律，也不會超越人體運動的力學規律，因此，是可以認識和利用的。

現在先以「陰陽」這一古老的對立符號，列表來說明勁路剛柔在推手中與其他各對矛盾的相互關係：

陰陽	柔剛	化發	守攻	吸呼	合開	虛實	屈伸	起落	仰俯	來往	吞吐	引拿	蓄泄	弱強	小大
輕沉	迂直	圓方	長短	走黏	弛張	收放	奇正	退進	入出	裡表	右左	逆順	靜動	盾矛	緩急

上表所列只是一般原則，在特殊情況下，也可有變通的餘地。但總的說來，勁的運用規律是有剛有柔、剛柔交替的，又必須與運動中其他矛盾相互適應和協調一致的。同時，還必須認識到：剛柔雖有區分，但又不是絕對的。

換句話說：剛，不是純剛，而是剛中寓柔；柔，不是純

柔，而是柔中有剛。僅僅是根據運動中勁的剛柔不斷變換的實際需要，形成所含剛柔的大小比例不同而已。凡是剛多柔少，便屬剛；柔多剛少，便屬柔。也惟有如此，才能稱得上剛柔相濟。

力學告訴我們，力作用於物體，方始產生作用力。力是一個物體對另一個物體的作用，或者說力是加力物體對受力物體的作用。我們在走架時，雖然也在用力，但兩手並不加力於其他物體。惟有在推手時，才體現了力在兩人之間的作用。當對方用剛勁打來，我用柔勁引化，這是為了使對方的力作用不到我的身上。常言道：「柔能克剛。」這恰似對方用拳頭打在一團棉花上，會有「不得力」的感覺。但真的像棉花那樣的「純柔」，則是不行的，會被人把我手臂壓扁，一壓到我身上依然被對方「得實」了。所以，要柔中寓剛，應用含有一定剛性的柔勁，才能既不被對方得實，又能夠順勢引進使來勁落空。

再如：當你突然用剛勁把柔中乏剛的人發放出去，或者把他的手臂逼成自困自的背境，這就叫做「以剛制柔」。與此相對，若使用的剛勁剛而乏柔，那就形成僵硬而難以變化的拙力。古人說「撓撓者易折」，道理就在這裡。剛中寓柔，則爆發力大而往復也快。由於留有餘地，而不是一發無餘或者情同授人以根把，這樣當我知覺對方虛柔而有備時，我就可以變剛為柔，進而另覓機勢，不至被對方引進落空。此即所謂「轉圜有方」了。

總而言之，化人用柔，但不可用純柔，因為純柔如人之軟弱無骨，容易被對方攻破；發人用剛，但不可用純剛，因為純剛如枯木之僵硬發脆，容易遭對方摧折。而且剛柔變化必須是隨機應變的，其變化則是無窮無盡的。

那麼，推手的內勁要練到什麼程度，才算造詣精深呢？陳品三《總論拳手歌》說：「惟有五陰並五陽，陰陽無偏稱妙手。」這是說內勁練到「剛柔兼備」，亦即「剛柔相濟」的程度了。既不是剛多柔少，也不是剛少柔多，那時才稱得上「妙手」了。但並不是在具體應用勁路剛柔的時候，始終保持「五陰併五陽」的相對平衡狀態。

　　諸葛亮《將苑・將剛篇》說：「善將者，其剛不可折，其柔不可捲，故以弱制強，以柔制剛。純柔純弱，其勢必削；純剛純強，其勢必亡。不柔不剛，合道之常。」這雖然是論將才的氣質及其修養，但與推手鍛鍊內勁剛柔的原理倒是相通的。所謂「不柔不剛」，就是「陰不離陽，陽不離陰」，也就是能達到「五陰並五陽」的剛柔相濟，這樣就足以在應敵時靈活變化運用了。

168. 在推手中怎樣利用反作用力？

　　任何一種作用力，都會引起等量的反作用力。例如，太極拳「搬攔捶」式，當對方用右拳打來，我即用右拳腕背部黏住對方的腕部，從我左側搬起後，順勢把它搬向我右前側方並加以沉壓，這時如微感對方右臂有向上頂抗的勁，說明已被我引出反作用力，我即可用左手掌背從其右臂下穿入，順勢往我左前側攔開對方的右臂，隨之進身乘隙一捶。

　　上述加力沉壓對方右腕，就是有意識地去引出對方的反作用力。如對方柔化，我就不可用「攔」，而必須改用左手順勢向下摟開其右臂。這是因為我的沉壓沒法「得力」，既然沒有作用力，也就不產生反作用力。

　　由此證明，凡是不自覺的頂、抗，其中有一部分正是反作用力。再如，我用「野馬分鬃」式，首先以我右手採執對

方右腕，向我右後側輕輕一採，這時引出對方向後掙的反作用力，我就乘勢套腿展臂，用我左臂從其腋下穿入，向我左前側捌去，使對方從我左腿上跌出。

以上屬於散手，但推手也如此，如：我要擠人，先用手向裡勾引對方的手臂，若能引出反作用力，我即乘機擠發。又如，對方雙手按來，我先掤、後捋，掤時就要有意識去引出對方的反作用力，這樣繼之以捋就特別得力。再如，我用左手輕推對方右肩外側，引出對方右肩的反作用力，迅即用我右手推其左肩外側，把對方向其右側推出。如發落點在對方襠口以上一線，那時對方就會向其右側跌出。

這類方法在推手中應用是極為廣泛而有效的。只是過去往往把利用反作用力歸納在對付頂、抗範圍之內，而沒有分析出其中一部分是被引出來的反作用力。

不過，若能做到不頂、不抗、不癟，由於對方無從得力，也就引不出反作用力來了。

此外，在推手中，反作用力也表現在自己身上，如我向左轉腰時，就會引起向右的、等量的反作用力。當對方進攻時，我向左轉腰柔化；等對方來勁落空，並向後抽身時，我就可乘機利用我自身腰部向右擺轉的反作用力進行反擊。這說明推手時腰部的左旋右轉，有時便是作用力和反作用力的相互轉化。這很像絞毛巾，擰緊後它會自動打開；擰得越緊，打開的速度也就越快。這裡也包含了彈力作用，因為物體的形變越大，彈力也就越大。

169. 推手運動時間長短與體重大小有什麼關係？

凡是物體運動，其動量是由物體的重量（質量）和速度所決定的，列成公式是：動量＝重量×速度。假設有兩個短

跑運動員，一個體重 100 公斤，另一個體重 50 公斤，兩人同時起跑，並以同等的速度跑，那麼 100 公斤重的運動員就要比 50 公斤重的運動員多付出一倍的力氣。與此相似的例子是：體重 100 公斤的人與 50 公斤的人相互推手，如果體重 50 公斤的人能以技巧不使對方發勁得逞，而只做耐久的推挽運動，那麼運動時間越長，大個子所消耗的體力就越大。這就有利於小個子轉弱為強，漸由防禦轉入反攻，直到戰而勝之。所以，以小戰大，如功力相距不遠，一般以採取「防禦→相持→反攻」分三個階段的戰略原則來對待為好。

170. 體重與慣性有什麼關係？

慣性是物體本身對運動變化的一種抵抗。體重與慣性的大小是成正比例的。換句話說，體重越大，慣性也越大。大卡車的慣性比小吉普車大，火車的慣性比大卡車大。因此，大卡車比小吉普車，火車比大卡車在起動、變速和制動的速度上都要慢一些，甚至要慢得多。

身體重的短跑運動員在到達終點時，不能立刻降低速度，這也是因為體重對減速的阻力較大所致。這一原理反映在推手運動中的情況是相同的。在推手中勁路、方向等變化越多，慣性現象發生就越多，對身體重的一方就越是不利。若加上身體輕的人靈活性較好和速度較快，那就為後者戰勝前者創造了條件。

這說明體重大小是各有利弊的，因此，按體重劃分等級進行推手競賽是合理的。

171. 太極拳推手為什麼要強調「腰如軸立」？

首先要弄懂什麼是軸？軸是貫串於旋轉物體的一條無形

的直線。不管這個物體是否安裝了有形的軸（如車輛、鐘表等），還是根本沒有看得見的軸（如人體、地球、鋼珠等），只要它能旋轉，就必然有一根無形的軸貫穿在這個旋轉物體的中心。凡是旋轉物體，不管它是在地面、還是在空中，它至少要圍繞一個軸來旋轉，這時才能形成旋轉運動。在旋轉時，軸與其周圍的旋轉體是成直角的。

推手運動中人在地面上呈水平旋轉時，軸通過人體的支點和重心，這叫做「中軸」，也叫「縱軸」「直軸」「垂直軸」或「立軸」。這個從頭到腳的中軸，正是太極拳走架和推手中應用最廣泛的軸。

運動中只要腰脊經常保持正直，中軸自然也隨之正直。這時腰的左旋右轉，以至做任何幅度的旋轉，都能穩定而得力，就像門軸或水車的車軸一樣，軸的正直與否，直接關係到重力的平衡。如果中軸不正，立身就必然歪斜。這樣人體就會老是處在不穩定狀態之中，走架尚且自立不穩，那又如何能進行對抗性的推手呢？所以，太極拳強調「腰如車軸」或「腰如軸立」。

172. 人體旋轉運動應用哪幾種基本軸？它們與推手運動的關係如何？

人體是多軸線的，因為肢體的每一個環節都能做局部的旋轉運動。但如從整體的旋轉運動來說，應用的只有三種基本軸：

（1）縱軸。從頭到腳，垂直地貫穿在身體中央。

（2）橫軸。呈水平地橫貫於身體左右一線。

（3）矢軸。呈水平地直貫於身體前後一線。

這三種基本軸都通過人體重心，並成直角地互相在重心

點交錯，它們是整個身體在旋轉運動中的轉動軸。

如武術中騰空前翻用橫軸、側翻用矢軸。而在太極拳推手中，除廣泛應用縱軸外，應用橫軸時僅做幅度較小的前後擺動，且以不影響立身中正安舒為原則。矢軸基本上不用，否則身體就左搖右擺了。至於人體能夠做局部旋轉的軸，如肩、胯、肘、膝等等，都稱為「副軸」，它們在推手運動中倒是廣泛地得到應用的。

基本軸中，橫軸與矢軸應用不多，那是因為推手一般不發生騰空翻滾式的旋轉，而在地面運動中又不準有前俯後仰、左搖右擺等動作的緣故。

173. 爲什麼行拳必須近身？

近身行拳是太極拳推手和散手的一個重要原則。推手是一種徒手搏鬥藝術，徒手搏鬥如犬牙交錯，如果行拳不近身，那就無從發揮自己的攻守作用。拳諺說：「拳不近身是空招。」又說：「不必遠求尚美觀，全在眼前寸間度。」這是很有道理的。

從力學上說，手臂伸展較遠，就會出現力臂越長、力量越小的情況。所以，太極拳推手不但主張架式「先求開展，後求緊湊」，而且平日推手的架式應比自己走架略微縮小些。在出手上則要求「拳從心發」，即用心意支配動作，同時，出手一般要經過心臟部位或接近心臟部位。這樣發勁或化勁才易於得力。

特別在發勁前，要求「引到身前勁始蓄」，這也是為了使發勁近身，不致因遠距離發勁，既削弱作用力，又易於為人所乘。

174. 爲什麼說「勁起於腳、發於腿」?

人體在地面上的一切運動，都是人體向地面施加了作用力，從而從地面產生了大小相等、方向相反的反作用力的結果。「大力士離不開土地的母親」，這類古代民間傳說無疑來源於人們在生活實踐經驗中對力的一種認識。

人體運動時，對地面施加的力越大，從地面產生的反作用力也越大。例如，體重 70 公斤的跳高運動員，他對地面的踏跳力量可達到 260 公斤以上。換句話說，他的踏跳一腳在幾分之一秒的時間內，能承受 260 公斤以上強度的壓力。推手時後腳的蹬伸，雖然不可能產生那麼大的力量，但「勁起於腳」的原理卻是相同的。因此，走架或推手時都不可養成掀起腳緣、拔起腳跟的壞習慣。

至於足心含空，那是為了保持良好的彈性，使蹬地更加有力。同時，由於蹬地用力的時間越長，力的總量也就越大，因為「沖量＝力×時間」。

說明蓄力蹬地越充分，發出的實力越大。一旦蹬地的力消失，反作用力也隨之消失。因此，人體騰空的力量是從地面產生的，騰空後再不會產生反作用力。以致在推手中，凡是腳跟不穩的人，渾身必然飄浮無力；若是兩腳一旦懸空，那誰也沒法推動任何物體。

此外，由於腳的蹬地，不光是依靠腳掌，而主要有賴於腿的屈膝蹬伸，借以獲得向上和向前推進人體的動能。屈膝也是一種形變，形變越大，彈力越大。螞蚱跳得高、跳得遠，就靠後腿的屈伸。人也如此，推手發勁就是靠腿的隨屈就伸。所以說：「勁起於腳，發於腿。」

175. 太極拳走架或推手時，邁步是高些好還是低些好？

太極拳要求邁步時起落如貓行，所以，除起腳與獨立步以外，不論向前邁步或向後退步，都要求儘可能接近地面。而且虛腳伸邁時，是依靠實腳屈膝下蹲，從而使虛腳能輕靈無聲地觸及地面。這在術語上就叫做「實腳送虛腳」。這樣動步進退，重心較低，穩定性好。

又由於一般邁步接近地面，承受地心引力較小，這樣耗能既少，而進退的速度和靈敏性也較高。動步推手時，也以這樣處理為好。總之，走架與動步推手一般都不宜抬腳太高，但也不宜在地面上拖拖擦擦，否則又變成「老步遲鈍」這一類的毛病了。

第五章
太極拳推手圖說

傳統楊式太極拳推手有單手推挽、原地推手、活步推手和四隅推手四大項目，今以圖照解說如後：

演練者：甲——傅鍾文老師（右）

乙——弟子沈壽（左）

176. 單手推挽是怎樣的？

單手推挽，又名「單手推」或「單推手」。

甲乙兩人先相對站立。然後各邁出左足，成合步。同時，各出左手以腕背相互搭接，手心稍側向裡和向上；右手各置於胯旁，手指尖朝前。繼而甲左手臂內旋，翻轉左手掌心黏著乙的左前臂近腕節部位向前推按。甲的左腿也隨之漸漸屈膝前弓，右腿相應地漸漸蹬伸。乙則以左前臂的掤勁承接來勁，左手心向裡，腰腿隨之漸漸向後坐（圖1）。

接著，乙的左手稍向外屈腕，呈弧線地向裡、向左挽化甲的推按勁，使來勁落空；旋即翻轉左手掌心，變挽化為推按。甲也相應地轉攻為守，以左

圖1　單手推挽圖　甲推、乙挽

手前臂掤接來勁並加以挽化。

甲乙兩人如此周而復始，循環往復。

但以上只是依圖照解釋。在實際練習時，雙方出左或右手，以及邁左或右腳在前均無不可，而且應當是輪流變換練習。熟練後，在勁力上也可隨心所欲地因敵變化，借以克敵制勝。因此，單手推挽乃是太極推手入門之法，具有動作簡捷、耗能甚小、易學易會等特點。但其形神變化無窮，內涵卻十分深邃。它與其他推手方式，同樣地體現著王宗岳《太極拳論》中「黏即是走，走即是黏」的辯證哲理。所以，凡是練習日久，屈伸隨意，就能在動中處靜。當心領神會而有所感悟時，就更覺得引人入勝而興味倍增了。

177. 原地推手是怎樣的？

原地推手，一名「定步推手」，全稱應為「定步四正推手」。是由兩人在原地採用掤、捋、擠、按四種手法，循環往復地進行推手運動。

（1）甲掤、乙按

兩人相對站立，各邁出右足，成合步式；各舉左手相搭，手背相對，腕節相交，雙方手臂內含掤勁；同時，各出右手黏接在對方左肘尖，合而成為雙方左腕相交和右手黏肘的雙搭手（這裡依圖解析，實際練習時，左足或右足可輪換在前，並可輪換用左或右手相搭）。

繼而乙兩臂內旋，轉腕翻掌成雙按手，即用左掌黏住甲的左前臂尺骨小頭，右掌黏住甲的左肘尖（尺骨鷹嘴），形成雙掌兩勁微微相合。此時，甲用左前臂以掤勁相承。乙先順應甲的掤勁，以雙掌微向裡、向下沉化後，隨即向前弓腿按出。甲的腰腿相應地漸漸向後坐，但手臂掤住，不可稍有

圖2　原地推手圖　甲掤、乙按　　圖3　原地推手圖　甲将、乙擠

鬆懈；也不可僵硬，須外柔內剛而不澀不滯（圖2）。

　　（2）甲将、乙擠

　　甲順應對方雙按之勢，右手前移，以右前臂尺骨近腕一側，黏接乙的左肘（準確地說，當是黏接乙的左上臂近肘尖部位），並用左手輕靈地黏執乙的左腕。同時，向左轉腰，並隨轉側之勢，向左後側将去。

　　乙順應對方的将勁，右掌從甲的左肘處收回，放到自己左肘的內側；同時，以腰為軸，弓右腿、蹬伸左腿，用雙臂合力向對方胸部擠出（圖3）。

　　（3）甲按、乙掤

　　甲順應對方擠勁的來勢，腰部右轉，身體轉向正對乙方；甲的兩臂內旋，右掌下沉，黏接乙的右前臂近腕處，左掌趨前，沉落在乙的右前臂近肘處。同時，以腰為軸，弓右腿、蹬左腿，用雙掌合力向前按出。

　　乙右臂外旋，轉腕旋膀，右前臂掤承甲的按勁，左手以肘為軸地移向左側，黏接在甲的右肘處。其身法則隨甲的按

勁來勢，先向左轉正，
再微向後坐（圖4）。

（4）循環往復，
周而復始

上述演練過程的次
第是：甲掤、乙按；甲
捋、乙擠；甲按、乙
掤。

接下來，乙轉腰側
身向右捋，甲以左手附
在右肘內側用合力前擠

圖4　原地推手圖　甲按、乙掤

（乙捋、甲擠）；乙由捋變換為按，甲由擠轉換為掤（乙
按、甲掤）。如此周而復始，循環不已。但也可換手換腳。
換手俗稱「掉手」。換手時，如雙方兩腳不換，那僅僅是上
肢左右方向相反地劃圈，動作就能連續不斷。換腳即「換
步」。例如：雙方原為右弓步式合步，現在甲後退一步，同
時乙前進一步，即變換成左弓步式合步了。但仍屬原地定步
推手。在換步時，只要雙方配合默契，是能做到推手動作連
續而不中斷的。

（5）身法與步勢

四正推手的動作依程序可分析為：掤、捋、化、按、擠
5個動作。其中「化」屬按式，即所謂「按前有一化」。而
每個動作以身法的進退而論，即：掤向上；捋向後；化向
裡，按向外；擠向前。

當我用按，因受彼捋而不能得勢時，我即繼之以擠；當
我掤彼按，我稍向前上掤起，但為了不與彼之按勁頂抗，以
及順利地化解其按來之勢，我必須立即側身繼之以捋。基於

沈壽太極拳文集

上述原因，表現在步勢上，凡上肢擠足（註：足，此處指充足、充分）到位時，也就是下肢弓步的弓足之時。凡上肢捋足到位時，也就是側身後坐的坐足之時。而掤時上肢稍向前上，其身法也是微向上起的，因此，下肢的弓步由原來擠的弓足稍向後收，介於弓、坐兩者之間。與此相反，凡用擠已弓足，如果後繼的用掤再向前弓，勢必會因弓步犯了「過勁」而使自己容易失重，既易被對方引動前撲，也會影響到自己後繼捋勁的發揮。

按式先化後按，先坐後弓，但也不宜弓足。按如弓足，也易被對方引動，且使後續的擠式無法再弓，從而影響到擠勁的發揮。所以說，四正原地推手的掤和按，其定式都宜在弓、坐兩者之間；或者說到位時應處於微弓狀態，而不是「弓足」。望學者在實踐中善自體會。至於有的人在用擠時後坐，或者在用捋時前弓，那明顯地都是錯誤的。

178. 活步推手是怎樣的？

活步推手，這裡指的是活步四正推手，即：用掤、捋、擠、按四種手法，結合前進、後退各三步的步法，做周而復始的循環練習。若從兩人相對峙的步法上說，那又可分為合步、斜步和套步三種：

（1）合步推手

甲乙兩人相對站立，然後各邁出左足，成合步。同時，雙方做以右腕相交、左手黏接對方肘尖的雙搭手。

接著，甲稍向裡提起在前的左足，兩臂內旋，轉腕翻掌成雙按手，先向裡沉化，再向前在原地插步按出。乙相應地稍向前提起在後的右足，先用右前臂掤承甲的雙按，再開始向後退步，落在原地（圖5）。

圖5　活步推手圖　甲按、乙掤

圖6　活步推手圖

甲續按（開始向擠轉化）、

乙續掤（開始向捋轉化）

　　本文假定是甲先進、乙先退。而這第一步的「甲進乙退」，實際上是雙方稍提足後，仍落回原地，從現象上看，彷彿等於是「原地踏一步」。結合手法來說，則是甲按而進，乙掤而退。

　　甲左足插步落地後，便再進右足。乙右足退步落地後，便再退左足。其手法仍是甲按、乙掤（圖6）。這是第二步。但在第一、二步中，掤和按的深化程度都是有所不同的。

　　第三步則是：乙在退右足過程中，由掤變為向右側捋；甲在進左足過程中，順應乙的捋勢，由按變為向前擠。

　　以上說明，在整個進退的過程中，進者為「按→按→擠」，退者為「掤→掤→捋」。然後進退互換，乙進甲退。並在起步的同時，乙「掉手」轉捋為按，甲「掉手」轉擠為掤。總而言之，凡開始起步，進者必須是按，退者必須是掤。退而掤者，掤承對方的按勁，隨著退步漸漸轉掤為捋；

待捋到盡頭，正好退了三步。進步按者，感受到對方在轉掤為捋，有使自己失去中定的可能，就相應地轉按為擠；待擠到位時，也恰好是進了三步。

如此循環往復，周而復始。凡進退來回一次，也就是用活步把掤、捋、擠、按四正法演練了一次。

（2）斜步推手

這是從合步推手的基礎上衍生而來的。練習斜步推手，雙方先成合步雙搭手式。凡按而進者，在起步時，把原來插在對方襠下的前腳稍提起抽回，並隨轉腰向前斜行邁出，落在對方前腳的外側，形成斜向反套，此為第一步。而第二、三步均為插步，即落腳在對方的襠下，與合步推手無異。（見圖5、圖6）整個斜步推手，除上述前進者斜行一步外，其餘包括四正手法在內，都與合步推手相同。

斜步，一名「斜套步」，又名「拗套步」。是因其「斜向反套」和「拗而不順」而得名的。

（3）套步推手

甲乙兩人相對站立，然後乙邁出右足，成右弓步；甲邁出左足，成左弓步，並把左足套在乙的右足外側，雙方合而成為甲套乙的套步。同時，雙方做雙搭手式。

接著，甲稍向裡提起在前的左足，再向前插步落在乙的襠下。乙相應地稍向前提起在後的左足，再向後退步，落回原地。這算是甲進乙退的第一步。實際上，甲變套步為插步，把左足從乙的右足外側提回後插入乙的右足內側，僅僅從外側移置於內側而未曾前進半步。相對地，乙提回在後的左足再向後落回原地，那也還是「原地踏一步」。

第二步，乙右足後退一步；甲向前邁出右足套在乙的左足外側。

第三步，乙左足再後退一步；甲向前邁出左足插在乙的右足內側。

然後乙轉退為進，甲轉進為退。方法如前，即：乙提起右足從甲的左足外側插入甲的左足內側，作為前進的第一步；同時，甲向前稍提回右足，再向後仍舊落在原地，作為後退的第一步。待做完乙進甲退的第二、三步，便是進退來回往復的一個循環。

圖7　四隅推手圖
甲乙相對站立起式：甲雙按、乙掤承

至於斜步推手和套步推手的手法，均與合步推手相同，故不贅述。

此外，套步推手在起步時，也可由甲乙兩人相距一步對立（參見圖7），直接起步進退，即：甲邁出左足，直接插於乙的右腳內側；同時，乙的左腳後退一步。此為第一步，其餘均與前面所述相同。如按照動步套腳而言，則所謂「套步」只體現在進步者的第二步中。因此，若依套步和插步來辨析，那進步者的三步實為：「插→套→插」。先師生前也說起過：「套步推手是套了中間的一步。」而活步四正推手中有插有套的步法，顯然是為日後進一步練習大捋和散手打下基礎的。

179. 四隅推手是怎樣的？

四隅推手，俗稱「大捋」。傅鍾文老師曾說：「傳統楊

式太極拳的大挒，就只有『四挒四靠』一種。」大挒在用挒時，因有撤步的步法相配合，因而表現出其挒式的幅度，遠較定步四正推手中的挒式為大，故名「大挒」。

至於「四隅推手」名稱的由來，一因其手法包括採、挒、肘、靠「四隅法」在內；二因其步法是配合四隅法走向四斜角的。但大挒中也包含了掤、挒、擠、按四正法在內，所以，實際上也可說是一種兼有「太極八法」的推手了。

大挒中最顯著的動作是挒和靠，兩人朝四個斜角方向循環地走完一圈，就各使用了兩個挒和兩個靠，加在一起就是四個挒和四個靠，故大挒又名「四挒四靠」。

在實際練習時，每一個循環，凡雙方從右腕相交的雙搭手起式，不論甲或乙，其所走的都是右挒、右靠。如雙方從左腕相交的雙搭手起式，則所走的就都是左挒、左靠。所以，大挒在練習一個或幾個循環後，必須由「掉手」，才能實現左右輪換練習。換句話說，大挒有「右挒右靠」和「左挒左靠」兩種循環。這兩種循環是應該輪換練習的，而不宜「偏食」。

今以「右挒右靠」為例，作出詳解：

（1）雙搭手起式

假定甲乙兩人朝東西方向相對站立：甲朝東，乙向西（見四隅推手走轉四角示意圖15）。

兩人同做右手腕相交、左手黏接對方右肘尖的雙搭手；繼而甲兩臂內旋，轉腕翻掌成雙按手。乙則以右前臂掤承甲的雙按（圖7）。此為起式。

（2）甲按、乙掤

甲順應乙的掤勁，先微微內收沉化，隨即動步向前按去。其步法是：先提起左腳，向北邁出一橫步，腳尖指向東

北方向；左腳踏實後，再提起右腳，向東邁出一直步，插入乙的襠下。甲在上述進步的時候，全身以腰為軸，做到上下相隨，兩手隨身法、步法向前按出。乙仍用右前臂掤住甲的雙按手，同時，相應地提起右腳向右後斜方撤退一步，借以緩解甲方襲來的按勁（圖8）。

圖8　四隅推手圖　甲按、乙掤

（3）乙採挒、甲擠式

乙順應甲的雙按之勢，在撤步的同時，上體漸漸向右轉，並由右前臂外掤轉腕變為用右手採執甲的右腕，以及用左前臂尺骨近腕一側，黏住甲的右上臂近肘處，向右挒去。此時，當甲感受到乙的採挒勁，迅即將左手移向右腕脈門內側，但不完全貼住，而是在意念中含有一「擠」。在外形上略

圖9　四隅推手圖　乙採挒、甲擠式

呈擠式，而非實擠（圖9）。此處「擠」與下一式「靠」是相連的，從身法上說，「正身為擠，側身為靠」。

（4）甲靠、乙捋

上動不停。乙繼續向右採捋，並漸漸側身坐落。甲順應對方的捋勁，向左轉身，並變擠為靠，即：使左掌沿右前臂

而上，置於右肘彎內側，
用肩部向乙的胸前靠去。
乙順應甲的靠來之勢，其
採執甲腕節的右手微向右
側牽引沉落；同時，隨腰
腿下沉之勢，用左前臂的
肘勁橫向截住甲的右臂，
依「直來橫去」法則，不
頂不抗地使其靠勁落空
（圖10）。此處截法，也
稱「切截」，喻其如同用
刀向外纙而向下切截物體，但
也只是意含切物而已。

圖10　四隅推手圖　甲靠、乙截

　　以上（1）～（4）的步法
見示意圖15。

　　（5）乙切截、閃掌（即
捯掌），甲掤化搭接還原乙在
用左前臂的肘勁切截的同時，
迅即提起右掌，做閃擊對方的
面部狀（圖11）。但不摑及
對方面部，僅意含閃擊。

圖11　四隅推手圖
乙閃掌　甲待掤化還原

　　甲回應乙的閃掌之勢，隨
即提起右手腕，用掤化勁黏接乙的右腕，同時，用左手黏搭
在乙的右肘尖處。甲乙兩人即還原為右腕相交和左手黏搭對
方右肘尖的雙搭手式。甲在黏接乙的右腕同時，上左腳、退
右腳，以左腳掌為軸向右轉體，並撥正左腳，使兩腳平行地
向正南方開立。乙也在同時，稍提回左腳，隨即向前扣步落

地，身體右轉，轉為面向正北方，並收攏右腳，使之與左腳平行地向正北方開立。至此，兩人腳尖相對，還原如初。（參看圖7）上述步法見示意圖16。

四隅推手的每一個循環要走完四個斜角，按照步法示意圖進行演練時，凡對「右捋右靠」所走四個斜角的認定，均依撤步採捋者右腳斜撤的一角為準；「左捋左靠」恰好與之左右相反，即依左腳斜撤的一角為準。現特列表說明如下：

一、右捋右靠	二、左捋左靠
①乙退甲進——東北角	①甲退乙進——西北角
②甲退乙進——西北角	②乙退甲進——東北角
③乙退甲進——西南角	③甲退乙進——東南角
④甲退乙進——東南角	④乙退甲進——西南角

當然，上表所列走向斜角的次序，首先取決於甲乙兩人起式時的站位方向。本表只適用於甲乙東西向站位起式的。如此甲乙輪換進退，周而復始。至於練習幾個循環，則可由練習者隨意據情而定。

對於甲乙兩人起式時的站位，採取東西向還是南北向，以及啟動時甲乙兩人誰先進、誰先退等問題，均可靈活掌握，不必執一。在練習過程中，關鍵在於配合默契，動作自然。

現再對「左捋左靠」略作解說如下：

（1）左腕相交的雙搭手起式

假定甲仍面朝東、乙仍面向西相對站立，兩人同做左腕相交、右手黏接對方左肘的雙搭手。

（2）乙按甲掤，乙進甲退（圖12）

此圖中甲的左腳已向左後斜方撤退一步。乙在右腳橫上

一步後，左腳已向對方
襠下插入，其左腿正在
開始前弓之中；同時，
上下相隨，乙的雙手相
應前按。甲則掤承蓄
勢，將繼之以採挒。

（3）甲變掤為採
挒，乙變按為擠靠（圖
13）。

（4）甲右截、左
閃（圖14）

接著，乙須用左手
掤化搭接，然後雙方轉
體還原為開立步和左腕
相交的雙搭手式。

以上左挒左靠和右
挒右靠的圖文說明，可
相互參閱，故不重複敘
述。又因限於原拍攝照
片的數量還不夠多，其
文字說明有不到之處，
請予鑒諒。

圖12　四隅推手圖　乙按、甲掤

圖13　四隅推手圖　甲採挒、乙擠靠

或問：大挒的挒法與肘法何在？愚以為閃即為挒法，或
稱之為「挒掌」。切截使用的是肘勁，即肘法的一種。至於
各法的變化運用，其內容不一而足，恕不在此一一列舉了。

圖14 四隅推手圖 甲截閃、乙正待舉手掤化搭接

四隅推手走轉四角示意圖

說明：

1. 示意圖方位：與地圖方位一致。

2. 腳印標誌：甲黑、乙白。

3. 腳印編碼：依甲、乙兩人各自為主的方向編碼。「0」表示本圖開始時的站位；「1、2」表示動步先後的次序。

4. 步法線路：甲標實線，乙標虛線。箭頭表示進或退的方向。

5. 走角標誌：各個斜角第一圖中用雙線標明的一角，即甲或乙向後斜撤步的一角，也就是依次所要走轉的一角。

6. 周遊八方：每一個循環須走轉四個斜角，每兩小幅圖組成了走轉一個斜角。凡方框的一角繪成雙線的圖為「正走斜」；無雙線的圖為「斜轉正」。如此一個循環，就走遍了四正、四隅八個方向，恰好與八卦方位相合。

7. 走轉順逆：左捋左靠是順著時針方向走轉四角的；右捋右靠與之相反，是逆著時針方向走向四角的。

沈壽太極拳文集

一、右挒右靠圖

1.第一（東北）斜角：

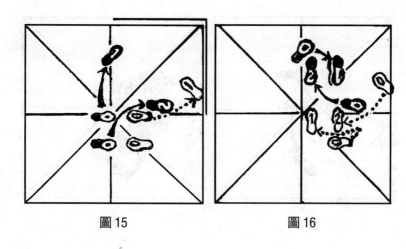

圖 15　　　　　　　　圖 16

2.第二（西北）斜角：

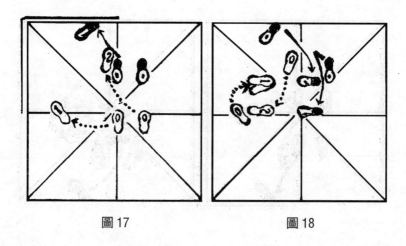

圖 17　　　　　　　　圖 18

3. 第三（西南）斜角：

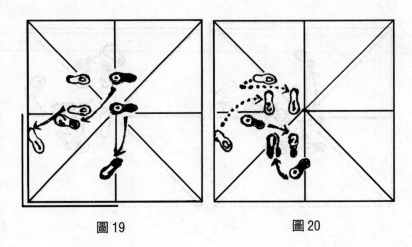

圖 19　　　　　　　　　圖 20

4. 第四（東南）斜角：

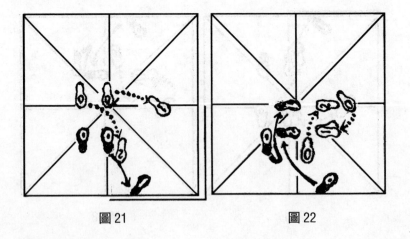

圖 21　　　　　　　　　圖 22

二、左捋左靠圖

1.第一（西北）斜角：

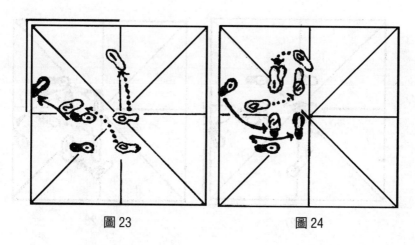

圖23　　　　　　　　　　圖24

2.第二（東北）斜角：

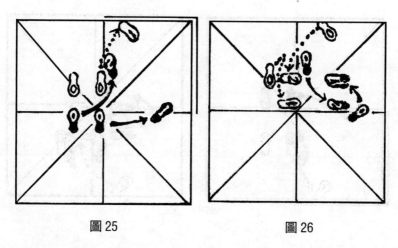

圖25　　　　　　　　　　圖26

3. 第三（東南）斜角：

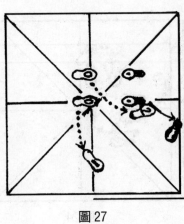

圖 27

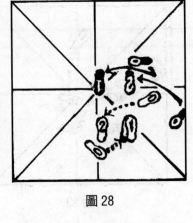

圖 28

4. 第四（西南）斜角：

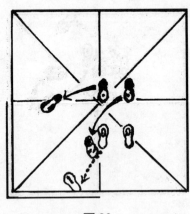

圖 29

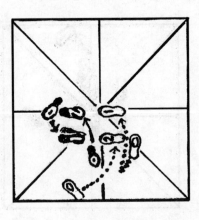

圖 30

後　記

　　太極拳推手是太極拳運動中的一種對練形式，在群眾中有著廣泛的基礎。筆者熱愛太極拳推手運動，孜孜不倦於此數十年。回首年輕時對推手運動的執著和痴迷，恍如昨日。而今已年逾古稀，垂垂老矣！惟有留下些許有關的拙著，聊供當今及後來之學者研究參考；並冀盼後來者居上，為弘揚中華武術所特有的太極拳推手這一國之瑰寶作出更大的貢獻，借以為人類造福。

　　《太極拳推手問答》一書，原是我多年鍛鍊實踐與實際教學中寫下的心得筆記，始撰於 20 世紀 60 年代。後經多次整理修訂成 200 題，終於在 20 世紀 70 年代油印成冊（共 3 個分冊），分贈從學者，並廣泛徵求意見。

　　至 1980～1981 年，又在油印稿的基礎上進行分類和改寫，分成太極拳推手常識、要領、方法和力學四個部分。其第 1～3 部分，連載於 1982 年武漢體育學院學報增刊的《武術專輯》第 1、2 期；其第 4 部分「太極推手力學」，則連載於 1984 年《武漢體院學報》第 1～3 期。以上四部分合計仍為 200 題，但內容已做了許多補充和刪改。

　　迨至 1984 年秋，我受人民體育出版社的委托，對上述連載的《太極拳推手問答》書稿，再一次做了較大的修改。該書出版前，還曾在 1985 年的《中華武術》雜誌上試登連載了若干期，然後由人民體育出版社於 1986 年 12 月正式出版。

　　1986 年出版的《太極拳推手問答》一書，已經由原書稿

的 200 題刪節編為 184 題，這次又對全書文字做了更多的刪削和適當的潤改；同時，將「部分」改稱為「章」，並增添補入了第五章「太極拳推手圖說」。該章將單手推挽、原地推手、活步推手和四隅推手分別列為第 176～179 題，顯得內容更充實一些。

　　以上說明，本書自開始撰寫至這次最後修改定稿為止，時間跨度已長達數十年了。其間，初撰時曾數易其稿，繼而又做出多次較大的修訂補充。但由於作者的學術水準有限，所述僅備一家之說，聊供讀者鍛鍊實踐時的參考。至其粗疏及謬誤之處，懇望海內外廣大讀者不吝指正。

沈　壽

大展出版社有限公司
品冠文化出版社

圖書目錄

地址：台北市北投區(石牌)
　　　致遠一路二段 12 巷 1 號
郵撥：01669551＜大展＞
　　　19346241＜品冠＞

電話：(02) 28236031
　　　　　　28236033
　　　　　　28233123
傳真：(02) 28272069

・熱 門 新 知・品冠編號 67

1.	圖解基因與 DNA	（精）	中原英臣主編	230 元
2.	圖解人體的神奇	（精）	米山公啟主編	230 元
3.	圖解腦與心的構造	（精）	永田和哉主編	230 元
4.	圖解科學的神奇	（精）	鳥海光弘主編	230 元
5.	圖解數學的神奇	（精）	柳谷晃著	250 元
6.	圖解基因操作	（精）	海老原充主編	230 元
7.	圖解後基因組	（精）	才園哲人著	230 元
8.	圖解再生醫療的構造與未來		才園哲人著	230 元
9.	圖解保護身體的免疫構造		才園哲人著	230 元

・生 活 廣 場・品冠編號 61

1.	366 天誕生星	李芳黛譯	280 元
2.	366 天誕生花與誕生石	李芳黛譯	280 元
3.	科學命相	淺野八郎著	220 元
4.	已知的他界科學	陳蒼杰譯	220 元
5.	開拓未來的他界科學	陳蒼杰譯	220 元
6.	世紀末變態心理犯罪檔案	沈永嘉譯	240 元
7.	366 天開運年鑑	林廷宇編著	230 元
8.	色彩學與你	野村順一著	230 元
9.	科學手相	淺野八郎著	230 元
10.	你也能成為戀愛高手	柯富陽編著	220 元
11.	血型與十二星座	許淑瑛編著	230 元
12.	動物測驗─人性現形	淺野八郎著	200 元
13.	愛情、幸福完全自測	淺野八郎著	200 元
14.	輕鬆攻佔女性	趙奕世編著	230 元
15.	解讀命運密碼	郭宗德著	200 元
16.	由客家了解亞洲	高木桂藏著	220 元

・女醫師系列・品冠編號 62

1.	子宮內膜症	國府田清子著	200 元
2.	子宮肌瘤	黑島淳子著	200 元

3. 上班女性的壓力症候群　　　　池下育子著　200 元
4. 漏尿、尿失禁　　　　　　　　中田真木著　200 元
5. 高齡生產　　　　　　　　　　大鷹美子著　200 元
6. 子宮癌　　　　　　　　　　　上坊敏子著　200 元
7. 避孕　　　　　　　　　　　早乙女智子著　200 元
8. 不孕症　　　　　　　　　　　中村春根著　200 元
9. 生理痛與生理不順　　　　　　堀口雅子著　200 元
10. 更年期　　　　　　　　　　　野末悅子著　200 元

・傳統民俗療法・品冠編號 63

1. 神奇刀療法　　　　　　　　　潘文雄著　200 元
2. 神奇拍打療法　　　　　　　　安在峰著　200 元
3. 神奇拔罐療法　　　　　　　　安在峰著　200 元
4. 神奇艾灸療法　　　　　　　　安在峰著　200 元
5. 神奇貼敷療法　　　　　　　　安在峰著　200 元
6. 神奇薰洗療法　　　　　　　　安在峰著　200 元
7. 神奇耳穴療法　　　　　　　　安在峰著　200 元
8. 神奇指針療法　　　　　　　　安在峰著　200 元
9. 神奇藥酒療法　　　　　　　　安在峰著　200 元
10. 神奇藥茶療法　　　　　　　　安在峰著　200 元
11. 神奇推拿療法　　　　　　　　張貴荷著　200 元
12. 神奇止痛療法　　　　　　　　漆 浩 著　200 元
13. 神奇天然藥食物療法　　　　　李琳編著　200 元

・常見病藥膳調養叢書・品冠編號 631

1. 脂肪肝四季飲食　　　　　　　蕭守貴著　200 元
2. 高血壓四季飲食　　　　　　　秦玖剛著　200 元
3. 慢性腎炎四季飲食　　　　　　魏從強著　200 元
4. 高脂血症四季飲食　　　　　　　薛輝著　200 元
5. 慢性胃炎四季飲食　　　　　　馬秉祥著　200 元
6. 糖尿病四季飲食　　　　　　　王耀獻著　200 元
7. 癌症四季飲食　　　　　　　　　李忠著　200 元
8. 痛風四季飲食　　　　　　　　魯焰主編　200 元
9. 肝炎四季飲食　　　　　　　　王虹等著　200 元
10. 肥胖症四季飲食　　　　　　　李偉等著　200 元
11. 膽囊炎、膽石症四季飲食　　　謝春娥著　200 元

・彩色圖解保健・品冠編號 64

1. 瘦身　　　　　　　　　　　　主婦之友社　300 元
2. 腰痛　　　　　　　　　　　　主婦之友社　300 元
3. 肩膀痠痛　　　　　　　　　　主婦之友社　300 元

4. 腰、膝、腳的疼痛			主婦之友社	300 元
5. 壓力、精神疲勞			主婦之友社	300 元
6. 眼睛疲勞、視力減退			主婦之友社	300 元

・心 想 事 成・ 品冠編號 65

1. 魔法愛情點心		結城莫拉著	120 元
2. 可愛手工飾品		結城莫拉著	120 元
3. 可愛打扮 & 髮型		結城莫拉著	120 元
4. 撲克牌算命		結城莫拉著	120 元

・少 年 偵 探・ 品冠編號 66

1. 怪盜二十面相	（精）	江戶川亂步著	特價	189 元
2. 少年偵探團	（精）	江戶川亂步著	特價	189 元
3. 妖怪博士	（精）	江戶川亂步著	特價	189 元
4. 大金塊	（精）	江戶川亂步著	特價	230 元
5. 青銅魔人	（精）	江戶川亂步著	特價	230 元
6. 地底魔術王	（精）	江戶川亂步著	特價	230 元
7. 透明怪人	（精）	江戶川亂步著	特價	230 元
8. 怪人四十面相	（精）	江戶川亂步著	特價	230 元
9. 宇宙怪人	（精）	江戶川亂步著	特價	230 元
10. 恐怖的鐵塔王國	（精）	江戶川亂步著	特價	230 元
11. 灰色巨人	（精）	江戶川亂步著	特價	230 元
12. 海底魔術師	（精）	江戶川亂步著	特價	230 元
13. 黃金豹	（精）	江戶川亂步著	特價	230 元
14. 魔法博士	（精）	江戶川亂步著	特價	230 元
15. 馬戲怪人	（精）	江戶川亂步著	特價	230 元
16. 魔人銅鑼	（精）	江戶川亂步著	特價	230 元
17. 魔法人偶	（精）	江戶川亂步著	特價	230 元
18. 奇面城的秘密	（精）	江戶川亂步著	特價	230 元
19. 夜光人	（精）	江戶川亂步著	特價	230 元
20. 塔上的魔術師	（精）	江戶川亂步著	特價	230 元
21. 鐵人Q	（精）	江戶川亂步著	特價	230 元
22. 假面恐怖王	（精）	江戶川亂步著	特價	230 元
23. 電人M	（精）	江戶川亂步著	特價	230 元
24. 二十面相的詛咒	（精）	江戶川亂步著	特價	230 元
25. 飛天二十面相	（精）	江戶川亂步著	特價	230 元
26. 黃金怪獸	（精）	江戶川亂步著	特價	230 元

・武 術 特 輯・ 大展編號 10

| 1. 陳式太極拳入門 | | 馮志強編著 | 180 元 |
| 2. 武式太極拳 | | 郝少如編著 | 200 元 |

4

・彩色圖解太極武術・ 大展編號 102

16. 夕陽美功夫扇　　　　　　　李德印著　220 元
17. 綜合 48 式太極拳＋VCD　　竺玉明編著　350 元
18. 32 式太極拳（四段）　　　宗維潔演示　220 元

·國際武術競賽套路· 大展編號 103

1. 長拳　　　　　　　　　　　李巧玲執筆　220 元
2. 劍術　　　　　　　　　　　程慧琨執筆　220 元
3. 刀術　　　　　　　　　　　劉同為執筆　220 元
4. 槍術　　　　　　　　　　　張躍寧執筆　220 元
5. 棍術　　　　　　　　　　　殷玉柱執筆　220 元

·簡化太極拳· 大展編號 104

1. 陳式太極拳十三式　　　　　陳正雷編著　200 元
2. 楊式太極拳十三式　　　　　楊振鐸編著　200 元
3. 吳式太極拳十三式　　　　　李秉慈編著　200 元
4. 武式太極拳十三式　　　　　喬松茂編著　200 元
5. 孫式太極拳十三式　　　　　孫劍雲編著　200 元
6. 趙堡太極拳十三式　　　　　王海洲編著　200 元

·導引養生功· 大展編號 105

1. 疏筋壯骨功＋VCD　　　　　張廣德著　350 元
2. 導引保建功＋VCD　　　　　張廣德著　350 元
3. 頤身九段錦＋VCD　　　　　張廣德著　350 元
4. 九九還童功＋VCD　　　　　張廣德著　350 元
5. 舒心平血功＋VCD　　　　　張廣德著　350 元
6. 益氣養肺功＋VCD　　　　　張廣德著　350 元
7. 養生太極扇＋VCD　　　　　張廣德著　350 元
8. 養生太極棒＋VCD　　　　　張廣德著　350 元
9. 導引養生形體詩韻＋VCD　　張廣德著　350 元
10. 四十九式經絡動功＋VCD　　張廣德著　350 元

·中國當代太極拳名家名著· 大展編號 106

1. 李德印太極拳規範教程　　　李德印著　550 元
2. 王培生吳式太極拳詮真　　　王培生著　500 元
3. 喬松茂武式太極拳詮真　　　喬松茂著　450 元
4. 孫劍雲孫式太極拳詮真　　　孫劍雲著　350 元
5. 王海洲趙堡太極拳詮真　　　王海洲著　500 元
6. 鄭琛太極拳道詮真　　　　　鄭琛著　450 元

·古代健身功法· 大展編號 107

1.	練功十八法	蕭凌編著	200 元
2.	十段錦運動	劉時榮編著	180 元
3.	二十八式長壽健身操	劉時榮編著	180 元

·太極跤· 大展編號 108

1.	太極防身術	郭慎著	300 元

·名師出高徒· 大展編號 111

1.	武術基本功與基本動作	劉玉萍編著	200 元
2.	長拳入門與精進	吳彬等著	220 元
3.	劍術刀術入門與精進	楊柏龍等著	220 元
4.	棍術、槍術入門與精進	邱丕相編著	220 元
5.	南拳入門與精進	朱瑞琪編著	220 元
6.	散手入門與精進	張山等著	220 元
7.	太極拳入門與精進	李德印編著	280 元
8.	太極推手入門與精進	田金龍編著	220 元

·實用武術技擊· 大展編號 112

1.	實用自衛拳法	溫佐惠著	250 元
2.	搏擊術精選	陳清山等著	220 元
3.	秘傳防身絕技	程崑彬著	230 元
4.	振藩截拳道入門	陳琦平著	220 元
5.	實用擒拿法	韓建中著	220 元
6.	擒拿反擒拿 88 法	韓建中著	250 元
7.	武當秘門技擊術入門篇	高翔著	250 元
8.	武當秘門技擊術絕技篇	高翔著	250 元
9.	太極拳實用技擊法	武世俊著	220 元
10.	奪凶器基本技法	韓建中著	220 元
11.	峨眉拳實用技擊法	吳信良著	280 元

·中國武術規定套路· 大展編號 113

1.	螳螂拳	中國武術系列	300 元
2.	劈掛拳	規定套路編寫組	300 元
3.	八極拳	國家體育總局	250 元
4.	木蘭拳	國家體育總局	230 元

·中華傳統武術· 大展編號 114

1. 中華古今兵械圖考　　　裴錫榮主編　280 元
2. 武當劍　　　　　　　　陳湘陵編著　200 元
3. 梁派八卦掌（老八掌）　李子鳴遺著　220 元
4. 少林 72 藝與武當 36 功　裴錫榮主編　230 元
5. 三十六把擒拿　　　　　佐藤金兵衛主編　200 元
6. 武當太極拳與盤手 20 法　裴錫榮主編　220 元

· 少 林 功 夫 · 大展編號 115

1. 少林打擂秘訣　　　　　德虔、素法編著　300 元
2. 少林三大名拳 炮拳、大洪拳、六合拳　門惠豐等著　200 元
3. 少林三絕 氣功、點穴、擒拿　德虔編著　300 元
4. 少林怪兵器秘傳　　　　素法等著　250 元
5. 少林護身暗器秘傳　　　素法等著　220 元
6. 少林金剛硬氣功　　　　楊維編著　250 元
7. 少林棍法大全　　　　　德虔、素法編著　250 元
8. 少林看家拳　　　　　　德虔、素法編著　250 元
9. 少林正宗七十二藝　　　德虔、素法編著　280 元
10. 少林瘋魔棍闡宗　　　　馬德著　250 元
11. 少林正宗太祖拳法　　　高翔著　280 元
12. 少林拳技擊入門　　　　劉世君編著　220 元
13. 少林十路鎮山拳　　　　吳景川主編　300 元
14. 少林氣功祕集　　　　　釋德虔編著　220 元
15. 少林十大武藝　　　　　吳景川主編　450 元

· 迷蹤拳系列 · 大展編號 116

1. 迷蹤拳（一）+VCD　　李玉川編著　350 元
2. 迷蹤拳（二）+VCD　　李玉川編著　350 元
3. 迷蹤拳（三）　　　　　李玉川編著　250 元
4. 迷蹤拳（四）+VCD　　李玉川編著　580 元
5. 迷蹤拳（五）　　　　　李玉川編著　250 元
6. 迷蹤拳（六）　　　　　李玉川編著　300 元

· 截拳道入門 · 大展編號 117

1. 截拳道手擊技法　　　　舒建臣編著　230 元

·原地太極拳系列· 大展編號 11

1. 原地綜合太極拳 24 式　胡啟賢創編　220 元
2. 原地活步太極拳 42 式　胡啟賢創編　200 元

3. 原地簡化太極拳 24 式　　　胡啟賢創編　200 元
4. 原地太極拳 12 式　　　　　胡啟賢創編　200 元
5. 原地青少年太極拳 22 式　　胡啟賢創編　220 元

・道 學 文 化・大展編號 12

1. 道在養生：道教長壽術　　　郝勤等著　250 元
2. 龍虎丹道：道教內丹術　　　　郝勤著　300 元
3. 天上人間：道教神仙譜系　　黃德海著　250 元
4. 步罡踏斗：道教祭禮儀典　　張澤洪著　250 元
5. 道醫窺秘：道教醫學康復術　王慶餘等著　250 元
6. 勸善成仙：道教生命倫理　　　李剛著　250 元
7. 洞天福地：道教宮觀勝境　　沙銘壽著　250 元
8. 青詞碧簫：道教文學藝術　　楊光文等著　250 元
9. 沈博絕麗：道教格言精粹　　朱耕發等著　250 元

・易 學 智 慧・大展編號 122

1. 易學與管理　　　　　　　余敦康主編　250 元
2. 易學與養生　　　　　　　劉長林等著　300 元
3. 易學與美學　　　　　　　劉綱紀等著　300 元
4. 易學與科技　　　　　　　　董光壁著　280 元
5. 易學與建築　　　　　　　　韓增祿著　280 元
6. 易學源流　　　　　　　　　鄭萬耕著　280 元
7. 易學的思維　　　　　　　傅雲龍等著　250 元
8. 周易與易圖　　　　　　　　　李申著　250 元
9. 中國佛教與周易　　　　　　王仲堯著　350 元
10. 易學與儒學　　　　　　　　任俊華著　350 元
11. 易學與道教符號揭秘　　　　詹石窗著　350 元
12. 易傳通論　　　　　　　　　　王博著　250 元
13. 談古論今說周易　　　　　　龐鈺龍著　280 元
14. 易學與史學　　　　　　　　吳懷祺著　230 元
15. 易學與天文學　　　　　　　　盧央著　230 元
16. 易學與生態環境　　　　　　楊文衡著　230 元
17. 易學與中國傳統醫學　　　　蕭漢民著　280 元

・神 算 大 師・大展編號 123

1. 劉伯溫神算兵法　　　　　　應涵編著　280 元
2. 姜太公神算兵法　　　　　　應涵編著　280 元
3. 鬼谷子神算兵法　　　　　　應涵編著　280 元
4. 諸葛亮神算兵法　　　　　　應涵編著　280 元

·鑑 往 知 來· 大展編號 124

1.	《三國志》給現代人的啟示	陳羲主編	220 元
2.	《史記》給現代人的啟示	陳羲主編	220 元
3.	《論語》給現代人的啟示	陳羲主編	220 元
4.	《孫子》給現代人的啟示	陳羲主編	220 元

·秘傳占卜系列· 大展編號 14

1.	手相術	淺野八郎著	180 元
2.	人相術	淺野八郎著	180 元
3.	西洋占星術	淺野八郎著	180 元
4.	中國神奇占卜	淺野八郎著	150 元
5.	夢判斷	淺野八郎著	150 元
7.	法國式血型學	淺野八郎著	150 元
8.	靈感、符咒學	淺野八郎著	150 元
9.	紙牌占卜術	淺野八郎著	150 元
10.	ESP 超能力占卜	淺野八郎著	150 元
11.	猶太數的秘術	淺野八郎著	150 元
13.	塔羅牌預言秘法	淺野八郎著	200 元

·趣味心理講座· 大展編號 15

1.	性格測驗（1） 探索男與女	淺野八郎著	140 元
2.	性格測驗（2） 透視人心奧秘	淺野八郎著	140 元
3.	性格測驗（3） 發現陌生的自己	淺野八郎著	140 元
4.	性格測驗（4） 發現你的真面目	淺野八郎著	140 元
5.	性格測驗（5） 讓你們吃驚	淺野八郎著	140 元
6.	性格測驗（6） 洞穿心理盲點	淺野八郎著	140 元
7.	性格測驗（7） 探索對方心理	淺野八郎著	140 元
8.	性格測驗（8） 由吃認識自己	淺野八郎著	160 元
9.	性格測驗（9） 戀愛的心理	淺野八郎著	160 元
10.	性格測驗（10） 由裝扮瞭解人心	淺野八郎著	160 元
11.	性格測驗（11） 敲開內心玄機	淺野八郎著	140 元
12.	性格測驗（12） 透視你的未來	淺野八郎著	160 元
13.	血型與你的一生	淺野八郎著	160 元
14.	趣味推理遊戲	淺野八郎著	160 元
15.	行為語言解析	淺野八郎著	160 元

·婦 幼 天 地· 大展編號 16

1.	八萬人減肥成果	黃靜香譯	180 元
2.	三分鐘減肥體操	楊鴻儒譯	150 元
3.	窈窕淑女美髮秘訣	柯素娥譯	130 元

國家圖書館出版品預行編目資料

沈壽太極拳文集／沈壽　著
　　——初版，——臺北市，大展，2006〔民95〕
　　面；21公分，——（中國當代太極名家名著；7）
　　ISBN　957-468-434-2（平裝）

1.太極拳
528.972　　　　　　　　　　　　　　　94024177

沈壽太極拳文集　　　　　ISBN 957-468-434-2

著　　者／沈　　壽
責任編輯／張　建　林
發 行 人／蔡　森　明
出 版 者／大展出版社有限公司
社　　址／台北市北投區（石牌）致遠一路2段12巷1號
電　　話／（02）28236031・28236033・28233123
傳　　眞／（02）28272069
郵政劃撥／01669551
網　　址／www.dah-jaan.com.tw
E - mail／service@dah-jaan.com.tw
登 記 證／局版臺業字第2171號
承 印 者／高星印刷品行
裝　　訂／建鑫印刷裝訂有限公司
排 版 者／弘益電腦排版有限公司
授 權 者／北京人民體育出版社
初版1刷／2006年（民95年）2月

定　　價／630元

●本書若有破損、缺頁敬請寄回本社更換●